सम्मुख

सम्मुख

नामवर सिंह

सम्पादक
आशीष त्रिपाठी

राजकमल प्रकाशन

ISBN : 978-81-267-2252-5

मूल्य : ₹995

पहला संस्करण : 2012
दूसरा संस्करण : 2022

प्रकाशक : राजकमल प्रकाशन प्रा. लि.
1-बी, नेताजी सुभाष मार्ग
नई दिल्ली-110 002

शाखाएँ : अशोक राजपथ, साइंस कॉलेज के सामने, पटना-800 006
दरबारी बिल्डिंग, महात्मा गांधी मार्ग, प्रयागराज-211 001
36 ए, शेक्सपियर सरणी, कोलकाता-700 017
वेबसाइट : www.rajkamalprakashan.com
ई-मेल : info@rajkamalprakashan.com

मुद्रक : बी.के. ऑफसेट
नवीन शाहदरा, दिल्ली-110 032

SAMMUKH
by Namwar Singh
Edited by Ashish Tripathi

भाषा का स्वधर्म : संवाद

कहना न होगा कि साहित्य की प्रत्येक विधा तत्वतः संवाद ही है, उसका लिखित रूप जो भी हो। संवाद अर्थात् बातचीत। यह संवाद स्वयं भाषा की प्रकृति में है। भाषा का तो स्वधर्म ही संवाद है। जब हम किसी और से बातचीत कर रहे होते हैं तो अपने अन्दर भी कहीं-न-कहीं बातचीत का एक सिलसिला चलता रहता है।

नामवर सिंह

नामवर सिंह आधुनिक हिन्दी के सबसे बड़े संवादी हैं। जिस अर्थ में महात्मा गाँधी आधुनिक भारत के। वाद विवाद संवाद को अनिवार्य मानते हुए संवाद के प्रत्येक रूप के लिए प्रस्तुत। संवादी आलोचक। आलोचना में 'सहयोगी प्रयास' के पक्षधर। साहित्य-समाज में छिड़ी चर्चाओं में अपनी मान्यताओं और तर्कों के साथ उपस्थित होकर उसमें अपने ढंग से हस्तक्षेप करना उन्हें जरूरी लगता है। रुचिकर भी। इसमें वे रमते हैं। सम्भवतः इसीलिए उन्होंने 'साक्षात्कार' विधा को उसके उभार के दौर से ही गंभीरता से लिया है। साक्षात्कार विधा के उभार का गहरा सम्बन्ध आठवें दशक में पत्रकारिता और साहित्य की आन्तरिक जरूरतों और उनके रिश्तों के साथ ही भारतीय लोकतन्त्र में आए बुनियादी परिवर्तन से है।

आठवें दशक में विकेन्द्रीकरण एक प्रमुख प्रवृत्ति बनकर उभरा। राजनीति से लेकर पत्रकारिता और साहित्य-सभी क्षेत्रों में आधुनिक विकास और लोकतन्त्रीकरण की प्रक्रिया में उभरे पूर्ववर्ती केन्द्रों के समानान्तर नए केन्द्रों का उभार हुआ। नक्सलबाड़ी से लेकर सम्पूर्ण क्रान्ति-सभी आन्दोलनों में ताकतवर केन्द्रों को चुनौती देने और उनकी शक्ति-सम्पन्नता को प्रश्नांकित करने की भावना मौजूद थी। लोकतन्त्र के लोकव्यापीकरण का यह अनिवार्य परिणाम था। प्रगतिशील आन्दोलन के पुनर्उभार ने साहित्य की दुनिया में इसे विकसित करने में अपनी महत्वपूर्ण भूमिका निभायी। हिन्दी क्षेत्र में कस्बों और छोटे शहरों तक गतिविधियों का विस्तार हुआ। महाविद्यालयों और विश्वविद्यालयों में अकादमिक हलचलें आकार लेने लगीं। राज्य सरकारों की साहित्यिक अकादमियाँ साहित्य के क्षेत्र में सहभागिता के लिए प्रस्तुत हुईं।

इसी दौर में हिन्दी पत्रकरिता में समाजवादी और मार्क्सवादी रुझान रखने वाले पत्रकारों का बड़ी संख्या में आगमन हुआ। सातवें और आठवें दशक के सामाजिक राजनीतिक आन्दोलनों ने बुद्धिजीवियों, लेखकों और पत्रकारों के बीच आन्तरिक संवाद विकसित करने का अवसर दिया। ये पत्रकार सामाजिक, राजनीतिक और आर्थिक मुद्दों पर हिन्दी के लेखकों के विचारों को प्रमुखता से छापने में दिलचस्पी ले रहे थे। ऐसे में विभिन्न केन्द्रों की गतिविधियों में भाग लेने वाले लेखकों के लिए सामाजिक और राजनीतिक प्रश्नों पर राय प्रकट करना अनिवार्य हो गया। 'हिन्दी के आलोचक' नामवर सिंह इस प्रक्रिया में 'हिन्दी के शीर्ष बुद्धिजीवी-कार्यकर्ता' होकर उभरे। प्रगतिशील लेखकों के समूह, भारत-भवन और विश्वविद्यालय जैसे संस्थान उन्हें जिन विषयों पर विचार के लिए आमन्त्रित कर रहे थे, पत्रकार उनसे भिन्न विषयों पर उनके विचार जानना चाहते थे। ये विषय ज्यादातर साहित्येतर थे। राजनीति, अर्थ-व्यवस्था, समाज, आन्दोलन और ऐसे ही हजारों विषय चर्चा-परिचर्चा में आए। इन विषयों पर मूलतः पत्रकारों द्वारा लिए गए नामवर जी के साक्षात्कार स्थानीय से लेकर राष्ट्रीय पत्र-पत्रिकाओं में छपने लगे। विविध सामाजिक प्रश्नों पर मत के लिए साहित्यकारों की ओर से नामवर जी पत्रकारों की पहली पसन्द बनकर उभरे। नामवर जी की पुस्तकों 'कहना न होगा,' 'बात बात में बात' और प्रस्तुत पुस्तक में पत्रकारों के इस हस्तक्षेप को स्पष्ट रूप से पहचाना जा सकता है। 'राष्ट्रीय सहारा' के 'हस्तक्षेप' का संयोजन करने वाले अरुण पाण्डेय का अनुभव इस मायने में महत्वपूर्ण है। 'सहारा समय' में आते हुए उनके मन में था कि कुछ ऐसा हो ताकि अंग्रेजी वालों के सामने सिर उठाकर बात की जा सके। वे लिखते हैं–''सोच के मुताबिक काम मिला और पिछले करीब ग्यारह वर्षों में एक टीम के साथ हमने हर सप्ताह एक ही विषय पर भरी-पूरी सामग्री के साथ 'हस्तक्षेप' के लगभग 600 अंक निकाले हैं। कुछेक अपवादों को छोड़ दिया जाय तो आम तौर पर 'हस्तक्षेप' के इन अंकों को प्रशंसा ही मिली। ये चीजें सिर्फ बताने के लिए नहीं लिख रहा बल्कि इसका नामवर जी के होने से सीधा सम्बन्ध है। इसको कहने में हमें तनिक संकोच नहीं है कि इसको सफलतापूर्वक अंजाम देने में हिन्दी के जिन चन्द लोगों की उपस्थिति निर्णायक थी उनमें से एक नामवर जी भी हैं।...यह काम आसान हुआ तो इसलिए कि साहित्येतर विमर्श के दायरे से बाहर हिन्दी में नामवर जी जैसे कुछ पुरोधा थे।...अंग्रेजी के दिग्गजों के बीच हमने नामवर सिंह को चौड़े से छापा। उनका कहा हुआ किसी के लिखे हुए से हलका नहीं होता था। नामवर जी से एक-दो घंटे बात करने के बाद बड़ी से बड़ी वैचारिक उलझनों की गुत्थी सुलझाने में मदद मिलती थी।'' ऐसे माहौल में नामवर सिंह अपनी संवाद-प्रवीणता के कारण हिन्दी के सार्वजनिक व्यक्तित्व बन कर उभरे।

नामवर सिंह न सीमित अर्थों में साहित्यकार हैं, न आलोचक। इसके बावजूद वे इन साक्षात्कारों में मुख्यतः आलोचक के रूप में उभरते हैं। नामवर जी का आलोचक समाज में बातचीत करते हुए, वाद-विवाद-संवाद करते, प्रश्न-प्रतिप्रश्न करते सक्रिय रहता है और विचार, तर्क और संवाद की उस प्रक्रिया से गुजरता है जो आलोचना की बुनियादी भूमि है। आलोचना लिखित हो या वाचिक-उसके पीछे बुनियादी प्रक्रिया है—पढ़ना, विवेचना, विचारना। तर्क और संवाद। नामवर जी के साक्षात्कारों में इसका व्यापक समावेश है। इन से गुजरते हुए हम महसूस करते हैं कि वह किसी रचना को हमेशा नई और अपनी तरह से पढ़ने की कोशिश करते हैं और इस तरह 'पढ़ते' हुए वे लगातार नई तरह से 'सोचते' और 'विचारते' हुए सामने आते हैं। उनकी वाचिक आलोचना मूल्यांकन की ऊपरी सीढ़ी तक पहुँचती है। निकष बनाती है। प्रतिमानों पर बहस करती है। उसमें 'लिखित' की तरह की 'कौंध' मौजूद होती है। नहीं होता तो बस पूरापन।

पुस्तक में संकलित साक्षात्कारों का विषय क्षेत्र अत्यन्त विस्तृत है। मार्क्सवाद, समकालीन विश्व, पूँजीवाद, नवसाम्राज्यवाद, नवफासीवाद और भारतीय लोकतन्त्र के विरूपीकरण से लेकर कविता और कहानी तक। साहित्य और देश-दुनिया की उनकी समझ का एक स्पष्ट प्रतिबिंब यहाँ मिलता है। उनकी विश्वदृष्टि का रूपायन इनमें हुआ है। पुस्तक दो खंडों में बँटी हुई है। दीर्घ और विषय केन्द्रित साक्षात्कार पहले खंड में हैं। इनमें एक तरह का पूरापन है। उठाए गए प्रश्नों पर नामवर जी की राय मुकम्मल रूप में उभर कर आई है। दूसरे खंड में प्रकाशित साक्षात्कारों में 'तेज चाल बातचीत' का सा बोध होता है। इनमें एक तरह की क्षिप्रता है। नुकीलापन। इस खंड के अनेक साक्षात्कारों में सवाल रिले रेस की शैली में उभरते हैं। यहाँ नामवर जी के विचार प्रायः निष्कर्षों के रूप में प्रकट हो सके हैं। अब तक चर्चा में न आए अनेक प्रसंग और प्रश्न भी यहाँ मौजूद हैं। अनेक तात्कालिक सन्दर्भों पर नामवर जी की प्रतिक्रिया को जगह मिली है, जिनसे उनकी राजनीतिक चेतना को समझने में मदद मिलती है। इस खंड के अनेक साक्षात्कारकर्ता प्रायः पहली बार हिन्दी जगत के सम्मुख आए हैं और इनके माध्यम से हिन्दी की दुनिया में अपना हस्तक्षेप कर सके हैं। इन साक्षात्कारों से पता चलता है कि युवा पत्रकारों, अध्यापकों और विद्यार्थियों में नामवर जी से बात करने की कितनी गहरी इच्छा मौजूद है। संवाद के लिए प्रेरित करती उनकी उपस्थिति का महत्व इससे अधिक और कैसे समझा जा सकता है।

पहली बातचीत मुख्यतः राजकुमार राकेश ने की है। इस लम्बी बातचीत का क्षेत्र बहुत व्यापक है। समकालीन दौर की प्रायः सभी प्रमुख चिन्ताएँ यहाँ चर्चा में आई हैं। रामविलास शर्मा पर लिखे गए विवादित निबन्ध 'इतिहास की शव साधना' से बात शुरू हुई है, जो आगे ऋग्वेद, आर्यसमाज, ब्राह्मणवाद, साम्प्रदायिकता,

सांस्कृतिक राष्ट्रवाद की राजनीति, धर्मनिरपेक्षता की अवधारणा, राज्य और समाज की धर्मनिरपेक्षता, फासीवाद का नवसौन्दर्यशास्त्र, बाजारवाद के हमले के बीच पनपता ग्रोथ का अर्थशास्त्र, स्त्री विमर्श, हिन्दी साहित्य की साझी विरासत, भाषाओं और धर्म का सवाल हिन्दी के सूफी कवि, तरक्कीपसन्द तहरीक की विरासत, नए उपन्यासों का शिल्प हिन्दी आलोचना, मार्क्सवाद और गाँधीवाद जैसे विषयों की ओर गई है। बातचीत में एक धीरज दिखता है। रागदारी। इसीलिए प्रायः सभी प्रश्नों पर नामवर जी के मत स्पष्ट रूप से व्यक्त हो सके हैं।

दूसरी बातचीत 1857 की समझ विकसित करने की दृष्टि से महत्वपूर्ण है। यह बातचीत युवा पत्रकार रवीन्द्र त्रिपाठी ने की है। 1857 की अनेक तरह की व्याख्याओं का परीक्षण करते हुए नामवर सिंह ने मुख्यतः मार्क्सवादी समझ का समर्थन किया है। आलोचनात्मक रुख रखते हुए। युवा अध्यापकों द्वारा की गई तीसरी बातचीत मुख्यतः समकालीन प्रश्नों पर केन्द्रित रही है। शिक्षण के निजीकरण पर नामवर जी के विचार सम्भवतः पहली बार प्रकट हो सके हैं। लोकतन्त्र के पूँजीवाद से बढ़ते सम्बन्धों के कारण पैदा हुए संकटों पर नामवर जी के विचार बेहद महत्वपूर्ण हैं– "लोकतन्त्र का वास्तविक पैमाना तो 'लोक' की समृद्धि ही है। गाँधी के शब्दों में वह मानदण्ड आख़िरी आदमी है। हमारे सत्ता तंत्र को इस आख़िरी आदमी का वोट चाहिए; लेकिन बदले में कुछ करने की मंशा नहीं रहती। लोक का हित तो उसके जीवन-स्तर एवं विकास से ही मापा जाएगा। न्यूनतम जीवन-यापन की सुविधाएँ आमजनों को मिले यही लोकतन्त्र और किसी भी विचारधारा की आदि शर्त होनी चाहिए।...हमारा पूरा लोकतन्त्र यशकामी, ढोंगी और रुग्ण हो गया है। मुझे ऐसा लगता है कि इन शासकों के मन में जनता के दुख-दर्द की बात नहीं रही। उनकी सारी सोच चुनाव केन्द्रित है।" लोकतन्त्र के विरूपित होने का प्रमुख कारण है शासक वर्गों का नियंत्रण।

शासक वर्गों का यह वर्ग चरित्र आजादी प्राप्त होने के तुरन्त बाद से ही धीरे-धीरे ज़्यादा साफ़ हुआ है। आजाद भारत में 'सामन्ती पुरातनता' और 'अभिजनी पूँजीवादोन्मुख आधुनिकता' को विन्यस्त करने और लोकतन्त्र को नियन्त्रित रखने वाली शक्तियाँ राष्ट्रीय आन्दोलन के जनवादी उभार को ठिकाने लगाने के लिए जनता को 'समाजवाद' और 'लोकतन्त्र' के नारों में उलझाने और भरमाने की नीति पर काम करती रहीं। आजादी के महास्वप्नों को वास्तविक जमीन पर उतारने की ठोस कार्यवाहियाँ नहीं की जा सकी थीं। लोकतन्त्र की आन्तरिक संरचना पर कब्जा जमाने की कोशिश में लगी पुनरुत्थानवादी और यथास्थितिवादी शक्तियाँ भारतीय सामाजिक संरचना में मौजूद अन्तर्विरोधों पर विचार को ग़ैरज़रूरी बताकर स्थगित करती रहीं। स्वतन्त्रता के बाद सत्ता-संरचना इस वर्ग के अधीन थी। स्पष्ट था कि भारत में सदियों

से मौजूद असमानता, अन्याय और पराधीनता से जुड़े सवालों को टालते रहना उनकी वर्गीय रणनीति का हिस्सा था। आन्तरिक सामाजिक संघर्ष का भय दिखाकर लोकतान्त्रिक प्रक्रियाओं को भी रोके रखने की कोशिश की गई। इसी का परिणाम हुआ कि लोकतन्त्र में 'तन्त्र' तो प्रभावी होता गया, 'लोक' प्रभावहीन। इसका वास्तविक कारण लोकतन्त्र का पूँजीवादोन्मुख होना है। नामवर जी उचित ही कहते हैं–"आज आम आदमी बहुत पस्त और हताश है।...धनबलियों एवं बाहुबलियों ने पूरे लोकतन्त्र का अपहरण कर लिया है। राज्य की विधानसभाओं से लेकर संसद तक अपराधियों ने अपनी पैठ बना ली है। राजनीति सेवा नहीं धन्धा हो गई है।...मुझे अफ़सोस इस बात का है कि कुछ-कुछ सत्ताधारी वामपंथी पार्टी में भी यह प्रवृत्ति घर करने लग गई है। नहीं तो नन्दीग्राम की दुर्घटना नहीं होती।...यह हिंसक अपराधी वृत्ति आसमान से तो नहीं आई है। यह पूँजीवाद की कोख से उपजी है। बढ़ते पूँजीवाद से ये हिंसक जहरीले जन्तु पैदा हुए हैं। इस पूँजीवाद ने संवेदना को इस क़दर हिंसक बना दिया है कि बात-बात में गोली चलने लग गई है। सारा समाज अवैध हथियारों का जख़ीरा हो गया है। कुछ अमेरिकी फ़िल्मों में जो हिंसक दृश्य देखते थे वह मंजर भारतीय परिवेश एवं जीवन में आम हो रहे हैं। हमारे समूचे सामाजिक जीवन को पूँजीवादी अर्थतन्त्र ने तहस-नहस कर दिया है। अभी विकास नहीं हुआ है। जब चरम विकास हो गया तो कल्पना करें कि क्या नक्शा होगा?"

चन्द्रभूषण तिवारी द्वारा की गई बातचीत अनेक मायनों में ऐतिहासिक है। चन्द्रभूषण तिवारी प्रखर मार्क्सवादी आलोचक थे। बातचीत मुख्यतः 'जनवाद' की अवधारणा पर केन्द्रित है। इस विषय पर रामविलास शर्मा और चंद्रबली सिंह जैसे प्रगतिशील आंदोलन के निर्माता विचारकों और आलोचकों से बातचीत के क्रम में यह 'कलम' में प्रकाशित हुई थी। जनवादी लेखक संघ के गठन की पृष्ठभूमि में 'प्रगतिशीलता' और 'जनवाद' की अवधारणाओं को समझने के क्रम में यह तत्कालीन वैश्विक एवं साहित्यिक परिदृश्य की भी एक स्पष्ट समझ विकसित करती है। 'बहुराष्ट्रीय कम्पनियों' के 'कारपोरेट कैपिटलिज्म' की चर्चा नामवर जी ने पहली बार यहीं की है। इसे समझने की हिन्दी में यह सम्भवतः पहली कोशिश है। महावीर अग्रवाल हिंदी के पेशेवर साक्षात्कारकर्ता हैं। हजारों साक्षात्कार उन्होंने किए हैं। वे प्रत्येक महत्वपूर्ण लेखक से होने वाली सभी मुलाकातों में अपने सवालों के साथ हाजिर रहते हैं। उन्होंने अपनी खास शैली में नामवर जी के अनेक साक्षात्कार किए हैं, जिनमें से एक हम यहाँ ले रहे हैं। यह साक्षात्कार मुख्यतः आलोचना केन्द्रित है। सवालों में एक पूर्व निश्चितता है। सवाल के जवाबों से उभरने वाले बिन्दुओं पर प्रतिप्रश्न प्रायः नहीं हैं। नामवर जी ने प्रायः एक अध्यापक की तरह जवाब देते हुए आलोचना की बुनियादी अवधारणाओं, हिन्दी के प्रमुख आलोचकों और समकालीन आलोचना

के सम्बन्ध में अपने मत व्यक्त किए हैं। इससे एक तरह का सार-संग्रह हो सका है।

सुरेश पाण्डेय से 'पहल' में अनुषंग पुस्तिका के रूप में 1984 में प्रकाशित बातचीत प्रकाशन के तुरन्त बाद से ही लोगों का ध्यान खींचती रही है। यह अब तक असंकलित रही आई थी। अनेक कारणों से यह एक ऐतिहासिक दस्तावेज है। 'कहानी नयी कहानी' पर मार्क्सवादी आलोचना की समझ से विचलन का आरोप लगभग जाता रहा है। ख़ासतौर पर निर्मल वर्मा और 'परिन्दे' के मूल्यांकन के सन्दर्भ में। सुरेश पाण्डेय द्वारा उस दौर की कहानी आलोचना पर इस सन्दर्भ से उठाए गए सवाल नामवर जी को पुनर्विचार के लिए उकसाते हैं। वर्गीय दृष्टि का सवाल-यहाँ केन्द्रीय सवाल है। इन जवाबों से उनका पक्ष पूरी तार्किकता से उभर कर आता है और 'कहानी नयी कहानी' के पीछे काम कर रही आलोचक दृष्टि ज़्यादा स्पष्ट होती है। उस दौर के अनेक महत्वपूर्ण लेखकों–खासतौर पर मुक्तिबोध और हरिशंकर परसाई–के मूल्यांकन के क्रम में छूट जाने का एक अफ़सोस भी यहाँ प्रकट होता है। मूल्यांकन भी। बातचीत का दूसरा महत्वपूर्ण हिस्सा उस दौर के बाद की कहानी पर केन्द्रित है। नामवर जी ने प्रायः पहली बार यहीं नई कहानी के बाद की कहानियों और कहानीकारों और कहानी आन्दोलनों पर खुलकर बात की है। सातवें दशक के पूर्वार्द्ध की कहानियों को पूर्व में 'सेक्स ऑब्सेस्ड', 'अराजनीतिक' तथा 'अपठनीय' कहने का स्पष्टीकरण देने के बाद उन्होंने इसी दशक के उत्तरार्द्ध की कहानियों को इससे भिन्न बताते हुए स्पष्ट किया कि "सातवें दशक के आरम्भ में मोहभंग की अभिव्यक्ति जिस रूप में हुआ करती थी और सातवें दशक के उत्तरार्द्ध में इसकी अभिव्यक्ति जिस रूप में हुई, दोनों में बुनियादी अन्तर है। परवर्ती मोहभंग अपेक्षाकृत एक प्रखर सामाजिक चेतना और राजनैतिक चेतना के तहत हुआ। इसलिए देखोगे कि उसमें एक विशेष प्रकार की 'आयरनी' या विडम्बना को सामाजिक अर्थ दिया है।...यह स्थिति उतरार्द्ध में बदल चुकी थी। बल्कि कहूँ कि एक दूसरा मोहभंग हुआ था। सन् 67 के आस-पास संविद सरकारें बनीं, टूटीं और एक नया परिवर्तन आया। उसके बाद...मैं यही कहूँगा जो कविता वाले सन्दर्भ में कहता रहा हूँ कि जो नक्सलबाड़ी आन्दोलन आरम्भ हुआ, जिसने महानगरों के नितान्त वैयक्तिक संत्रास पर लिखे जाने वाले साहित्य के खोखलेपन को उजागर किया, लोगों की दृष्टि गाँवों की ओर गई। कहना चाहिए कि वर्ग-चेतना प्रखर हुई, जरूरी नहीं कि ये लोग नक्सलबाड़ी विचारधारा से सहानुभूति रखते थे, लेकिन उसने एक 'कैटेलिटिक एजेन्ट' के रूप में काम किया। और फिर अन्दर-अन्दर चलने वाला जो मोहभंग था, वह धीरे-धीरे अपने से बाहर निकल करके इस दुनिया को देखने-समझने की ओर बढ़ा।"

नामवर जी की कथा आलोचना की महत्वपूर्ण विशेषता यह है कि वे कहानी की

समझ विकसित करते समय कविता को भी निरन्तर ध्यान में रखते हैं। वे दोनों विधाओं को एक ही साहित्य परिदृश्य का अंग मानते हुए विवेचन और मूल्यांकन करते हैं। इससे कहानी को समझने में एक जरूरी पूरापन पैदा होता है। आठवें दशक में उभरी 'जनवादी कहानी' के कथित 'लड़ाकूपन' को कहानी-विरोधी बताते हुये वे इसे प्रायः अवास्तविक और नकली मानते हैं—"दिन-पर-दिन जबकि सामाजिक संघर्ष तीव्र हो रहा है, तो सामाजिक संघर्ष के तीव्र होने का मतलब यही नहीं है कि सामाजिक संघर्ष सरल भी हो रहा है। अन्तर्विरोध बढ़ते हैं तो उसका एक अर्थ होता है कि सामाजिक शक्तियों के आपसी रिश्तों में पेचीदगी आई है। जब हम यह कहते हैं कि आज की सत्ता ज्यादा दमनकारी हो रही है तो इसका मतलब यह नहीं है कि दमनकारी होने से हर जगह उसका दमनकारी रूप साफ़ दिखाई ही पड़ता है। यह भी सही है कि सत्ता ज्यादा चालाक हो गई है, महीन तरीके से काम कर रही है। तो दमन के रूपों की बारीकियों को और जिस पर कि लोगों की नजर न जाती हो, उसको समझने के लिए जरूरी है कि आज के यथार्थ को अच्छी तरह समझा जाए। और यथार्थ को समझने के लिए एक अच्छी, वैज्ञानिक, साफ-सुथरी जब तक अन्तर्दृष्टि या जीवन-दृष्टि या रचना-दृष्टि आपकी नहीं होगी, तब तक आप यथार्थ को चित्रित नहीं कर सकेंगे। आजकल यह है कि लेखक कितना लड़ाकू है, कितना आक्रामक है। आक्रामक और लड़ाकू दिखाने के लिए उस कहानी के नायक में एक झूठी क्रान्तिकारिता और झूठा लड़ाकूपन दिखाने की कोशिश की जाती है। जब कि हम यह भूल जाते हैं कि अगर ऐसा ही लड़ाकूपन और ऐसी ही आक्रामकता सचमुच होती तो क्रान्ति हो गई होती।...एक कहानीकार यह 'एफोर्ड' नहीं कर सकता है कि बगैर यथार्थ को समझे हुए सारी जनता को हर समय जुझारू और लड़ाकू दिखाता चला जाए। इस तरह वह अपनी वफादारी तो प्रमाणित कर सकता है, लेकिन वह स्वयं अपने साथ दगा करता है और उस उद्देश्य के साथ भी दगाबाजी करता है और कहानी-कला का तो सत्यानाश करता ही है।" इसी पृष्ठभूमि में स्वयंप्रकाश और असगर वजाहत जैसे अपेक्षाकृत मद्धम स्वरों वाले कहानीकारों की प्रशंसा करते हुए उन्होंने उनकी वर्गचेतन दृष्टि, वैचारिक प्रतिबद्धता, विचारधारा और आलोचनात्मक दृष्टि के साथ-साथ कहानी विधा की समझ की भी प्रशंसा की। नामवर जी इन बातों पर बाद के वर्षों में भी जोर देते रहे हैं।

वे कहानी विधा की मर्यादा और सीमा की स्पष्ट समझ होने पर बल देते हैं—"जिन्दगी का सारा यथार्थ आप एक ही कहानी में ठूँस कर भर दें...यह संभव नहीं है। कहानी का जो तंग दायरा है, वह तो फट ही जाएगा, यथार्थ कमबख़्त की ऐसी-की-तैसी हो जाएगी। इसलिए कहानी की मर्यादा कहानी-कला की मर्यादा है... फॉर्म की सीमा है। बहुत लोग उस फर्क को न समझने के कारण उसमें ऐसी बहुत-सी

बातें...और वह मैं नहीं, प्रेमचन्द कह चुके हैं कि कहानी ध्रुपद की एक तान है, संगीत का उदाहरण देते हुए। तो इसलिए कहानी में यथार्थ की आप एक झलक दे सकते हैं, एक 'फ्लैश' की तरह से और उस फ्लैश में जितना दिखाई पड़ जाए, उतना आपने दिखाया, जैसे अँधेरे में कोई आदमी दियासलाई की तीली जलाता हो और उतनी में वह खट् से दिख जाए।...उसके लिए जरूरी नहीं कि लम्बे-चौड़े सामाजिक यथार्थ के विवरण दिए जाएँ।...कुछ लोग इस विधा की अपनी शर्तों को भी जैसे या तो स्वीकार नहीं करते या समझते नहीं हैं, इन कहानियों को रेखाचित्र भी नहीं कहा जा सकता। मैं कोई उस तरह का हठी पाठक नहीं हूँ और उस तरह का काई शास्त्राचार्य भी नहीं हूँ कि विधाओं के लौह शिकंजे को बहुत मजबूती से पकड़े रहने का आग्रह करूँ। बड़ा ढीला-ढाला ढाँचा कहानी का हो सकता है। बीसियों तरह के ढाँचे आपको अकेले प्रेमचन्द में मिलेंगे। लेकिन ये (जनवादी कहानीकार) तो बुनियादी शर्त कहानी की पूरी नहीं करते।''

वरिष्ठ कथाकार रमेश उपाध्याय ने हिंदी में संभवतः पहली बार नएपन की अवधारणा पर बात की है। दूसरे खंड में संकलित युवा कथाकार अजय नावरिया की बातचीत दलित साहित्य पर केन्द्रित है। महत्वपूर्ण कवयित्री अनामिका ने स्त्री चेतना के उभार के सन्दर्भ में नामवर जी से बातचीत की है। नामवर जी दलित विमर्श और स्त्री विमर्श की चरम लोकप्रियता के दौर में भी उनको लेकर अपनी आपत्तियाँ दर्ज करते रहे हैं। ऐसे में इन दोनों चर्चाओं को पढ़ना एक दिलचस्प अनुभव है। युवा छात्रों की पत्रिका 'मुलाकात' के प्रवेशांक में आजादी के बाद के पाँच दशकों में हुए परिवर्तनों पर उनकी राय अपने परिवेश पर सतर्क और सचेत नज़र रखने वाले गंभीर आलोचक की टीप है। 'मुलाकात' का दूसरा अंक देखने में नहीं आया। पत्रिका में प्रकाशित साक्षात्कार में प्रश्नकर्ताओं के नाम नहीं दिए गए हैं। इसीलिए इसे पत्रिका द्वारा की गई बातचीत माना गया है। समकालीन वामपंथी साहित्यिक-सांस्कृतिक आन्दोलन पर रवीन्द्र त्रिपाठी की बातचीत में बदले माहौल में लेखकों और संगठनों की भूमिका का सवाल केन्द्रीय बनकर उभरा है। युवा कवि कहानीकार संजय कुन्दन ने अपनी बातचीत मुख्यतः हिन्दी भाषा, समकालीन राजनीतिक और साहित्यिक परिदृश्य तथा युवा कवि–पीढ़ी पर केन्द्रित की है। अजीत राय की बातचीत का परिप्रेक्ष्य ज़्यादा व्यापक है। 'नामवर के निमित्त' के घोषित उद्देश्यों और अन्तर्निहित राजनीति सम्बन्धी प्रश्नों पर खुलकर बातचीत की गई है। हिन्दी क्षेत्र के पिछड़ेपन के सन्दर्भ में अंग्रेजीराज, राष्ट्रवाद, नवफासीवादी उभार आदि पर गम्भीर टिप्पणियाँ यहाँ पर दर्ज हैं। नामवर जी की 'धर्मनिरपेक्षता' सम्बन्धी अवधारणा यहाँ एक बार पुनः स्पष्ट हुई है। कला राय, अभिषेक कश्यप, संजय झा, दयाशंकर पाण्डेय, महेश पाण्डेय, वैभव सिंह और सियाराम यादव के साक्षात्कार छोटे, विषय की दृष्टि से

बहुकेन्द्री और प्रायः निष्कर्षात्मक हैं।

पुस्तक की अन्तिम बातचीत महत्वपूर्ण युवा कहानीकारों प्रियंवद और देवेन्द्र तथा 'कथादेश' के सम्पादक हरिनारायण द्वारा की गई है। नामवर जी को निकट से जानने के कारण वार्ताकारों ने उनके निजी जीवन और सार्वजनिक जीवन में उनके द्वारा लिए गए निर्णयों पर सवाल उठाये हैं। यह पुस्तक की इकलौती बातचीत है जहाँ नामवर जी के 'सार्वजनिक व्यक्तित्व' को 'निजी' की चुनौती का सामना करना पड़ा है। सवाल अनेक बार बहुत तीखे हैं और जवाब संयत। नामवर जी धीरजभरी संवादोन्मुखता का यह बड़ा प्रमाण है।

नामवर जी के बारे में यह मान्यता रही है कि वे इतना सुगठित ओर सुनियोजित वक्तव्य देते हैं कि उसे ज्यों का त्यों लिख देने से एक निबन्ध की तरह पढ़ा जा सकता है। यह बात एक हद तक ही ठीक है। उनके वक्तव्य में सुसम्बद्धता होती है। वह काफी हद तक सुगठित भी होता है। परन्तु विचार निरूपण के क्रम में तात्कालिक दबाव मनः स्थिति और आवेग की मात्रा के अन्तर से भाषा टूटती-दरकती रहती है। खासतौर पर वाक्य रचना में यह टूटन-दरकन स्पष्ट देखी जा सकती है। आधे अधूरे वाक्य कई बार इस तरह विन्यस्त होते हैं कि उन्हें साफ कर पूरे वाक्यों गें बदलना या जरूरी न होने पर छोड़ देना जरूरी हो जाता है। ऐसे अधूरे वाक्यों से निपटने के लिए एक स्पष्ट दृष्टि, सतर्कता और साहस की जरूरत पड़ती है। इसलिए बोले गए के प्रति निष्ठा रखते हुए भी उसमें जरूरी काट-छाँट अनिवार्य होती है। कहना न होगा कि प्रस्तुत साक्षात्कारों में यह अधिकार प्रयोग में लाया गया है। यह प्रक्रिया बड़ी उबाऊ और धीरज की माँग करने वाली रही है। इसके बावजूद प्राप्त सभी साक्षात्कारों को समय अन्तरालों के बाद पुनः पुनः सम्पादित किया गया है। अन्तिम प्रकाशन के पहले तक यह कार्य जारी रहा है। नामवर जी के उपलब्ध साक्षात्कारों को एक पुस्तक के रूप में परिकल्पित करने के बाद भी लगातार मेरे मन में एक ऊहा-पोह बनी रही है। इसलिए अन्तिम प्रकाशन के पूर्व तक साक्षात्कार जुड़ते या निकलते रहे हैं। साथ ही उनके क्रमों में बदलाव होता रहा है। राजकमल प्रकाशन समूह से जुड़े साथियों ने इस पूरी प्रक्रिया में पूरा साथ दिया है और धीरज बनाये रखा है, इसके लिए उनके प्रति सम्मान व्यक्त करना मात्र पेशेवर औपचारिकता नहीं हैं।

पुस्तक में संकलित सभी साक्षात्कार पूर्व प्रकाशित हैं। हमने अपनी दृष्टि से उन्हें पुनः पुनः सम्पादित कर के ही पुस्तक में विन्यस्त किया है। प्रथम प्रकाशन की, जहाँ तक सम्भव हो सका है, जानकारी प्रत्येक साक्षात्कार के अन्त में दी गई है। अनेक साक्षात्कारों के प्रथम प्रकाशन में प्रस्तोता द्वारा दिए गए शीर्षक भी बदल दिए गए हैं। साक्षात्कारों के प्रथम प्रकाशित प्रारूपों में मौजूद असम्बद्धताओं को सम्भव सीमा तक दूर करने की कोशिश की गई है। आधे-अधूरे वाक्यों और एक वाक्य में

गुँथे अनेक अधूरे उपवाक्यों से पैदा होने वाली प्रवाह-बाधा को खत्म किया गया है। प्रसंग के अनुसार नए पैराग्राफ बनाए गए हैं। हमारी कोशिश भाषा को कसने और बातचीत को सुसम्बद्ध-सुसंगठितरूप में प्रस्तुत करने की रही है, कि पढ़ते समय एक प्रवाह में उसे पढ़ा जा सके। इन साक्षात्कारों के टेप अनुपलब्ध हैं। पुस्तक में साक्षात्कारों के प्रथम प्रकाशित प्रारूपों के प्रस्तोता और सम्पादक ही इनकी प्रामाणिकता के लिए उत्तरदायी हैं। पुस्तक में प्रकाशित इनके प्रारूपों में भी नामवर सिंह का कोई लिखित अवदान नहीं है।

यह पुस्तक नामवर जी की आठ पुस्तकों की श्रृंखला में प्रकाशित है। इन पुस्तकों में प्रकाशित हो रही सामग्री पिछले 60 वर्षों की दीर्घ अवधि में लिखित एवं प्रकाशित परन्तु असंकलित रही है। खोज का यह काम 2005 में प्रारम्भ हआ। निरन्तर पत्र-पत्रिकाओं-पुस्तकों, पुस्तकालयों, इंटरनेट एवं खासतौर पर निजी संग्रहों को खंगालने पर यह सामग्री प्राप्त हुई—लगभग 2000 पृष्ठ। उसमें नामवर जी के आलेखों, व्याख्यानों और साक्षात्कारों के लिप्यंतरित पाठ, वाचिक टिप्पणियाँ, व्यक्तिगत साक्षात्कार एवं सामूहिक परिसंवाद शामिल हैं। इसके बावजूद अभी अनेक आलेख और व्याख्यानों और साक्षात्कारों के मुद्रित पाठ खोजे जाने बाकी हैं। नामवर जी ने जब स्वयं यह संग्रह देखा तो उन्हें आश्चर्य हुआ। अनेक आलेख, व्याख्यान और साक्षात्कार उनकी स्मृति में नहीं थे। इस सामग्री को पुस्तकों में बाँटने की प्रमुखतः दो योजनाएँ विकल्प के रूप में सामने थीं—विषयवार पुस्तकें और लिखित-वाचिक की अलग-अलग पुस्तकें। हमने बीच का रास्ता अपनाया। सामयिक विषयों पर एक स्वतन्त्र पुस्तक 'जमाने से दो दो हाथ' के साथ प्रेमचन्द पर केन्द्रित पुस्तक 'प्रेमचन्द और भारतीय समाज' में—आलेख, भाषण एवं वाचिक टिप्पणियाँ एक साथ मौजूद हैं। इसके अतिरिक्त वाचिक की दो पुस्तकें 'आलोचना और विचारधारा' तथा 'साहित्य की पहचान', लिखित की दो पुस्तकें 'कविता की ज़मीन और ज़मीन की कविता' तथा 'हिंदी का गद्य पर्व' और साक्षात्कार-संवाद की दो पुस्तकें 'साथ साथ' तथा 'सम्मुख'। यह पुस्तकें आपके सामने हैं। इन पुस्तकों से गुजरते हुए आप नामवर जी की प्रतिभा के विविध आयामों से संवाद कर सकेंगे।

सम्पूर्ण खोज-यात्रा में प्रो. कमला प्रसाद जी के साथ ही हिन्दी के वरिष्ठ कथाकार प्रो. काशीनाथ सिंह का प्रोत्साहन मेरी शक्ति रहा है। अनेक आदरणीय वरिष्ठों एवं मित्रों ने इस कार्य में निरन्तर दिलचस्पी ली है और बहुविध सहयोग किया है। गोमती प्रसाद विकल, कुमार पंकज, विजय बहादुर सिंह, रवि श्रीवास्तव, रमाकान्त शर्मा, सदानन्द शाही, विनोद दास, विवेक मिश्र, विनोद तिवारी, क्षितिज विवेक, प्रवेश तिवारी, पल्लव, संज्ञा उपाध्याय, सूर्यनारायण, व्योमेश शुक्ल, तेजभान राम और नीलेश कुमार ने सामग्री संग्रह के कार्य में उत्साहपूर्वक सहयोग किया है। युवा साथियों

चन्द्रशेखर सिंह, वीरेन्द्र गौतम और विशाल विक्रम सिंह ने अन्य कार्यों में मेरा हाथ बँटाया है। सभी के प्रति आभार व्यक्त करना सिर्फ औपचारिकता नहीं है।

इस सम्पूर्ण यात्रा में एक बात मैं निरन्तर महसूस करता रहा कि इसके संग्रहण एवं प्रकाशन के प्रति नामवर जी में गहरी असम्पृक्ति रही है। सम्भवतः यही कारण है कि इतनी ढेर सारी सामग्री अब तक पुस्तक रूप में संकलित-प्रकाशित नहीं हो सकी है। अनेक व्याख्यान व साक्षात्कार तो उन्होंने प्रकाशित रूप में देखे भी न थे। आज के समय में, जबकि लोग आत्म प्रदर्शन की प्रवृत्ति के शिकार हैं, नामवर जी में एक किसान का-सा संकोच है। अपने लिखे और बोले हुए के प्रति नामवर जी की यह असम्पृक्ति और उसके व्यवस्थित प्रस्तुतिकरण के प्रति उनका यह संकोच, मुझे अनेक तरह से अपरिग्रह के पुराने मूल्य का ही एक नया रूपान्तर लगता रहा है। उनके समकालीनों, हमउम्रों और उन्हें ज्यादा जानने का दावा करने वाले लोगों के विचारों के समानांतर मुझे नामवर जी में एक 'सूफियाना विराग' मिलता है। एक बार मेरे पूछने पर उन्होंने स्पष्ट रूप से कहा था कि 'चाहे निबन्ध हों या पुस्तक, मुझे उसका प्रकाशन तभी जरूरी लगता रहा है, जबकि वह मौजूदा परिदृश्य में हस्तक्षेप करे, उसके ठहराव को तोड़े और वाद-विवाद-संवाद की प्रक्रिया को आगे बढ़ाए। मेरी ज्यादातर पुस्तकें अपने समय की बहसों में भागीदार होकर लिखी गई हैं। इसीलिए संग्रह के लिए संग्रह निकालना मेरी प्राथमिकता नहीं रहा है।' इसी विचार के कारण पर्याप्त सामग्री के बावजूद उनके संग्रह सामने नहीं आ सके। मैने देखा था कि 'वाद विवाद संवाद' के साथ ही आलोचना में उनकी एक अन्य पुस्तक का विज्ञापन छपा था- 'जब हिन्दी नई चाल में ढली'। वह पुस्तक नहीं आ सकी। शुरूआती दिनों में मैंने भी उनके आलोचनात्मक निबन्धों के पुस्तक रूप में प्रकाशन की जब भी बात की, उन्होंने ज्यादा रुचि नहीं ली। प्रकाशकों और मित्रों के आग्रह के बावजूद उनकी पुस्तक 'बकलम खुद' का दूसरा संस्करण प्रकाशित नहीं हो सका। कविताओं का तो पहला ही संग्रह अब तक नहीं निकल सका है।

इसके बावजूद यदि इन पुस्तकों का प्रकाशन हो रहा है, तो इसका आशय यह नहीं है कि नामवर जी का विचार बदला है। वस्तुतः अनेक मित्रों के निरन्तर दबाव और निरन्तर आग्रह के कारण उन्होंने इनके प्रकाशन की अनुमति दी है। संकोच के साथ। मैं इसके लिए उनका आभारी हूँ। उम्मीद है कि इनके प्रकाशन से गत साठ वर्षों से अधिक में फैली उनकी के रचनात्मकता अपने ज्यादा आयामों में उभर सकेगी। छः दशकों में प्रगतिशील आलोचना की प्रभावशाली एवं निर्णायक भूमिका का खुलासा भी उनसे हो सकेगा तथा नामवर जी की अपनी वैचारिक स्थिति अधिक स्पष्ट हो सकेगी।

इन पुस्तकों के संकलन-सम्पादन के पीछे प्रो. कमला प्रसाद की प्रेरणा रही है।

इस शृंखला की पहली चार पुस्तकें देखकर वे खुश हुए थे। दूसरी चार पुस्तकों का यह सेट आने के पूर्व ही वे हमें छोड़कर चले गए हैं। उनकी अनुपस्थिति में उनकी उपस्थिति का महत्व ज़्यादा खुलकर प्रकट हुआ है। उनके साथ सक्रिय गतिशीलता का जो समय मैंने गुज़ारा है, वह मेरे भीतर सदैव जीवित रहेगा। इस अवसर पर उन्हें याद करना, ऐसे ही है जैसे अपने भीतर झाँकना। बाहर वे नहीं हैं। भीतर एक स्मृति-फ़िल्म में वे मौजूद हैं—बोलते, चलते और कुछ करने के लिए उकसाते, आलस करने पर नाराज़गी जताते। इस अवसर पर उन्हें याद करता हूँ। नए काम में जुटता हूँ।

—आशीष त्रिपाठी

अनुक्रम

खंड-1

खंड-2

खंड-1

जब तक पूँजीवाद है मार्क्सवाद वैध रहेगा

राजकुमार राकेश और अजित राय की बातचीत

इतिहास की 'शव साधना'

राजकुमार राकेश : हिन्दी का जो वर्ग तर्क कर रहा है, कि अब आप लाख तर्क भी दें, तो भी वे यही मानकर चल रहे हैं, कि आपने एक सोची-समझी योजना के चलते रामविलास शर्मा की बरसी के आयोजन पर उन्हें कठघरे में खड़ा करने की अवांछनीय कोशिश की है। इस पूरे विवाद के चलते अपने विरोधी विचार के इन सन्देहात्मक स्वरों पर अब आप क्या कहना चाहेंगे?

नामवर सिंह : उस लेख के क्रम में मुझे दो-तीन लेख और लिखने हैं। और चूँकि रामविलास जी ने बहुत लिखा है...तो उस क्रम में संक्षिप्त टिप्पणियों से उन बातों का स्पष्टीकरण नहीं हो पाएगा। फिर भी दो-तीन बातें संक्षेप में कह देना चाहता हूँ। उस लेख से कहीं यह प्रकट नहीं होता कि रामविलास जी के नए भक्तों और प्रशंसकों की तुलना में, उनके प्रति मेरी श्रद्धा में कुछ कमी है। इसका प्रमाण यह है कि रामविलास जी के प्रति श्रद्धा रखते हुए भी उनसे मतभेद का मेरा एक लम्बा इतिहास है।

पिछले पचास वर्षों से रामविलास जी की बहुत-सी बातों का समर्थन और सच पूछिए तो विश्वविद्यालयों में उनको स्थापित करने के लिए मैंने लम्बा संघर्ष किया है। विश्वविद्यालयों के पाठ्यक्रम से बाहर रहे हैं रामविलास जी...और चूँकि मैं विश्वविद्यालयों के अन्दर था, हिन्दी विभाग में...तो यह संघर्ष मेरा बहुत पुराना है, पचास साल का है...उसकी पूरी कहानी आज यहाँ मैं कहना नहीं चाहता। दिल्ली विश्वविद्यालय में डॉक्टर नगेन्द्र के साथ जो तनाव-टकराव हुआ और अधिकांश लिखने वाले दिल्ली विश्वविद्यालय के अध्यापक लोग ही हैं, यह बात वे भूल जाते हैं। एक पहलू यह है।

लेकिन उसके साथ ही प्रगतिशील चिन्तन में और प्रगतिशील आलोचना में रामविलास जी से मतभेद हमारा पहले भी बहुत-सी बातों पर चलता रहा है।

सैद्धान्तिक, मार्क्सवाद की समझ, मार्क्सवादी सौन्दर्यशास्त्र की सौन्दर्यदृष्टि की समझ को लेकर, आन्तरिक कहिए, संवाद रहा है। उस क्रम में पिछले एक दशक से रामविलास जी के लेखन में जो परिवर्तन आया है, उसका मुख्य कारण लगा, जब 'पांचजन्य' के लोगों ने और राष्ट्रीय स्वयं सेवक संघ के लोगों ने रामविलास जी को अपनी विचारधारा के समर्थन में सबसे बड़ा स्तम्भ माना। लिखित रूप में यह चीज़ सामने आई है। तो मुझे लगा कि कुछ बातें हैं भी रामविलास जी में, तभी तो हिन्दुत्ववादी लोग उन्हें अपना सिद्धान्तकार मान रहे हैं। वे जड़ें कहाँ हैं?

इस दृष्टि से जब मैंने उनके लेखन की जाँच शुरू की...तो उस क्रम में मैंने केवल एक बिन्दु लिया है कि वेदों की ओर रामविलास जी का जाना और वेद को प्रमाण मान करके पुनः प्रतिष्ठित करना...एक ओर उनका और दूसरी ओर हमारे मानव संसाधन विकास मंत्री, जो हिन्दुत्व के सिद्धान्तकार हैं...मुरली मनोहर जोशी...वे वैदिक ज्योतिष, वैदिक गणित की बातें...विज्ञान तक को कहना चाहते हैं कि वेद से इसका सम्बन्ध है, यह आर्यसमाजी मनोवृत्ति है। दयानन्द ने यह शुरू किया था। लेकिन मुझे लगा कि समाज-दर्शन जो वेदों का...रामविलास जी का 'भारतीय संस्कृति और हिन्दी प्रदेश' नाम का जो ग्रंथ है, उसमें सारी संस्कृति का इतिहास लिखते हुए वे भूल जाते हैं कि...उस क्रम में मालूम हुआ कि अधिकांश भक्त लोग रामविलास जी को ही पढ़ते हैं। रामविलास जी के अलावा भी भारतीय संस्कृति पर मार्क्सवादियों ने...डी.डी. कोसाम्बी ने लिखा है...प्राचीन भारत का इतिहास लिखने वाले रोमिला थापर और रामशरण शर्मा ने अध्ययन करके लिखा है...इसके अलावा भी और मार्क्सवादी लोगों ने लिखा है...गैर मार्क्सवादी लोगों ने लिखा है, उस सिलसिले में लोग नहीं देखते कि...

इसमें एक छोटा-सा सवाल है। अभी दयाकृष्ण की एक पुस्तक आई है। वे पहले भी एक लेख लिख चुके थे...कि वेदों की चर्चा एक हजार साल तक इस देश में नहीं हुई...कि गौतम बुद्ध से लेकर...600 ई. पूर्व से लेकर के लगभग सायण की टीका तक वेदों की चर्चा नहीं हुई भारत में...एक हजार साल तक नहीं हुई। और उस समय भारतीय संस्कृति और दर्शन में सबसे ज़्यादा चिन्तक, बौद्ध दार्शनिक हुए। बौद्ध न्यैयायिक हुए। उनका बोलबाला था। सायण के भाष्य के बाद भी (लगभग चौदहवीं शताब्दी में उन्होंने लिखा था) लम्बे समय तक चर्चा नहीं हुई वेदों की...वेदों की चर्चा मैक्समूलर से शुरू हुई और दयानन्द उसके बाद आए...तो बीच-बीच में वेद लुप्त होते रहे हैं और अब फिर वेदों का मूल्योद्धार 1992 के बाद...बाबरी मस्जिद गिराने के बाद फिर हुआ है...

तो क्यों वेदों की चर्चा नए सिरे से आज शुरू हो रही है, इसका कोई विशेष अर्थ होना चाहिए। और उस चर्चा का मुख्य आधार मेरी समझ से यह है कि वेदों

में एक मुख्य चीज़ थी...उसका पुरुष-सूक्त, जिसमें चार वर्ण की...चातुर्वर्ण व्यवस्था कायम की गई थी। ब्राह्मण को शीर्ष माना गया था। दलितों को पैर माना गया था। और इसे कहा गया था कि यह प्रकृति का नियम है। तो मानव शरीर की उपमा देकर उन्होंने कहा कि यह तो प्रकृति में 'हायर आर्की' है, तो समाज में भी उसके अनुसार 'हायर आर्की' होगी। यह प्राकृतिक नियम है, तो यह मानवीय नियम भी होगा। और किसी नियम को, प्राकृतिक आपदा जैसे है, एक तरह से स्वयंसिद्ध मान लिया जाता है। उसमें बहस नहीं की जा सकती। यह वेद का सार निकला और बुद्ध ने इसीलिए वेदों का निषेध किया था। आज के सन्दर्भ में यह चीज़ उठाने का मतलब यह है कि फिर से किसी न किसी रूप में, जब दलितों का आन्दोलन शुरू हुआ है, पिछड़े वर्गों का...मंडल का आन्दोलन शुरू हुआ है...तो अब फिर ब्राह्मणवाद अपने वेद का सहारा लेकर पुनः आ जाना चाहता है। इस बारे में रामविलास जी साफ-साफ, दो-टूक नहीं कहते और आज की लड़ाई...

इसलिए मैंने कहा कि रामविलास जी दयानन्द के बाद फिर...वही दयानन्द वाले जो हैं...और इसके राजनीतिक निहितार्थ हैं...। सामाजिक तो हैं ही कि हमारे सामाजिक जीवन में फिर दलितों और पिछड़े वर्गों के आन्दोलन के विरुद्ध, स्त्रियों के विरुद्ध...स्त्रियों के बारे में भी वेदों में बहुत कहा गया है।...उन सारी चीज़ों के विरुद्ध जब एक नया सामाजिक जागरण हमारे देश में दिखाई पड़ रहा है, ऐसे समय में रामविलास जी का वेदों को पुनः प्रतिष्ठित करके और उसी को प्रमाण के रूप में रखना...मैं समझता हूँ कि प्रगति का लक्षण नहीं है बल्कि समाज को पीछे ले जाने का लक्षण है। मैंने जिस ओर इशारा किया, इसकी यह राजनीति है। दयानन्द ने वेदों का उद्धार करके जो एक...जिसे हिन्दी नवजागरण हम कहते हैं...क्योंकि हिन्दी प्रदेश में दयानन्द ही हुए। बंगाल में राममोहन हुए। दक्षिण भारत में पेरियार हुए। महाराष्ट्र में फुले हुए...तो दयानन्द के द्वारा हिन्दी समाज में जो पुनर्जागरण या नवजागरण जिसे कहा जाता है, हुआ। उसका परिणाम हुआ कि स्वाधीनता संग्राम में बहुत बड़ी एक हिन्दुत्ववादी प्रवृत्ति...जिसके प्रमाण दिए थे...पंजाब में लाला लाजपतराय ने, जिन्होंने हिन्दू महासभा कायम की थी...

बी. डी. सावरकर ने 1923 में 'हिन्दुत्व' नाम की किताब लिखी और लाला लाजपतराय ने ट्रिब्यून में दिसम्बर 1924 में एक लेख लिखा, जिसको दो राष्ट्रों का सिद्धान्त...कि भारत में दो राष्ट्र हैं। एक हिन्दू राष्ट्र और दूसरा मुस्लिम राष्ट्र! जिन्ना ने जब यह 1940 में किया, तो उससे सोलह-सत्तरह साल पहले इन लोगों ने कहा कि भारत में दो राष्ट्र हैं। और लाला लाजपतराय ने तो इन दो राष्ट्रों का नक्शा भी पेश कर दिया था। कहा कि पश्चिमोत्तर प्रदेश, फ्रंटियर, पश्चिमी पंजाब, सिंध और पूर्वी बंगाल...यह हुआ मुस्लिम राष्ट्र और इसके अलावा जो हैं, वह गैर-मुस्लिम राष्ट्र

के रूप में बाकी भारत है। यह लाला लाजपतराय ने 1924 में कहा है। यह सिद्धान्त इतना दूर तक प्रबल हुआ कि आगे चलकर देश के दो टुकड़े हुए। केबिनेट मिशन तक मानता था कि एक महासंघ के अन्तर्गत दो स्वायत्त हिन्दू और मुस्लिम रह सकते हैं। यह केबिनेट मिशन लेकर आया था। जिन्ना ने मान लिया था। कांग्रेस ने मना कर दिया कि हम इसे नहीं मानते। इस फेडरेशन या कन्फेडरेशन को मानने का सवाल ही नहीं है। अलग-अलग दोनों राज्य हैं...

इसलिए मैं कहता हूँ कि दयानन्द से जो वेदों के आधार पर हिन्दुत्ववादी पुनर्जागरण शुरू हुआ, उसकी परिणति देश के बँटवारे में हुई। जिसकी जिम्मेदारी हम लोग अभी तक जिन्ना पर डालते रहे हैं, कि वे चाहते थे अलग होना, जबकि उसकी शुरुआत तो वहीं से हो चुकी थी। उस पुनर्जागरण को रामविलास जी ने हिन्दी नवजागरण के रूप में और उसी के साथ हिन्दी जाति नाम का और हिन्दी प्रदेश नाम का एक राज्य बने, इस राजनीतिक परिकल्पना के साथ...इतने निहितार्थ उसमें हैं...मुझे लगा कि ऐसे समय रामविलास जी की इन मान्यताओं के आगे प्रश्नचिह्न लगाना चाहिए। इसलिए मैंने यह जरूरी सोचा...

यह काम मैं समझता हूँ कि देश के एक व्यापक हित में है कि यह सवाल उठाया जाए और साथ ही मार्क्सवाद के...क्योंकि आपको याद होगा कि आर.एस.एस. वालों ने कहा कि कम्युनिस्टों ने 'टू-नेशन थ्योरी' बनाई थी। अभी अखबारों में वक्तव्य उनका आया था कि दो राष्ट्र होने चाहिए, यह सिद्धान्त तो कम्युनिस्टों का है। किन्तु कायदे से तो यह सिद्धान्त आर.एस.एस. का रहा है। हिन्दू महासभा का रहा है। उसमें कांग्रेस का वह हिस्सा भी शामिल था जो कि गांधी जी के विरुद्ध राष्ट्रीय आन्दोलन में था। ये हिन्दुत्ववादी लोग थे, जिनमें सरदार पटेल थे, पुरुषोत्तम दास टंडन थे, और गोविन्द वल्लभ पन्त थे...एक बहुत बड़ी लॉबी थी, जो चाहती थी कि देश के दो टुकड़े हो जाएँ और हिन्दू राष्ट्र मिले। कि हम लोगों को सत्ता मिले। यह झगड़ा देर तक नहीं चलना चाहिए।

इसलिए देश के बँटवारे की जिम्मेदारी जब आर.एस.एस. वाले कम्युनिस्टों पर डालने लगे हैं तब रामविलास जी...एक मार्क्सवादी हैं और हमारे अग्रज और नेता के रूप में रहे हैं...साहित्य-संस्कृति के...उनके विचारों के सामने प्रश्नचिह्न लगाना बहुत जरूरी है कि आखिर उनकी जड़ें कहाँ हैं? इसलिए मैंने लिखा है। और यह सब कुछ लिखा है उनको ध्वस्त करने के लिए नहीं, बल्कि एक जो आहत हृदय है...उस व्यथा, उस दर्द के साथ लिखा है, जो उस लेख में मौजूद है और जिसे लोगों ने नहीं पढ़ा है। अगर वे लोग उस दर्द को समझते...उनको दर्द नहीं है लेकिन मुझे तो है...इसलिए कि उनके साथ पचास वर्षों का सम्बन्ध है, प्रगतिशील आन्दोलन में वे साथ रहे हैं, हमारे महासचिव रहे हैं। सबसे बड़े विचारक और चिन्तक रहे हैं। उसी लगाव के

कारण मैंने समझा कि यह आज के माहौल में उनका जिस रूप में उपयोग किया जा रहा है, तो ऐसे समय में सवाल उठाया जाना चाहिए। इसलिए मैंने उठाया है...

बरसी पर इसलिए उठाया है...कुछ लोगों ने कहा कि उनके मरने के बाद उनकी बरसी पर यह सवाल उठाया है...मृत्यु के बाद श्रद्धांजलि-क्रान्ति जब निकली थी, तब मैंने नहीं लिखा था। अब बरसी पर विरासत का सवाल उठ रहा है। और विरासत का जब निर्णय हो तो रामविलास जी की विरासत...सच्ची विरासत क्या है? और क्या चीज़ ऐसी है, जिसे छोड़ दें...इसका निर्णय करने का अधिकार तो वारिस को है। तो सिर्फ वारिस के नाते मैंने यह सवाल उठाया है, जो बरसी पर ही उठाया जा सकता है। वर्ना बरसी के बाद तो आप देखेंगे कि लोग भूल जाएँगे...नाम नहीं लेंगे। इसलिए कुछ बातें ऐसी हैं, जो कायदे से गम्भीर चर्चा...गम्भीरता से विचार करना उनके प्रति सच्ची श्रद्धांजलि है...

यह परम्परा मार्क्सवाद की रही है। यह परम्परा हमारी भारतीय परम्परा है।

एकला चलो रे

राजकुमार राकेश : नामवर जी, सेक्यूलेरिज़्म का अनुवाद आपके लिए धर्म निरपेक्षता नहीं है क्योंकि सेक्यूलेरिज़्म को आप भारतीय अवधारणा ही नहीं मानते। इसे तनिक अधिक स्पष्ट करने की ज़रूरत इसलिए है क्योंकि वर्तमान सन्दर्भ में इस अवधारणा को भारतीय समाज में अधिक सार्थकता से समझने, समझाने तथा लागू करवाने की अनिवार्यता है विशेषकर जब हिन्दू समाज के लगातार विस्तृत होते मध्यवर्ग में इसे लेकर गहन मानसिक दबाव महसूस किया जा रहा है।

नामवर सिंह : देखिए, सेक्यूलेरिज़्म पर पिछले एक दशक में, ख़ासतौर से बाबरी मस्जिद के विध्वंस के बाद...इतिहासकारों ने, राजनीति-शास्त्रियों ने, समाज शास्त्रियों ने, दार्शनिकों ने इस देश में गम्भीरता से विचार किया है। बहुत विशाल साहित्य है। और पश्चिम में भी एक अर्से से सेक्यूलेरिज़्म पर विचार होता चला आ रहा है। उसमें दो बातें स्पष्ट हो जानी चाहिए—1. सेक्यूलर राज्य, 2. सेक्यूलर समाज।

हमारे संविधान में हमने राज्य को सेक्यूलर मानने की बात कही है। क्योंकि इस देश में अनेक धर्म हैं, इसलिए राज्य धार्मिक राज्य नहीं होगा। जैसे पाकिस्तान ने तो यह स्वीकार कर लिया है कि वह धार्मिक राज्य होगा। लेकिन पाकिस्तानी समाज भी पूरे का पूरा धार्मिक हो, यह मैं नहीं मानता...जिस समाज में फ़ैज़ अहमद फ़ैज़ जैसा शायर रहा हो, नासिर कासमी रहे हों, इन्तेज़ार हुसैन लिख रहे हों...तो खाली यह लेखक हैं, लेकिन इन लेखकों के जो वहाँ पाठक मौजूद हैं...जिस समाज से वह पैदा हुआ है...इसलिए पाकिस्तान में, चूँकि वह धार्मिक राज्य रहेगा, लेकिन पाकिस्तानी

समाज पूरा-का-पूरा धार्मिक नहीं है। हम लोगों ने चुना कि राज्य धार्मिक रहेगा और जवाहरलाल नेहरू के जमाने तक रहा है। राज्य धार्मिक रहा है। यद्यपि सुसंगत रूप से धार्मिक नहीं रहा है। हमारे यहाँ सरकारी अवसर ऐसे आए हैं जबकि वेदमंत्रों का पाठ हुआ है। नारियल फोड़े गए हैं और पंडित नेहरू इस पर आपत्ति करते रहे हैं। आपको याद होगा कि सोमनाथ मन्दिर जब निर्मित हुआ था, और हमारे राष्ट्रपति वहाँ जा रहे थे, तो जवाहरलाल नेहरू ने मना किया था कि आप वहाँ न जाइए...राष्ट्रपति को नहीं जाना चाहिए। उन्होंने कहा कि मैं व्यक्तिगत हैसियत से जाना चाहता हूँ...

लेकिन कोशिश की गई थी कि हमारा धर्म-निरपेक्ष...इस अर्थ में कि धार्मिक मसलों में राज्य सबको बराबर समझेगा, एक दृष्टि से देखेगा। लेकिन समाज हमारा सेक्यूलर न तब था, न अब है। दुनिया में कई देश ऐसे हैं जहाँ राज्य तो सेक्यूलर है, पर समाज सेक्यूलर नहीं है। जैसे अमेरिका...अमेरिका के संविधान में लिखा गया है...जैफरसन ने यह ख़ासतौर से डाला था, और उस समय अमेरिका में एक बहस हुई थी। सवाल उठा था कि राजनीति को धर्म से अलग रखना चाहिए—यह जैफरसन ने कहा। तो जो लोकतान्त्रिक विचारों के लोग थे, उन्होंने कहा कि धर्म को राजनीति से इसलिए नहीं मिलाना चाहिए कि धर्म राजनीति को भ्रष्ट करेगा। और जो दक्षिणपंथी लोग थे, उन्होंने कहा कि...वे भी चाहते थे कि न मिलाया जाए...वे इसलिए यह कहते थे कि राजनीति धर्म को भ्रष्ट करेगी। यानी धर्म राजनीति को और राजनीति धर्म को भ्रष्ट करेगी, इसलिए दोनों को अलग-अलग रखना चाहिए। लम्बे तर्कों के बाद अन्ततः यह माना गया कि राज्य को धर्म के मामले में अलग रहना चाहिए। यह अमेरिका में हुआ।

इंग्लैंड ठीक इसके उलटा है। इंग्लैंड का समाज अनेक राजनीतिक आन्दोलनों के कारण, सामाजिक आन्दोलनों के कारण...इंग्लैंड में राज्य धार्मिक है। उनका अपना चर्च है। एंग्लिकेन चर्च है। लेकिन समाज उनका सेक्यूलर है। अलग-अलग देशों में अलग-अलग स्थितियाँ होती हैं। रूस में जब समाजवाद कायम हुआ तो निश्चित रूप से समाजवादी राज्य धर्म-निरपेक्ष था। बल्कि धर्म-निरपेक्षता ही नहीं, वह अनीश्वरवाद को मानता था। राज्य का कोई चर्च नहीं था। बावजूद इसके, रूस में धार्मिक समाज था। ग्रीक ऑर्थोडॉक्स चर्च मौजूद रहा। और इस हद तक था कि जब जर्मनी ने रूस पर हमला किया तो स्टालिन ने चर्च की मदद ली और कहा कि "इट इज ग्रेट पेट्रियाटिक वार!" इसमें चर्च खोले गए। मुक्त किया गया कि वे जानते थे कि रूसी समाज में धार्मिक तत्व बहुत ज़्यादा है। उसकी मदद की ज़रूरत है देश के नाम पर...

हमारे देश में जो पहली लड़ाई यह है कि राज्य की ओर से गड़बड़ियाँ हुई हैं। और ये इन्दिरा गांधी के जमाने से शुरू हो गई थीं। राजीव गांधी के जमाने में भी था कि राज्य ने दिलचस्पी ली वर्ना मन्दिर बनाने के लिए जमीन क्यों दी गई होती?

कोई ज़रूरत नहीं थी राज्य को दखल देने की! फैसला इसका सुप्रीम कोर्ट द्वारा करवाया जा रहा है, फिर भी राज्य दिलचस्पी ले रहा है। तो राज्य ठीक-ठीक सेक्यूलर हमारा रह नहीं पाया है। ख़ासतौर से जबकि गैर-सेक्यूलर शक्तियों की सरकार है। केन्द्र में और कई राज्यों में भी है। तो पहली लड़ाई तो हमारी यही है कि राज्य को सेक्यूलर रहना चाहिए। एक तो यह! और न रहने के कितने दुष्परिणाम होंगे, कितने खतरे होंगे, वह एक अलग सवाल है। लेकिन बहुत महत्त्वपूर्ण है।

दूसरी चीज़ यह कि मैं यह कहता हूँ कि लोगों ने धर्म-निरपेक्षता की जो व्याख्या की है, सेक्यूलेरिज़्म की, वह दोषपूर्ण है, बल्कि यह कहूँगा कि खतरनाक भी है, क्योंकि हमारे यहाँ धर्म केवल ईश्वर और आस्था भर की चीज़ नहीं है। हमारे यहाँ धर्म सामाजिक नियम भी है, जिसके कारण जातियाँ हमारे यहाँ बहुत ज़्यादा हैं और उन जातियों के कारण...इसीलिए नया जो धार्मिक उभार हमारे समाज में आया हुआ है और लाया गया है...तो धर्म जो है उसमें हम आजकल सेक्यूलेरिज़्म की व्याख्या करते हैं...सर्वधर्म समभाव नाम की जो चीज़ कही जाती है। इसकी परिभाषा दी गई है और बड़ा गर्व करते हुए कहते हैं कि भारत भाषाओं की दृष्टि से, संस्कृतियों की दृष्टि से बहुलतावादी है...यह हमारी विशेषता है। दुनिया में हम अद्वितीय हैं। और इसके साथ ही हम मानते हैं कि इस बहुलता में एक सहिष्णुता छिपी हुई है। तभी तो सुरक्षित रही है यह बहुलता हमारी...इस बहुलता और सहिष्णुता को हम सेक्यूलेरिज़्म कहते हैं। एक बात इसमें भूल जाते हैं कि लोकतंत्र की शर्त केवल बहुलता और सहिष्णुता की रक्षा नहीं है। इस बहुलता में एक बड़ी भारी गुंजाइश यह है कि...

अचानक आपने देखा कि इस बहुलता में एक अस्मिता की राजनीति है। 'पॉलिटिक्स ऑफ आइडेंटिटी' जिसे कहते हैं कि अपनी पहचान सुरक्षित रहे। तो इस बीच उन पहचानों का जोर बहुत बढ़ा है। इसमें हर धर्म अपनी पहचान कायम करना चाहता है। हर जाति अपनी पहचान कायम करना चाहती है। हर समुदाय अपनी पहचान कायम करना चाहता है जैसे आदिवासियों का हुआ। आदिवासियों में भी छत्तीसों प्रकार के आदिवासी हैं। संथाल अलग हैं। मुंडा-ओरांव अलग हैं। खासी अलग हैं। नगा अलग हैं। मिज़ो अलग हैं।...तो सबकी पहचान अलग है। और सभी उस पहचान को कायम रखना चाहते हैं। इस सारी चीज़ में एक लेखक के नाते जो मैं महसूस करता हूँ कि व्यक्ति का कोई महत्त्व नहीं है। व्यक्ति अपनी जाति से अब जाना जाता है। जाति का यह आतंक जो दिन-ब-दिन पहचान के नाम पर बन रहा है, उसमें व्यक्ति स्वातंत्र्य की कोई गुंजाइश नहीं है...

यूरोप में 'एनलाइटनमेंट' की यह सबसे बड़ी देन थी, कि अपने समुदाय के विरुद्ध भी अकेला व्यक्ति असहमति व्यक्त करने के लिए स्वतंत्र है और वे इसको

'लिबरलिज़्म' कहते हैं। यह जो 'लिबरेलिज़्म' में उदारतावाद की देन थी, जब उन्नीसवीं शताब्दी में अंग्रेज़ों ने कहा था कि कानून की नज़र में हर व्यक्ति बराबर है। इसलिए इसी आधार पर रवीन्द्रनाथ कह सकते थे कि–

यदि तोर डाक शुनै
केउ न एसे तवै एकला चलो रे–एकला चलो रे

गांधी जी तमाम लोगों को छोड़कर अकेले चलने की ताकत रखते थे। यह लिबरल चिन्तन की बुनियाद है। इसलिए सेक्यूलेरिज़्म में व्यक्ति धर्म का क्या स्थान होगा? सेक्यूलेरिज़्म को अगर यह माना जाए कि धर्म...हिन्दुत्ववादी व बाकी लोग जो कहते हैं कि धर्म में व्यक्ति नहीं होता, समुदाय होता है। नमाज़ सामूहिक पढ़ी जाती है। दो आदमी अगर हों तो...अगर दो साथ मुसलमान चल रहे हों तो नमाज़ दोनों को साथ बैठकर पढ़नी पड़ेगी। धार्मिक यज्ञ करते हैं, शादी-ब्याह करते हैं...सब सामूहिक होता है। हिन्दू धर्म मानता ही नहीं...धर्म सामूहिक चीज़ है क्योंकि रीति-रिवाज, कर्मकाण्ड, 'रिचुअल्ज'–सब सामूहिक होते हैं। भक्तों का पहला विद्रोह था, जब उन्होंने कहा कि मेरे ईश्वर...ईश्वर है तो मेरा है...

कबीर का राम अपना राम है। उन्होंने तो यह कहा कि और जो राम हैं मैं उन्हें नहीं मानता। मेरा राम तो अपना है...तो मेरा ईश्वर...जिसको उन्होंने कहा कि ईश्वर को चुनने का मुझे अधिकार है, और उनके व मेरे बीच में तीसरा कोई नहीं है। अब भक्तों और सन्तों की सेक्यूलर धारणा तो यह हुई। आज के जमाने में उस सेक्यूलर के लिए कोई गुंजाइश नहीं है। इसलिए आज के समाज में सेक्यूलेरिज़्म की ऐसी परिभाषा की जाए...भारत में इसीलिए सेक्यूलेरिज़्म की जो परिभाषाएँ, जो व्याख्याएँ की जा रही हैं, उसमें और लोकतंत्र की जो बुनियाद है...लोकतंत्र की बुनियाद तो यही है न कि हर आदमी का एक वोट है...एक आदमी एक वोट...लेकिन अब तो वोट-बैंक चलता है। यह लोकतंत्र के सिद्धान्त के विरुद्ध है कि वोट-बैंक नाम की कोई चीज़ हो। वोट-बैंक जैसी चीज़ तो होनी ही नहीं चाहिए। हर आदमी अपने मतदान के लिए स्वतंत्र हो। जहाँ लोकतंत्र व्यक्ति को छोड़कर समुदाय के आधार पर बँटेगा...और खुलेआम राजनीतिक पार्टियाँ सामुदायिक आधार पर चल रही हैं, वोट-बैंक के आधार पर चल रही हैं, तब उसमें भ्रष्टाचार ही होगा; 'क्रिमिनेलाईजेशन' जिसे कहते हैं, वह होगा। बाहुबल, धनबल तमाम तरह के बल चलेंगे। पुलिस के, नौकरशाही के...यही सारी की सारी चीज़ें सेक्यूलेरिज़्म की ऐसी की तैसी कर देती हैं। इसलिए मैंने कहा कि हमारे यहाँ 'सेक्यूलेरिज़्म' एक बदनाम शब्द हो गया है...

इस सेक्यूलेरिज़्म के विरुद्ध दक्षिण-पंथ भी है–अमल में और वामपंथ भी विरुद्ध है। वह भी इसे अमल में नहीं लाता...लाने के लिए तैयार नहीं है। इसलिए सेक्यूलेरिज़्म के बारे में बहुत-से प्रश्नचिह्न हैं मेरे मन में...क्योंकि इसके दूरगामी

परिणाम होंगे। मैं अब भी मानता हूँ हमारी लड़ाई आज भी...राज्य को सेक्यूलर बनाए रखने की लड़ाई तो लड़नी ही है। और राजनीतिक लड़ाई हमारी यह है। लेकिन समाज सही अर्थों में सेक्यूलर बना रह सके, यह एक लम्बी लड़ाई है। इसके लिए तो कार्यक्रम वामपंथ के पास भी नहीं है, दूसरे लोगों के पास तो है ही नहीं...इसीलिए जो हिदुत्ववादी शक्तियाँ हैं, वे समाज को हिन्दू बनाती चली जा रही हैं, उनकी रोकथाम करने वाला कोई नहीं दिखाई पड़ रहा है। न कार्यक्रम कांग्रेस के पास है जो अपने आप को सेक्यूलर कहती है, न तेलगू देशम के पास है जो अपने को सेक्यूलर कहती है, डी.एम.के. के पास भी नहीं है। और सबसे बड़ी बात यह कि वामपंथ जब समाज को सेक्यूलर बनाए रखने के लिए नहीं लड़ता है तब तक वामपंथ हिन्दुत्वादी ताकतों का मुकाबला नहीं कर सकता। क्योंकि इसी देश में हम लोगों ने...

अभी एक जो रिपोर्ट आई है विद्या भारती की, तो उसमें मालूम हुआ कि विद्यामन्दिरों में पढ़ने वाले लड़कों की तादाद लाखों में नहीं, करोड़ों में पहुँच गई है। उनको शिक्षा दी जाती है वहाँ देशभक्ति के नाम पर...लगभग शाखाओं से ज़्यादा बड़ा काम विद्या भारती और उसके शिशु मन्दिर कर रहे हैं। वे कहते हैं कि हमारा अगला कार्यक्रम है कि कॉलेज स्तर पर ही नहीं, उच्च शिक्षा और शोध में भी हम हिन्दू-विज्ञान, हिन्दू समाज दर्शन और हिन्दू राजनीति पढ़ाएँगे। इतनी बड़ी ताकत जहाँ समाज को हिन्दू बनाने के लिए की जा रही है, ऐसे समय में हमारे यहाँ...यह खाली कुछ पढ़े-लिखे विद्वानों की, चिन्तकों की बहस की चीज़ नहीं रह गई है...

यह काम एक ज़माने में सन्तों-भक्तों ने बहुत दूर तक धर्म का ही आधार लेकर समाज को उन्होंने...कबीर ने जो काम किया था, रैदास ने जो काम किया था...वह प्रोग्राम हमारे पास है ही नहीं...उन्नीसवीं सदी में इसी देश के विभिन्न क्षेत्रों में अनेक लोगों ने काम किया था। फुले ने किया था, पेरियार ने यह काम किया था...लेकिन कुल मिला करके वह कार्यक्रम गांधी जी के रचनात्मक कार्यक्रम का हिस्सा था। आज स्वाधीनता के बावजूद वह काम कोई नहीं कर रहा है। वह जिम्मेदारी साहित्यकारों पर, पत्रकारों पर, बुद्धिजीवियों पर आ गई है और वह भी तत्काल दूसरे सवालों से उलझना ज़्यादा पसन्द करते हैं, क्योंकि यह तो बहुत लम्बा संग्राम है...

इसलिए मैं कहता हूँ कि सेक्यूलेरिज़्म का सवाल इतना सीधा-सादा, नुस्खे का, परिभाषा का और बौद्धिक बहस का सवाल नहीं है, गहरी चिन्ता का विषय है...

राजकुमार राकेश : नामवर जी, मैं आपका ध्यान आपके एक शब्द की ओर खींचना चाहता हूँ...'आलोचना' के 'पुनर्नवता' अंक में आपने बाबरी मस्जिद का जिक्र करते हुए, उससे पहले 'तथाकथित' शब्द का प्रयोग किया था—'तथाकथित बाबरी मस्जिद'—यह कौन-सी अर्थवत्ता व्यंजित करने के लिए किया गया है? जबकि अपने तौर पर ये संघ परिवार वाले भी इसे मस्जिद मान लेने से ही इनकार करते हैं।

नामवर सिंह–हाँ, हाँ...'तथाकथित' इसलिए कि उसे मस्जिद ही खाली कहते तो कोई हर्ज नहीं था। उसमें 'बाबरी' शब्द लगाया गया है, उसके लिए तथाकथित है। मैंने उसको विवादित ढाँचा नहीं कहा, इस पर आप ध्यान दीजिए। हिन्दुत्ववादी लोग तो उसे मस्जिद कहते ही नहीं हैं, उसको विवादित ढाँचा कहते हैं। मैं चाहता तो यह शब्द इस्तेमाल कर सकता था। मैंने यह नहीं किया। मैंने 'तथाकथित' बाबरी मस्जिद कहा है। यानी वह 'बाबरी' कथित है। बाबर ने बनवाया नहीं उसको...जिस भी बाकी ने बनाया है...यानी उस मस्जिद का कोई सम्बन्ध आज तक इतिहास से नहीं जुड़ता है। इसलिए मस्जिद को 'तथाकथित' नहीं कहा। 'बाबरी' के लिए ही यह विशेषण है। और दोनों का अन्तर हो जाना चाहिए। इस पर विवादित ढाँचा कहना एक बात है, पर मैंने उसको विवादित नहीं कहा है...मस्जिद कहा है...

राजकुमार राकेश : इन दिनों 'धर्मयुद्ध', 'ज़िहाद' और 'क्रूसेड' जैसे शब्दों का खूब प्रचलन है, जैसे सम्पूर्ण समाज को मध्यकालीन बर्बर युग की तरफ ले जाने की कोशिश हो रही हो। जैसे युद्धोन्माद की नई संस्कृति का निर्माण किया जा रहा हो। इस सबकी सार्थकता या निरर्थकता और संस्कृति के इस समग्र प्रदूषण पर आप क्या कहना चाहेंगे?

नामवर सिंह : देखिए, ऐसा है कि 'ज़िहाद' शब्द का एक निश्चित अर्थ है। इसी कारण आपने देखा होगा कि काठमांडू में जनरल मुशर्रफ ने कहा है कि ज़िहाद और आतंकवाद में फ़र्क है। ज़िहाद इस्लाम के मुताबिक जायज़ है। और वे सही कह रहे हैं। गुरु गोविन्द सिंह के वचन को याद रखें आप...जिसे कृष्णा सोबती ने 'जिन्दगीनामा' के अन्त में उद्धृत किया है कि जब विरोध के सारे रास्ते बन्द हो जाएँ, तो हथियार उठाना जायज़ है। गुरु गोविन्द सिंह ने फारसी में कहा है। मोटे तौर से उसका यह अनुवाद है। तो सिख धर्म के अनुसार भी तलवार उठाना जायज़ है। 'धर्मयुद्ध' है। इसीलिए उनके यहाँ कृपाण रखना धार्मिक कार्य है...तो ज़िहाद और अपने यहाँ भी गीता का पहला ही श्लोक है...

धर्मक्षेत्रे-कुरुक्षेत्रे समविता युयुत्सवः

यानी कुरुक्षेत्र ही धर्मक्षेत्र है। और इसका मतलब है कि महाभारत धर्मयुद्ध था। इसलिए धर्मयुद्ध की परिकल्पना धर्मों में हमेशा रही है। ईसाइयों में भी होगी। तुरन्त मुझे याद आ रहा है कि धर्म की रक्षा के लिए...लम्बी लड़ाई ईसाइयों ने खुद लड़ी है।

राजकुमार राकेश : अमेरिका के राष्ट्रपति जॉर्ज वॉल्टर बुश ने अफगानिस्तान राष्ट्र पर युद्ध थोपने से पहले 'क्रूसेड' शब्द का इस्तेमाल किया है।

नामवर सिंह : 'क्रूसेड' शब्द का इस्तेमाल तब प्रयोग किया गया था, जब तुर्कों ने हमला किया था यूरोप पर और उसे अंग्रेज़ी में 'क्रूसेड' कहा था...अनुवाद किया गया था ज़िहाद का...

तो एक धर्म विजय होती है। धर्म की रक्षा के लिए की जाती है। उसी को धर्मयुद्ध कहते हैं। सभी धर्मों में इसका कहीं न कहीं विधान है। धर्म के दो ही हथियार हैं : किताब होती है और तलवार होती है। हिन्दू धर्म में; इस्लाम में, ईसाईयत में है...बौद्धों को छोड़कर, जैनियों को छोड़कर बौद्ध और जैन धर्म और ईसाई व इस्लाम में यह जायज़ है। लोग यह मानते हैं। यह सही है या गलत है, यह अलग विषय है किन्तु आतंक इससे अलग चीज़ है। और आतंक के लिए यह जरूरी नहीं है कि धर्म का ही आधार लिया जाए। किसी और आधार पर भी आतंक फैला सकते हैं और आतंक का सहारा यह धर्मयुद्ध वाले भी ले सकते हैं।

युद्ध के कुछ नियम होते हैं। सेनाएँ लड़ती हैं। आम आदमी पर आतंक नहीं फैलाया जाता। इस सिलसिले में कोई आदमी नाम नहीं ले रहा है, कि फासिज़्म जो था, वह आतंकवाद था या धर्मयुद्ध था। फासिज़्म यहूदियों के विरुद्ध किया गया था, और गैस चैम्बर तक में उन्हें भरा गया था। वह टैरोरिज़्म था या नहीं था। और इसलिए दंगे हमारे यहाँ जब फैलाए जाते हैं, तो यह दंगे आतंकवाद की सीमा में आते हैं या नहीं आते, इस पर आज कोई चर्चा नहीं कर रहा है। आतंक की परिभाषा...टैरर, फासिज़्म और फासिस्ट आतंक है कि नहीं है...गुरिल्ला लड़ाई को आतंक नहीं कहा गया था कभी...गुरिल्ला वार-फेयर जो हुआ था। और इसलिए चे-गुएरा आतंकवादी नहीं थे। चारु मजूमदार आतंकवादी नहीं थे। नक्सलवादी आन्दोलन आतंकवादी नहीं था। उसकी आलोचना करना...दूसरे आधार पर किया जाएगा कि वह उचित नहीं था, या अनुचित था, लेकिन वह आतंकवाद नहीं था...

राजकुमार राकेश : इस सन्दर्भ में आप राज्य-आतंकवाद की भी बात कर सकते हैं। पंजाब में इसे एक ज़माने में खूब फैलाए जाने की बातें हुई थीं। अब अफगानिस्तान राष्ट्र में अमेरिका ने जो कुछ भी किया, वह क्या राज्य का आतंकवाद नहीं है जिसने एक पूरे राष्ट्र को ही ध्वस्त कर डाला?

नामवर सिंह : जी हाँ...यह राज्य का आतंकवाद है...

इसलिए इन सब चीज़ों के बारे में...कोई नोट आया था...यू.एन.ओ. ने परिभाषित करने की कोशिश की थी कि आतंकवाद क्या है। उसके ब्योरे मैंने देखे नहीं हैं, इसलिए उसके बारे में मैं कुछ कह नहीं सकता। लेकिन मैं यह जानता हूँ कि ज़िहाद, धर्मयुद्ध, क्रूसेड व आतंकवाद और गुरिल्ला लड़ाई जैसी चीज़ों में फर्क है। फर्क करते समय हमें अपने यहाँ के दंगों को भी शामिल करना चाहिए तथा हिटलर और मुसोलिनी के फासिज़्म में जो आतंक फैलाया गया था, उसको भी शामिल करके...अलग करने की वह कौन-सी चीज़ है जो आज के सन्दर्भ में विशेष महत्त्वपूर्ण है और जिसका विरोध किया जाना चाहिए। इसका सहारा लेकर कई लोग...आन्ध्रप्रदेश में जो लड़ाई चल रही है, पीपल्स वॉर ग्रुप की, तो उसको भी आतंकवादी कह रहे हैं।

वह आतंकवादी न होते हुए भी आप उसके विरुद्ध हो सकते हैं। उसका विरोध किया जा सकता है और किया जाना चाहिए। लेकिन इस आधार पर नहीं...

फासीवाद का नव-सौन्दर्यशास्त्र और बाज़ारवाद के हमले के बीच पनपता 'ग्रोथ' का अर्थशास्त्र

राजकुमार राकेश : इस समय पूरे दक्षिणी एशिया की स्थिति पर गौर किया जाए और विशेषकर भारत के आन्तरिक हालत पर तो लगने लगता है कि युद्धोन्माद नव-फासीवाद के सम्पूर्ण सौन्दर्यशास्त्र के रूप में उभर रहा है। युद्ध और टकराव की इस संस्कृति ने फासीवाद को एक नया चेहरा दिया है। इसके बावजूद दोतरफा बातचीत के राग भी अलापे जाते हैं। इस सारी स्थिति पर आप क्या सोचते हैं कि हम कौन से समाज का निर्माण कर रहे हैं?

नामवर सिंह : फासीवाद का सौन्दर्यशास्त्र...इस पर जर्मनी में, फ्रांस में बहुत लिखा गया है। और उसके लिए एक मार्क्सवादी विचारक–जो जर्मनी में रहते थे, कहा करते थे कि 'फासीवाद' राजनीति का सौन्दर्यकरण करता है। और उसे यह मालूम हुआ कि साहित्यकार और कलाकार, जो शुद्ध सौन्दर्यवादी थे, उन्होंने दूसरे महायुद्ध के दौरान जर्मनी में, फ्रांस में, इटली में फासिज़्म का समर्थन किया था। उसी के चलते टी.एस. इलियट, एजरा पाउंड और विंढम लीविस जैसे बड़े साहित्यकारों ने फासिज़्म के साथ अपनी सहानुभूति जताई थी। भारत में और हिन्दी में उस पर विचार नहीं हुआ है। जिसको फासिस्ट ऐस्थैटिक्स या फासिस्ट सौन्दर्यशास्त्र कहते हैं, उसकी बारीकियों-गहराइयों को नहीं देखा है। अध्ययन होना चाहिए...

हमारे यहाँ भी कुछ साहित्यकार ऐसे हैं जो सौन्दर्यवादी हैं और उनकी सहानुभूति हिन्दुत्ववादियों के साथ है। इन दोनों में क्या रिश्ता है–इस पर अभी नहीं लिखा गया है। 'आलोचना' का एक अंक इस पर निकालने की मेरी योजना है...

एक बहुत बड़ा सवाल है, जो अराजनीतिक लोग होते हैं–'एपॉलिटिकल', दूसरे लोग 'एंटी-पॉलिटिक्स' होते हैं–राजनीति-विरोधी...ऐसे लोग अपने को विशुद्ध कलावादी और सौन्दर्यवादी कहते हैं। इन्हीं लोगों का झुकाव दक्षिणपंथी और फासिस्ट राजनीति की ओर हो जाता है। क्यों होता है, इस पर अंग्रेज़ी में काफी कुछ लिखा गया है। थोड़ा-बहुत मैंने पढ़ा है। हिन्दी में इस पर अभी विचार नहीं हुआ है। लम्बी लिस्ट तो नहीं है, पर हिन्दी में भी कम से कम एक दर्जन नहीं तो आधा दर्जन लेखक ऐसे हैं ही...जो बड़े लेखक कहलाते हैं, जिनका नाम मैं अभी नहीं लूँगा...जब लेख लिखूँगा तो नाम भी जरूर लिखूँगा...हिन्दी में ऐसे कथाकार हैं कवि हैं और कलावादी हैं, जो कला-वला और संगीत वगैरह पर रिपोर्ट लिखते हैं...ऐसे लोगों की सहानुभूति और उनकी राजनीति

में एक बात बहुत स्पष्ट है कि वे मार्क्सवाद का विरोध करते हैं, वामपंथ का विरोध करते हैं। लेकिन कहीं उनका रुख अनुकूल दिखाई पड़ता है तो बी.जे.पी. की तरफ, हिन्दुत्ववादियों की तरफ...क्योंकि वे भारतीय संस्कृति के रक्षक दिखाई पड़ते हैं...ऐसे लोग अपने हर राजनीतिक कर्म को सांस्कृतिक कर्म कहा करते हैं...

इस पर हिन्दी में कम काम हुआ है। होना चाहिए।

राजकुमार राकेश : उपभोक्तावाद, बाजारवाद और वैश्वीकरण का एक संयुक्त हमला और सचेतन रूप से हमारे समाज के बीच मानवीय सम्बन्धों में बेहद नकारात्मक बदलाव लाने की प्रक्रिया में जुटा है। और इसके बगलगीर साम्प्रदायिकता का प्रेत, धार्मिक कर्मकांड और धर्मवाद इन सम्बन्धों को 'डि-ह्यूमेनाइज़' करने के लिए आतुर है। इन सब प्रवृत्तियों और मानसिकताओं का भारतीय समाज की पुनर्रचना पर होने वाले कौन-से प्रभाव आज आप महसूस करते हैं?

नामवर सिंह : भू-मंडलीकरण के साथ विश्व-बाजार के साथ उपभोक्तावाद बढ़ा है। सारी दुनिया में और भारत में इस उपभोक्तावाद का गहरा सम्बन्ध इस नए उभरते हुए मध्यवर्ग से है, क्योंकि इसके पास इफरात का पैसा आया है...

उपभोक्तावाद पर तो लोगों ने लिखा है। लेकिन जिसका गहरा सम्बन्ध नए उभरते हुए मध्यवर्ग से है। इस मध्यवर्ग की दिलचस्पी उत्पादन में नहीं है। मैनुफेक्चरिंग में इसकी दिलचस्पी नहीं है...

हमारे यहाँ हिन्दू समाज में रहा है, कि जो लोग केवल फलाहार करते हैं, वे बड़े भारी सन्त महात्मा मान लिए जाते हैं। कहा जाता है, कि इन्होंने आजीवन अन्न नहीं खाया है। तो यह एक प्रतिक्रिया है...

उपभोक्तावाद की दूसरी प्रतिक्रिया ऐसी है, जो अमानुषिक उतनी ही है। उपभोक्तावाद अमानुषिकता का, 'डि-ह्यूमेनाज़ेशन' का सूचक है। इस पर लोग ध्यान केन्द्रित नहीं करते हैं। खाली दुकानों और बाज़ारों में कीमतों के बढ़ने-घटने तक सीमित रह जाते हैं। वास्तव में वे यह नहीं समझ पाते कि...उपभोक्तावाद की चर्चा करने वाले...कि आखिर वे किस चीज़ का विरोध कर रहे हैं और उसके परिणाम क्या हैं? इसलिए लगभग यह जो अमानवीयकरण हो रहा है...और इस अमानवीयकरण की ही एक प्रतिक्रिया होती है, नशा...

नशा तस्करी की ओर ले जाता है, हत्या की ओर ले जाता है। उपभोक्तावाद में जीवित हथियार नाम की चीज़ इतनी ख़तरनाक होती है...एक आदमी मुझे बता रहा था कि अमेरिका में लाइसेंस वगैरह की कोई ज़रूरत नहीं है, किसी भी दुकान पर जाइए और हथियार खरीद लीजिए। तो हथियार जैसी चीज़ एक माल की तरह बिक रही है। कोई भी आदमी खरीद सकता है। वैसे ही जैसे एक दिन हो जाएगा, कि दुनिया में हशीश वगैरह और दूसरे नशीले पदार्थ बाजार में गेहूँ और आटे की

तरह मिलने लगेंगे। तो दुनिया का क्या हाल होगा, आप सोचिए! इसलिए 'कंज्यूमेरिज़्म' की इतनी दूर तक...लोग कहते हैं, कंज्यूमर सोसायटी...कंज्यूमर कल्चर...कोई कंज्यूमर समाज अगर बन गया, तो वह समाज पूरा-का-पूरा मानव समाज नहीं रहेगा। तब वह कुछ और ही समाज हो जाएगा...

दूसरा सत्र

समय : शाम के साढ़े छह बजे, 6 जनवरी, 2002
स्थान : वही (नामवर सिंह का घर)

राजकुमार राकेश : नामवर जी, दोपहर में हम उपभोक्तावाद और विश्व-बाजारवाद की बात कर रहे थे। आज यह जो 'ग्लोबल विलेज' की अवधारणा इतने जोर-शोर से पनपाई और विकसित की जा रही है, तथा व्यापार और आर्थिक स्तर पर दुनिया के अमीर देश भारत जैसे तीसरी दुनिया के देशों पर अपने शर्तें थोपने में जुटे हैं, इन सब दबावों-तनावों के बीच हमारे देश और इस समाज का कैसा भविष्य आप देख पा रहे हैं?

नामवर सिंह : देखिए, मैं अर्थशास्त्री तो नहीं हूँ और यह मेरा क्षेत्र नहीं है। लेकिन एक आम नागरिक की तरह जब मैं इन सब बातों के बारे में विचार करता हूँ तो पहला क्षेत्र तो वाणिज्य या व्यापार का है। और अभी दोहा में जो उसकी मीटिंग हुई उसमें पहली बार भारत ने सख्त रुख अपनाया और राष्ट्रीय हित का ध्यान रखा। खासतौर से पेटेंट वाले मामले को लेकर...

तो यह तो हम सभी अनुभव कर रहे हैं कि इस भू-मंडलीकरण के नाम पर पश्चिमी पूँजीवाद, उसमें भी खासतौर पर जी-8 के जो देश हैं, तीसरी दुनिया के बाजार को इस्तेमाल करना चाहते हैं। बहुत बड़ा बाजार है। उस तीसरी दुनिया में खासतौर से भारत तो सबसे बड़ा बाजार है। विकसित और समृद्ध बाजार। चीन और भारत दो देश हैं...उसके साथ समझ लीजिए कि आज का रूस भी है। यह देश, खासतौर पर भारत अपनी रक्षा कैसे कर ले जाता है...

क्योंकि यह एक तरह का नया साम्राज्यवाद है, जहाँ उपनिवेशवाद के खत्म होने के बाद, जिसे उत्तर उपनिवेशवादी दौर लोग कह रहे हैं...उसका सरलीकरण किया जाए तो यह उपनिवेशवादी दौर का ही दूसरा रूप है कि बिना कोई उपनिवेश बनाए हुए भी उसे उपनिवेश के रूप में इस्तेमाल करें। तो यह तो एक बाजार का खतरा है...

लेकिन बाजार के इस खतरे के साथ एक दूसरी बड़ी चीज़ है कि बहु-राष्ट्रीय कम्पनियाँ हमारे देश की कम्पनियों के सहयोग से उद्योग-धन्धा शुरू कर रही हैं यानी विदेशी पूँजी का निवेश हो रहा है। और भारत तब से लगा हुआ है कि विदेशी पूँजी

का निवेश हो। और बार-बार वे धमकी देते रहते हैं कि आपके यहाँ जैसी हालत हो तो उसमें हम निवेश नहीं करेंगे। तो ख़तरा यह है, कि हमारी पूँजी सुरक्षित कैसे रहेगी? उसमें जो यह विदेशी पूँजी का निवेश हो रहा है, जिसमें सहयोग दे रहे हैं हमारे देश के उद्योगपति...इस अर्थतंत्र को समझने की ज़रूरत है...

वह यह कि स्वयं अमेरिका अपने यहाँ अब उत्पादन का कार्य–'मेनुफेक्चरिंग' नहीं कर रहा है। वह केवल एक ही चीज़ 'मेनुफेक्चर' कर रहा है–अस्त्र-शस्त्र... हथियार...और हथियार का यह धन्धा बड़े फायदे का है। इसलिए हथियार 'प्रोड्यूस' कर रहा है। बाकी उत्पादन तो तीसरी दुनिया में होगा। उत्पादन वे हमारे यहाँ करेंगे, क्योंकि उत्पादन से जुड़ी हुई मजदूरों की समस्या होती है...इतने सस्ते मजदूर कहाँ मिलेंगे। इसलिए सस्ते मजदूर जिन देशों में मिलेंगे, उत्पादन का कार्य उन देशों में करेंगे। हथियार खुद पैदा करेंगे और उन्हीं हथियारों को हमें बेचेंगे। यह इस तरह का जो नया पूँजीवाद है, उसमें जाहिर है कि अब सरकारी हस्तक्षेप सबसे कम हो गया है नई उदारीकरण की नीति के कारण...जिसे 'लिबरलाईजेशन' कहते हैं। तो स्वयं सरकार के हाथ में नियन्त्रण तो है नहीं। जिस देश में पूँजी के पास ताकत ज़्यादा हो और सरकार पूँजी के सामने घुटने टेके...

मजदूरों की लड़ाई में कोई आम नागरिक दिलचस्पी नहीं ले रहा है, जबकि जो राज्य हैं, स्टेट, पिछले दस वर्षों से हमारे देश में जितने भी सरकारी क्षेत्र के कारखाने हैं, एक-एक करके उन्हें औने-पौने दामों बेच रहे हैं। वही हमारी बुनियाद थी जिसमें कि आम जनता...यानी हमारी आज़ादी सुरक्षित थी। बड़ी मुश्किल से जवाहरलाल नेहरू के दौर में, इन्दिरा गांधी के जमाने तक हमारा जो सरकारी क्षेत्र था, वही हमारी सबसे बड़ी ताकत थी। वही सारे के सारे जब बिक जाएँगे तो वह देश कैसा होगा, इसकी कल्पना करके मेरे तो रोएँ खड़े हो जाते हैं...

इसलिए भू-मंडलीकरण का व्यापार के अलावा यह जो नया बहुराष्ट्रीय पूँजीवाद है, उसमें निहित खतरे बहुत-से हैं। उनमें एक की ओर मैंने इशारा किया। और यह ऐसी मोटी बातें हैं, जिनके लिए बहुत अर्थशास्त्र पढ़ने की ज़रूरत नहीं है। इसी में आप देखें कि...

यह जो सूचना क्रान्ति है, आई.टी. ...अभी मालूम हुआ कि इसका बाजार अमेरिका में मन्दा पड़ रहा है। ऐसे चरमबिन्दु पर पहुँच गया है। इसके कारण एक बहुत बड़ी चीज़ यह होगी कि...वे तो सम्हाल सकते हैं, क्योंकि उनके यहाँ जनसंख्या लगभग स्थिर-सी हो गई है, जबकि हमारे यहाँ इस गरीब देश में जनसंख्या बढ़ रही है, और बढ़ती हुई वह जनसंख्या बेकारों की जमात के रूप में है।

रोजगार तो है नहीं। इन्फॉर्मेशन टेक्नोलॉजी के कारण बैंकों में...बाकी जगहों में धीरे-धीरे आप देखें तो रोजगारी कम हो रही है। फिर इतनी बड़ी फौज में जो

असन्तोष होगा और एक विद्रोह और क्रान्ति होगी, उसका सामना अमेरिका को नहीं करना पड़ेगा। गुनाह वे करेंगे और भोगना होगा हम लोगों को। इसके अलावा इस सारे...

अन्तिम जो चीज़ है, आपने देखा होगा कि पर्यावरणवादी...क्योंकि सारी समस्याएँ जुड़ी हुई हैं। पर्यावरण से...बहुत बड़े पैमाने पर हमारे यहाँ जो शहरीकरण हो रहा है। आप चले जाएँ...नोएडा; ग्रेटर नोएडा...जिस तरह से फैल रहा है, तो खेती वाली जमीनों पर मकान बन रहे हैं। दफ्तर बन रहे हैं। बैंक खुल रहे हैं। उस खेती का गहरा सम्बन्ध पर्यावरण से है। फिर जंगलात भी कटेंगे। तो सारा का सारा नक्शा होगा कि मनुष्यों के लिए...अभी उसकी चिन्ता नहीं हो रही है। लेकिन जो पर्यावरण का दोहन हो रहा है, उसके कारण यह पूरे का पूरा भू-मंडलीकरण हमारी वसुन्धरा को वह नहीं छोड़ेगा, जो आज यह है। प्रकृति और मनुष्य का जो गहरा सम्बन्ध है, उसके कारण एक खास तरह का जो जीवन संगीत बनता है एक संस्कृति बनती है...धीरे-धीरे उससे वंचित होकर मनुष्य के इन गहरे सम्बन्धों का प्रभाव स्वास्थ्य पर भी पड़ेगा। और इसी बीच आप देखेंगे...

इस पर अन्तिम बात मैं कहना चाहता हूँ कि पर्यावरण के लिए कुछ लोग आन्दोलन तो कर रहे हैं...लेकिन इधर एक नया उद्योग इस देश में शुरू हुआ है...नर्सिंग होम! लोग बड़े-बड़े अस्पतालों पर पैसा लगा रहे हैं। सरकारी अस्पतालों में कोई जा नहीं रहा है, बल्कि सरकारी अस्पतालों के डॉक्टर अपना-अपना...बड़े पैमाने पर स्वास्थ्य और दवाइयों का एक पूरा तंत्र शुरू हो रहा है, जिसकी पहले कभी कल्पना नहीं की थी। पहले होता था कि धर्मार्थ खाते में मन्दिर बन रहे हैं, गुरुद्वारे बन रहे हैं, मस्जिद बन रहे हैं। अब पाँच सितारा नर्सिंग होम बन रहे हैं और पैसा कमाया जा रहा है गरीब आदमी की मेहनत की कमाई से।

एक बहुत बड़ी समस्या इसके साथ पैदा हो रही है...इसलिए मैं कह सकता हूँ कि अब जो दुनिया है उसमें ऐसी समस्याएँ खड़ी हो रही हैं, जिन पर पहले किसी का ध्यान नहीं गया था। यह जो भू-मंडलीकरण का इस समय और बाजार का उत्साह दिखाई पड़ रहा है, इससे जुड़ी हुई जो समस्याएँ और खतरे पैदा हो रहे हैं, वे ऐसी समस्याएँ हैं जिनके बारे में पहले कभी सोचा भी नहीं गया था।

राजकुमार राकेश : नामवर जी, आज तक तो विकास की प्रचलित अवधारणा ने इस देश के जनमानस को खूब ठगा है। पचास साल की पंचवर्षीय योजनाओं के बावजूद समाज में वही अभाव है; गरीबी, अन्धविश्वास और वही अमानवीयताएँ हैं। कहीं भी कुछ भी नहीं बदला है। तो क्या होनी चाहिए अब हमारी विकास की समग्र अवधारणा जो जन-आकांक्षाओं को प्रतिबिम्बित करे और एक सार्थक बदलाव की प्रक्रिया को दिशा दे सके?

नावमर सिंह : यह सवाल तो आप योजना-आयोग से पूछिए। क्या नहीं होना चाहिए, यह तो मैं देख रहा हूँ और उसके आधार पर ही इशारा करूँगा। विकल्प वाली चीज़...

जो हमारे राष्ट्र के कर्णधार हैं, सरकार में हों या सरकार से बाहर हों उनसे पूछिए; सांसदों से, अर्थशास्त्रियों से, योजना-आयोग से पूछिए...गनीमत है कि अभी तक हमारे पास योजना-आयोग नाम की कोई चीज़ है। यह नेहरू युग की विरासत चली आ रही है। आप जल्दी ही देखेंगे, कि योजना-आयोग खत्म हो जाएगा और लगभग अभी निरर्थक हो गया है। दसवीं योजना पर कोई बात नहीं कर रहा है क्योंकि योजना-आयोग तो योजना और सरकारी चीज़ों के बारे में बता सकता है। गैर-सरकारी चीज़ों के बारे में आप क्या योजना बनाएँगे? पूँजी बाहर से आएगी। उसके अनुसार उत्पादन होगा। धन्धे चलेंगे। उसका अन्दाज़ा है नहीं तो योजना-आयोग किसकी योजना बनाएगा? योजना का गहरा सम्बन्ध तो तब था, जब हम सरकारी क्षेत्र या सार्वजनिक क्षेत्र में कुछ सार्थक योजना बनाकर काम कर रहे थे। तो अब धीरे-धीरे सरकारी क्षेत्र तो खत्म हो रहा है, बिक रहा है। बोकारो, भिलाई... एक-एक करके, धीरे-धीरे सब जा रहा है। तो योजना किसके लिए बनाएँगे हम? इसलिए नया बजट जब आएगा, उससे आप को अन्दाज़ा लग जाएगा कि 'विकास' शब्द ही अब चर्चा के लिए सार्थक नहीं रह गया है। एक जमाना था, जब 'डिवेल्पमेंट' का अर्थशास्त्र अलग पढ़ाया जाता था। अब तो विकास का तो कोई अर्थ रहा नहीं। यह तो अतीत की वस्तु बन गई है। अब कोई बात नहीं करता विकास की। इसलिए 'ग्रोथ' और 'डिवेल्पमेंट' में से 'डिवेल्पमेंट' शब्द ही गायब हो गया है। अब तो सिर्फ 'ग्रोथ' की बात की जाती है। जी.डी.पी. की बात की जाती है–'ग्रोथ-रेट'!

कमज़ोर वैचारिक आधार पर खड़ा स्त्री-विमर्श

राजकुमार राकेश : स्त्री-मुक्ति आन्दोलन की बात हम आपसे करना चाहेंगे...वैसे तो हमारे लिए आपके ही विचार महत्त्वपूर्ण हैं, लेकिन इस सन्दर्भ में कि आज कुछ साहित्यिक समकालीनों का मानना है कि जब तक औरतों को सेक्स की स्वतंत्रता नहीं मिलेगी तब तक वे वास्तविक रूप से स्वतंत्र नहीं हो सकतीं। सवाल यह पैदा होता है कि समग्र समाज के आधे वर्ग की स्वतंत्रता को महज सेक्स-मुक्ति तक सीमित किया जाना क्या उचित विमर्श है? इस सारे आलोक में आप बताएँ कि स्त्री-मुक्ति के इस महत्त्वपूर्ण विषय पर आपकी अपनी सोच क्या है?

नामवर सिंह : देखिए ऐसा है कि...

अब तो स्त्री-विमर्श हिन्दी में बहस के केन्द्र में है। विशेषकर पिछले साल दो साल में 'हंस' ने कई विशेषांक निकाले हैं। हमारे 'राष्ट्रीय सहारा' में हर सप्ताह एक

पूरा पन्ना स्त्री-विमर्श पर केन्द्रित रहता है, जो पहले कभी किसी अखबार में नहीं रहता था...और यह भी एक कारण है कि हिन्दी में इस बीच एक बड़ी संख्या में स्त्री लेखन करने वाली स्वयं महिलाएँ हैं मैदाने-जंग में! कहानी, उपन्यास, कविता और बौद्धिक चर्चा करने वाली...यह बहुत अच्छा है! स्त्री की ओर से पुरुष बोलें, इसकी अपेक्षा स्त्रियाँ स्वयं बोलने लगी हैं। यह शुभ लक्षण है। मैं इसका स्वागत करता हूँ। कठिनाई यह है कि...

स्त्री-विमर्श पर पहले भी स्त्रियों ने रचनाएँ की हैं। मीराबाई हो चुकीं, महादेवी वर्मा, सुभद्रा कुमारी चौहान...मुख्य समस्या है कि हिन्दू-धर्म जिन तीन-चार स्तम्भों पर खड़ा है...उसमें एक है 'पैट्रियार्की'—पुरुष सत्ता...पुरुष वर्चस्व! यह पुरुष वर्चस्व धर्म का हमारे यहाँ होता है। और यह पिछले पाँच हज़ार साल से हो रहा है। उसकी जड़ें कहाँ-कहाँ हैं, इस विमर्श में स्त्री को दूसरे दर्जे का...यानी उसमें स्त्री को वामांगी कहा जाता है। तो वामा है न वह तो। राजनीति में वामपंथ को तो क्रान्तिकारी माना जाता है, लेकिन शरीर में दाहिने हाथ को बाएँ हाथ से अच्छा समझा जाता है। दाहिने हाथ को सीधा हाथ कहते हैं। आप कुछ दें तो दाहिने हाथ से दें। अगर बाएँ हाथ से कुछ देंगे तो समझा जाएगा कि आप कोई निकृष्ट काम कर रहे हैं। सारे के सारे अशुद्ध काम बाएँ हाथ से किए जाते हैं। सभी लोग सलाम तक दाहिने हाथ से करते हैं...तो वामा के मूल में जो 'वाम' है उसे अशुद्ध माना जाता है...

वामा अशुद्ध होती है और उसका वैज्ञानिक कारण बताया जाता है कि उसके मासिक धर्म होता है। इस अशुद्ध का मूल जुड़ जाता है कर्म फल से। इसलिए अगर आपकी आज्ञा हो तो तनिक हिन्दू-धर्म पर चर्चा कर दूँ...

यह पुरुष प्रधानता जिस दर्शन से जुड़ी हुई है उसका नाम कर्म है...पिछले जन्म में जैसा कर्म किया था, इस जन्म में उसका फल मिला है। इसीलिए तो तुम स्त्री बनी हो पिछले जन्म में कर्म के कारण! इस जन्म में अगर अच्छा करोगी तो अगले जन्म में पुरुष हो जाओगी। जन्नत भी मिल सकती है। इसलिए माना जाता है कि अगर कोई स्त्री विधवा हो गई हो तो पिछले जन्म के कर्म के कारण। लेकिन स्त्री के विधवा होने में मरता है उसका पुरुष! इसलिए लोग विधवा को समझते हैं कि वह अशुभ है। इतनी अशुभ है कि इसके कारण मेरा बेटा मर गया। बेटा चाहे जिस कारण मरे लेकिन दोष जाता है उसकी पत्नी को...तो उसके कारण मरा है। और क्योंकि उसके कारण मरा है तो समाज ने सजा बना दी है कि उसको सती हो जाना चाहिए। वह मर गया तो इसको भी मर जाना चाहिए। अगर जीवित रहेगी तो समाज में उसे हीन समझा जाएगा। अभागी! कुलच्छनी! और वही जब सती हो जाती है, तो देवी हो जाती है। यानी जो अशुद्ध है, अपवित्र है, हीन है—वही बलिदान देकर देवी हो जाती है इसलिए देवी के रूप में उसको पूजते हैं। यह चीज़ें स्त्री-विमर्श

में उस विचारधारा को, जिसका आधार हमारा धर्म है, उस पर यह महिलाएँ विचार नहीं करती हैं...

अधिकांश स्त्री लेखन में मैं दो ही बातें देखता हूँ। एक तो ज़्यादातर चर्चा सेक्स की होती है, जैसे स्त्री का यौन-शोषण ही सबसे बड़ा शोषण है! शरीर को इतना महत्त्व देना और उसकी आत्मा, उसका हृदय, उसकी भावनाएँ उसके विचार...इन सब का जो शोषण होता है उस पर चर्चा नहीं होती...

हिन्दी में जो नारी विमर्श हो रहा है...तो 'फेमेनिज़्म' पर पिछले अधिक नहीं तो पन्द्रह-बीस बरसों से पश्चिमी देशों में स्त्री-विमर्श बल्कि फेमेनिस्ट थ्योरी...कहना चाहिए कि वामपंथ और विचारधारा जीवित है–'फेमिनिज़्म' के कारण वहाँ। इतना गम्भीर विचार हुआ है स्त्री मुक्ति के लिए। विभिन्न सैद्धान्तिक विचारधाराओं और अलग-अलग कोणों से उस पर विचार हुआ है। उसकी तुलना में तो हिन्दी में अभी बहस शुरू ही हुई है और यह अभी तक तो लगभग भावात्मक स्तर पर है। उस भावात्मक स्तर के कारण जो कविताएँ, कहानियाँ, उपन्यास आज लिखे जा रहे हैं, वे भी उसी स्तर के हैं, जिनमें मुक्ति की आकांक्षा तो दिखाई पड़ती है, जो एक तरह का यूटोपिया है। तो यूटोपिया, आदर्श या सपने का साहित्य तो हवाई ही हुआ न! ठोस गहरी समझ और यथार्थ चीज़ उससे छूटती है। मुक्तिबोध जिसे ज्ञानात्मक संवेदना कहते थे या संवेदनात्मक ज्ञान के स्तर पर स्त्री-विमर्श और यहाँ मैं कहूँ कि इस मामले में जो दलित-विमर्श है, वह हमारे यहाँ ज़्यादा मजबूत है। इसलिए कि वह ठेठ अनुभव पर आधारित है, जो आर्थिक है, सामाजिक है, कई स्तरों पर है, इसलिए उसमें ज़्यादा गहराई है...

स्त्री-विमर्श में यह समझा जा रहा है कि...दुस्साहस सबसे बड़ा मूल्य हो गया है। कुछ वर्जित शब्द हैं, उनका प्रयोग अगर कोई स्त्री कर देती है, तो समझते हैं बड़ी साहसी है। स्त्री शरीर के जिन अंगों का नाम नहीं लेते हैं, जिन क्रियाओं का वर्णन नहीं करते हैं, कोई स्त्री अगर कर दे तो...मृदुला गर्ग ने पहली बार उपन्यास लिखा...'चित्त कोबरा', तो उसी कारण लाइमलाइट में आ गईं, क्योंकि कुछ वर्जित क्रिया-कर्म और शब्दों का प्रयोग उन्होंने कर दिया था। तो अभी बचकानापन है...जहाँ कुछ वर्जित शब्दों और वर्जित क्रियाओं का वर्णन, यौन-शोषण सम्बन्धी चित्रण कर देने में ही...यह दुस्साहसिक अवस्था है। उससे और ऊपर उठकर, गहराई से बड़े महीन बारीक तरीके से स्त्री को अपनी स्वाधीनता से वंचित होने में ही गर्व का जो अनुभव होता है...पराधीनता में ही वह स्वयं को गौरवान्वित समझने लगती है। पाँच हजार साल की अगर वह व्यवस्था रही है, तो तय है कि यह स्त्री के सहयोग से ही कायम रही है–उसकी यह पराधीनता! इस बात को अगर न समझें और इसी वर्ण की दूसरी और सीमा बता रहा हूँ...

स्त्री-विमर्श की यह सारी समस्या नव धनाढ्य मध्य-वर्ग और शहरी लोगों की समस्या है। और उनमें भी स्त्रियों की है जो आमतौर पर कामकाजी महिलाएँ हैं। इन कामकाजी महिलाओं की अपनी जीवन-शैली ही खुद समस्या है। यह विमर्श उस जीवन-शैली की समस्याओं से जुड़ा है, इसलिए बहुत सीमित है। जिस आधी दुनिया की वे बात करती हैं...आधा भारत स्त्री है...सही है, उस आधे भारत के मुश्किल से दो फीसदी की यह बात कर रहे हैं। बाकी अड़तालीस फीसदी स्त्रियों की...उनकी समस्याओं से खुद को जोड़कर देखें। जो खेतों में काम करने वाली औरतें हैं, जो झुग्गी-झोपड़ियों में करने वाली औरतें हैं...जो स्वयं दलित हैं, भंगियों की औरतों को देखिए...तो वहाँ तो हालत यह है कि औरत काम करती है और मर्द कामचोर होता है। शराब पीकर धुत्त पड़ा रहता है...औरत जब उत्पादन में, आजीविका में स्वयं काम कर लाए तो वह दबंग होती है। आप अगर एक 'प्रेजेंटेबुल' वस्तु के रूप में रहेंगी, भले ही आप किसी आई.ए.एस. की बीवी हों और नौकरी न करती हों, तो आप चाहे जितना प्रबुद्ध हो जाएँ, आप एक 'प्रेजेंटेबुल' वस्तु के रूप में ड्राईंगरूम में, पार्टियों में ही जाने लायक आप रहेंगी तो फिर आपकी मान्यता क्या होगी? इसलिए मध्यवर्ग में स्त्री की स्थिति मान्यताहीन है...

मालूम हुआ, कि कुछ और नहीं हुआ तो एक ब्यूटी-पार्लर खोल लिया है या कहीं नौकरी कर रही हैं। चाहे बैंक में या स्कूल-कॉलेज में पढ़ा रही हैं। कुछ ऐसा काम कर रही हैं तो आपकी समस्या वही नहीं है जो उनकी समस्या है, जो बुटीक खोले बैठी हैं, या जो 'एंटीक्स डील कर रही हैं। कोई दुकान खोले बैठी हैं...

इसलिए पूरा-का-पूरा समझने की ज़रूरत है। अभी तक मुश्किल से जिन समस्याओं के बारे में बात की जा रही है, वे प्रथम चरण में हैं और उनका वैचारिक आधार कमजोर है।

'उनका जो काम है, वे तो अहले-सियासत जाने'
(हिन्दी-उर्दू साहित्य की सांझी विरासत)

अजितराय : हिन्दी और उर्दू के समकालीन रचनात्मक परिदृश्य पर आपका तुलनात्मक आकलन क्या है? समकालीन उर्दू साहित्य का मूल्यांकन आप किस तरह करते हैं? समकालीन उर्दू साहित्य से आपकी अपेक्षाएँ क्या होंगी? हिन्दी-उर्दू के रचनाकारों और पाठकों के बीच रचनात्मक संवाद की शुरुआत किस तरह की जाए?

नामवर सिंह : प्रगतिशील लेखक संघ और जनवादी लेखक संघ और साथ ही जन-संस्कृति मंच...ये तीन ऐसे संगठन हैं जिनकी सामूहिक साहित्यिक गोष्ठियाँ होती थीं, जिनमें उर्दू-हिन्दी दोनों के लेखक शामिल होते थे। कुछ और मंच भी हैं! किसी

ज़माने में जब प्रगतिशील लेखक संघ बहुत सक्रिय था, तब यह मिली-जुली गोष्ठियाँ हिन्दी-उर्दू लेखकों की ज़्यादा होती थीं। अब भी होती हैं। इसमें हिन्दी लेखकों को उर्दू के बारे में जानने का अवसर मिलता है। उर्दू के लेखकों को हिन्दी के बारे में जानने का मौका मिलता है। कविताएँ पढ़ते हैं, कहानियाँ पढ़ते हैं। मिली-जुली बातचीत होती है मुश्तरका समस्याओं के बारे में। दूसरा यह कि इस बीच में...एक नई घटना है, आजादी के बाद भले ही बँटवारा हो गया हो, पाकिस्तान बन गया है अलग और हिन्दुस्तान बन गया है अलग। भले ही हिन्दी राजभाषा हो गई हो और उर्दू अपना वह दर्जा खो चुकी हो जो 1947 से पहले उसे मिला हुआ था। लेकिन इस बीच एक बात जरूर हुई है और वह यह कि उर्दू की किताबें बहुत बड़े पैमाने पर हिन्दी में कुछ अनूदित होकर और कुछ लिप्यान्तरण के माध्यम से आई हैं। कविताएँ भी, कहानियाँ भी, उपन्यास भी। मसलन, अगर कोई मंटो का समूचा साहित्य पढ़ना चाहे, तो हिन्दी में पढ़ सकता है। कृश्नचन्दर का पूरा हिन्दी में पढ़ सकता है। राजेन्द्र सिंह बेदी का पढ़ सकता है। पूरा-का-पूरा हिन्दी में है। कुर्तल-एन-हैदर को पूरा पढ़ सकता है। यही नहीं, बल्कि इस मामले में हमने सरहद को तोड़ दिया है। इन्तेज़ार हुसैन, फ़ैज़ अहमद फ़ैज़, नासिर कासमी, अहमद फराज़, अफ़ज़ाल सैयद...किश्वर नाहिद की 'बुरी औरत की कहानी' जो आई है। तहमीना दुर्रानी की 'कुफ्र' नाम से आई है। तो बहुत सारा साहित्य उर्दू से हिन्दी में आया है। इसका मतलब है कि उस साहित्य की ताकत है। यह नहीं कि यह हिन्दी की दरियादिली है। उस साहित्य की इतनी ताकत है कि हिन्दी पाठकों की माँग है। इतना बिक रहा है। इससे हिन्दी के लोगों को उर्दू साहित्य का अन्दाज़ा है कि उधर क्या हो रहा है। कुछ तो संगीत के जो कैसेट बने हैं। आप सोचिए कि जावेद अख़्तर का 'तरकश' नागरी लिपि में पहले छपा और बिक गया। कैसेट बन गया। कुछ तो यह भी हुआ है कि मिर्जा ग़ालिब पर बहुत पहले सोहराब मोदी ने फिल्म बनाई थी। फिर मिर्जा ग़ालिब पर सीरियल तैयार किया गुलजार ने, और मिर्जा ग़ालिब को गाने वाले थे जगजीत सिंह! तो ग़ालिब के, फ़ैज़ के, अहमद फराज़ के कैसेट बाज़ार में मिल रहे हैं और खूब बिक रहे हैं। इन चीज़ों के कारण हिन्दी के लोग उर्दू साहित्य से भली-भाँति परिचित हैं। उसकी तुलना में मुझे लगता है कि उर्दू के लोग हिन्दी के बारे में कम जानते हैं। क्योंकि हिन्दी की चीज़ें उर्दू में छपी तो हैं। जुबैर रज़्वी ने 'आजकल' के दो विशेषांक निकाले थे, हिन्दी कहानियों के, उर्दू लिपि में छापा था। पाकिस्तान में बड़ी माँग हुई थी। कई लोगों से मुझे मालूम है कि हिन्दी की बहुत सारी चीज़ों उपन्यासों-कहानियों की माँग पाकिस्तान में है। लिपि की दीवार तोड़ रहे हैं लोग। तो स्थिति यह है कि हिन्दी में औसत लिखने वाला और बहुत-से पाठक—उर्दू की दुनिया में क्या हो रहा है—काफी कुछ जानते हैं। लेकिन उर्दू में हिन्दी की चीज़ें कम जा रही हैं, यह ज़मीनी सच्चाई है!

हमारे-उनके सरोकार एक हैं।

उर्दू के जो रौशन-ख़याल लेखक हैं, और ज़्यादा हैं उसमें, वे अपने सेमिनार करते हैं, जलसे करते हैं, उनमें दिल खोलकर हिन्दी के लोगों को बुलाते रहे हैं। मुझे मालूम हुआ है कि ग़ालिब पर जो सेमिनार हुए, तो उसमें अशोक वाजपेयी को भी बुलाया। विश्वनाथ त्रिपाठी भी जाते रहे हैं। केदार जी भी गए हैं। कविता पर, कहानियों पर...कुछ होता है तो उर्दू की जो कमेटियाँ हैं, एकेडमी है...ग़ालिब एकेडमी है, हिन्दी के लोगों को भी वे बुलाते हैं। और मेरा ख़याल है कि इसकी वजह अदबी है। यह सब हिन्दू-मुस्लिम भाईचारा की वजह से नहीं करते कि उर्दू मुसलमानों की जुबान है और हिन्दी हिन्दुओं की है। वे हिन्दू-मुस्लिम एकता के नाम पर, सेक्यूलेरिज़्म के नाम पर नहीं बुलाते हैं। मैं यह मानकर चलता हूँ। इसलिए कि उनके हमारे सरोकार एक से हैं। अदब में भी और जिन्दगी में भी। तो वे बुलाते हैं। इसलिए और जगहों पर जो हो, जो रौशन-ख़याल लोग हैं, जो अदीब, शायद अफसानानिगार, नॉवेल-निगार...हम लोगों में आपस में बराबर बातचीत है। यह बहुत अच्छी चीज़ हुई है जिसकी शुरुआत तरक्की पसन्द तहरीक ने की थी और वह ज़िन्दा है।

जुबान जब बदलती है

अब सवाल यह है कि इसका असर एक इस बात पर हुआ है कि गांधी जी एक हिन्दुस्तानी कायम करना चाहते थे। वह चली नहीं। लेकिन इस बीच, बगैर किसी आन्दोलन के यह हुआ है कि उर्दू और हिन्दी की जुबान इतनी करीब आई है और हिन्दी के बहुत-से लेखकों को आप पढ़ेंगे, उनकी कहानियाँ-उपन्यास देखें, तो जिस संस्कृत से हम बचना चाहते हैं—संस्कृतिनिष्ठ-उपन्यास देखें, तो जिस संस्कृत से हम बचना चाहते हैं—संस्कृतिनिष्ठ हिन्दी की जगह हम बोलचाल की हिन्दी मानने लगे हैं, और वे भी फारसीयत से हटकर अपने आप...मैं फिर कहूँगा कि इसका कोई मज़हबी कारण नहीं है, बल्कि आम लोगों की जो बोलचाल है, उसको देखते हुए एक ऐसी जुबान, जो उर्दू के लिए बहुत मुश्किल न हो। उर्दू वालों के लिए ऐसी हिन्दी जो बहुत मुश्किल न हो, यह अपने आप इस बीच कविता में भी और अफ़साने में भी विकसित हुआ। है। और आप देखेंगे कि इस बीच हमारे अखबारों की जुबान भी बदली है। अब आप देखें कि मीडिया में, टेलीविजन पर जब अंग्रेज़ी के इतने ज़्यादा शब्द आ रहे हैं, तो भैया, उर्दू के शब्द लेने में ही क्या हर्ज़ है? क्या ऐतराज़ है? 'आपत्ति' की जगह 'ऐतराज़' का प्रयोग करने में आज किसी को गुरेज़ नहीं। 'कठिन' की जगह 'मुश्किल' ज़्यादा चलता है। 'मुसीबत' हर आदमी कहता है, 'विपत्ति' कोई नहीं बोलता।

मेरा पैगाम मुहब्बत है

तो इस बीच अपने आप मिलने-जुलने की वजह से...और उर्दू में भी आप देखें, निदा फाज़ली का एक शे'र है—

सब मेरे चाहने वाले हैं, मेरा कोई नहीं
मैं भी इस देश में उर्दू की तरह रहता हूँ!

सब लोग उर्दू की बड़ी तारीफ करते हैं। ग़ज़ल गाई जा रही है। साहब वाह-वाह लगाए हुए हैं। सब मेरे चाहने वाले हैं, मेरा कोई नहीं...मेरी आँखों में आँसू आ गए! एक जुबान को यह अहसास हो। और ध्यान रखें 'मुल्क' नहीं कहा है। इस 'देश' में...अब मैं पूछूँ कि यह शे'र उर्दू का है, कि हिन्दी का है? निदा फाज़ली को आप पढ़ें। वह उसी हिन्दी का शायर है, जैसा कि उर्दू का है। ऐसे कई लोग हैं। इसीलिए मैं कहता हूँ कि एक बात तो अच्छी हुई है...दूसरी चीज़ यह हुई है, हिन्दी के साहित्य में आप देखें, मुख्यधारा की हिन्दी में—ख़ासतौर से बाबरी-मस्जिद के ज़मींदोज़ होने के बाद...जो धक्का लगा है, उर्दू वालों को और उसके साथ हिन्दी के लोगों को...कितनी कहानियाँ इस पर लिखी गई हैं दंगों के बारे में। और जो जुल्म हुआ है। यानी हिन्दुत्व का जो ख़तरा है, उसे हिन्दी का लेखक उर्दू वालों से ज़्यादा भांप रहा है, और इस पर लिख रहा है। यह वह चीज़ है जो जोड़ती है। 'हमारा शहर उस बरस' सूरत में दंगों को लेकर लिखा गया गीतांजलिश्री का उपन्यास है। विभूति नारायण राय ने रवीन्द्र कालिया की मदद से वर्तमान साहित्य के दो महाविशेषांक निकाले। उनमें कुछ कहानियाँ थीं। तो इसलिए जिगर मुरादाबादी ने लिखा था—

उनका जो काम है, वे तो अहले-सियासत जाने
मेरा पैगामे मुहब्बत है, जहाँ तक पहुँचे

इस मामले में हिन्दी और उर्दू के लेखकों की बहुत बड़ी तादाद है, जो एक हमारा ही...मैं उसको दोस्त तो नहीं कहूँगा, क्योंकि दोनों इस बात को महसूस करते हैं। इस दौर में सच्चाई यही है कि हिन्दुत्ववादी लोग आज हिन्दुस्तान के किसी मुसलमान के लिए जितना खतरा हैं, उससे ज़्यादा ख़तरा वे एक सेक्यूलर हिन्दू के लिए हैं। अगर यही आलम रहा, और यह लोग 'पॉवर' में रहे, तो हर हिन्दू जानता है...जो रौशन-ख़याल हिन्दू है, कि मैं सुरक्षित नहीं हूँ!

अगर उर्दू हिन्दी की शैली है तो पढ़ाइए

मैं अपनी बात कहना कुछ अच्छा नहीं समझता...मेरी तो जिन्दगी बीत गई। जवाहरलाल नेहरू यूनिवर्सिटी में आने से पहले, मैंने जोधपुर यूनिवर्सिटी में बी.ए.

और एम.ए. की किताबें तैयार करवाईं। यूनिवर्सिटी ने कहा कि हम बाज़ारू किताब नहीं रखेंगे। किताबें तैयार करवाते वक्त हमने याद दिलवाई कि बहुत पहले हिन्दी साहित्य सम्मेलन ने कहा था, उर्दू हिन्दी की शैली है...तो अब हमने कहा कि अगर शैली है तो पढ़ाओ, और हमने जितनी किताबें तैयार कीं वे सब 'कम्पलसरी' थीं। भला हो, बी.बी. जॉन जैसा आदमी हमारा वाईस-चांसलर था। बड़ा ही रौशन-ख़याल आदमी था। पूरी छूट दे रखी थी। मैंने हिन्दी की किताबों में ग़ालिब के खुतूत छापे थे। नज़ीर अकबराबादी को रखा था। कृश्न चन्दर, इस्मत चुगताई, मंटो, इकबाल, अली सरदार ज़ाफरी, फ़ैज़ को रखा था...और यही मैंने एन.सी.ई.आर.टी. ...जहाँ इतिहास की किताबों पर आज बहस हो रही है...मैंने हिन्दी की जो किताबें तैयार कीं। कहानी, कविता, गद्य की...उसमें भी मैंने हिन्दी के साथ उर्दू के लेखकों को रखवाया। आज भी इसे कोई भी आदमी देख सकता है। यह और बात है कि बाद में हिन्दी अध्यापकों ने कहा कि साहब, बड़ी मुश्किल होती है, हम नहीं पढ़ाएँगे। जोधपुर में मेरा प्रतिरोध हुआ था। वहाँ मैंने राही मासूम रज़ा का उपन्यास 'आधा गाँव' रखा था, जिस पर बड़ी बहस हुई थी। जवाहरलाल नेहरू यूनिवर्सिटी में जब हिन्दी डिपार्टमेंट खुलने लगा तो मैंने कहा कि सारे हिन्दुस्तान में हिन्दी और उर्दू के विभाग अलग-अलग हैं। मैंने कहा कि मैं ऐसा विभाग बनाना चाहता हूँ जिसमें हिन्दी उर्दू अलग-अलग नहीं होंगे, एक ही विभाग होगा। हिन्दोस्तानी ज़ुबानों का मरकज़! 'सेंटर ऑफ इंडियन लैंगुएज़िज' और वहाँ आज भी लिखा मिलेगा–अंग्रेज़ी में 'सेंटर ऑफ इंडियन लैंगुएजिज़' हिन्दी में 'भारतीय भाषा केन्द्र' और उर्दू में 'हिन्दुस्तानी ज़ुबानों का मरकज़'–यह हमारे यहाँ तीनों ज़ुबानों में लिखा हुआ मिलेगा। हमने तय किया कि हिन्दी के विद्यार्थी दो कोर्स–एक उर्दू भाषा पर और एक उर्दू लिपि पर पास नहीं करेंगे तो उन्हें हिन्दी एम.ए. की डिग्री नहीं मिलेगी। आज भी यह व्यवस्था लागू है। और उसी तरह से उर्दू वाला जब तक एक हिन्दी भाषा पर और एक हिन्दी साहित्य पर कोर्स नहीं करेगा तो उसे उर्दू एम.ए. की डिग्री नहीं मिलेगी। आज भी यह लागू है। कुछ कोर्स इसके अलावा भी साहित्य में पढ़ाए जाते हैं, जो हमारे यहाँ 'कॉमन' रहे हैं। हिन्दी प्रदेश के कल्चर पर एक कोर्स कॉमन होता था, जिसे उर्दू वाले भी पढ़ते थे, हिन्दी वाले भी पढ़ते थे। चार क्रेडिट का वह 'कम्पलसरी' कोर्स था।

'अनुराग बाँसुरी'

मैं अब भी मानता हूँ कि हिन्दी के कबीर से लेकर महावीरप्रसाद द्विवेदी, रामचंद्र शुक्ल, हजारीप्रसाद द्विवेदी, रामविलास शर्मा तक की पूरी परम्परा को आप

देखेंगे...प्रेमचंद बीच में हैं, तो हिन्दी के हमारे इतिहास के जितने भी बड़े लोग हैं पुराने जमाने में हिन्दी (यानी अवधी ब्रज वगैरह) के साथ फारसी भी जानते थे। भारतेन्दु ने तो उर्दू में कविताएँ लिखी हैं। महावीरप्रसाद द्विवेदी फारसी जानते थे। रामचंद्र शुक्ल के पिताजी फारसी जानते थे और रामचंद्र शुक्ल भी! हम लोगों ने खुद, 1947 से पहले जिनकी पढ़ाई हुई है, दीगर जुबान हमारी उर्दू रहती थी, मिडिल स्कूल में। तो हम लोग पूरी सूफी कवियों की परम्परा को भूल जाते हैं। उर्दू में अलग से कोई सूफी काव्यधारा नहीं है जबकि हिन्दी में चौदहवीं शताब्दी से लेकर बीसवीं सदी तक सूफी कवियों की एक लम्बी परम्परा है, जिनकी लिपि तो उर्दू होती थी तथा भाषा जिनकी अवधी होती थी। वे सारे मुसलमान थे। मज़हबी आदमी, मुसलमान, सूफी...ब्रज नहीं अवधी होती थी। एक ही भाषा अवधी...चाहे वे मौलाना दाऊद हों, जायसी हों, कुतुबन हों, मंझन हों...ये सब पूर्व के रहने वाले थे। अवधी में लिखते थे। यह एक लम्बी परम्परा है। और अनेक मुसलमानों ने ऐतराज़ किया था कि तुम हिन्दी में लिख रहे हो। लगता है, तुम हिन्दू हो गए हो...अनुराग बाँसुरी में...यह सन् 1700 ई. के आस-पास की एक मसनवी है जिसके लेखक थे नूर मुहम्मद...इन सबकी नायिकाएँ हिन्दू औरतें होती थीं। नायक हिन्दू पुरुष होता था। मौलविगों ने उनसे कहा कि तुम हिन्दी में कविता लिखते हो। लगता है, तुम हिन्दू हो गए हो, तो नूर मुहम्मद ने लिखा—

हिन्दू मगपै पाँव न राख्यौं
काज्यौ बहुतौ हिन्दी भाख्यौं

तो उस बेचारे को कसम खाकर कहना पड़ा कि भैया! मैंने हिन्दी में लिखा जरूर है, पर मैं हिन्दू नहीं हो गया हूँ। मैं अब भी रसूल-अल्लाह को मानता हूँ। 1700 ई. के आस-पास यह धारणा बन गई थी कि हिन्दी लिखना ही हिन्दू हो जाना है। यही नहीं, अब भी अगर उर्दू-हिन्दी का पुराना साहित्य कोई आदमी पढ़ना चाहता है, आधुनिक साहित्य में, तो उसे उर्दू जानना पड़ेगा। उर्दू वालों को हिन्दी जानना पड़ेगा या नहीं, मैं यह नहीं कह सकता। कबीर को समझने के लिए तो फारसी जानना जरूरी है ही—मोहकम मेरा वास! धारणाएँ तो ईशु राम से ली हुई हैं, लेकिन बिना फारसी जाने कबीर को समझा ही नहीं जा सकता। और तो और, बाबा तुलसीदास भी अपने राम को बार-बार गरीब-नवाज कहते हैं : 'कौन गरीब नवाज़!'

यह 'गरीब-नवाज़' तद्भाविक शब्द है जो मोईनुद्दीन चिश्ती के नाम से जुड़ा है। वे खुद गरीब-नवाज़ कहलाते थे। तो उन्होंने भी दीनदयाल नहीं 'गरीब-नवाज़' कहा। ईश्वर को गरीब-नवाज़ कहना तो सूफियों से आया है। दीन-दयाल उसका अनुवाद है। दीनदयाल और दीनबन्धु! मूल शब्द को संस्कृत में, गीता तक में दीन-दयाल नहीं कहा गया है। भगवान को! 'वह' गरीब-नवाज़ है! गरीब-परवर! बन्दा-

नवाज़—ये सारे 'कान्सेप्ट, सूफीज़्म से आए हैं, जो बाद में सिक्खिज़्म में चले गए हैं। हमारे यहाँ जो लंगर होता है, वह सीधे सूफियों से आया हुआ है। सिक्खों के लंगर में...चाहे आप चीफ जस्टिस हों, चाहे चीफ-मिनिस्टर हों...पंगत में एक साथ आपको बैठना पड़ेगा...तो बगैर सूफी शब्दावली को समझे, खासकर तुलसीदास को समझने में दिक्कत होगी। और रीतिकाल के कवियों में बिहारी और घनानन्द जो श्रेष्ठ कवि हैं, उनको समझना चाहते हो तो बिना फारसी शायरी को समझे हुए नहीं समझ सकते। बिहारीलाल की सतसई में...क्योंकि तब तक हिन्दू राजाओं में, 'नोबिलिटी' में मुगल कोर्ट की खूबियाँ आ चुकी थीं और वही शब्दावली चलती थी।

तरक्कीपसन्द तहरीक ने लोगों को जोड़ा

मैं तो कहता हूँ कि हिन्दी साहित्य की पूरी परम्परा को...पुरानी और आधुनिक को... बगैर उर्दू को समझे हुए हिन्दी वाले अपना साहित्य नहीं समझ सकते। यानी हिन्दी साहित्य का इतिहास उर्दू की परम्परा को जाने बिना नहीं लिखा जा सकता क्योंकि हमारी शुरुआत 'कॉमन' विरसा है। दक्खिनी हिन्दी से उर्दू भी शुरू होती है। साहित्य की परम्पराओं के कारण उर्दू साहित्य में अलग परम्परा चली, हिन्दी में अलग चली लेकिन दोनों में संवाद बराबर बना रहा। मध्य-काल में भी था, आधुनिक काल में भी है और इसकी बेहतरीन मिसाल प्रेमचंद हैं। 'कफन' उन्होंने सबसे पहले उर्दू में लिखी और उसको हिन्दी में भी छपवाया। 'शतरंज के खिलाड़ी' के दोनों 'वर्शन' मिलते हैं। हिन्दी-उर्दू के रिश्ते को प्रेमचंद की कहानियों-उपन्यासों से समझा जा सकता है। बिहारी लाल का दोहा—'किबिलनुमा ल्यों बीठ' फारसी के बिना नहीं समझा जा सकता।...किबिलनुमा नाम की चीज़ कालिदास को पता नहीं थी...'बाई त्यों ठहराती है, किबिलनुमा ल्यों बीठ...' तो यह किबिलनुमा कहाँ से आया?...'किबिलनुमा ल्यों बीठ...' कि कुतुबनुमा की सुई वहीं जाकर उत्तर दिशा में ठहर जाती है। तो वे अपनी प्रेमिका से कह रहे हैं, कि हमारी नज़र सब ओर से घूमकर अपने माशूक पर जाकर टिक जाती है।...तो रीतिकाल की कविता समझी ही नहीं जा सकती, फारसी शायरी की परम्परा को जाने बिना! इसलिए बाकी सारी चीज़ों को छोड़ भी दें, हिन्दू मुस्लिम एकता रहे न रहे, भाड़ में जाए, लेकिन हिन्दी की अपनी परम्परा को समझने के लिए फारसी और उर्दू की परम्परा जानना बहुत ज़रूरी है। जो यह कहते हैं कि 'बीसवीं' सदी में सब टूट-फूट गया है, वह गलत है। तरक्कीपसन्द तहरीक, प्रगतिशील आन्दोलन ने उन दोनों को फिर से जोड़ा है। टूटी नहीं हैं। मैं कहना चाहता हूँ, अवध के नवाब हैं...वाज़िद अली शाह...राधा-कृष्ण की भक्ति के सारे के सारे गीत गाते थे। संगीत की 'ख़याल-गायकी' की पूरी परम्परा तानसेन के भक्ति संगीत की

देन है। मध्य-काल में इतनी घुलावट हुई है कि हम लोग उसको भूल जाते हैं। आज उपन्यास-कहानी की परम्परा...यानी राही मासूम रज़ा मुसलमान हैं, 'आधा गाँव' हिन्दी में लिखते हैं। उर्दू में छपा या नहीं, आज तक मुझे नहीं मालूम। उसकी भाषा भोजपुरी उर्दू है। तो, राही मासूम रज़ा हिन्दी के लेखक हैं। शानी, असग़र वज़ाहत, अब्दुल बिस्मिल्लाह–सब हिन्दी के लेखक हैं।

मैं इन दोस्तों का कायल हूँ

राही गाज़ीपुर के थे। मैं बनारस का था। हम एक ही साल में पैदा हुए। 1927 में मेरा परगना गाज़ीपुर का ही हिस्सा था। इसलिए हम तो एक ज़िले के हैं। गंगा के उस पार राही रहते थे, इस पार मैं रहता था। मैं तो इन दोस्तों का कायल हूँ कि इस दीवार को तोड़ने में काम जिन लोगों ने किया उसमें राही मासूम रज़ा, शानी, असगर वज़ाहत, अब्दुल बिस्मिल्लाह, मेहरुन्निसा परवेज, मंजूर एहतेशाम...इन लोगों की हिम्मत की दाद दीजिए! बहुत अच्छी उर्दू यह सब जानते हैं। ये सब नॉवेल निगार हैं और इन्होंने तय किया कि वे हिन्दी में लिखेंगे और हिन्दी का लेखक कहलाना पसन्द किया। इसलिए सलाम करता हूँ इन लोगों को। यह मामूली बात नहीं है। सोचिए कि इनको उर्दू की दुनिया के मुसलमान और मौलवी लोग क्या कहते होंगे? वही, जिसके लिए 'अनुराग बाँसुरी' वाले को सफाई देनी पड़ी थी–'काज्यौ बहुतौ हिन्दी भाख्यौं'। हिन्दी लिखने से आदमी हिन्दू हो जाता है, इसकी परवाह किए बिना इन लोगों ने वह काम किया है। इनको तो सिर-आँखों पर बिठाना चाहिए। उर्दू में भी अगर आप इसी तरह देखें तो कृश्नचन्दर, राजेन्द्र सिंह बेदी, फ़िराक गोरखपुरी, दयाशंकर नसीम, रतनाथ शरशार, चकबस्त...सब अदब में हुए।

परम्परा घट रही है

यूँ मेरे मन में एक ही सवाल था कि हिन्दू भी उर्दू में लिखते थे। इस दौर में कम हुए हैं। पंजाब हरियाणा हिमाचल में बचे हुए हैं। बस, बचे ही हुए हैं। हिन्दी बैल्ट में तो अब एक भी आदमी नहीं है। निराला की दाद दीजिए। 'कुकुरमुत्ता' को दोनों लिपियों में उन्होंने छपवाया था। उपेन्द्रनाथ 'अश्क' उर्दू से हिन्दी में आए। जोगिन्दर पॉल का बड़ा आदर है। पंजाब में यह परम्परा थी। आर्य समाज के लोग भी अखबार उर्दू में निकालते थे। बलराज कोमल हैं, मित्तल हैं, जोगिन्दर पॉल हैं...कुमार पाशी अच्छा शायर हुआ है लेकिन नई पीढ़ी में यह परम्परा घट रही है। भारत भूषण के बाद पूरा नक्शा बदल गया है।

राजकुमार राकेश : नामवर जी, एक साक्षात्कार में अशोक वाजपेयी के सवाल के जवाब में आपने तत्काल उत्तर दिया था कि आपने इतना बड़ा सवाल पूछा है, अगर आपत्ति न हो तो ज़रा पान खा लूँ...इस जवाब पर मुझे महात्मा गांधी से सम्बन्धित एक वाकया याद आ गया। तत्कालीन भारतीय राजनीति के नेहरू समेत कुछ धुरन्धर गांधी जी के निवास पर किसी गूढ़ राजनीतिक विमर्श के लिए उपस्थित थे। और जब यह विमर्श अधिकाधिक गूढ़ हो चला तो गांधी जी यह कहकर उठे और चल दिए कि मैं अपनी बकरी के ज़ख्म पर लेप करके आता हूँ। क्या आप भी उस साक्षात्कार में गांधी जी की तरह किसी गूढ़-विमर्श में 'पान' को 'बकरी के ज़ख्म पर लेप' की तरह प्रस्तुत कर रहे थे या सचमुच वह कोई सामान्य-सी ही बात थी?

नामवर सिंह : वह कोई चतुराई नहीं थी, बात टालने की सहज़ प्रतिक्रिया थी। तत्काल जो मुझे सूझा, कोई सोचा-समझा नहीं था। क्योंकि अशोक वाजपेयी के और हमारे सम्बन्ध बहुत पुराने हैं। 1959 में जब मैं सागर में था, साल भर मैं वहाँ रहा, तब से अशोक से सम्बन्ध हमारे बने हैं और वे सम्बन्ध आज तक हैं, आगे भी रहेंगे। उलझते-सुलझते रहे हैं, और मुझे कोई अफसोस नहीं है उसके लिए। इसलिए मैं उसको सरल-सपाट बनाकर कोई सीधा जवाब न तब देना चाहता था और न आज देना चाहता हूँ। लेकिन हमारे उनके बीच संवाद बराबर रहा है। आज भी है, आगे भी रहेगा। कुछ मुद्दे ऐसे हैं, जिन पर मतभेद भी रहा है और रहेगा। मैं नहीं चाहूँगा कि वे अपने विचार बदलें और वे भी नहीं चाहते होंगे कि मैं अपने विचार बदलूँ। लेकिन कई तमाशबीन लोग इसको जो रूप देना चाहते हैं, उसमें मेरी कोई दिलचस्पी नहीं है। पहले भी मैं मानता हूँ और आज भी मानता हूँ कि अशोक वाजपेयी मेरे दुश्मन नहीं हैं। स्वाभाविक है, हम लोगों के सोचने-समझने में कई बातों में मतभेद है, कई बातों में समानता है। मैं भारतीय संस्कृति और भारतीय जीवन की यह खूबी मानता हूँ कि इसको कायम रखना चाहिए। अगर कभी कोई दौर रहा हो, जहाँ इसके कारण संवाद समाप्त हो गया हो, बोलचाल बन्द हो गई हो, वह गलत रहा होगा। सत्य को मैंने पा लिया है—इसका कोई दावा मुझे नहीं है। और सत्य को अशोक वाजपेयी ने पा लिया है, यह दावा उनको भी नहीं है। असल चीज़ है कि जिसमें साहित्य और संस्कृति के सरोकार मुख्य वस्तु हैं। और यह केवल व्यक्तिगत मामला नहीं है बल्कि यह सारा साहित्य का ही मामला है...

अशोक ही क्यों, अज्ञेय जी और मैं दोनों जोधपुर विश्वविद्यालय में लगभग डेढ़ वर्षों तक साथ रहे। साथ काम किया। यद्यपि उनके और मेरे मत शत-प्रतिशत एक नहीं थे, लेकिन हम साथ रहे। वह मेरी धरोहर है। उसी तरह इस साहित्य की दुनिया में...बड़ी छोटी दुनिया है, इतने बड़े हिन्दुस्तान में उसमें अशोक वाजपेयी और

हम दोनों साथ-साथ रहे। लोग कहते हैं कि एक म्यान में दो तलवारें नहीं रह सकती हैं, किन्तु मेरा अपना ख़याल है कि साहित्य एक ऐसी म्यान है जिसमें दो तलवारें रह सकती हैं। कुछ मनचले लोग इस चीज़ को लेकर तरह-तरह की व्याख्याएँ करते रहते हैं। इसमें अशोक को मेरे सम्बन्धों से लाभ नहीं मिलने वाला है। और मुझे अशोक से कोई निजी लाभ नहीं लेना है। लेकिन मैं यह जानता हूँ कि अशोक की गहरी चिन्ता साहित्य, कला और संस्कृति की दृष्टि रही है। आज भी है। यह दृष्टि उनकी अलग है, मेरी अलग है। लेकिन दोनों ओर की यह गहरी दृष्टि हमें जोड़ती है। इसलिए तमाम चीज़ों के चलते मैं उनसे सम्बन्ध बनाए रखना चाहता हूँ। साहित्य, कला और संस्कृति से हम लोगों ने अगर यह नहीं सीखा तो फिर क्या सीखा है? जौक और ग़ालिब दोनों शायरी की दुनिया में एक-दूसरे को फूटी आँख देखना नहीं चाहते थे, लेकिन दोनों ही एक देहली में थे, एक ही लाल किले में थे। एक ही बादशाह जफ़र के साथ थे। यह पहले होता रहा है। आज भी है और होना चाहिए...

एक बात मैं और साफ कह देना चाहता हूँ। दिल्ली में रहते हुए मैंने देखा हैं—संसद में अलग-अलग पार्टियों के सांसद है। बड़ी बहस करते हैं। लगता है पार्लियामेंट में एक-दूसरे के खून के प्यासे हैं। लेकिन सेन्ट्रल हॉल में बी.जे.पी., कांग्रेस, सी.पी.एम., मुलायम सिंह की पार्टी...सारे के सारे सांसद सेन्ट्रल हॉल में जिस तरह मिलते हैं...देखकर आपकी आँखें फटी रह जाएँगी। वहाँ से निकलने के बाद बंगलों में एक-दूसरे के यहाँ रात को कब-कहाँ कौन मिलता है—आप पता लगाएँ तो लगेगा कि सारे सांसदों का एक ही वर्ग है। उससे मैंने समझा, कि यह राजनीतिक विचार या आडियॉलोजी पूरा मनुष्य नहीं है। ऐसा भी होता है कि जिस आदमी से हमारा विचार रत्ती भर नहीं मिलता वह हमारा गहरा दोस्त होता है। यह एक अजीब-सा नक्शा है। विष्णुकान्त शास्त्री उत्तर प्रदेश के गवर्नर हैं...हमारी उनकी दोस्ती चालीस साल से ज़्यादा पुरानी है। जब मिलते हैं तो गले मिलते हैं। वे बी.जे.पी. के हैं और मैं मार्क्सिस्ट हूँ। वे भी यह जानते हैं। अगर फर्क मालूम हो तो दिल का मेल ज़्यादा होता है। फर्क के बारे में जहाँ गलतफहमियाँ 'एम्बिगुएटी' हो वहाँ आमतौर से ठीक-ठीक मिलना नहीं होता। तो अशोक वाजपेयी से हमारे पारिवारिक सम्बन्ध हैं। न मैंने उनको बदलने की कोशिश की, न उन्होंने मुझे! विचार अपनी जगह हैं। लेकिन इनसान केवल विचार नहीं है, न विचारधारा है। उसके अलावा भी कुछ है। कई चीज़ें हैं, जो उनको पसन्द हैं और मुझे भी पसन्द हैं। कई चीज़ें उन्हें नापसन्द है और मुझे भी नापसन्द हैं। लेकिन कुछ है जो हम लोगों को जोड़ता है। और हिन्दी में यह एक लम्बी परम्परा रही है। साहित्य में एक लम्बी परम्परा, इसका निर्वाह करना चाहिए। आजकल जो यह छुटभैये स्वार्थी लोग,

जो चाहते हैं कि विचारों का मतभेद अन्तिम लड़ाई तक ले जाकर के...वे उधर रहें, तुम इधर रहो...मैं इसके खिलाफ हूँ। हिन्दी संस्कृति यह नहीं है। कभी नहीं रही।

आलोचना, मार्क्सवाद और हिन्दी-आलोचना का समाजशास्त्र

राजकुमार राकेश : इस वर्ष का साहित्य अकादमी पुरस्कार अलका सरावगी के उपन्यास, 'कलिकथा-वाया बाईपास' को मिला है। इस पर 'हंस' के ताज़ा अंक के सम्पादकीय में राजेन्द्र यादव ने टिप्पणी की है कि "यह आकदेमी की नामवरी ही है कि दशकों बाद किसी महिला रचनाकार और बरसों के अन्तराल के बाद गद्य को यह 'सम्मान' मिला है—मध्यवर्गीय औपनिवेशिक मानसिकता के कलावाद के लिए...ऑक्सीजन..."

नामवर सिंह : ऐसा है, प्रेमचंद की एक कहानी है—'मुफ्त का यश'...तो मुफ्त का यश तो मुझे कम ही मिला है, मुफ्त का अपयश काफी मिला है। अलका सरावगी को पुरस्कार इसलिए नहीं मिला है कि वे स्त्री हैं। मेरी नज़र में वह पुरस्कार एक महत्त्वपूर्ण कृति को मिला है। अगर कोई आदमी स्त्री-विमर्श के तहत उसकी विजय मानता है तो मानकर वह खुश हो ले, मुझे उस पर कोई टिप्पणी नहीं करनी है। मैं तो मानता हूँ कि जाति न पूछो साध की...

साहित्यकार की जाति और साहित्य का लिंग नहीं पूछा जाता। मैं कम से कम यह नहीं देखता। जहाँ तक पुरस्कार का सवाल है, तो ज्यूरी-मेम्बर तीनों पुरुष थे। मैं तो एक पर्यवेक्षक के रूप में बैठता हूँ। यह यश और अपयश तो ज्यूरी को मिलना चाहिए। और उस प्रक्रिया को मिलना चाहिए जिसमें छनकर छह सात पुस्तकें आई थीं, जिनमें यह पुस्तक भी थी। तो न तो मुझे इसका यश चाहिए, न अपयश। मेरा कोई हाथ इसमें नहीं है। एक बात तो यह...

दूसरी बात कि यह मध्यवर्गीय-कलावाद की विजय है...तो याद दिला दूँ कि राजेन्द्र यादव तो मार्क्सवाद छोड़ चुकने के बाद वर्ग की भाषा में सोचते ही नहीं हैं। वे तो जाति की भाषा में सोचते हैं। इसलिए उनके मुँह से 'मध्यवर्ग' सुनकर आश्चर्य होता है। रहा कलावाद...तो कलावाद का मध्यवर्ग से कोई सम्बन्ध नहीं है। न शाश्वत, न क्षणिक! अगर वे मानते हैं कि 'कलिकथा' में कलावाद है तो राजेन्द्र यादव की साहित्यिक समझ पर मैं केवल तरस ही खा सकता हूँ। 'कलिकथा' तो कथा कहने की एक शैली है यानी नैरेशन जिसे कहते हैं। 'ब्रेक थ्रू'...जिसे कहा जाए...लीक से हटकर लिखा हुआ। विषयवस्तु को बदलना बड़ा आसान है। साहित्य और कला के क्षेत्र में 'फॉर्म' को तोड़ना बहुत कठिन हुआ करता है। 'फॉर्म' ज़्यादा टिकाऊ होता है। हर जगह...एक समय में जब खास तरह के मकान बनने शुरू हुए तो उसे तोड़ने में पचास वर्ष लगते हैं...शताब्दी खत्म हो जाती है, जब दूसरे ढंग के मकान बनते

हैं आर्कीटेक्चर युगों में पहचाना जाता है। चित्रकला में, संगीत में यह हाल है कि ख़याल गायकी में परिवर्तन करने में एड़ी-चोटी का ज़ोर लगाने पर, अब कुछ लोगों ने परिवर्तन लाने में थोड़ी बहुत सफलता पाई है। इतना मजबूत होता है ढाँचा।

तो उपन्यास में कथा कहने की एक जो शैली होती है किस्सागोई की, वह उन्नीसवीं सदी से चली आ रही है। वह पश्चिम से हमारे यहाँ आई है। उससे हटकर कोई आदमी कथा कहने का, बाईपास के जरिए...शहरों में भी हम बाईपास नहीं सुनते थे। गलियाँ होती थीं, कूचे होते थे और सड़कें होती थीं। बाईपास तो अब शुरू हुआ है—और उसके सहारे जो कथा कही गई है—वह एक आदमी के दिमाग में आया, अपने आप में तो इसी पर ईनाम देना चाहिए...

अगर राजेन्द्र यादव जो, स्वयं कथाकार, समीक्षक और सम्पादक हैं...इतनी भी समझ नहीं है, तो उनके बारे में आगे हम कोई टिप्पणी ही नहीं करना चाहते...

[ये वे क्षण हैं जब नामवर जी पहली और अन्तिम बार के लिए क्षणिक आवेश में आ जाते हैं। उनकी आँखों में चिंगारियाँ और क्षोभ है, लेकिन तत्काल ही वे इस पर काबू पा लेते हैं...]

कोई आदमी कला रूप को जब तोड़ता है, तो वह क्रान्तिकारी काम करता है। निराला ने केवल मुक्तछन्द लिखकर खुद को पन्त, प्रसाद और बाकी लोगों से अलग कर लिया था। 'फॉर्म' की दुनिया में शताब्दियों में 'फॉर्म' तोड़ा जाता है। उपन्यास में नैरेशन, आख्यान के ढंग को बदलना बहुत बड़ी बात होती है। 'वर्जीनिया वुल्फ' ने चेतना-प्रवाह के सिद्धान्त के अनुसार नए ढंग की कथा लिखी है। लेकिन यह हिन्दी लेखकों के पिछड़ेपन का सबूत है कि एक लीक पीटते चले जा रहे हैं। किसी समय रेणु ने फिल्म टेक्नीक अपनाई थी, आंचलिक उपन्यास जिसे लोगों ने कहा था। कथा कहने की शैली क्रान्तिकारी होती है। धारा प्रवाह कथन उसने नहीं कही थी। इसलिए महत्त्वपूर्ण था। फॉर्म को रेणु ने पहली बार तोड़ा था। फिर वर्षों बाद कुछ विनोद शुक्ल ने 'नौकरी की कमीज' में बदलने की कोशिश की थी लेकिन ज़्यादा नहीं। उसके बाद 'कलिकथा : वाया बाईपास' में बाईपास के ज़रिये कथा कहीं गई है। डेढ़ सौ साल की कथा तोड़ दी...इस तरह का काम बहुत पहले जैनेन्द्र ने किया था। प्रेमचंद के साथ होते हुए भी, हटकर जब उन्होंने 'परख' और 'त्यागपत्र' लिखा तो वह दूसरी शैली थी। साहित्य और कला रूप में जब कोई आदमी रूप सम्बन्धी नया प्रयोग करता है...उसे तोड़ता है, तो उसे रूपवाद कहकर खारिज करना कोई प्रगतिशीलता नहीं है, न जनवादिता है। न यह मार्क्सवाद है। यह बड़ी मोटी और भोंड़ी समझ है...

तो राजेन्द्र यादव अपनी समझ से बड़ा प्रसन्न होंगे कि एक चुस्त फिकरा लिख लिया है। लेकिन यही चुस्त-फिकरा उनकी चिर-संचित मूर्खता और अज्ञानता का हिमालय है।

राजकुमार राकेश : आपका मानना है कि हिन्दी में किसी भी युग को 'आलोचना का युग' नहीं कहा जा सकता तथा अपने लिए आप इस तथ्य को वरदान मानते हैं। हिन्दी में किसी भी आलोचनात्मक युग का न होना वरदान कैसे हुआ?

नामवर सिंह : अमेरिकी साहित्य में, तीस के दशक का एक पूरा दौर 'एज़ ऑफ क्रिटिसिज़्म' के नाम से जाना जाता है। यह रेंडल 'जेरिल' जो कवि भी था, आलोचक भी था, उसने लिखा है। इंग्लैंड में ऐसा आलोचना का कोई युग नहीं माना जाता। लेकिन लगभग उसी के पास एक युग था, जब आई.ए. रिचड्र्ज़ और एफ.आर. लीविस का बड़ा मान था और चाहते तो कह सकते थे, लेकिन अंग्रेज़ बड़े सावधान होते हैं। कायदे से वह युग इलियट-पाउंड का युग था और उसके बाद ऑडेन का युग कहा, लेकिन लोगों ने 'ऐज़ ऑफ क्रिटिसिज़्म' कभी नहीं कहा जबकि उस दौर के बहुत बड़े आलोचक आई.ए. रिचड्र्ज़ और एफ.आर. लीविस हुए हैं...

तो मैंने जब यह कहा तो मेरे ध्यान में पूरी भारतीय परम्परा थी। संस्कृत में काव्य का युग कालिदास के साथ समाप्त हो गया था। और कालिदास के बाद यद्यपि कवि भारवी हुए, गिरात हुए, माघ हुए 'शिशुपाल वध' के लेखक, बाणभट्ट हुए 'कादम्बरी' और 'हर्षचरित' के लेखक, दंडी ने 'दशकुमार चरित' नाम का आख्यान लिखा, श्रीहर्ष 'नैषध चरित' लिखने वाले हुए...बावजूद इसके संस्कृत में लगभग सन् 700 ई. से लेकर 1600 ई. के आस-पास तक काव्यशास्त्र का युग था। रचना समाप्त हो गई, काव्यशास्त्र चला। इस दौर में भामह, दण्डी, आनन्दवर्धन, अभिनवगुप्त पादाचार्य, मम्मट, राजशेखर, विश्वनाथ कविराज और जगन्नाथ अप्पय्य दीक्षित...यह काव्यशास्त्र का युग है। कविता जब खत्म हो गई संस्कृत की, तो केवल प्राचीन परम्परा के कुछ लोग मुँह में चुभलाते रहे। घुलाते रहे। आस्वाद लेते रहे। भोजन तो बन चुका था पहले। रचनाएँ तो हुईं, लेकिन संस्कृत का एक हजार साल का यह युग काव्यशास्त्र का युग है। अद्‌भुत कविताएँ इस दौर में लिखी गईं, लेकिन जोर आचार्यों का था।

अमेरिका में यह वही दौर है, जब कथाकार हेमिंग्वे हुआ, फॉकनर हुआ, एंडरसन हुआ, एडगर एलन पो हुए...लेकिन न्यू क्रिटिसिज़्म के नाम पर अमेरिका में थ्योरी ही ज़्यादा चली...हिन्दी में जब मैंने कहा कि आलोचना का कोई युग नहीं है तो देखिए, जहाँ आचार्य रामचंद्र शुक्ल जैसा आलोचक हुआ हो, फिर भी उस युग को प्रेमचंद और छायावाद के ही नाम से जाना जाता हो। निराला, पन्त, प्रसाद, महादेवी वर्मा के नाम से...रामचंद्र शुक्ल युग कोई नहीं कहता। प्रगतिशील आन्दोलन के बाद रामविलास शर्मा जैसा आलोचक हुआ हो। इसी दौर में हजारी प्रसाद द्विवेदी हुए हों...लेकिन किसी भी आलोचक के नाम पर कोई युग नहीं रखा गया। जब रामचंद्र शुक्ल के नाम पर नहीं रखा गया तो हजारी प्रसाद द्विवेदी और रामविलास शर्मा किस

खेत की मूली हैं? महावीर प्रसाद द्विवेदी युग जो कहा गया तो कारण अलग था...1900 से 1920 तक, ले-देकर एक ही कवि थे–राष्ट्रकवि मैथिलीशरण गुप्त–जो द्विवेदी युग के बनाए हुए थे, इसलिए उसको मैथिलीशरण गुप्त तो कहा नहीं जा सकता। वह युग 'सरस्वती' का था। उस युग में महावीर द्विवेदी ने पूरा नवजागरण शुरू किया था। वे केवल आलोचक नहीं थे। इसलिए इस 'सरस्वती' युग को महावीर प्रसाद द्विवेदी के नाम से जाना जाता है। जैसे उससे पहले भारतेन्दु का युग था।

राजकुमार राकेश : लेकिन आज तो स्थिति बदली हुई प्रतीत होती है। यदि आप इसे 'अतिशयोक्ति' या 'पाखंडपूर्ण विनम्रता' न समझें, तो मैं कहना चाहूँगा आज किसी रचनाकार का नाम लेने से पहले हिन्दी साहित्य में 'स्टार' कहे जाने वाले नामवर सिंह का नाम अनायास चला आता है। पिछले पचास वर्षों–1950 से 2000 तक का तो यही परिदृश्य है। क्या कहना चाहेंगे आप?

नामवर सिंह : मैं फिर कहूँगा, वैज्ञानिक दृष्टि से...बन्धु केदारनाथ सिंह ने कहीं लिखा है कि विचित्र बात है कि हिन्दी साहित्य के केन्द्र में आलोचक रहा और उन्होंने मेरा नाम लिया। यह बहुत दुर्भाग्यपूर्ण है, और होगा कि हिन्दी साहित्य के केन्द्र में आलोचना हो और रचना न हो। यह नहीं होना चाहिए। मैं यह नहीं मानता। अब भी तमाम चीज़ों को, और मेरी भी यह पाखंडपूर्ण विन्रमता नहीं है...हिन्दी की समूची परम्परा में आज तक आलोचक केन्द्र में नहीं रहा। यदि रामचंद्र शुक्ल का युग नहीं है, तो नामवर सिंह युग तो होना ही नहीं चाहिए।

राजकुमार राकेश : छायावाद और समूचे प्रगतिशील आन्दोलन के बाद आज का यह युग किसका युग है? कौन-सी रचनाशीलता का?

नामवर सिंह : नहीं भई, मैं नहीं जानता...एक ज़माने में नई कहानी, नई कविता का दौर था। रचनाकारों का यह आन्तरिक विवाद, कलह और विविधता है कि रचना को साहित्य के केन्द्र से खारिज़ कर दिया जाए...

मैंने राजेन्द्र यादव जी से हाथ जोड़कर प्रार्थना की कि बन्धुवर, कविता बनाम कहानी का विवाद मत चलाओ। दोनों सर्जनात्मक हैं। किन्तु वे तो तीस-चालीस साल के इस दौर में लिखी कविताओं को कुछ नहीं मानते। वे मानते हैं कि कहानी ही मुख्य विधा है। मैंने पूछा कि उपन्यासों के बारे में आपकी क्या राय है? कहानी-उपन्यास पर फैसला करोगे तो इस दौर में शायद महत्त्वपूर्ण तो उपन्यास लिखे गए हैं। 'नौकर की कमीज़', 'राग दरबारी', 'तमस', 'मय्यादास की माड़ी', 'ज़िन्दगीनामा', निर्मल वर्मा की कहानियाँ, मंज़ूर एहतेशाम का 'सूखा बरगद'...ये सारी चीजें और उसी में मैत्रेयी पुष्पा की भी कहानियाँ और उपन्यास हैं। इस दौर में कवियों ने भी लिखा है। तो कविता-उपन्यास की बहस छेड़कर तुम हिन्दी सर्जनात्मकता का निषेध मत करो। आप सर्जन नहीं कर रहे हैं–सम्पादकीय लिख रहे हैं। मैं भी आलोचना न

लिखकर मौखिक-विमर्श कर रहा हूँ—लेकिन इसके पीछे तो रचना ही है। मेरी प्रतिबद्धता रचना और रचनाकार के प्रति है। मैं अपना झंडा गाड़ने के लिए इस बुनियादी वास्तविकता का निषेध नहीं करना चाहता। इसलिए यह गलत चीज़ है। होना नहीं चाहिए। यह अखबारनवीसी मीडिया की देन है। इसके कारण लोग किसी आलोचक को मान लें, लेकिन यह गलत है।

राजकुमार राकेश : आपके आलोचना कर्म में एक अद्भुत 'कंट्राडिक्शन' है कि आप एफ.आर. लीविस जैसे मार्क्सवाद-विरोधी आलोचक से प्रभावित रहे हैं।

नामवर सिंह : मैंने स्वीकार किया है...मार्क्स अगर अपने आपको हीगेल का ऋणी मान सकते हैं, तो अगर मैं एफ.आर. लीविस को मानता हूँ तो इसमें क्या गड़बड़ी है? प्रह्लाद किससे पैदा हुआ था, एक राक्षस से न...इतिहास में, परम्परा में यही होता है।

राजकुमार राकेश : नामवर जी, आपने यह बात कई बार उठाई है कि मार्क्सवाद कोई ठस्स या स्टेटिक विचार नहीं है, बल्कि एक ऐसी प्रक्रिया है जो विचार को आगे ले जाकर सोचने और विचारने की एक कारगर पद्धति विकसित करती है तथा इसे आर्थोडॉक्स टेक्स्ट की तरह नहीं पढ़ा जाना चाहिए। तो सवाल यह है कि हमारा आज का युग मार्क्सिज़्म के कितना पार जाता है? आप कहते हैं कि आपके बहुत-से सवालों का जवाब मार्क्सिज़्म नहीं देता तो आने वाले समय में इसका कौन-सा फॉर्मेट विकसित या निर्मित होगा?

नामवर सिंह : मार्क्स, फ्रॉयड और डार्विन...ये उन्नीसवीं शताब्दी के दार्शनिक और आचार्य हुए हैं। बीसवीं शताब्दी में गांधी हुए, आइंस्टाईन हुए, लेनिन हुए...वह बीसवीं शताब्दी बीत गई। मेरे जैसे लोग उस बीसवीं शताब्दी के अवशेष हैं। इक्कीसवीं शताब्दी में कौन-से वैज्ञानिक और चिन्तक इसे रूप देंगे, वह निकट भविष्य में पता चल जाएगा। लेकिन हम जिस पूँजी पर काम कर रहे हैं...तो यहाँ वेद तो हैं ही, बुद्ध यहाँ हो चुके हैं, कबीर हो चुके हैं, गांधी यहाँ हुए हैं। वही पूरी परम्परा जिसमें हमने मार्क्स को भी स्वीकार किया था। लेकिन चीज़ों की उपज होते हुए भी मार्क्स की सीमा उन्नीसवीं शताब्दी थी। यद्यपि उनमें ऐसे कुछ बीज थे जो बीसवीं में काम आए व इक्कीसवीं में भी काम आएँगे, क्योंकि एक मामले में तो मार्क्सवाद वैध रहेगा। जब तक पूँजीवाद है, तब तक मार्क्स को भुलाया नहीं जा सकता। पूँजीवाद का पहला गम्भीर विश्लेषक कार्ल मार्क्स ही हुआ है। इक्कीसवीं शताब्दी में मार्क्सवाद इसीलिए वैध रहेगा कि पूँजीवाद है। पूँजीवाद के चलते उसकी उपेक्षा सम्भव नहीं है। यह उसकी बुनियाद है। आजकल विज्ञान के क्षेत्र में—बायोलॉजी में बहुत काम हो रहा है। माइक्रोबायोलॉजी और मॉलिक्यूलर बायोलॉजी में! लेकिन डार्विन अभी तक गलत साबित नहीं हुआ है। उसमें विकास ज़रूर हुआ है। इसी तरह मनुष्य के मन की व्याख्या करने के बारे में फ्रायड का अन्कांशियस आज भी वैध है। इस सबमें मार्क्स

मेरे लिए आधार है। लेकिन वे बहुत खुले हुए थे और चीज़ पर शक करने की सलाह देते थे। उनके तीन सूत्र हैं जो मुझे कभी नहीं भूलते तथा मेरे भी यही मोटो हैं–

1. 'डाऊट एवरीथिंग'–हर चीज़ पर शक करो।
2. 'नथिंग ह्यूमेन इज़ एलियन टू मी'–जो भी मानवीय है, वह मेरे लिए पराया नहीं है। और
3. 'विदआऊट हेस्ट, विदआऊट रेस्ट'–जल्दबाजी में कुछ नहीं और बिना आराम के!

यह उनका निजी था...

इन तमाम लोगों में, ऋषियों में, चाहे वे वेदों के ऋषि हों या उपनिषदों के, मेरी श्रद्धा रही है। सबसे अधिक श्रद्धा मेरी बुद्ध के लिए रही है। प्राचीन लोगों में बुद्ध मेरे आदर्श रहे हैं। उसके बाद में गांधी जी। बुद्ध-गांधी और मार्क्स की रोशनी में मैं सोचने-समझने लगा। और विचित्र बात है कि इन तीनों का सम्बन्ध साहित्य से नहीं था। लेकिन इन तीनों का सौन्दर्यबोध, इनकी मनुष्यता और इनका सौन्दर्यशास्त्र मिलाकर जो मुझे शक्ति देता है, दृष्टि और प्रेरणा देता है, वही मेरी सबसे बड़ी विरासत है। लोगों को यह परस्पर विरोधी लगेंगे, लेकिन मैंने राहुल जी और अपने गुरुदेव आचार्य द्विवेदी जी में इनका योग पाया है। उन्हीं के माध्यम से मैंने रवीन्द्रनाथ के व्यक्तित्व को भी जाना। यही चीज़ें हैं जो मुझे दिशा दिखाती हैं। यही मेरी विरासत और पूँजी है। मार्क्स एक बात कहते थे निर्ममताहीन आलोचना...आत्म-आलोचना...दूसरों की आलोचना करने में निर्मम भले ही उतने न हों, लेकिन अपनी आलोचना निर्मम होकर करें...

मैं इस सूत्र को अब भी मानता हूँ। किसी पर मेरा कोई आग्रह नहीं है। यह खुलापन मैं रखना चाहता हूँ और अपनी गलती तुरन्त स्वीकार करना चाहता हूँ। जब भी मुझे लगे कि अभी तक जो भी मैंने सोचा वह गलत था, तथ्य और अनुभव जो सामने आए, किसी कविता-उपन्यास को पढ़ने के मामले में तो मैं सुधार लेने के लिए तैयार रहता हूँ। मसलन, निर्मल वर्मा के 'कव्वे और काला पानी' के बारे में पहली मेरी धारणा उसके खिलाफ थी। जब बाद में मैंने पढ़ा तो मुझे लगा कि नहीं, एक बिन्दु है, जो अच्छा है...

राजकुमार राकेश : 'परिन्दे' के बारे में आपकी धारणा तो नहीं बदली?

नामवर सिंह : 'परिन्दे' के बारे में नहीं बदली। 'परिन्दे' पहले भी अच्छी लगी थी, आज भी अच्छी लगती है।

राजकुमार राकेश : निर्मल वर्मा के 'मिस्टीक' के बारे में?

नामवर सिंह : उस 'मिस्टीक' को एक 'डिवाइस' के रूप में लीजिए। निर्मल जी जो मिस्टीक क्रिएट करते हैं, वह एक तरह का कौशल है। रहस्यात्मकता..वह रहस्यवाद

नहीं है, यह देर से समझने की मैंने कोशिश की। वह एक विस्मय, विमुग्ध, चकित करने वाला बोध है। एक डिवाइस है, दर्शन नहीं। यद्यपि निर्मल के विचारों में जिस प्रकार की भारतीयता-आध्यात्मिकता आती दिखाई पड़ रही है, मैं उसे समझने की कोशिश कर रहा हूँ। उससे मुझे दुःख होता है। सब होते हुए भी इतिहास का एक तथ्य है निर्मल और हम, दोनों समकालीन हैं। वे मुझसे दो साल छोटे हैं। वे मेरे प्रिय लेखकों में हैं। तो इसलिए उनकी 'भारतीयता' को मैं बनारसी होने के कारण समझ सकता हूँ। मेरा जन्म भी भारतीय संस्कारों और हिन्दू संस्कारों में हुआ है...निर्मल जी आरम्भ से ही शिमला निवासी होने के कारण अभारतीय रहे हैं इसलिए भारत की ओर लौटते हैं...तो क्यों लौटते हैं, मैं समझ सकता हूँ...

राजकुमार राकेश : शिमला निवासी होने की वजह से अभारतीय होना कुछ जमा नहीं!

नामवर सिंह : नहीं...शिमला शहर तो प्रतीक है। शिमला निवासी हो जाने से अभारतीय नहीं हो जाते। अंग्रेज़ीयत...और यूरोप में रहे हैं...उन्हें अगर काशी जैसे किसी शहर में रहने का मौका मिलता। वहाँ के पंडे-पुरोहितों और दूसरे घटिया लोगों से मिलते तब उन्हें कितनी नफरत होती...गांधी जी विलायती थे, भारतीय बने, भारतीय पोशाक ही नहीं अपनाई, रहन-सहन भी अपनाया। हिन्दू बने गांधी जी। वे हिन्दू थे नहीं। वे तो बैरिस्टर थे। और जब बने तो उन्हें लगा कि विश्वनाथ मन्दिर की नालियाँ और गन्दगी...यही है भारतीयता। निर्मल जी के बारे में मुझे कृष्णा सोबती की एक बात याद आती है। पूसा रोड पर जहाँ वे रहते थे, उन्होंने निर्मल से कहा कि क्या कभी तुम्हारी नज़र अपने पास के इस नाले के पास थूथन उठाए सूअरों पर पड़ी है? उस यथार्थ को निर्मल जी ने अभी देखा नहीं है। वह उनके लिए रोमांटिक है। शिमला, दिल्ली व यूरोप में ज़्यादा समय बिताने के कारण यह भारतीय यथार्थ निर्मल जी ने नहीं देखा है। इसलिए भारत में उनकी परिकल्पना एक विदेशी पर्यटक की-सी रोमांटिक परिकल्पना है और वे सपनों के भारत में जी रहे हैं। इसलिए उनकी दृष्टि की सीमाएँ रही हैं। लेकिन इसका तो गर्व मुझे हमेशा रहेगा ही कि हमारे बीच, हमारी पीढ़ी में निर्मल वर्मा एक लेखक हुआ है। लाख कहें, मोहन राकेश, कमलेश्वर और राजेन्द्र यादव जैसे लोग—वह इनसे बड़ा और महत्त्वपूर्ण है। यह सब लोग उसके बराबर टिक नहीं सकते। यह मैं तब भी मानता था और अब भी मानता हूँ। 'परिन्दे' को नई कहानी का पहला-संग्रह मैंने सोच-समझकर कहा था, आवेश में नहीं। आज भी मैं मानता हूँ यह त्रिगुट कहानी को हाईजैक करना चाहता था। अमरकान्त बहुत महत्त्वपूर्ण हैं। कम लिखा है। बीमारियों के कारण, अनेक दूसरे कारणों से उनका विकास अवरुद्ध हो गया, लेकिन 'जिन्दगी और जोंक' की कहानियों से चलकर 'हत्यारे' तक आने वाले अमरकान्त ही निर्मल के जोड़ के हमारी पीढ़ी के लेखक हैं। हमारे साहित्य का दूसरा पहलू एक ओर अगर निर्मल हैं, तो अमरकान्त उसी रूप में हैं दूसरी ओर।

राजकुमार राकेश : लेकिन अब तो आपकी आस्था नई पीढ़ी के प्रति ज़्यादा है! अपने समकालीनों से भी ज़्यादा!

नामवर सिंह : वह तो बराबर होगी...भई! मेरी घड़ी निर्मल के साथ बन्द नहीं हो गई है। इत्तफाक से अभी बैटरी उसमें है। वह चल रही है। और उस घड़ी के साथ आज जो नए लिख रहे हैं...मसलन अखिलेश की कहानी मैंने 'कथादेश' में पढ़ी...'ग्रहण' उसी में दूधनाथ सिंह की एक कहानी है...'निष्कासन', लेकिन मुझे लगा कि अखिलेश की यह कहानी दूधनाथ की इस कहानी से बेहतर है। कई लेखक हैं जो इतना अच्छा लिख रहे हैं।

राजकुमार राकेश : उदय प्रकाश की याद मैं आपको दिलाऊँ?

नामवर सिंह : अद्भुत प्रतिभाशाली वह लेखक है। लेकिन उदय प्रकाश का इतना विरोध लोगों ने किया है अथवा उदय प्रकाश अपने विरोध को इतना बढ़ा-चढ़ाकर देखता है, कि 'तिरिछ', 'वारेन हेस्टिंग्ज का सांड', 'पाल गोमरा का स्कूटर' और 'अन्त में प्रार्थना' जैसी कहानियों का लेखक उन सब चीज़ों के दबाव में अच्छी-खासी अपनी कहानी 'पीली छतरी वाली लड़की' और अभी उसकी एक कहानी आई है–'दिल्ली की दीवार' अच्छी कहानियाँ हो सकती थीं, लेकिन नष्ट कर दिया है, दोनों कहानियों को उसने...लेकिन प्रतिभाशाली यह लेखक है। नए लेखक अच्छा लिख रहे हैं। अवधेश प्रीत, जयनन्दन की कहानियाँ मैंने देखी हैं। ओमप्रकाश वाल्मीकि की...संजय ने अच्छी कहानियाँ लिखी थीं। मैं काशीनाथ सिंह का नाम इसलिए नहीं लेता कि राजेन्द्र यादव कहेंगे कि अपने भाई का गुणगान करता है। लेकिन अन्ततः साबित होगी कि काशीनाथ सिंह तो राजेन्द्र यादव से बड़ा कहानीकार है। उनकी कहानियों का फॉर्म और शिल्प के स्तर पर कोई मुकाबला नहीं है। अभी जो 'कौन ठगवा नगरिया लुटल हो' तद्भव में आई है...देवेन्द्र ने 'क्षमा करो हे वत्स' कहानी लिखी है। नए लोग इतना अच्छा लिख रहे हैं। कथाकारों की अपनी गांठें होंगी। मैं तो एक पाठक हूँ, जिसे आलोचक के रूप में जानते हैं। नई रचनाएँ जब मैं देखता हूँ, सच कहता हूँ आपसे राकेशजी, जिन लोगों की उम्र तीस-चालीस साल है इस समय इतना अच्छा लिख रहे हैं कि मुझे लगता है कि हमारे पचास के दशक के लोग इनकी तुलना में बहुत पिछड़े हुए थे। यह रचनाशीलता मुझे नई उमर दे रही है।

राजकुमार राकेश : इस ऊर्जा को पाकर आप युवा होते जा रहे हैं।

नामवर सिंह : जी हाँ...गर्व होता है कि ऐसे दौर में भी मैं जिन्दा हूँ, जहाँ इतना अच्छा लिखा जा रहा है। यह मेरे लिए ताकत है। यद्यपि लोग समझेंगे कि मैं नई पीढ़ी की पीठ थपथपा करके अपने आपको उनके कन्धे पर बिठाना चाहता हूँ। लेकिन कोई उम्मीद नहीं है। चुपचाप अगर कोई मुझे फेंक भी दे किसी नाले में, तब भी मुझे कोई दुःख नहीं होगा। लेकिन मैं यह दौर देखने के लिए जिन्दा हूँ कि जब मैं जवान था,

तब एक साहित्य लिखा जा रहा था। उमंगें थीं हमारी, आज इस बुढ़ापे में मैं अपनी नई पीढ़ी के लोगों को इतना अच्छा लिखते देख रहा हूँ, यह एक संजीवनी बूटी है मेरे लिए। और कोई गाँठ अपनी पीढ़ी को लेकर मेरे मन में नहीं है, न बाकी चीज़ों को लेकर। यह मेरे अन्दर की भावना है। और आज की बातचीत मैं इसी के साथ समाप्त करना चाहता हूँ।

राजकुमार राकेयश : नामवरजी, एक आखिरी सवाल बाकी है–भारतीय समाज का भविष्य आप मार्क्सवाद और गांधीवाद में से किसमें देखते हैं?

नामवर सिंह : भाई! न मार्क्स का कोई वाद था और न गांधी का कोई वाद था। मार्क्स और गांधी की रचनाओं को पढ़ो तो ऐसी वे खान हैं कि उनमें अद्भुत नए-नए क्रान्तिकारी सूत्र मिलते हैं। मार्क्सवादियों को छोड़ो चाहे वे कम्युनिस्ट पार्टियों से जुड़े हुए हों। गांधीवादियों और नव गांधीवादियों को छोड़ो। स्वयं उनकी रचनाओं को मैं जब भी पढ़ता हूँ तो एक नया विस्फोटक क्रान्तिकारी तत्व मिलता है। और वे हमारे लिए उसी तरह स्रोत रहेंगे अक्षय स्रोत नए क्रान्तिकारी विचारों के। गांधी भी और मार्क्स भी। कोई विरोध नहीं है दोनों में!

['पल प्रतिपल', अप्रैल-जून 2002 में 'मेरी प्रतिबद्धता रचना और रचनाकार के प्रति' शीर्षक से प्रकाशित]

1857 मूलतः ज़मीन से जुड़े लोगों का विद्रोह था

रवीन्द्र त्रिपाठी की बातचीत

रवीन्द्र त्रिपाठी : 1857 में भारत का जो पहला स्वतंत्रता संग्राम लड़ा गया, उसके डेढ़ सौ साल पूरे हो गए, लेकिन अभी भी जो भारतीय बौद्धिक समाज है, इतिहासकार हैं, समाजशास्त्री हैं–उसमें 1857 को लेकर के एक दुविधा बनी हुई है। वह दुविधा जो पंडित नेहरू की भी थी, जो ब्रिटिश इतिहासकारों ने या उपनिवेशवादी इतिहासकारों ने बनाई थी, वह अभी जारी है, तो इसकी क्या वजह समझते हैं आप? और 1857 को किस तरह समझने की आज डेढ़ सौ साल के बाद शुरुआत होनी चाहिए?

नामवर सिंह : पहली बात तो यह कहना चाहता हूँ कि 1857 को डेढ़ सौ साल बाद जिस बड़े पैमाने पर याद किया गया है और किया जा रहा है–मैं देख रहा हूँ एक साल से–उस तरह 1857 को पहले कभी भी याद नहीं किया गया है। सौ साल पूरे होने का तो मुझे अच्छी तरह याद है। 1957 में याद किया गया था तो भारत सरकार ने छोटी-सी पुस्तक लिखाई-छपवाई डॉ. सुरेन्द्रनाथ सेन की, जिन्होंने केवल इसका नाम '1857' दिया। इसको ग़दर कहें, क्रान्ति कहें–कुछ नहीं कहा। केवल संख्या दे दी 1857। किताब का नाम यही है। और ज़्यादा बड़े पैमाने पर उत्सव भी नहीं मनाया गया था। इस एक साल में इतनी ज़्यादा विचार गोष्ठियाँ हुईं, पत्रिकाओं के विशेषांक निकले–उतना 1957 में नहीं हुआ, और उसके पहले तो इक्की-दुक्की कोशिशें हुई थीं, उनके बारे में ज़िक्र भी करूँगा।

लेकिन डेढ़ सौ साल बाद अजीब बात है, आप देखें, तो अंग्रेज़ी में, हिन्दी में इतिहास की किताबें निकली हैं, पत्रिकाओं के विशेषांक निकाले गए हैं। इतिहासकारों ने, साहित्यकारों ने, समाजशास्त्रियों ने, तमाम लोगों ने विचार किया है। इस पर ध्यान दिया जाना चाहिए। क्यों? यह सवाल उठना चाहिए। 1957 में, जब जवाहरलाल नेहरू थे, अकेले पी.सी. जोशी ने अपनी पहल पर एक पुस्तक का सम्पादन किया

और स्वयं छद्म नाम से लेख भी लिखे और अकेली वो किताब है, जो कुछ इतिहासकारों को लेकर बुनियादी मुद्दा उठाती है। अलावा इसके, भारत सरकार ने एक पुस्तक का प्रकाशन किया–जो मामूली–अपनी फर्ज अदायगी की तरह से था। आम जनता में भी ये जागरूकता नहीं थी, जो आज आई है। इसकी ओर ध्यान जाना चाहिए, सवाल उठाए जाने चाहिए–क्यों? 'इकॉनॉमिक पॉलिटिकल वीकली' ने बड़ा विशेषांक निकाला है। अनेक इतिहासकारों ने काम किया है, नया पोस्टर निकाला है। लोगों ने–खासतौर पर वामपंथी लोगों ने, फिर दिलचस्पी ली है।

मुझे यह भी हैरानी होती है कि हिन्दुत्ववादी लोगों ने इसको कितना याद किया और किस रूप में याद किया–यह सवाल उठता है। देखना चाहिए कि किन लोगों में उठता है? ज़्यादातर इतिहासकार और जिन पत्रिकाओं ने विशेषांक निकाले हैं ज़्यादातर वामपंथी हैं। उस समय भी उल्लेखनीय किसकी पुस्तक थी? तब अजय घोष भारतीय कम्युनिस्ट पार्टी के महामंत्री थे और जोशी को यह दायित्व दिया गया था। अपनी पहल पर जोशी ने किया था। तो अपने मन में इसका जवाब ढूँढ़ने की मैं कोशिश कर रहा हूँ कि वही इस बार भी क्यों हो रहा है? और दूसरी बात यह कह रहा हूँ कि 1857 पर 1907 के आस-पास 50 साल बीतने पर, क्योंकि ताजा था मामला बहुत कुछ, उस समय कई महत्त्वपूर्ण घटनाएँ हुईं, बल्कि ज़्यादा याद किया गया 50 साल बाद। सावरकर की किताब आई थी, उस किताब के बारे में भी कुछ बातें मुझे कहनी हैं।

सावरकर से गांधी जी की बहस हुई थी जब लन्दन गए थे, और उसके बाद इतने उत्तेजित हुए गांधी जी कि दक्षिण अफ्रीका जहाज से लौटते हुए उन्होंने 'हिन्द स्वराज्य' नाम की किताबजो सवाल-जवाब के रूप में लिखी गई है –और इतने उत्तेजित थे गांधी जी अपनी 'आत्मकथा' में उन्होंने लिखा है कि जब दाहिना हाथ थक जाता था तो मैं बाएँ हाथ से लिखने लगता था। पानी के जहाज पर पूरी किताब लिखी उन्होंने। गांधी जी ने यह भी कहा है कि–जब वो इंग्लैण्ड में पढ़ रहे थे तो उनके शिक्षक ने कहा कि तुमने मॉरिसन की किताब जो है '1857' तीन वॉल्यूम में है, पढ़ी कि नहीं–पूछा। हाँ, गांधी जी ने लिखा है कि उन्होंने कहा–तब तक मैंने नहीं पढ़ी थी। दक्षिण अफ्रीका लौटते हुए मैंने किताब पढ़ी और तब मेरी समझ में आया कि क्यों कहा था। उन्होंने कहा था–हर भारतीय को वो पुस्तक पढ़नी चाहिए–उनके अध्यापक ने कहा था।

इसलिए 1907 के साथ एक घटना और बहुत महत्त्वपूर्ण है, जिसकी ओर ध्यान दिया जाना चाहिए। रवीन्द्रनाथ ने 'गोरा' का प्रकाशन शुरू किया और 'गोरा' पर बंगाल में लोगों का ध्यान गया होगा। 'गोरा' उपन्यास का सीधा सम्बन्ध 1857 से है। गोरा का जन्म एक आइरिश दम्पत्ति से 1857 में हुआ। एक कृष्णदयाल नाम

के आदमी के घर एक आइरिश महिला आई हुई थी इत्तिफाक से, और शरण ली उसने वहीं, और एक बच्चा पैदा हुआ। बाप मर गए थे, माँ भी जन्म देकर मर गई और उस बच्चे का एक हिन्दू ने पालन किया और रवीन्द्रनाथ ने गोरा को दिखाया है कि वो कट्टर हिन्दू था, क्योंकि उसे मालूम नहीं था कि वो अंग्रेज है। रंग उसका गोरा था, लेकिन वो अपने को हिन्दू समझता था। कट्टर हिन्दू था। अन्त में जब कृष्णदयाल मरे—दाह संस्कार के लिए ज़ाहिर है कि वो तो उनका पुत्र था, वो तो समझता था कि हमारे पिता कृष्णदयाल हैं—कृष्णदयाल का जब दाह-संस्कार करने के लिए उसने कहा कि मैं श्राद्ध करूँगा तो कहा गया कि नहीं, तुम नहीं कर सकते। क्यों? कहा—हिन्दू ही कर सकता है। तुम हिन्दू नहीं हो। तब उन्होंने उसके जन्म की कहानी बताई और उस कट्टर हिन्दू ने उसके बाद कहा कि आज मैं मुक्त हूँ। और अब सारा कट्टर हिन्दुत्व उसका छूट गया और उसने कहा कि हिन्दू, मुसलमान, ईसाई में कोई भेद नहीं है। उसने कहा—आज मैं हिन्दू नहीं, अपने को भारतीय समझता हूँ और जिस मन्दिर में देवता विराजमान हैं, वह भारतवर्ष है। कोई देवी-देवता नहीं है। 'गोरा' नाम का यह उपन्यास 1907 में एक धारावाहिक के रूप में शुरू हुआ था और पुस्तकाकार 1910 में प्रकाशित हुआ।

तो 50 साल पहले जब इसको लोग याद करते थे तो क्या समस्या थी? जिसमें रवीन्द्रनाथ का, गांधी का और सावरकर कातीनों का नाम एक साथ लेना चाहिए। सावरकर का '1857 च्या स्वातंत्र्य समर' उस किताब का नाम है। उस किताब में 'भारतीय' शब्द नहीं है, 'प्रथम' भी नहीं कहा गया है। यह बाद में लोगों ने मिथक बनाकर जोड़ा है। उन्होंने 'प्रथम स्वाधीनता संग्राम' नहीं कहा था—न हिन्दी में, न अंग्रेज़ी में, न मराठी में और उसमें भारत का भी नाम नहीं था। 1857 केवल नाम लिया है। '1857 च्या स्वातंत्र्य समर' मराठी में और स्वाधीनता संग्राम हिन्दी में और अंग्रेजी में इंडिया शब्द नहीं थे—यह तो बहुत बाद में जोड़ा गया है—वॉर ऑफ इंडिया। यह श्रेय है कि सावरकर पहले आदमी हैं, जिन्होंने इसे ग़दर नहीं कहा, बलवा नहीं कहा, सिपाही म्यूटिनी नहीं कहा—उन्होंने स्वाधीनता संग्राम कहा था। यह श्रेय है उनको और तब के हिन्दुत्ववादी नहीं थे और उस समय उसको स्वाधीनता संग्राम एक आदमी कहता है, जो 50 साल बाद उस दौर में आमतौर से कोई आदमी स्वाधीनता संग्राम नहीं कहता है—ग़दर, बलवा, सिपाही विद्रोह आदि कह रहा था।

रवीन्द्र त्रिपाठी : डॉ. साहब, यहाँ पर एक प्रश्न—'ग़दर' शब्द का अर्थ मूल रूप से क्रान्ति है यह तो एक तरह से उस शब्द का अवमूल्यन कर दिया गया, जो वास्तविक अर्थ था, उससे नीचे कर दिया गया उसको। यह अंग्रेजों की ही शायद सन्धि थी?

नामवर सिंह : नहीं, ग़दर क्रान्ति का अर्थ तो नहीं देता।

रवीन्द्र त्रिपाठी : ये लोगों ने एक ग़दर पार्टी बनाई?

नामवर सिंह : बनाई लोगों ने। ग़दर के नाम पर एक पार्टी बनाई। ग़दर पार्टी का स्वयं अपना स्वरूप भले ही क्रान्तिकारी हो, लेकिन 'ग़दर' शब्द जो था, वो तो विद्रोह के रूप में है, रिबेलियन जिसको कहते हैं–रिबेलियन और रिवोल्यूशन में तो फर्क है और वॉर कहना...यानी इससे बेहतर है कि यह वॉर था–स्वाधीनता संग्राम। इन शब्दों पर मैं इसलिए जाना चाहता हूँ कि अब जाकर के ऐसे लोग हैं जो कहने लग गए हैं कि यह कायदे से लोकयुद्ध था, वार था और यह सिपाहियों का नहीं था बल्कि आम जनता का था। तो फर्क जो मैं देखता हूँ।

रवीन्द्र त्रिपाठी : फर्क आने की प्रक्रिया...जैसे कि बात आपने 1957 की की जब सौ साल पूरे हुए हैं, उस समय इरफ़ान हबीब के पिता मोहम्मद हबीब ने जो लेख लिखा, तो खुद उनके दिमाग़ में 1857 को लेकर के कई तरह की दुविधाएँ थीं और इसको वे 'वॉर ऑफ इंडिपेन्डेन्स' मानने को तैयार नहीं थे। अब जाकर के इरफ़ान हबीब डेढ़ सौ साल के बाद तैयार हुए?

नामवर सिंह : मैं कह रहा हूँ कि डेढ़ सौ साल बाद। पहले लोग रिबेलियन कहते थे। रिवोल्यूशन कहने के लिए श्रेय देना चाहिए डॉ. रामविलास को। उन्होंने इसको राज्यक्रान्ति कहा है। उनकी पुस्तक है'1857 की राज्यक्रान्ति'। पी.सी. जोशी वाली किताब में भी 'रिबेलियन' शब्द है। 'रिबेलियन' है 'रिवोल्यूशन' नहीं है। उस समय सीधे-सीधे 'राज्यक्रान्ति' शब्द का प्रयोग किया डॉ. रामविलास शर्मा ने और अब मैं 'इकॉनॉमिक पॉलिटिकल वीकली' में एक लेख देखता हूँ 'कौशिक राय : दि बिगनिंग ऑफ पीपुल्स वॉर इन इंडिया'–'पीपुल्स वॉर' कहा है कौशिक राय ने। इसलिए उसके लेख पर उन्होंने दिया है कि क्यों, कैसे है? डेढ़ सौ साल लगे 1857 की घटना को यह कहने में, ये समझने में कि वो ग़दर या बलवा या रिबेलियन या म्यूटिनी या सिपाही म्यूटिनी नहीं था। असल में ग़दर, अनुवाद 'म्यूटिनी' का है। 'म्यूटिनी' का अनुवाद 'ग़दर' है। यह अंग्रेजों ने कहा था। इसलिए हम लोग...अंग्रेजों ने जो इसको कहा, नाम एक दे दिया, देर तक लोग दोहराते रहे–50 साल बाद कम से कम यह दाद देनी चाहिए कि सावरकर ने उसको स्वातंत्र्य संग्राम कहा है। उस जमाने के जो क्रान्तिकारी लोग थे...और 100 साल बाद डॉ. रामविलास शर्मा ने उसको राज्यक्रान्ति कहा।

रवीन्द्र त्रिपाठी : डॉ. साहब, एक बात आती है कि खुद मार्क्स जिनके आधार पर बहुत समझ बनी थी पश्चिम को लेकर, 1857 को लेकर अभी जो उनकी कलेक्टेड राइटिंग्स आई हैं, तो मार्क्स किसी भी कीमत पर कहीं भी अंग्रेजों के खिलाफ जबरदस्त क्रिटिकल हैं, एंगेल्स जबरदस्त क्रिटिकल हैं। लेकिन मार्क्सवादियों ने शुरू में और खुद नेहरू तक में और बड़े लोगों में जो सुधीरचंद्र ने, अभी हाल में जो लेख लिखा है कि

'कम्युनिटी कण्ट्रोल' जो अंग्रेजों ने ला दिया था, संज्ञात्मक जो उनका नियन्त्रण हो गया था, कि अंग्रेज़ भारत में कुछ प्रगतिशील तत्व लेकर आए। इसलिए एक दुविधा थी कि यदि 1857 को पूरी तरह से 'वॉर ऑफ इंडिपेंडेन्स' कहा जाता, तो यह मान लिया जाता कि अंग्रेजों ने भारत में कोई प्रगतिशील भूमिका अदा नहीं की। जबकि उस समय के इतिहासकारों को, मार्क्सवादी चिन्तकों को, नेताओं को लगा था अंग्रेजों की एक प्रगतिशील भूमिका रही। रजनी पामदत्त ने भी यह धारणा फैलाई।

नामवर सिंह : पामदत्त ने कही होगी। देखिए, पहली बात तो यह है कि कार्ल मार्क्स ने 1857 पर—मार्क्स और एंगेल्स दोनों ने जो ब्रिटिश प्रेस और अमेरिकी प्रेस में, जो कुछ लिखा था उन चीज़ों का संग्रह पुस्तकाकार यानी उसको रजनी पामदत्त ने भी देखा था कि पुस्तकें-किताबें पढ़ने से नहीं होती हैं। वो तो मॉस्को ने छापा बहुत बाद में। यह 1857 के बाद छापा है। 1957 के आस-पास।

रवीन्द्र त्रिपाठी : वहाँ छपने के बाद तो स्पेशल मँगाया था?

नामवर सिंह : मँगाया हो वो तो किताब के रूप में। बल्कि उसको लेकर के यह भी बात चली उसको 'फर्स्ट वार ऑफ इंडिपेंडेन्स' मार्क्स ने ही कहा था। यह रूसियों ने उसका नाम 'फर्स्ट वॉर ऑफ इंडिपेंडेन्स' दे दिया था। यह विवाद की चीज़ है उसमें कहीं शब्द आता है कि नहीं और जाँच-पड़ताल हो सकती है—किसी ने की हो शायद।

लेकिन मार्क्स ने जो एक महत्त्वपूर्ण बात कही थी, आज के सन्दर्भ में रवीन्द्र जी, वो बहुत मौजूँ है। विद्रोह के कारण पर मार्क्स ने अँगुली रखी थी कि अंग्रेजों ने यहाँ की परम्परागत जो कृषि व्यवस्था थी, उसको तबाह कर दिया, बर्बाद किया उन्होंने, और इसीलिए विद्रोह हुआ। यह तो हम अपने अनुभव से भी कह सकते हैं—हमारे गाँव में जो कृषि बन्दोबस्त हुआ तो जमींदार भी नाराज़ थे उससे और मामूली काश्तकार भी नाराज़ थे। यह इसलिए महत्त्वपूर्ण है कि मार्क्स ने ध्यान दिया कि उस पूरी व्यवस्था में, क्योंकि 'कैपिटल' लिखने वाले मार्क्स थे। तो नई जो विदेशी पूँजी यहाँ आई और विदेशी पूँजी के द्वारा उन लोगों ने जो व्यापार शुरू किया, उस पूँजीवाद का प्रवेश हो रहा था, उसका सबसे गहरा असर भारत की कृषि व्यवस्था पर पड़ा, इसलिए किसानों ने विद्रोह किया। मूलतः वह ज़मीन से जुड़े हुए लोगों का विद्रोह था। उसने कहा कि जो सिपाही लड़ने वाले थे, वे किसानों के बेटे थे और जिन ज़मींदारों ने, छोटे ज़मींदारों ने भाग लिया उनकी ज़मींदारी चली गई थी और ज़मींदारी की आमदनी से छोटे-मोटे जो राजा थे उनके, तो वो प्रभावित हुए। तो ज़मीन से जुड़े हुए लोग जितने थे, उनके अर्थतंत्र पर सीधा हमला था कम्पनी का। तो विद्रोह हुआ—यही मार्क्स ने लिखा है। यह बात आज के दौर में बहुत महत्त्वपूर्ण है, जो मैं कहता हूँ कि इसमें से मार्क्स का कहा हुआ यह कथन और 1857 के कारणों की खोज करते हुए इस संग्राम में भाग लेने वालों से दो-तीन बातें निकलती हैं। साबित होता है कि

यह राजाओं, नवाबों, सिपाहियों का नहीं बल्कि यह आम जनता जो खेती, जो ज़मीन से जुड़ी हुई थी उनका विद्रोह था, अर्थात् पीजेंट रिवोल्यूशन था। एक बात और कि जैसे ही पीजेंट रिवोल्यूशन उसे कहेंगे, तो उस पीरियड में वो चाहे खेती से जुड़े हुए कारीगर हों छोटे-मोटे, वो मुसलमान भी हो सकते हैं और छोटी जातियों के लोग भी हो सकते हैं। ज़रूरी नहीं कि सारे ऊँची जातियों के लोग हों। दलितों ने भाग लिया और जनजातियों ने भाग लिया।

इसी आधार पर कौशिक राय कहना चाहते हैं, जो इन्होंने लिखा है कि–इसलिए कुल मिलाकर के, क्योंकि जर्मनी में हुआ था पीजेंट वॉर। मार्क्स लिख चुके थे 'पीजेंट वॉर इन जर्मनी'। तो कुल मिलाकर के इस आधार पर इसको लोकयुद्ध कहा जाना चाहिए, जबकि अब तक समझा जाता रहा है कि वे या तो तनख्वाह पाने वाले अंग्रेज़ी फौज के हिन्दुस्तानी सिपाही हैं–सिपाहियों का विद्रोह कहते थे, या कहते थे इसमें तो बहादुरशाह जफ़र जैसा बादशाह है और मुसलमान नवाब और हिन्दू राजा लड़ रहे थे। क्लास कैरेक्टर लोग इसका बता रहे थे कि जैसे वो ही हो। मैं समझता हूँ, कि इस नई रोशनी में 150 साल बाद एक चीज़ साफ हो गई कि इसे ग़दर, बलवा, सिपाही विद्रोह वगैरह-वगैरह कहते रहे हैं–वह किसानों की क्रान्ति थी, पहला स्वाधीनता संग्राम था। आज के दौर में इसलिए इस चीज़ को रेखांकित करना चाहता हूँ किसानों वाली चीज़ को और इसमें वामपंथ की भूमिका पर भी हम विचार करेंगे।

जो नव उदारवादी और विदेशी अर्थक्षेत्र जो बन रहा है आर्थिक क्षेत्र (सेज़), इसका गहरा असर हो रहा है। आज इस समय जो मार पड़ रही है वो किसानों पर है। किसान आत्महत्या कर रहे हैं। यह नया हमला है साम्राज्यवाद का, अमेरिकी साम्राज्यवाद का। इस नए हमले की सबसे ज़्यादा मार तो खेती पर पड़ रही है। किसान आत्महत्या कर रहे हैं। और ऐसे माहौल में वामपंथ...वामपंथ की एक पार्टी के कार्यकाल में जो नन्दीग्राम और सिंगूर में जो हुआ है...उसके आधार पर कहते हैं कि विकास के लिए तो ज़रूरी है कि विदेशी पूँजी...ले सकते हैं...ऐसी विडम्बना है।

रवीन्द्र त्रिपाठी : कहा गया है कि पूँजीवाद ज़रूरी है?

नामवर सिंह : हाँ ज़रूरी है, यही कहा गया। तो इसलिए वे लोग न 1857 को समझ सकते हैं और न वे लोग 2007 में जो नया वातावरण बन रहा है, अपने अहम् के कारण उसे समझ रहे हैं। 1857 की लड़ाई खत्म नहीं हुई है। मैं कहना चाहता हूँ 2007 में वो लड़ाई आज भी नए सिरे से शुरू हो सकती है। 1857 पर बहस ऐकेडमिक नहीं है, 1857 की बहस आज के इस माहौल को देखते हुए बहुत तात्कालिक, सामयिक, फ़ौरी है।

इसमें विचित्र बात देखें कि कांग्रेस, जनसंघ और सी.पी.एम.–जहाँ तक विदेशी पूँजी का सवाल है, ये तीनों पार्टियाँ एक राय की हैं। आप देख सकते हैं, ये परमाणु

करार को छोड़कर, जहाँ सी.पी.एम. अपने को अलग करती है, उसके मामले में तो ठीक मुहावरा हमारे यहाँ है कि गुड़ खाए गुलगुले से परहेज–तो गुड़ खा रहे हैं और गुलगुलों से परहेज कर रहे हैं। यह विडम्बना है। इसलिए 1857 की याद यदि ये इतिहासकारों की थीम नहीं है, बल्कि भारतीय आम जनता का और आज की राजनीति का मुख्य मुद्दा है कि 1857 को हम कैसे याद करते हैं, किस रूप में याद करते हैं, यह महत्त्वपूर्ण है।

रवीन्द्र त्रिपाठी : जैसा कि आपने खुद कहा और तथ्य भी बताते हैं कि 1857 की लड़ाई में किसान थे, दलित थे, महिलाएँ थीं, आदिवासी थे। आदिवासी का नाम तो खैर राजेन्द्र यादव नहीं लेते हैं पर महिला, दलित और मुसलमान–तीनों को नज़रअन्दाज़ करते हैं और कहते हैं एक तरह से कि अंग्रेजों का राज्य हिन्दुस्तान से जल्दी खत्म हो गया और उनको अभी और रहना चाहिए था। 1857 को बिल्कुल पूरी तरह से वो नकारते हैं?

नामवर सिंह : देखिए, बात यह है कि मुझे याद नहीं है कि बाबा साहब अम्बेडकर ने 1857 पर कुछ कहा है, लिखा है। उन्होंने नहीं लिखा है। महात्मा फुले ने नहीं लिखा है। इसलिए जो लोग ऐसा कहते हैं और राजेन्द्र यादव यदि कहते हैं। ये लोग तो मानते थे कि अंग्रेज़ी राज्य के रहने की वजह से हमको कुछ सुविधाएँ मिल जाएँगी। अंग्रेज़ चले गए तो रही-सही सुविधा जो बची है हमें मिली हुई है, वो भी नहीं रहेगी।

इसमें एक मुद्दा और मैं बताना चाहता हूँ–1857 भले ही उसका केन्द्र उत्तर भारत रहा हो, लेकिन जो रिकाड्र्स मिल रहे हैं मोटे तौर से ये सारे भारत की निजी क्रान्ति थी, युद्ध था। किसी न किसी रूप में भारत के हर हिस्से के लोग, अधिकांश हिस्सों के लोग शामिल थे और पहली बार भारतीय इतिहास में एक विदेशी सत्ता के विरुद्ध सारा भारत धर्म के भेद को भूलकर, जाति के भेद को भूलकर, लिंग के भेद को भूलकर जिस पर मैं ज़ोर देना चाहता हूँ–सारे भाषायी भेद और जातीय भेद, धर्म भेद को भूलकर एकजुट होकर पहली बार लड़ा था। क्षेत्रीयता नहीं थी। इसी को गांधी जी ने समझकर स्वाधीनता की लड़ाई में इस्तेमाल करने की कोशिश की थी। लेकिन आज वो जो एक भारतीय एकता नाम की चीज़ है, वो एकता आज के दौर में कई रूपों में खंडित हो रही है। एकता को खतरा है। आप देख रहे हैं, मुम्बईकर वाली घटना हुई। इस दौर में बम्बई जैसी घटनाएँ होती है। हिन्दी भाषी लोग मणिपुर में मारे जा रहे हैं।

रवीन्द्र त्रिपाठी : कोई राजनेता बोल नहीं पा रहा है?

नामवर सिंह : हाँ, कोई राजनेता बोल नहीं पा रहा। जिस 1857 में सारा भारत एक राष्ट्र नहीं था, उस समय यह बात नहीं थी। राष्ट्र का उदय तो एक नए अर्थतंत्र के साथ होता है। वो अर्थतंत्र आना ही नहीं था, जिससे राष्ट्र बनता है–आधुनिक राष्ट्र।

भारत पहली बार आधुनिकता के दौर से पहले एक पूरी राजनीतिक इकाई के रूप में–एक राष्ट्र–कहिए, राष्ट्र का प्रारम्भिक रूप था–पैदा हुआ था। आज सारे विकास के बाद और एक राष्ट्रीय स्वाधीनता समर लड़ने के बाद आज हम उस क्षेत्रवाद की गिरफ्त में हैं। नए बदले हुए दौर में अमेरिकी आघात, जो आक्रमण हम लोगों पर पूँजी का है, उस दौर में क्षेत्रीयता के दवाब के कारण एक भारतीय राष्ट्र की अस्मिता तो खतरे में है। क्षेत्रीयता बढ़ रही है, भाषायी मतभेद बढ़ रहा है और साथ ही एक इतना बड़ा हिन्दू सम्प्रदायवाद और साथ ही उसके जवाब में मुस्लिम सम्प्रदायवाद भी है। क्रिया-प्रतिक्रिया में लगता है, जैसे दोनों बढ़ रहे हैं इस दौर में। 1857 से भी बुरा हाल है देश का। इस दौर में जनता में ढेर सारा असन्तोष है, लेकिन कोई किसान सभा नहीं है, मजदूर संगठन खत्म हो गए। कॉर्पोरेट सेक्टर के बड़े-बड़े अच्छे संगठन बन गए हैं, लेकिन आम जनता को संगठित करने वाली राजनीतिक पार्टियाँ अक्षम साबित हुई हैं। चाहे कांग्रेस हो, चाहे समाजवादी हो, चाहे कम्युनिस्ट हो–उनके सारे जन संगठन बन्द हो गए हैं। तो ऐसी स्थिति में हम लोग 1857 का जश्न तो मना रहे हैं, लेकिन सबक कोई नहीं ले रहा है। 1857 से लेने वाले कौन-कौन से सबक हैं, ये इतिहासकार बारीकियों में बहस करते रहे हैं। इसी पर बात होनी चाहिए।

रवीन्द्र त्रिपाठी : देखिए, इधर एक फेमिनिस्ट डिस्कोर्स है। नारीवादी चिन्तन का दौर चल रहा है। लेकिन 1857 को अगर हम आँकड़े की दृष्टि से देखें, संख्या की दृष्टि से देखें, जितनी वीरांगनाएँ 1857 में लड़ीं, उतनी गांधी जी की आज़ादी की लड़ाई में भी नहीं लड़ीं भारत में। अभी मैं पुस्तक पलटकर देख रहा था और सबसे ज़्यादा किताबें लिटरेचर में लिखी गई हैं। लक्ष्मीबाई पर भारत में हर भाषा में किताबें लिखी गई हैं, उसके बाद बेगम हज़रत महल, झलकारीबाई...

नामवर सिंह : लक्ष्मीबाई की सहायिका झलकारीबाई। तो आप देखेंगे कुल मिलाकर उस दौर में ज़्यादा जागरूक था भारत। यह अंग्रेजों ने नहीं किया था। अपनी परम्परा में, हमारी परम्परा में यह था। इसलिए कहा जाना चाहिए कि यह सच्चे अर्थ में लोकयुद्ध था।

रवीन्द्र त्रिपाठी : ऐसी महिलाएँ, जो शुरू में पर्दे में रहने वाली थीं?

नामवर सिंह : हाँ, पर्दे में रहने वाली थीं। जाति के भेद को भूलकर, लिंग भेद को भूलकर, धर्म और मज़हब के भेद को भूलकर वे लड़े थे और यह किसी राजनीतिक पार्टी के कारण नहीं हुआ था बल्कि हमारी आम जनता एक दुश्मन के खिलाफ थी। वे लोग हमारी परम्पराएँ–सांस्कृतिक परम्पराएँ कह दीजिए, सामाजिक परम्पराएँ थीं–उनके अनुसार ही लड़े। वो चीज़ जो स्वतःस्फूर्त थी, ऐसा कह लीजिए, हमारी परम्परा की ताकत थी।

इसीलिए मैं कह रहा हूँ कि 1857 एक ऐकेडमिक बहस की चीज़ भर नहीं है। यह इतिहासकार कर रहे हैं, वे करते रहें, करना चाहिए। इसमें कोई आपत्ति नहीं है और न इसमें कि जगह-जगह 1857 के स्मारक खड़े किए जाएँ, बल्कि सबक लेने का सवाल है। और विडम्बना यह है कि रवीन्द्र जी, अंग्रेजों ने इससे सबक लिया, बराबर लिया। 1857 से अंग्रेज़ जब तक यहाँ रहे, जब तक नहीं भूले और चले गए तब भी नहीं भूले। आज भी किताब लिख रहे हैं। टेरी ईगल्टन लिख रहा है। बेली ने भी अभी किताब लिखी है। अंग्रेज़ 1857 को कभी नहीं भूला। जिस दिन वह खत्म हुआ उसी दिन से अंग्रेज़ समझ गया कि इस ताकत को, हिन्दू और मुसलमानों को लड़ाना चाहिए। अगर ये एक हो गए...1857 में एक हुए थे। पहला काम किया, एक की पीठ ठोकी इधर और उधर दूसरे की। हिन्दू मुसलमानों के दोनों ओर...कायम की गई मुस्लिम लीग, हिन्दू महासभा बन गई थी, आर्य समाज था ही, जो आमतौर से हिन्दुत्ववादी था। मोटे तौर से वो सारे संगठन बन चुके थे। तो उन्होंने ऐसे संगठन बाकायदे बनाकर के कहा कि ये कभी एक न होने पाएँ। नम्बर एक।

फिर उन्होंने इतना याद रखा कि विद्रोह हुआ था सेना में। 1946 में नौसेना ने जैसे ही विद्रोह किया था तो चट अंग्रेजों ने देखा कि जब 1857 में सेना ने विद्रोह किया था तो किसी तरह हम लोगों ने तो बचा लिया—अब एक गांधी जी का राष्ट्रीय आन्दोलन हो चुका है, सन् 42 हो चुका है और 42 के बाद नौसेना ने विद्रोह कर दिया—दूसरा महायुद्ध जो था, इसमें पता नहीं कि हम हारेंगे या जीतेंगे—जल्दी से कहा कि—भैया, देश को दो टुकड़े करके भागो। अंग्रेज़ बराबर 1857 का सबक लेकर के उसी हिसाब से काम करता रहा। आज भी हमारे इतिहासकारों में, हम लोगों में...वो अपनी विचारधारा हमारे दिमाग़ में भरने के लिए किताबें लिखे चले जा रहे हैं।

रवीन्द्र त्रिपाठी : तो वही बात मैं कह रहा था कि यह जो कॉर्पोरेटिव कण्ट्रोल सुधीरचंद्र ने कहा है, यह जो संघात्मक नियन्त्रण जो ब्रिटिशवादी हुकूमत ने बनाया—क्या वजह है कि अभी तक भारत का बौद्धिक समाज उससे पूरी तरह से मुक्त नहीं हो पाया है?

नामवर सिंह : वो कोशिश तो उनकी बराबर होती रहेगी। भाई, जब उनकी पूँजी का हमला हमारे ऊपर हो रहा है तो विद्या, बुद्धि का भी होगा। वो तो अपने विश्वविद्यालय यहाँ खोल रहे हैं और इसलिए वो तो हमेशा उनका बेहतर रहेगा। कामयाब हुए हैं, वो तो फिर कामयाब होंगे। वो तो करेंगे ही। लेकिन मैं यह नहीं मानता कि हमारे यहाँ के साहित्यकार या बुद्धिजीवी उनकी गिरफ्त में हैं। आज तो प्रबुद्ध लेखक, साहित्यकार, इतिहासकार जो इस फील्ड में, इस विषय में हैं, उनमें कुछ गांधीवादी भी होंगे। मैं गांधी का ज़िक्र फिर करना चाहता हूँ। 1857 से गांधी जी ने सबक लिया था और तो ऐसे लोग हैं जो उन चीज़ों से अंग्रेजों द्वारा प्रचारित और

तथाकथित ज्ञान का जो जाल फेंक रहे हैं हमारे ऊपर, उसको समझ रहे हैं और समझकर के वे मुक्त होने की कोशिश कर रहे हैं। इस बरस जो विशेषांक मैंने देखा 1857 पर, तो पढ़कर लगता है कि हमारे इतिहासकार उन लोगों के झाँसे में आने वाले नहीं हैं।

रवीन्द्र त्रिपाठी : 1857 में अंग्रेज़ी में, खुद इंग्लैंड में, कई उपन्यास लिखे गए। मुझे बताया गया कि 56 उपन्यास थे। लेकिन हिन्दी में पहला उपन्यास आने में समय लगा–1928 में आया–यानी कि लगभग 65-70 वर्षों के बाद। 65 वर्षों के बाद वृन्दावनलाल वर्मा, आचार्य चतुरसेन और अभी रवीन्द्र वर्मा।

नामवर सिंह : एक बात मैं और बताऊँ, यह तो सही है कि हिन्दी में किशोरीलाल गोस्वामी ने कई उपन्यास लिखे हैं। उन्नीसवीं शताब्दी में। कुछ तथाकथित जासूसों में से उसकी झलक, उसका आभास मिलता है। एक उपन्यास पर लोगों का ध्यान नहीं लगा। इसको मैंने ध्यान से पढ़ा कभी उसका ज़िक्र भी किया था। वो 'श्यामा स्वप्न' है ठाकुर जगमोहन सिंह का। वो तहखाने में या कोई क़ैद में होकर जाने वाला का पूरा जो ज़िक्र है, वो हालाँकि जासूसी का उपन्यास नहीं, लेकिन पूरा वो फैंटेसी के रूप में लिखा गया। और मुझे बार-बार लगता है, क्योंकि इनका जन्म लगभग उसकी पृष्ठभमि 1857 की है जगमोहन सिंह की। कोर्टवार्ड हो गई थी इनकी स्टेट। गर्भ में थे, इनके पिता को कैद कर दिया गया था और यह उस समय मेरा ख़याल है कि लगभग ये 1857 के आस-पास पैदा हुए। भारतेन्दु हरिश्चंद्र से 5-7 साल छोटे थे। तो भारतेन्दु 50 में पैदा हुए थे। 1857 में वो पैदा हुए हैं। अभी छोटी-सी रियासत थी, बहुत छोटी ज़मींदारी की थी विन्ध्य प्रदेश की। तो पैदा 1857 के आस-पास हुए होंगे। इनके पिता कैद हो गए थे। वो कहानी 'श्यामा स्वप्न' उसी पर लिखी हुई है, आत्मकथात्मक है उपन्यास। 'श्यामा स्वप्न' वह पहला उपन्यास है, जो 1857 की पृष्ठभूमि पर लिखा हुआ उपन्यास है। भुक्तभोगी है।

रवीन्द्र त्रिपाठी : फिर भी गैप काफी रहा?

नामवर सिंह : इसलिए उसको देखिए, दमन था और उस समय कोई आदमी... भारतेन्दु हरिश्चंद्र जैसा आदमी जब कह सका–"कठिन सिपाही द्रोह अनल जा जन बलनासी/जै भई सिर नहीं हिला सकत कोऊ भारतवासी"–हमारे मित्र अब दिवंगत हो गए हैं विष्णुकान्त शास्त्री, उन्होंने इस पर हमारा ध्यान दिलाया।

भारतेन्दु का एक नाटक है, छोटा-सा, अधूरा रह गया है। दो-तीन अंक हैं। उसमें एक पागल का प्रलाप है–मार-मार। हथियार टूट गए हैं, मुझे मार-मार। तो लाल से मार, इससे मार, उससे मार।...वो भारतेन्दु ग्रंथावली में है। क्योंकि खुलकर नहीं कह सकते थे, इसलिए भारतेन्दु ने ऐसे लिखा। आप पढ़ें ध्यान से। भारतेन्दु ने उस नाटक के जरिए 1857 की प्रतिक्रिया को व्यक्त किया है। मेरा ख़याल है कि उस दौर की

कई कृतियों को उस ढंग से पढ़ा ही नहीं गया है। यह मैं नहीं मान सकता कि 1857 की अनुगूँज हमारे साहित्य में नहीं मिलती।

रवीन्द्र त्रिपाठी : नहीं, लेकिन मैं जो बात कहूँ। पोस्ट कॉलोनियल डिस्कोर्स हिन्दी में या भारतीय भाषाओं का शुरू होना चाहिए था 1857 के सिलसिले में, वो अभी तक प्रारम्भ नहीं कर पाए?

नामवर सिंह : हाँ, जब देखिए इसमें ये जो कहें कि 1957 में डॉ. रामविलास शर्मा ने वह किताब लिखी, उसका भी ज़िक्र किया जाना चाहिए। अमृतलाल नागर ने महत्त्वपूर्ण अनुवाद किया। उन्होंने किताब लिखी तो किया है। जागरूक रहे हैं लोग। कठिनाई यह है कि कई लोग दूसरे छोर पर पहुँच गए हैं। उन्होंने शरतचंद्र और श्रीकान्त, दोनों को 1857 से जोड़ लिया। राज्यक्रान्ति को–जिसको कहें कि अतिरंजना में देखा है, जो एक दूसरा छोर है। सब कुछ है उसमें, यानी जो कुछ क्रान्ति में नहीं है बल्कि वो चीनी क्रान्ति होगी, वह भी उसमें है। सारी क्रान्तियाँ उसमें हैं और उससे कुल मिलाकर के विशिष्ट हो गई है क्रान्ति। तो चरम है। लेकिन गांधी जी ने जो उससे सन्देश लिया है, उसका ज़िक्र मैं करना चाहता हूँ।

गांधी जी कभी भूले नहीं 1857 को। दक्षिण अफ्रीका की लड़ाई में तो इस्तेमाल किया ही, जो सबक उन्होंने लिया। वो सबक यह था और जब बँटवारा हुआ 1946-47 में बँटवारे के समय गांधी जी ने अपनी डायरी में नोट किया है। उल्लेख है, राजमोहन गांधी वाली किताब में 'रिबेलिंग एंड किकान्सीलेशन'। किताब में कुटेशन है गांधी जी का। मैंने वो ही पढ़ा है। मूल चेक करके नहीं देखा। गांधी जी ने लिखा है कि फिर 1857 का माहौल बन रहा है। जब दंगे हो रहे थे, कलकत्ता के गेट पर। कलकत्ता किलिंग पर गांधी कमेंट कर रहे हैं, तो उन्होंने उस पर टिप्पणी करते हुए यह कहा। तो कहने का कारण यह था कि गांधी जी ने 1857 से सबक लिया वो यह कि हथियार के द्वारा अंग्रेजों को यहाँ से नहीं भगाया जा सकता है। सशस्त्र क्रान्ति के द्वारा या आन्दोलनों के द्वारा–हम 1857 आजमा चुके हैं और उसके बाद भी। हम लोग एक तो अंग्रेज़ को यहाँ से उस हथियार से नहीं भगा सकते। उन्होंने सत्याग्रह जोड़ा है। दूसरा यह कि अगर ऐसे हथियार से भगाएँगे भी तो जो भारत हम बनाएँगे वो भारत एक-दूसरे का गला काटेगा। यानी हिंसा के द्वारा हम भगाएँगे तो भारत में हिंसा का समाज बनेगा। एक-दूसरे की हत्या करने वाला बनेगा। यह गांधी जी के उस नोट से मालूम होता है, जो दंगों के रूप में सामने आ रहा था, तो उन्होंने कहा कि अगर हथियार से भगाने की कोशिश करोगे तो यही होगा।

इसीलिए 1857 के सिलसिले में असल सवाल है आज याद करने का कि अपने-अपने ढंग से सबने सबक लिया है या नहीं? अंग्रेजों ने सबक लिया, तब और

आज भी सबक ले रहे हैं जैसाकि उनकी किताबों से मालूम हो रहा है। अंग्रेजों के खिलाफ लड़ने वाले गांधी जी ने सबक लिया। अंग्रेजों के खिलाफ लड़ने वाले सावरकर–बाद में हिन्दू महासभा कायम करके, आर.एस.एस. को समर्थन देकर के हिन्दुत्वाद को सबसे बड़ा हथियार माना। उसी को हथियार बनाकर के किस्म-किस्म के लोग, आजकल मैं समझता हूँ कि जो हथियारों से लड़ने की कोशिश कर रहे हैं, उसमें माओवादी, नक्सलवादी, बाकी सारे लोगों ने, जो अमेरिका को यहाँ से भगा देना चाहते हैं, समझते हैं कि आसानी से भगा देंगे। ये भी उससे सबक लेते हैं। हथियार से भगाने वाला सबक वो ले रहे हैं।

रवीन्द्र त्रिपाठी : ये जो बड़ी राजनीतिक पार्टियाँ हैं, जिसकी हम लोगों ने शुरू में चर्चा की कि कैसे हिन्दुस्तान की यूनिटी जो है यानी एक्रॉस लेंग्वेजेज़, वो बड़ी पार्टियाँ कहाँ सबक ले रही हैं?

नामवर सिंह : इनमें से कोई नहीं ले रहा है। इसलिए मैंने कहा कि कायदे से दावेदार– कांग्रेस एक समय 1857 की अपने को दावेदार हकदार समझती थी–वारिस। गांधी, नेहरू तक लोगों ने उससे कुछ सबक लिया था और एक तरह का माहौल बनाने की कोशिश की थी और एक सहमति बनाई। जो जिम्मेदार पार्टी है और मार्क्सवादी पार्टियाँ जो हैं, वामपंथी हैं, वो जिस तरह के सबक ले रहे हैं, वो तो उदाहरण से हम लोग देख ही रहे हैं।

रवीन्द्र त्रिपाठी : कांग्रेस और बी.जे.पी. में तो आजकल वही ताकतें पॉवरफुल हो चुकी हैं जो 1857 में अंग्रेजों के साथ थीं। कई सारे फ्यूडल लॉर्ड्स काबिज हो गए हैं।

नामवर सिंह : फ्यूडल ही नहीं साहब, पूँजी वाले लोग जो हैं, बड़ी पूँजी वाले लोग भी तो इसमें शामिल हैं। अपनी भूमिका अदा कर रहे हैं पूँजी के लोग जो हैं। अब तो एक बड़ा घराना है, जिसके दो आदमी पार्लियामेंट में भी आने वाले हैं। आज अख़बार में पढ़ा है। आपने भी देखा होगा–अम्बानीज़। तो यह नहीं भूलना चाहिए कि इस विदेशी पूँजी के दो चेहरे हैं। अमेरिका हमारे यहाँ तो पूँजी के बल पर कर रहा है और किस तरीके से कर रहा है, यह नहीं मालूम। हमें यह नहीं भूलना चाहिए कि साम्प्रदायिक ताकतों को पूँजीवाद बराबर सहायता देता है। ओसामा बिन लादेन उन्हीं की उपज है और वे उसी के खिलाफ ज़ेहाद भी छेड़ रहे हैं। ये एक ओर पाकिस्तान में कम्युनिस्ट पार्टी को भी मदद देते हैं और पाकिस्तान की उन ताकतों को और गुप्तचर एजेन्सियों को भारत के खिलाफ इस्तेमाल भी करते हैं। यह वही ताकत है जो इराक को बर्बाद कर चुकी है और यह वही ताकत है ईरान पर जिसकी नज़र है। तो अपने-अपने ढंग से ऐसे दौर में यह नहीं माना जाना जा सकता कि पूँजीवादी चेहरा जो है तब सेक्यूलर था। 1857 में। विदेशी पूँजी न आज सेक्युलर

है। वह मनुष्यों को बाँट सकता है, बल्कि उसका पूरा विश्वास है। खासतौर से दो कौमें जो एशिया में महत्त्वपूर्ण हैं—हिन्दू और मुसलमान। दोनों को लड़ाकर वो अपनी गोटी लाल करना चाहता है।

रवीन्द्र त्रिपाठी : इधर जो 1857 पर नई रचनाएँ आई हैं। रवीन्द्र वर्मा का उपन्यास है। मैत्रेयी पुष्पा ने अभी जो कुछ लिखा है, मधुकर ने बहुत कुछ लिखा है। इन सबको लेकर के आप इनमें क्या खासियत देख रहे हैं?

नामवर सिंह : हाँ, लिखा है। वो तो उनका खानदानी मामला है। उनके बाबा जो थे वो सीताराम सूबेदार—आपने जिन उपन्यासों का नाम लिया, उनमें से अभी कोई नहीं पढ़ा है, इसलिए उन पर कोई टिप्पणी नहीं कर सकता। मधुकर उपाध्याय ने अपने दादा लकड़दादा के बारे में बहुत बढ़िया जीवनी अनुवाद करके दी है और उनकी व्यथा कथा देसी है—अंग्रेजों का खैरख्वाह जो इनके खानदान में हुए थे, उस आदमी ने कहा कि—बेटा, खुद उसकी आँखों के सामने मारा गया था। यह देखा था हमने। तो बड़ी ही मर्मान्तक घटना है, जिसको उन्होंने पेश करने की कोशिश की है। यथार्थवादी हैं, उससे वाकिफ हैं। वो तो मैंने पढ़ा है, लेकिन वो एक घटना का ज़िक्र है।

रवीन्द्र त्रिपाठी : सफदर हाशमी बुक ट्रस्ट की एक किताब आई है?

नामवर सिंह : कौन-सी?...लेकिन उसमें कोई वैसी एक सामान्य कोई दृष्टि निकलती हो, ध्वनित होती हो लेकिन एक सामान्य-सा चित्र है।

रवीन्द्र त्रिपाठी : लेकिन वो उपन्यास लिखा गया, आचार्य चतुरसेन ने लिखा। उसके बारे में कुछ आप अपने विचार?

नामवर सिंह : उन उपन्यासों पर आज टिप्पणी करने का बहुत अर्थ नहीं है। उनका ऐतिहासिक महत्त्व नहीं है। क्या उनकी समझ है या हो सकती है, यह मैंने कहा।

रवीन्द्र त्रिपाठी : जैसे कि मेरे दिमाग़ में हमेशा यह एक बात घूमती रहती है कि 1857 पर जितनी बहसें हो रही हैं, उसमें भारत का वह आदिवासी समाज जो 1857 के पहले भी बहुत लड़ा, उसके बाद भी लड़ रहा है और आज भी लड़ रहा है या जो एक नए शासन तंत्र का सबसे ज़्यादा विक्टिम है—उसकी चर्चा, जो डिस्कोर्स है, उससे गायब कर दी है?

नामवर सिंह : ऐसा तो नहीं है। आदिवासियों को लेकर के इस मामले में महाश्वेता जी ने तो...

रवीन्द्र त्रिपाठी : डिस्कोर्स में...साहित्य में तो है, लेकिन जो इतिहास है, समाजशास्त्र है, जो बहसें चलती हैं—जैसा कहा जाता है कि दलित नहीं थे?

नामवर सिंह : देखिए, ऐसा था कि सबाल्टर्न लोग तो यही लिखते रहे हैं। सबाल्टर्न इतिहासकार तो सबाल्टर्न लोगों के महत्त्व को ही दिखाते रहे हैं। सबाल्टर्न डिस्कोर्स पूरा-का-पूरा ओवर ऑल ओरिएण्टेल डिस्कोर्स का एक पार्ट है लेकिन उसकी सारी

क्रान्तिकारी भूमिका की हवा निकल गई। पोस्टमॉर्डन दृष्टि के एक विंग के रूप में ही पैदा हुआ था सबाल्टर्न।

रवीन्द्र त्रिपाठी : कुछ कविताएँ कुमार अम्बुज ने लिखी हैं, असद ज़ैदी ने लिखी हैं?

नामवर सिंह : इस साहित्य पर फिलहाल मैं बात करने की परिस्थिति में नहीं हूँ। हाँ, पढ़ी हैं कुछ चीज़ें, लेकिन उनके बारे में तो वो अब एक लम्बा विषय है कि 1857 पर लिखा हुआ पूरा-का-पूरा साहित्य ही एक शोध का विषय है, जिस पर बहुत पहले झाँसी के भगवान दास माहौर साहब ने काम किया था। माहौर साहब क्रान्किारियों से आन्दोलन से जुड़े हुए थे, चंद्रशेखर आज़ाद वगैरह से। तो उन्होंने काम किया है। अब यह है कि यह साहित्य जो लिखा गया, इसके आधार पर कुछ और लेखक शोध प्रबन्ध लिखेंगे तो सामने आएगी बात। मैं उस पर बोलने की स्थिति में नहीं हूँ, उस पर टिप्पणी भी नहीं करूँगा।

[प्रगतिशील वसुधा, अंक 76, जनवरी-मार्च 2008 में '1857 के सबक' शीर्षक से प्रकाशित]

भारत की किसान नियति की अनदेखी आप नहीं कर सकते

शशिप्रकाश चौधरी, पल्लव, भावना शर्मा, नन्दकिशोर महावर और गोविन्द शर्मा की अन्तरंग बातचीत

शशि प्रकाश : राजस्थान से आपका नेह-नाता जगज़ाहिर है। पिछले दिनों ओम थानवी ने भाषाविद् तेस्सितोरी के जीवनी प्रसंग में आपकी बीकानेर अध्ययन-यात्रा की चर्चा की है। यहाँ के धोरों से दुर्निवार सम्मोहन की शुरुआत की कहानी आपकी जुबानी हमलोग सुनना चाहेंगे। ताकि सनद रहे...।

नामवर सिंह : यहाँ के वीरों की कहानियों ने बचपन से ही एक लगाव पैदा किया था। जब बनारस हिन्दू विश्वविद्यालय में पढ़ने आया तो राजस्थान के बहुत लोग मिले। बहुत बड़ी संख्या में तब राजस्थानी वहाँ पढ़ने आते थे। बूँदी के भोलाशंकर व्यास मेरे अत्यन्त घनिष्ठ मित्र थे। अनुसंधान के सिलसिले में अपभ्रंश वग़ैरह पढ़ता रहता था। संयोग से इस अपभ्रंश का सबसे बड़ा और सुरक्षित संग्रह राजस्थान में ही था। सुनीति कुमार चटर्जी ने कहा कि 'पृथ्वीराज रासो' पर काम करो। इस तरह से अनुसंधान का विषय तय हो गया। इसी क्रम में उन्होंने चिट्ठी दी और कहा कि बीकानेर चले जाओ। मैं किसी को बीकानेर में नहीं जानता था। बल्कि कहें कि पूरा राजस्थान मेरे लिए एक तरह से अजनबी जगह थी। यह सन् 52 की बात है। अक्तूबर का महीना था। दिल्ली आकर राजकमल प्रकाशन में ठहरा था। आगे की यात्रा के लिए इन्होंने टिकट करवा दिया था। तब बीकानेर एक ही गाड़ी जाती थी। यात्रा से ठीक पहले चम्पालाल राँका मिल गए। ये किताब ख़रीदने राजकमल आए हुए थे। चम्पालाल राँका और लक्ष्मीकान्त शर्मा 'चेतना' पत्रिका का सम्पादन करते थे। उसमें इन्होंने शिवदान सिंह चौहान की बातचीत छापी थी जो मैंने देखी थी। राँका बीकानेर में प्रगतिशील लेखक संघ की शाखा चलाते थे। लक्ष्मीकान्त शर्मा अजमेर के डी.ए.वी. कॉलेज में हिन्दी पढ़ाते थे। तो यात्रा से ऐन पूर्व राँका से ओमप्रकाश जी ने मिलवाया। राँका भी इसी ट्रेन से बीकानेर लौट रहे थे; जिससे मेरी यात्रा नियत

थी। एक पत्र गुरुजी ने नरोत्तमदास स्वामी के नाम का दिया था और सुनीति कुमार चटर्जी ने अगरचंद नाहटा के नाम का पत्र दिया था तो परिचय के नाम पर ये दो चिट्ठियाँ ही मेरी पूँजी थीं। बीकानेर से पहले सूरसागर पड़ता है। वहाँ पानी पीने उतरा तो राँका मिले जो दूसरे डिब्बे में चल रहे थे। उन्होंने कहा कि स्टेशन पर आपसे मिलूँगा। स्टेशन से वे मुझे सीधे अपने घर ले आए। उनकी पत्नी कहीं कुटुम्ब में गई थीं। इस तरह दो महीने के सुखद प्रवास की शुरुआत हुई।

सन् 52 का वह छोटा-सा बीकानेर। ऐसा लगा कि मैं घर पर हूँ किसी परदेश में हूँ ही नहीं। मैं बस सौ-दो सौ रुपये लेकर गया था। वहाँ के लोगों का अभिभूतकारी सत्कार आज भी आत्मीय रोमांच पैदा करता है। आतिथ्य एवं मनोहार की अनूठी परम्परा ने मुझे गहराई तक अभिभूत किया। कभी कोई आग्रह के साथ भोजन के लिए ले जाता कभी कोई। दिन में ग्रंथागार में अध्ययन करता और शाम से देर रात तक घूमता और चर्चाएँ करता। मुझे लगा ही नहीं कि परदेश में हूँ। वो ममत्व और आत्मीयता आज भुलाए नहीं भूलता हूँ। बीकानेर में ही इस अध्ययन-यात्रा के दौरान मैं समझ पाया कि राजाओं-महाराजाओं हवेलियों-राजमहलों से परे एक ममतामय राजस्थान रेत के धोरों में फैला पड़ा है। वहाँ, मैं देशनोक भी गया और रात वहीं बिताई थी। धोरों में ऊँट की सवारी की, वहाँ राजस्थानी सीखी। राजस्थानी में रचित कविताओं से सबका परिचय है लेकिन राजस्थानी का गद्य बहुत बढ़िया और ऊँची कोटि का है—इसका अनुभव भी इस बीकानेर यात्रा के दौरान हुआ है। मारवाड़ी में एक कहानी संग्रह था 'लड्डेवान'; इतना परिष्कृत गद्य था कि उसकी स्मृति आज भी मुझे है। इत्तफ़ाक से राजस्थान मेरे भाग्य से जुड़ा हुआ है जब मैं बेकार था। बीएचयू से निकाल दिया गया था। सागर गया और वहाँ से साल भर बाद चला आया। सन् 1971 में जोधपुर विश्वविद्यालय में वी.वी. जॉन कुलपति थे, इनसे मेरी कोई जान-पहचान नहीं थी। इन्होंने मुझे हिन्दी विभाग का प्रोफ़ेसर और अध्यक्ष बनाकर बुलाया। मैं तो 'लेक्चरार' था—निकाला हुआ 'लेक्चरार'। तो मैं राजस्थान का ऋण कैसे भूल सकता हूँ? जोधपुर रहते ही मुझे जे.एन.यू. का आमंत्रण मिला। उसके बाद की सारी बातें तो आप सभी जानते हैं। तो मेरा भाग्योदय राजस्थान से जुड़ा हुआ है।

नन्द किशोर महावर : 'मीडिया' की चर्चा आप से करना चाहता हूँ। मेरे मन में यह तर्क भी चल रहा है कि आप निरन्तर आकाशवाणी एवं दूरदर्शन को निकट से जानते-समझते और इसका सार्थक उपयोग भी करते रहे हैं। मन के कोने में यह सवाल है कि हिन्दी की तुलना में उर्दू में दीक्षित पत्रकार, रेडियो एवं इलेक्ट्रॉनिक माध्यमों का अधिक समझदारी भरा इस्तेमाल करते हैं। चैनलों की बाढ़ के बीच बी.बी.सी. की रेडियो-पत्रकारिता आज भी प्रतिमान क्यों है?

नामवर सिंह : इसके जवाब के लिए 'ऑल इंडिया रेडियो' के स्थापना काल को समझना ज़रूरी है। वहीं इसकी जड़ें हैं। उर्दू में एक बहुत अच्छे हास्य के लेखक हुए हैं–पतरस बुख़ारी। यह 1930 की बात है। ये तीन भाई थे और बुखारी ब्रदर्स के नाम से जाने जाते थे। पतरस बुख़ारी बड़े थे और रेडियो के इंचार्ज थे। वे अत्यन्त प्रयोगधर्मी और कल्पनाशील मिज़ाज के थे। आकाशवाणी पर बजने वाली 'सिग्नेचर-टयून' इन्हीं के ज़माने की देन है। इस धुन में अजान की आवाज़ एवं मन्दिर की घंटी की ध्वनि का संगम है। तो यह सम्मोहक 'सिग्नेचर-ट्यून' बुखारी साहब ने बनवाई थी। परिहास में 'ऑल इंडिया रेडियो' को बी.बी.सी. यानी 'बुख़ारी ब्रदर्स कॉरपोरेशन' कहा जाता था। इन बुख़ारी साहब ने उर्दू की सभी गुणी एवं सृजनशील प्रतिभाओं को रेडियो के कार्यक्रमों के माध्यम से सक्रिय किया। उपेन्द्रनाथ 'अश्क', मंटो, कृश्नचन्दर–सभी का जुड़ाव रेडियो से था। पतरस ने किसी से कहानी ली किसी से ड्रामा सेक्शन में काम लिया। इस क्रम में उर्दू के साहित्यकार रेडियो पत्रकारिता के यान्त्रिक स्वरूप से जाने-अनजाने प्रशिक्षित होते चले गए। इन लोगों के पास बी.बी.सी. का मॉडल था।

बी.बी.सी. ने बोलचाल की भाषा का जो जादू क़ायम किया है और इसके पीछे उनके समर्पित कर्मियों की 'प्रोफ़ेशनलिज़्म' ही बुनियादी चीज़ है। जब भी मैं लन्दन गया, वहाँ ओंकारनाथ श्रीवास्तव मुझसे सम्पर्क करते थे। उनके साथ लंच के सिलसिले में 'बुश हाउस' के 'रेस्तराँ' में बैठता था। वहाँ हिन्दी-उर्दू के सभी प्रसारणकर्त्ता मिल-बैठ कर विचार-विमर्श करते थे। तो वहाँ हमने इनकी सहज अनौपचारिक शैली देखी। वहाँ एक आले हसन साहब थे। वे उर्दू प्रसारण के शिखर मॉडल थे। वे सभी बनावटी स्टूडियोनुमा माहौल में यक़ीन नहीं करते थे। प्रत्येक प्रसारणकर्मी अपने कक्ष में ही बातचीत रिकॉर्ड कर लेते थे। मेरी बातचीत ओंकारनाथ श्रीवास्तव ने सहज रूप से, बग़ैर औपचारिक हुए रिकॉर्ड कर ली। इसीलिए बी.बी.सी. की चर्चाएँ सहज और जीवन्त होती हैं। वह वाचिक शब्दों का सम्मोहन रचता है। लेकिन अपने यहाँ रेडियो या दूरदर्शन बनावटी है–ये औपचारिकताएँ ज़्यादा बरतते हैं। दूरदर्शन में आपको अनावश्यक 'मेकअप' की प्रक्रिया से गुजरना पड़ता है। रेडियो में भी माहौल इतना नक़ली मिलता है कि आदमी सहज भाव से बातचीत नहीं कर पाता है। 'स्पोकन वर्ड' में आप जितने अनौपचारिक और सहज होते हैं, बातचीत उतनी ही शानदार और असरकारी होती है। बोला गया शब्द यदि 'लेक्चर' मालूम हो तो वह श्रोताओं के दिल को नहीं छूता है। फिर हमारे यहाँ नौकरशाही का अनावश्यक शिकंजा भी पृष्ठभूमि में काम करता रहता है। लेकिन बी.बी.सी. की स्वायत्तता इसके प्रसारकों को एक 'स्पेस' प्रदान करती है। वहाँ सरकारें बदलती हैं लेकिन कोई उसकी स्वायत्तता में हस्तक्षेप नहीं करता है। 'मास कम्युनिकेशन' की आत्मा उसकी आजादी

में प्रवाहित होती है। 'ब्यूरोक्रेसी' की छाया पड़ते ही वह बेजान हो जाती है। और यही हमारे आकाशवाणी एवं दूरदर्शन की सीमा है कि उसे राज्यतंत्र और उसके अफ़सरी ढाँचे ने अपनी सोच एवं साँचे का हिस्सा बना लिया है। इसीलिए उसकी विश्वसनीयता जाती रही है। जो असर पड़ना चाहिए, वह असर नहीं पड़ता है।

शशि प्रकाश : पिछले दिनों गोपालदास जी दिवंगत हुए। वे दुर्लभ साहित्यिक सूझ के धनी थे। उन्होंने आकाशवाणी में दुर्लभ इंटरव्यू का आयोजन कैसे सम्भव किया?

नामवर सिंह : वे साहित्यिक अभिरुचि के नौकरशाह थे। अब ऐसे लोग नहीं आ रहे हैं। तब कुछ लोग थे जिनकी साहित्य में दिलचस्पी थी। गोपालदास भी ऐसे ही विरले लोगों में थे। बालकृष्ण राव भी आकाशवाणी में थे...

पल्लव : गोपालदास जी ने बनारसीदास चतुर्वेदी एवं अज्ञेय जी के जो इंटरव्यू आकाशवाणी पर आयोजित किए, ऐसा काम बाद में देखने में नहीं आया।

शशि प्रकाश : साक्षात्कार लेने के सिलसिले में लेने वाले के मन के अक्सर यह भाव बाद में उदित होता है कि अरे, मैं यह सवाल तो रखना ही भूल गया था या इस उत्तर में से कई उपप्रश्न उठ खड़े हुए हैं जिस पर विमर्श होना चाहिए था। लेकिन साक्षात्कार देने के बाद कभी आपके मन में यह सन्तुष्टि हुई कि नहीं, कुछ अच्छी और सार्थक बातें हुईं। 'तद्भव' में अखिलेश जी ने आपका जो इंटरव्यू किया था; वह अच्छा बन पड़ा था।

नामवर सिंह : हाँ, वह एक सन्तुष्टिदायक भेंटवार्ता थी। पहले से योजना बन गई थी। दिल्ली के इंडिया इंटरनेशनल सेंटर में वे ठहरे थे, तो वहीं हुआ था। इत्तफ़ाक़ कि काशी आए हुए थे। या शायद उन्होंने बुला लिया था कि काशी रहेंगे तो बातचीत सहज माहौल में सम्भव हो पाएगी। ऐसी स्थिति में यह भेंटवार्ता दर्ज हुई थी। अच्छे इंटरव्यूज के सिलसिले में मध्य प्रदेश कला परिषद् की याद आ रही है। भारत भवन नहीं बना था और अशोक वाजपेयी परिषद् के इंचार्ज थे। 'पूर्वग्रह' में कई लोगों के साथ जो खुलकर बातचीत हुई भी, वह भी है। अब वह कुछ संशोधन के बाद उपलब्ध है।

शशि प्रकाश : राजेन्द्र माथुर के साथ जो आपकी भेंटवार्ता हुई थी उसकी कुछ यादें हमारे साथ साझा करें। राजेन्द्र माथुर और प्रभाष जोशी हिन्दी के पथ-निर्माता पत्रकार हैं।

नामवर सिंह : राजेन्द्र माथुर और प्रभाष जोशी, दोनों 'नई दुनिया' की उपज हैं। साठ और सत्तर के दशक में 'नई दुनिया' मध्यभारत का बहुत अच्छा अख़बार हुआ करता था। राहुल बारपुते इसके सम्पादक थे। उन्होंने सृजनशील युवा पत्रकारों की मंडली तैयार की थी। किसी कार्यक्रम के सिलसिले में मेरा भोपाल जाना हुआ था। वे इन्दौर से उस कार्यक्रम को 'कवर' करने भोपाल आए थे। कार्यक्रम के बीच में जो अन्तराल पड़ता था उसमें वह आते और कहते थे, 'आपसे पाँच मिनट बात कर लेता हूँ।'

वे बराबर अपना छोटा-सा टेपरिकॉर्डर साथ रखते थे। इस तरह टुकड़े-टुकड़े में उन्होंने वह बातचीत दर्ज की थी। बाद में दिल्ली गए लेकिन 'नवभारत टाइम्स' का वातावरण इन्हें रास नहीं आया और वहीं पर दुर्भाग्य से असमय उनकी मृत्यु हुई। सुरेन्द्र प्रताप सिंह उसी सूझ, समझ और परम्परा के पत्रकार थे। बाद में वे दूरदर्शन में गए। तो एस.पी. में वह चीज़ थी। अच्छा, ये लोग मोटे तौर पर विचारों में समाजवादी, राष्ट्रवादी और पढ़े-लिखे लोग थे। भारतीय परिवेश एवं संस्कार की गहरी समझ पत्रकारिता के क्षेत्र में ज़रूरी है। तो समकालीन विश्व राजनीति पर इन लोगों की ख़ुद की समझ बहुत साफ़ थी। उनकी स्वयं की जीवन-दृष्टि मानवतावादी थी। विश्व एवं भारतीय साहित्य उनके लिए अजनबी नहीं थे। राजेन्द्र माथुर तो अंग्रेज़ी में एम.ए. थे। प्रभाष जोशी अंग्रेज़ी पत्रकारिता से हिन्दी में आए हैं।

शशि प्रकाश : इंटरव्यू का प्रसंग चल रहा है तो मुझे आपका विरल रूप रामविलास शर्मा के साक्षात्कार लेने के क्रम में देखने को मिला। उसमें आपने रामविलास जी से अथक संवाद क़ायम करने की कोशिश की लेकिन बात कुछ बनी नहीं।

नामवर सिंह : असल में उस मुलाकात का आयोजन रामविलास जी के घर पर ही किया गया था। उस समय 'जनसत्ता' में अच्युतानन्द जी थे जो अब माखनलाल चतुर्वेदी पत्रकारिता विश्वविद्यालय में कुलपति हैं। तो उनकी पहल पर यह भेंटवार्ता हुई थी। पूरे ताम-झाम एवं तैयारी के साथ मनोहर नायक एवं मंगलेश उनके घर पहुँचे। उसमें सिरे से ही बातचीत उखड़ी-उखड़ी-सी रही। रामविलास जी बीच-बीच में झल्ला जाते थे। दाँत टूट जाने के कारण उनकी आवाज़ फुसफुसाहट में बदल जाती थी। तो इस तरह कुछ चीज़ें ठीक से रिकॉर्ड नहीं हुईं। उस समय उन लोगों ने उसे छापा भी नहीं और बात आई-गई हो गई थी। फिर बाद में मैंने मंगलेश से कहा कि भाई, वह 'कैसेट' निकालो—तुम्हारे यहाँ पड़ा हुआ है, तुम ले गए थे। इस तरह उस भेंटवार्ता का उद्धार हुआ और लुप्त होने से बच गई। अखिलेश ने 'तद्भव' में उसे छापा है।

शशि प्रकाश : हजारीप्रसाद द्विवेदी का यह शताब्दी स्मरण वर्ष है। लेकिन मुझे द्विवेदी जी की षष्ठीपूर्ति पर लिए गए उनके 'इंटरव्यू' की याद आ रही है। जब मनोहरश्याम जोशी को आपने चंडीगढ़ भेजा था, तब आपके मन में क्या योजना चल रही थी? उस 'इंटरव्यू' की अंतर्कथा और मनोहरश्याम जोशी की 'इंटरव्यू' शैली पर प्रकाश डालें। आपके गुरुजी थे तो वह 'इंटरव्यू' आपने स्वयं क्यों नहीं किया, कहीं संकोच एवं श्रद्धा का भाव तो आड़े नहीं आ रहा था?

नामवर सिंह : नहीं-नहीं, कोई संकोच या भय का भाव तो नहीं था। वे शिष्यों के प्रति अत्यन्त स्नेहिल थे। एक तो मनोहरश्याम जोशी बहुत अच्छे पत्रकार थे। यह 'प्रोफ़ेशनलिज़्म' का मामला था। उनके कथाकार रूप से भी मैं परिचित था। फिर

जोशी की याददाश्त गज़ब की थी। तो वे बना-बनाया सवाल लेकर पंडित जी के पास नहीं गए थे। उन्होंने कोई औपचारिक 'इंटरव्यू' किया भी नहीं। उन्होंने कहा कि मैं आपके साथ रहूँगा और यथा अवसर घूमते हुए बातचीत कर लूँगा। बिना टेपरिकॉर्डर के वह बातचीत करते रहे और लौटकर स्मृति के आधार पर वह भेंटवार्ता उतार कर दे दी। इस तरह बग़ैर यन्त्र कौशल के एक दुर्लभ 'इंटरव्यू' का सृजन हुआ लेकिन नागार्जुन के 'इंटरव्यू' प्रसंग में जोशी की निपुणता काम नहीं आई। मनोहर श्याम ने कहा, इनका 'इंटरव्यू' करना तो बड़ा कठिन है। ये तो टिकते ही नहीं हैं किसी बात पर। खुलते भी नहीं हैं। तो बाबा बड़े कमसुखन आदमी हैं। यह कहा जोशी ने। नागार्जुन मुश्किल से 'इंटरव्यू' के लिए तैयार हुए थे। वे शीला सन्धू के घर पर ठहरे हुए थे। नागार्जुन एवं द्विवेदी जी के स्वभाव में बुनियादी फ़र्क़ था। नागार्जुन ज़्यादा नहीं बोलते थे। लेकिन पंडित जी खुले हुए आदमी थे। दुनियाभर की बतकही का वे रस लेना जानते थे। इसीलिए मनोहरश्याम जोशी उनके अन्दर का बेहतरीन निकाल पाए। लेकिन नागार्जुन के प्रसंग में उनकी तकनीक काम नहीं आई इसीलिए अपना 'इम्प्रेशन' अलग से देकर उसे सहज बनाया। इसलिए उस 'इंटरव्यू' में जोशी की टिप्पणियाँ ज़्यादा दिखेंगी, नागार्जुन की कम।

पल्लव : मैं एक और 'इंटरव्यू' की याद दिलाना चाहूँगा। 'वाम' पत्रिका में चंद्र भूषण तिवारी ने जो आपसे बातचीत की है उसका आनन्द यादगार बन पड़ा है।

नामवर सिंह : उस 'इंटरव्यू' में बराबरी और समानता की भावना काम कर रही है। दोनों वामपंथी थे, इसलिए वह बातचीत बहस में तब्दील हो गई है। खुलकर बहस हुई है। उन्होंने अपनी बात कही है और मैंने अपनी बात कही है। देखो, कई बार साक्षात्कारकर्ता से वार्ता का स्वरूप तय होता है। तो वह 'इंटरव्यू' समानधर्मा सहचर के साथ संवाद है।

भावना शर्मा : संसद और देश में महिला आरक्षण विधेयक को लेकर चर्चाएँ हो रही हैं। इस विषय पर आपकी क्या राय है? मेरा मानना है कि नए दौर में हम बेटा एवं बेटी के बीच बराबरी का हिस्सा देते हैं तो फिर संसद में यह भेद क्यों? पुरुष हो या स्त्री, गुणवत्ता के आधार पर ही उसे संसद में भेजा जाना चाहिए।

नामवर सिंह : एक स्त्री से यह बात सुनकर आश्चर्य भी हो रहा है और अच्छा भी लग रहा है। मुश्किल यह है कि राजनीतिक दल चुनाव से आगे की सोच ही नहीं पा रहे हैं। चुनाव जीतना ही उनका आख़िरी लक्ष्य रह गया है। इस दृष्टि से विचार किया जाना चाहिए कि क्या वाक़ई हम स्त्रियों को उनका अधिकार देना चाहते हैं? उनको ताक़तवर बनाना चाहते हैं? इस दृष्टि से सोचें तो इस पर भी सोचेंगे कि आरक्षण देने से यह चीज़ हासिल होने वाली नहीं है। मैं आरक्षण मात्र के पक्ष में नहीं हूँ। अम्बेडकर की माँग पर हमारे नेताओं ने आरक्षण को शामिल किया था। लेकिन जब वे आज़ाद भारत

में क़ानून मंत्री बने तब उन्होंने कहा था कि यह स्थायी नहीं होगा दस वर्षों के लिए होगा। इसका मतलब है, हमारे संविधान चिन्तकों की निगाह में आरक्षण लोकतंत्र में अनिवार्य, अविभाज्य और स्थायी महत्त्व की चीज़ नहीं है। जो सिद्धान्त जाति के लिए सच है उतना ही सच वह लिंग के लिए भी है। अतः इस प्रवृत्ति का कोई सैद्धान्तिक आधार नहीं है। यह मात्र लाभ-लोभ से चालित है। इसलिए मैं समझता हूँ कि स्त्रियों को एक तिहाई आरक्षण क्यों देना है, इसका तर्क साफ़ उभर कर सामने नहीं आ पाया है। यदि आबादी के अनुपात के अनुसार देना है तो आधा-आधा होना चाहिए। पश्चिमी देशों के लोकतंत्र में तो स्त्रियों के लिए आरक्षण का कोई प्रावधान नहीं है, लेकिन जीवन के सभी क्षेत्रों में वे पुरुषों के बराबर हैं। बग़ैर आरक्षण के सहज भाव से यह सम्भव हुआ है। मारग्रेट थैचर बग़ैर आरक्षण के ब्रिटेन की प्रधानमंत्री बनीं। हमारे देश में बिना आरक्षण के इन्दिरा गांधी प्रधानमंत्री हुई थीं। अब पहली बार अमेरिका में हिलेरी क्लिंटन के राष्ट्रपति बनने का संयोग बन रहा है। डेमोक्रेसी का जो देश प्रवक्ता माना जाता है उस अमेरिका में आज तक कोई स्त्री राष्ट्राध्यक्ष नहीं हुई है। अमेरिकी इतिहास में यह पहली बार होगा। तो यह सब सहज प्रक्रिया में हो रहा है। अतः मैं इसके पक्ष में हूँ कि आरक्षण देना है तो जनसंख्या के हिसाब से आधा दो। दूसरा यह कि स्त्रियों में भी वर्गभेद है। यदि महिला आरक्षण के नाम पर सम्पन्न वर्ग की अंग्रेज़ी पढ़ी-लिखी स्त्रियाँ ही आ जाएँ तो यह स्त्रियों का सच्चा प्रतिनिधित्व नहीं कहलाएगा। सच्चा प्रतिनिधित्व तो तब होगा जब उसमें ग़रीब, दलित, पिछड़े—सभी का अंश समाहित हों। इसलिए इस पर विचार टलता जा रहा है। पुरुष भी स्त्री आरक्षण से झिझक रहे होंगे। स्त्रियों को ताक़तवर बनाने के लिए सामाजिक जीवन के विविध घटकों को प्रोत्साहित करने की ज़रूरत है। पारिवारिक जीवन में उसे अधिकार दिए जाएँ। लड़कों के समान लड़कियों को परिवार में शिक्षा का समान अवसर प्राप्त हो। मैं इतनी दूर तक मानता हूँ कि स्त्रियों के लिए अलग से कोई स्कूल न खोले जाएँ। साथ-साथ रहेंगे, पढ़ेंगे, तभी तो समानता का सहज भाव विकसित हो पाएगा। लड़कियों का अलग 'घेटो' या बाड़ा बनाकर उसमें आप समानता का भाव उत्पन्न नहीं कर पाएँगे। जब व्यवहार के धरातल पर समानता और स्वाधीनता का भाव हमारे जीवन में घुल-मिल जाएगा तो स्त्रियों की संख्या स्वतः स्फूर्त ढंग से राजनीति में भी बढ़ जाएगी, ऐसी मेरी धारणा है।

पल्लव : वैश्वीकरण जब कुछ साल पहले गति पकड़ रहा था तो यह सोच काम कर रही थी कि विखंडनवादी एवं क्षेत्रीयतावादी मानसिकता पर विराम लगेगा। लेकिन राज ठाकरे एवं बाल ठाकरे के बयान ने तो इस विश्वास की चूलें हिला दीं। इस प्रवृत्ति को आप किस तरह देख रहे हैं?

नामवर सिंह : सिवाय राजनीतिक पार्टियों के, इस विखंडनवादी बयान का सभी लोग विरोध कर रहे हैं। इस प्रसंग में कांग्रेस एवं ग़ैर-कांग्रेस दलों के आचरण में कोई

बुनियादी फ़र्क़ नहीं है। पहले तो राज ठाकरे को बहुत दिनों तक गिरफ्तार नहीं किया गया। अगर खानापूर्ति के लिए गिरफ़्तार किया गया तो तुरन्त ज़मानत मिल गई। लोग भूल रहे हैं कि राष्ट्रीय आन्दोलन के दौरान लम्बे संघर्ष के बाद, बड़ी मुश्किल से भारतीय राष्ट्र को हासिल किया गया है, जोड़ कर एक बनाया है। अब ऐसा लगता है कि फ़िलहाल की सरकारें फिर इस देश को तोड़ना चाहती हैं। महानगर केवल स्थानीय लोगों से तो नहीं बनता है। महानगर का चरित्र विविध भू-भाग से आए लोगों से बनता है। कोलकात्ता, मुम्बई, चेन्नई और दिल्ली में सारे भारत से आए लोग बसते हैं। यह केवल मुम्बई का सवाल नहीं है। कल्पना कीजिए, अगर इसकी प्रतिक्रिया होने लगी तो क्या होगा? फिर तो देश के टुकड़े-टुकड़े हो जाएँगे! इसी प्रवृत्ति को पहचान कर नागार्जुन ने 'खंड पाखंड' नाम की कविता लिखी थी। आज की राजनीति इस 'खंड-खंड पाखंड' को बढ़ावा दे रही है। सत्ता नियामकों की निगाह में लोकहित, जनहित गौण बातें हो गई हैं। इसके भयंकर दुष्परिणाम लोग समझ नहीं रहे हैं। इन चीज़ों से देश के टुकड़े-टुकड़े हो जाएँगे।

शशि प्रकाश : बहुधा इस प्रसंग में हम लोग साम्राज्यवादी षड्यन्त्रों की ओर संकेत करते हैं। लेकिन क्या अमेरिका को कोसने के बजाए हमें स्वयं का आत्म-निरीक्षण नहीं करना चाहिए?

नामवर सिंह : नहीं, ये दोनों चीज़ें अलग-अलग नहीं हैं। अमेरिकी साम्राज्यवाद से लड़ना है तो अपने आप को तोड़कर हम नहीं लड़ पाएँगे। लड़ने के लिए एकजुट तो रहना ही पड़ेगा। आप खुद टूट जाएँगे तो अमेरिका से लड़ने का सवाल ही गौण हो जाएगा। अमेरिका से असहमति और प्रतिरोध आज हमारा मुख्य एजेंडा है। विखंडनवादी ताक़तों को हवा देकर अमेरिका मुख्य मुद्दों से हमारा ध्यान हटाना चाहता है। अमेरिका बिना उपनिवेश बनाए भारत को 'रिमोट' से संचालित करना चाहता है। इस नवउपनिवेश में अमेरिका अपनी अर्थप्रणाली, अपनी भाषा और अपने तौर-तरीक़े चलाना चाहता है। यह संकट आज बहुत गहरा और ज्वलन्त है।

भावना शर्मा : क्यों नहीं हमारे देश में रोज़गार का अधिकार होना चाहिए? कहते हैं कि चीन से भी अधिक क्रियाशील युवाओं की आबादी हमारे पास है। लेकिन सौ दिनों की रोज़गार गारंटी योजना या पोषाहार कार्यक्रम जैसे मौसमी तरीक़ों से तो युवाओं की दक्षता का समुचित उपयोग सम्भव नहीं है। सेंसेक्स 'संवृद्धि' से भारतीय युवाओं की समस्याएँ तो समाप्त नहीं हो पा रही हैं।

नामवर सिंह : बिल्कुल ठीक कह रही हो। कठिनाई यह है कि वृद्धि और विकास दोनों अलग-अलग चीज़ें हैं। 'डेवलपमेंट' तो है विकास और 'ग्रोथ' है संवृद्धि या वृद्धि। जब हम कहते हैं कि भारत की 'ग्रोथ रेट' 9 प्रतिशत हो गई यानी 9 प्रतिशत वृद्धि दर हो गई। और 'सेंसेक्स' सट्टा बाज़ार की दशा का सूचक है। इसमें

धनपतियों की सम्पत्ति लगी रहती है। कई बार मामूली आदमी भी इस होड़ा-होड़ी के दुश्चक्र में मारा जाता है। पूँजी बाज़ार में लगा धन केवल अम्बानी या टाटा का ही नहीं है। लेकिन विकास एक सन्तुलित अवधारणा है। विकास तो यह है कि शरीर के जितने अंग हैं सब विकास करें। शरीर में सिर बड़ा हो जाए और पैर छोटे रह जाएँ तो यह काम नहीं करेगा। इसी तरह समाज रूपी शरीर को समझें। गांधी कहते थे कि आख़िरी आदमी मेरी नज़र में है। लेकिन आज के सत्ता-संचालकों की निगाह में आख़िरी आदमी नहीं है। वे सम्पन्न और खाए-अघाए लोगों के प्रवक्ता नज़र आते हैं। कहने का आशय यह है कि आपकी नज़र संवृद्धि पर है, विकास पर नहीं है। बहुराष्ट्रीय कम्पनियों की वृद्धि यदि छनकर धन रूप में आख़िरी आदमी तक पहुँचती तो यह विकास होता। ऐसी अवस्था में किसान आत्महत्या नहीं करते, बेरोज़गारी नहीं बढ़ती। हम बूढ़े ठीक हैं, लेकिन नौजवानों का भविष्य अन्धकारमय है। इनके लिए कोई 'जॉब' नहीं है। देहात की पारम्परिक संरचना उजड़ गई है और अब वहाँ कोई काम नहीं है। बढ़ई, लुहार, मकान बनाने वाले कारीगर अपने व्यवसाय से जीवन यापन करते थे लेकिन आज उनकी हैसियत घरेलू नौकर की हो गई है। वे अब दिहाड़ी मज़दूर हैं। सालभर का काम तो है ही नहीं।

गांधी जी ने 'हिन्द स्वराज' का जो नक्शा दिया था, उसे आज़ादी के बाद सत्ता-प्रतिष्ठानों ने छोड़ दिया। इस देश में खेती एवं दस्तकारी से जुड़े हुए सैकड़ों व्यवसाय थे जिससे पूरे ग्राम समाज को रोज़गार मिला हुआ था। आज वह ग़ायब हो गया। सारे जुलाहे भूखे मर रहे हैं। कपड़े बनाने की आधुनिक मिलों ने उनकी छुट्टी कर दी। मुझे बचपन के दिन याद आते हैं। हम अपने गाँव के जुलाहे के बुने हुए कपड़े पहनते थे और वह बुरा नहीं होता था। गांधी जी यही तो चाहते थे। वे स्वयं चरखा चलाते थे। सदियों से हिन्दुस्तान को कपड़ा बनाने में महारत हासिल रही है। मौसम के अनुकूल ठंडे एवं गर्म कपड़े बनते थे। अच्छी साड़ियाँ बनती थीं। वही आज हम कॉटेज इंडस्ट्रीज के रूप में बेच रहे हैं। पूरा राजस्थान एवं गुजरात निपुण दस्तकारों एवं बुनकरों से भरा पड़ा है। उनके पास हज़ारों साल की विरासत है लेकिन विडम्बना यह है कि हम इन श्रमिकों के हुनर को नष्ट करने पर तुले हुए हैं। व्यापारी थोड़ी-सी कीमत अदा कर उनके सामानों से दस गुना, बीस गुना मुनाफ़ा कमाते हैं लेकिन पसीना बहाने वाले दस्तकारों, बुनकरों को क्या मिला? तो हमारे यहाँ हस्तशिल्प बहुत विकसित दशा में थी। बारीक़ी में इसका मुक़ाबला नहीं था। ढाके की मलमल कभी बना करती थी। वह अब कहाँ दिखाई पड़ती है? अंग्रेजों ने सबसे पहले हमारे सूती वस्त्र-उद्योग को नुकसान पहुँचाया। इसकी काट गांधी जी ने चरखे से निकाली।

मैं समझता हूँ कि वृद्धि दर बढ़ा कर भारत को महाशक्ति की पंक्ति में खड़ा करने की लालसा रखने वाले अन्तर्राष्ट्रीयतावादी अर्थ-चिन्तकों को भारत की सच्ची

समझ नहीं है। भारत की किसान नियति की अनदेखी आप नहीं कर सकते। इस सिलसिले में सेना को ही देखें। हमारे देश की ताक़तवर फ़ौज का राज़ किसान के बेटों में निहित है। हथियार से आप ताक़तवर नहीं बने हैं। अच्छे से अच्छा हथियार होंगे और अगर चलाने वाले या उसके घर वाले भूखे मर रहे होंगे तो आप क्या जंग जीतेंगे? इसलिए मूल संस्थान खाता-पीता सुखी मनुष्य है। अपने यहाँ एक मंत्रालय है—मानव संसाधन विकास मंत्रालय। पूछा जाए कि मानव अगर साधन नहीं, संसाधन है तो आप उसका विकास कैसे कर सकते हैं? इतने दिनों के स्वराज्य के बाद भी शत-प्रतिशत साक्षरता नहीं हो पाई। केरल का एक गाँव सुर्खियों में है कि वहाँ शत-प्रतिशत साक्षरता हो गई। केरल का एक गाँव ही क्यों, हिन्दुस्तान के हरेक गाँव की यही छवि और उपलब्धि होनी चाहिए। लेकिन साक्षरता की राह की सबसे बड़ी बाधा भूख है। परिवार का हरेक बच्चा यदि पढ़ने पाठशाला जाएगा तो खाएँगे क्या? मज़दूरी कौन करेगा? हालत इतनी विकट है कि वह बच्चा काम करे तो घर में चूल्हा जले। स्कूल भी खुल रहे हैं, अध्यापकों की नियुक्ति भी हो रही है लेकिन पढ़ने वाले बच्चों की संख्या नहीं बढ़ रही है। असमय बालश्रम की बलि चढ़ने वाले घरों में ऐसी परिस्थिति पैदा करें कि लोग बच्चों को विद्यालय भेजें।

मुझे बचपन के दिन अच्छी तरह याद हैं। उस इलाके का रहने वाला स्थानीय व्यक्ति ही अध्यापक होता था। वह गश्त करके बच्चों को बटोरकर पाठशाला ले जाता था। आज तो कोई गश्त नहीं करता है। उन दिनों मामूली फ़ीस लगती थी। आज तो बहुत ऊँची फ़ीस चुकानी पड़ती है। बस्तों के बोझ से बच्चों की कमर दुहरी हुई जा रही हैं। यह है वास्तविक स्थिति और जनता के प्रतिनिधि इन बातों से परिचित हैं लेकिन वे जान-बूझ कर ज़मीनी सच्चाई को नज़र अन्दाज़ करते हैं। अमेरिकी चमक-दमक ने उनकी मति फेर दी है। चुनावी प्रबन्धन एवं भड़कीले विज्ञापनों की वजह से इन्हें अब जनता के बीच जाने की भी ज़रूरत नहीं पड़ती है। अब घर-घर की ख़ाक छानने वाले जनप्रतिनिधि भी नहीं रहे।

शशि प्रकाश : ज्ञानकेन्द्रों तथा विश्वविद्यालयों के नाम व्यक्तिविशेष के नाम पर रखने की प्रवृत्ति जोर पकड़ती जा रही है। इसके क्या दूरगामी परिणाम होंगे?

नामवर सिंह : पहले विश्वविद्यालय खुलता था तो किसी व्यक्ति का नाम उससे नहीं जोड़ा जाता था। विदेशों में भी यही परम्परा है। जिस नगर में विश्वविद्यालय खुलता था उस नगर के नाम से वह विश्वविद्यालय जाना जाता था। उदाहरण के तौर पर इलाहाबाद विश्वविद्यालय, काशी विश्वविद्यालय, कलकत्ता विश्वविद्यालय आदि। लेकिन समस्या तब उठ खड़ी हुई जब एक ही नगर केन्द्र पर तीन-तीन विश्वविद्यालय हो गए। जैसेः बैंगलोर में तीन विश्वविद्यालय हो गए तो सभी बैंगलोर विश्वविद्यालय तो नहीं होंगे। तो इसका रास्ता यह निकाला गया कि विश्वविद्यालय की अलग

पहचान के लिए किसी बड़े आदमी के नाम पर नामकरण हो। अब नौबत यह आ गई है कि देश के लगभग तमाम विश्वविद्यालयों से किसी न किसी के नाम जुड़े हुए हैं। कोई अपने पिता के नाम पर खोल रहा है, कोई अपने दादा के नाम पर खोल रहा है। टाटा ने कई खोल रखे हैं, बिड़ला ने खोल रखा है। यश की लालसा में बड़े-बड़े सेठ अपने अचंल में महाविद्यालय खोलते थे। मदनमोहन मालवीय ने पाई-पाई जोड़कर हिन्दू विश्वविद्यालय की स्थापना की लेकिन उन्होंने उसका नाम मदनमोहन मालवीय विश्वविद्यालय नहीं रखा। रवीन्द्रनाथ ठाकुर ने शान्तिनिकेतन की स्थापना की। पितामह द्वारकानाथ या पिता देवेन्द्रनाथ के नाम उससे नहीं जोड़े। बाद में कृतज्ञ राष्ट्र ने उसका नाम रवीन्द्रभारती कर दिया यह अलग बात है। सागर विश्वविद्यालय की स्थापना सर हरीसिंह गौर ने की। बाद में लगा कि सभी लोगों के नाम पर हो रहा है तो उसका नाम डॉ. हरीसिंह गौर विश्वविद्यालय कर दिया गया। अभी मैं जबलपुर यूनिवर्सिटी गया था। अब वह रानी दुर्गावती यूनिवर्सिटी हो गई। रानी झाँसी के नाम पर कोई यूनिवर्सिटी खुल गई कि नहीं, अटल जी के नाम पर खुल गई। अब मनमोहन सिंह के नाम से खुल जाएगी। अमेरिका में ऐसा नहीं होता है। कॉम्ब्रिज एवं ऑक्सफोर्ड यूनिवर्सिटी उस जगह के नाम पर हैं। व्यक्ति से ज्ञानकेन्द्र का नाम जुड़ते ही उसका दायरा संकुचित हो जाता है, व्याप्ति घटती है। मेरा दृढ़ मत है कि विश्वविद्यालय जिस जगह खुला है उस जगह के नाम से हो। हमारे यहाँ यही परम्परा थी। तक्षशिला, नालन्दा, विक्रमशिला विश्वविद्यालय इसके प्रतिनिधि उदाहरण हैं। जगह का महत्त्व होता है, आदमी का नहीं होता है। इसलिए यशोपलब्धि एवं आत्मप्रचार की यह नई प्रवृत्ति घातक है। ज्ञान प्रसार से उनका कोई मतलब भी नहीं होता। इस प्रवृत्ति की समीक्षा होनी चाहिए। लेकिन यह प्रवृत्ति इस तरह प्रचलन में आ गई है कि अब तो मिडिल स्कूल और हाईस्कूल भी नाम-लालसा के घेरे में आ गए हैं। यह कुल मिलाकर ज्ञान विरोधी एवं विद्या विरोधी आचरण है।

शशि प्रकाश : विगत दो दशकों से अवचेतन में यह बात गहराई तक उतर गई है कि मूल्यांकन की प्रक्रिया में जब हम सूची बनाते हैं तो यह भाव काम करता रहता है कि स्त्री का नाम जुड़ना चाहिए या दलित कथाकार का उल्लेख होना चाहिए। सुभद्राकुमारी चौहान या महादेवी वर्मा के प्रसंग में तो यह भाव नहीं आता था। साहित्य के मूल्यांकन में बद्धमूल होती यह मनोदशा कहाँ तक उचित है?

नामवर सिंह : असल में लोकतंत्र की जिस अवधारणा पर यह प्रवृत्ति निर्भर है उसे 'रिप्रेजेंटेटिव' या प्रतिनिधित्व सिद्धान्त कहते हैं। तो इस पर गहराई से विचार करना चाहिए कि इस प्रतिनिधित्व का मतलब क्या है? अम्बेडकर एवं गांधी की जो बहस हुई थी तो अम्बेडकर ने दलितों के लिए आरक्षण माँगा था। 1932 का गोलमेज़ कॉन्फ्रेंस आज इतिहास का बहुचर्चित अध्याय है। अंग्रेज़ एवं अम्बेडकर चाहते थे कि

दलितों का चुनाव क्षेत्र अलग हो। गांधी जी ने इसका विरोध किया और कहा कि हम अलग चुनाव क्षेत्र नहीं मानते। उन्होंने कहा कि अलग सीट देंगे सीट आरक्षित होगी लेकिन क्षेत्र अलग नहीं होगा। इसी पर बहस थी। उन्होंने कहा, जितनी संख्या में आप अलग चुनाव क्षेत्र माँगते है इससे दोगुनी दूँगा लेकिन चुनाव क्षेत्र अलग नहीं होगा। केवल दलित लोग मिलकर दलित का चुनाव नहीं करेंगे, सभी लोग मिलकर दलित को चुनेंगे। इस तरह वह समूची जनता का प्रतिनिधि होगा। इसी पर 'पूना पैक्ट' हुआ। गांधी जी का यह सिद्धान्त था। इसलिए कोई लेखिका भले ही केवल स्त्रियों की समस्याओं और सरोकारों पर लिखे, अन्ततः वह पूरे समाज के बारे में लिखती है। वह पूरे समाज-परिवार का प्रतिनिधित्व करती है, केवल स्त्री समुदाय का प्रतिनिधित्व नहीं करती है। यही कारण है कि आप अनेक बड़े लेखकों में देखेंगे कि वे अपने लेखन में स्त्री या पुरुष होने के भाव को तिरोभाव करते हैं। लेव टाल्सटॉय ने 'अन्ना कारेनिना' के बारे में लिखा है जबकि वे स्वयं महिला नहीं थे। आमतौर से देखें तो पुरुष लेखकों ने स्त्रियों के बारे में ज़्यादा लिखा है। तुर्गनेव एवं दोस्तोवस्की ने लिखा है। भारतीय भाषाओं में शरतचंद्र, मिर्ज़ा हादी रुसवा एवं जैनेन्द्र कुमार ने यह काम किया है। साहित्य में परकाया प्रवेश महत्त्वपूर्ण होता है। जो आप नहीं, उनके मन में पैठ कर लिखने की कोशिश करें। यह साहित्य का धर्म है। इसलिए कहीं किसी देश में यह खाँचा निर्मित नहीं हुआ है। इसलिए स्त्री-पुरुष का यह कृत्रिम विभाजन साहित्य लिखते समय कभी सोचा नहीं गया। दुनिया में अनेक महत्त्वपूर्ण लेखिकाएँ हुई हैं। अभी दो साल पहले एक महिला को नोबेल पारितोषिक मिला। हम स्त्री के नाते नहीं बल्कि लेखक की हैसियत से उसका सम्मान करते हैं।

भावना शर्मा : शिक्षा के निजीकरण का क्या दूरगामी परिणाम होगा? सरकारी विश्वविद्यालय जो चल रहे हैं इसने दशकों में अपनी साख अर्जित की है क्या वे ख़त्म हो जाएँगे? उसकी गुणवत्ता किस तरह प्रभावित होगी! इसका समाधान क्या है?

नामवर सिंह : आपने बड़ा बुनियादी सवाल उठा दिया है। अमेरिकी अर्थतंत्र का जब से हमारे देश में प्रवेश हुआ है, जिसको 'कॉर्पोरेट' व्यवस्था कहते हैं, उसके कारण राज्य की भूमिका दिन-प्रतिदिन कम होती जा रही है। जब हम स्वाधीन हुए थे उस समय हमारे नीतिकारों ने मिश्रित अर्थव्यवस्था अपनाई थी। इसका मतलब था, कुछ ज़िम्मेदारियाँ निजी होंगी और कुछ राज्य की होंगी। समझा गया था कि बुनियादी शिक्षा, स्वास्थ्य, पर्यावरण आदि की ज़िम्मेदारी सरकार की होगी, क्योंकि निजी क्षेत्र इस प्रसंग में विश्वसनीय नहीं माने गए। यातायात, परिवहन और सड़क का इन्तज़ाम राज्य करता था। अब अगर ये चीज़ें निजी कम्पनियों के हवाले कर दी जाएँगी तो राज्य की भूमिका नगण्य हो जाएगी। प्रबन्धन के अधिकांश संस्थान निजी हाथों में हैं। मीडिया एवं चैनलों की भी यही स्थिति है। एक 'ऑल इंडिया रेडियो' बचा हुआ

है जिसमें निजी घरानों की कोई दिलचस्पी नहीं है। यदि सूचना, यातायात, शिक्षा और स्वास्थ्य का क्षेत्र सरकार के हाथ से निकल जाएगा तो राज्य की नियन्त्रणात्मक क्षमता हाशिए पर चली जाएगी। आपको याद होगा कि अंग्रेज़ी राज में कुछ स्कूल एवं कॉलेज सरकारी होते थे। बाकी के स्कूल ज़िला बोर्ड एवं नगरपालिका के होते थे। शिक्षा का दायित्व तीन स्तरों पर बँटा हुआ था। आज कोई भी गाँव की निरक्षरता को चुनौती की तरह लेने के लिए तैयार नहीं है। वहीं जो अशिक्षा का अँधेरा है उससे कैसे निबटा जाए, हिन्दी पट्टी के गाँवों में सबसे निराशाजनक स्थिति है।

जिस राज्य में साक्षरता अधिक है वह कई दृष्टियों से बेहतर है। केरल का उदाहरण मुझे याद आता है। शिक्षा के बल पर केरल के लोगों की स्थिति अखिल भारतीय ही नहीं, बल्कि वैश्विक है। पूरा मध्यपूर्ण वहाँ के नागरिकों से भरा पड़ा है। वहाँ लिंगानुपात की समस्या नहीं है बल्कि प्रति हज़ार पुरुष पर 1058 महिलाएँ हैं। वहाँ औरतों के साथ कोई भेदभाव नहीं है। दहेज के कारण औरतें जलाई नहीं जाती हैं। वहाँ दलित-ब्राह्मण का कोई विभेद नहीं है। विविध धर्मों के बीच कभी फ़साद नहीं फैलता है जबकि वहाँ हिन्दू हैं, मुस्लिम हैं, ईसाई हैं। बेकारी और बेरोज़गारी भी बहुत कम हैं जबकि वहाँ बहुत कल-कारख़ाने भी नहीं हैं। प्राइवेट सेक्टर तो वहाँ गया ही नहीं। कोचीन और त्रिवेन्द्रम दो-दो अन्तर्राष्ट्रीय हवाई पत्तन हैं। तो केरल में यह स्थिति साक्षरता एवं शिक्षा के कारण आई। केरल में दो देशी रियासतें–त्रावणकोर और कोचीन थीं और मलाबार सीधे ब्रिटिश शासन के अधीन था। मलाबार जो मद्रास के अधीन था, वह हिस्सा आज भी विपन्न और खस्ता-हाल है। जहाँ-जहाँ अंग्रेज़ी राज की छाया पड़ी, वह हिस्सा तबाह हो गया। बंगाल, बिहार, पूर्वी उत्तर प्रदेश में ग़रीबी है यह अंग्रेज़ शासकों के अन्तहीन शोषण का नतीजा है। ईस्ट इंडिया कम्पनी ने बंगाल की अर्थव्यवस्था चौपट कर डाली। कलकत्ता का कम विकास हुआ। वहाँ की औद्योगिक उन्नति की पटकथा प्रवासी राजस्थानियों ने लिखी। अंग्रेज़ी राज दिखावे के लिए ऊपरी विकास का प्रपंच तो रचता था। अंग्रेज़ों ने आत्मनिर्भरता की बजाय परजीवी बनाने में साम्राज्य का हित देखा। कलकत्ते में मारवाड़ी गए यूपी-बिहार के भैया लोग गए। वे वहाँ उद्यमिता एवं श्रम करने की संस्कृति ले गए। बंगाल के मूल बाशिन्दे 'बाबू' कहलाते थे। उनके बारे में एक कहावत चलती थी, माचिस बेच के खाएगा पर काबुल की लड़ाई में नहीं जाएगा। 1857 की लड़ाई बंगाल आर्मी ने लड़ी थी, इसमें एक भी बंगाली नहीं था। वे सभी अवध एवं भोजपुर के किसानों के बेटे थे। आप कोटा के मॉडल को लें। जयपुर दिल्ली के क़रीब है, जोधपुर बड़ी रियासत थी लेकिन कोटा अधिक प्रगतिशील एवं विकसित हो पाया। इसलिए मेरा कहना है कि कोटा जैसी रियासत इसलिए बेहतर हो सकी कि यहाँ अंग्रेज़ी राज्य नहीं था। अतः मुख्तसर में यह कि समाधान 'केरल मॉडल' में निहित है। दूसरे,

संविधान निर्माताओं ने 'कल्याणकारी राज्य' की जो अवधारणा प्रस्तुत की थी उसमें शिक्षा और स्वास्थ्य राज्य का उत्तरदायित्व है। इसके प्रभावी क्रियान्वयन में ही देशहित है।

गोविन्द शर्मा : भारी मन से एक सवाल कर रहा हूँ। सन् 42 के आन्दोलन में कवि नरेन्द्र शर्मा हमारे राजस्थान के देवली कैम्प जेल में बन्द थे। वहाँ उन्होंने एक कविता लिखी थी; 'लाल रंग है ढाल साथियो, दुनिया के मज़लूमों की'—आज लाल रंग कोई ढाँढ़स नहीं बँधाता है। लाल रंग तो सिंगूर में टाटा के साथ खड़ा है। नन्दीग्राम में किसानों के निर्मम दमन में पश्चिम बंगाल की सरकार ने सारी मर्यादाएँ तोड़ दीं। किसानों और कारीगरों के नाश के साथ-साथ इस देश में विचारधारा का नाश हो रहा है। लोकतंत्र का क्षरण हो रहा है...।

नामवर सिंह : लोकतंत्र का वास्तविक पैमाना तो 'लोक' की समृद्धि ही है। गांधी के शब्दों में वह मानदण्ड आख़िरी आदमी है। हमारे सत्तातंत्र को इस आख़िरी आदमी का वोट तो चाहिए, लेकिन बदले में कुछ करने की मंशा नहीं रहती है। लोक का हित तो उसके जीवन-स्तर एवं विकास से ही मापा जाएगा। न्यूनतम जीवनयापन की सुविधाएँ आमजनों को मिलें, यही लोकतंत्र और किसी भी विचारधारा की आदि शर्त होनी चाहिए। मुझे कभी-कभी बड़ी हैरत होती है। प्रधानमंत्री जी कहीं जाते हैं तो वे वहाँ घोषणाएँ करते हैं कि इतने करोड़ रुपये दिए। संस्कृत साहित्य में ऐसे प्रसंग मिलते हैं कि कवि जी गए और राजा की प्रशंसा की। प्रसन्न राजा ने कहा कि 'लक्ष ददौ', लाख रुपये दे दिया। एक तो लोकतंत्र में यह दानशैली बहुत घातक है। आप दानी क्योंकर हुए? हमारा ही धन हमें लौटा रहे हैं। हम जो कर चुकाते हैं उसी संग्रह से दे रहे हैं। हमारा पूरा लोकतंत्र यशकामी, ढोंगी और रुग्ण हो गया है। मुझे ऐसा लगता है कि इन शासकों में मन से जनता के दुख-दर्द की बात नहीं रही। उनकी सारी सोच चुनाव केन्द्रित है। सारा ताना-बाना अगले चुनाव को ध्यान में रखकर बुना जाता है। आज आम आदमी बहुत पस्त और हताश है। गांधी जी याद आते हैं। सचमुच दर्द था उनके मन में। यह दर्द उनकी छाया में पले-बढ़े सरदार पटेल, राजेन्द्र प्रसाद, नेहरू के मन में भी था। इन्हीं लोगों के कारण हमारे लोकतंत्र ने यहाँ तक का सफ़र तय किया है। लेकिन आगे का रास्ता तो जोखिमों से भरा है। धनबलियों एवं बाहुबलियों ने पूरे लोकतंत्र का अपहरण कर लिया है। राज्य के विधानसभाओं से लेकर संसद तक अपराधियों ने अपनी पैठ बना ली है। राजनीति सेवा नहीं, धन्धा हो गया है। इन मौकापरस्त भ्रष्ट धन्धेबाज़ राजनीतिज्ञों के लिए राजनीति जुगत बैठाने एवं काम निकालने का ज़रिया हो गया है। यह ढाँचा सारी पार्टियों में काम कर रहा है। बी.जे.पी., काँग्रेस, समाजवादी पार्टी में तो यह सब चल ही रहा था, लेकिन मुझे अफ़सोस इस बात का है कि कुछ-कुछ सत्ताधारी वामपंथी पार्टी में भी

यह प्रवृत्ति घर करने लग गई है नहीं तो नन्दीग्राम की दुर्घटना नहीं होती। कहते हैं कि पार्टी में माफिया घुस आए थे। उन्हीं लोगों ने नन्दीग्राम में जाकर यह नृशंस काम किया। 'कैडर' का मतलब चिन्तन-मनन करने वाले कार्यकर्त्ता की जगह यदि 'माफिया' समूह हो जाए तो इस प्रवृत्ति पर सोचने की ज़रूरत है। यह तो 'क्रिमिनलाइजेशन ऑफ पॉलिटिक्स' हो गई। यह हिंसक अपराधीवृत्ति आसमान से तो नहीं आई है। यह पूँजीवाद की कोख से उपजी है। बढ़ते पूँजीवाद से ये हिंसक जहरीले जन्तु पैदा हुए हैं। इस पूँजीवाद ने संवेदना को इस क़दर हिंसक बना दिया है कि बात-बात में गोली चलने लग गई है। सारा समाज अवैध हथियारों का ज़खीरा हो गया है। कुछ अमेरिकी फ़िल्मों में जो हिंसक दृश्य देखते थे—वह मंजर भारतीय परिवेश एवं जीवन में आम हो रहा है। हमारे समूचे सामाजिक जीवन को पूँजीवादी अर्थतंत्र ने तहस-नहस कर दिया है। अभी विकास नहीं हुआ है। जब चरम विकास होगा तो कल्पना करें कि क्या नक़्शा होगा? इसलिए बड़े खतरनाक दौर से हम गुज़र रहे हैं।

शशि प्रकाश : आज़ादी के तुरन्त बाद हिन्दी में नवलेखन की पीढ़ी उदित हुई थी। आप उसी दौर के बिरवा हैं। जनतान्त्रिक भारत का संवदिया बनकर आपने जागी हुई निगाहों से सपना देखा है और आज भी निरन्तर गतिशील हैं, जबकि आपके कई समानधर्मा समकालीनों को सपने आने बिलकुल बन्द हो गए हैं। तो आज़ादी के उस उषाकाल में चिन्तकों, लेखकों, पत्रकारों ने खुशहाल भारत का सपना पाला था वह तो आज भी आकाश कुसुम है। साहिर ने कामना की थी : "काली सदियों के सर से जब रात का आँचल ढलकेगा/जब दुःख के बादल पिघलेंगे; जब सुख का सागर छलकेगा/जब अम्बर झूम के नाचेगा; धरती नग़्में गाएगी/वो सुबह कभी तो आएगी"...। वो सुबह तो बहुत दूर है और रात बहुत काली है। ऐसे दुर्दिन में वह कौन-सी बात है जो आपको चलाए चलती है?

नामवर सिंह : भई देखो। "किसी गुमाँ पे तवक्को जियादह रखते हैं/फिर आज कुए-बुताँ का इरादा रखते है।" कुछ तो है अपनी परम्परा में और जिस ज़मीन से हम निकले हैं, वही कुछ कहने की ताक़त देती है। कुछ कर भले ही न पाएँ। मैं समझता हूँ कि अब भी देश में अच्छा-खासा तबका हर उम्र के लोगों में है जिसके कारण समाज मानवीय है; जिसके आचारण से समाज टिका हुआ है। तुम युवाओं की आँखों में भारत के भविष्य का सारांश ढूँढ़ता हूँ। इसी उम्मीद पर जी रहा हूँ...।

[वागर्थ, मई 2008 में 'सच, गांधी बहुत याद आते हैं' शीर्षक से प्रकाशित]

'प्रगतिशीलता' की अवधारणा 'जनवाद' से ज़्यादा व्यापक है

चंद्रभूषण तिवारी द्वारा लिया गया साक्षात्कार

चंद्रभूषण तिवारी : डॉक्टर साहब, 'कलम' में प्रकाशित जनवाद और जनवादी लेखन सम्बन्धी बातचीत आपने देखी होगी। उसमें जनवाद के जो वैचारिक पहलू हो सकते हैं–इस देश के सन्दर्भ में, उन पर विस्तार से विचार किया गया है। अब इसका जो लेखकीय पक्ष है–जैसे जनवादी लेखन का स्वरूप आज क्या हो सकता है अथवा जनवादी दृष्टिकोण का हम आज के विभिन्न लेखनीय क्षेत्रों में कैसे प्रयोग कर सकते हैं और किस हद तक जनवादी साहित्य की जो आवश्यकताएँ हैं उनकी उनसे पूर्ति हो सकती है, इन तमाम बातों पर हम आपकी राय जानना चाहते हैं।

नामवर सिंह : चंद्रभूषण जी, 'कलम' में प्रकाशित जनवाद और जनवादी साहित्य-सम्बन्धी चर्चा मैंने पढ़ी थी। वहाँ कुछ लोगों ने यह सुझाव दिया था कि साहित्य के सम्बन्ध में बात करते समय अगर हम पुराने प्रगतिशील शब्द को ही कायम रखें तो ज़्यादा अच्छा है। जनवादी साहित्य कह कर के जैसे हम एक नई लीक कायम करने की कोशिश कर रहे हैं। इसलिए व्यवहार में प्रगतिशील साहित्य को और जनवादी साहित्य को मैं पर्याय मानकर ही चलूँगा।

चंद्रभूषण तिवारी : ठीक है डॉक्टर साहब, मुझे आपत्ति नहीं है अगर आप इन्हें पर्याय मानकर चल रहे हैं। लेकिन जहाँ तक मैं समझता हूँ 'प्रगतिशील' शब्द शुरू में आजादी के पहले सामन्तवाद-साम्राज्यवाद-विरोधी सन्दर्भ में ज़्यादा सार्थक था, तब इस देश में बुर्जुआ वर्ग की भी एक प्रगतिशील भूमिका थी। क्या आज भी वैसी ही स्थिति है?

नामवर सिंह : नहीं, जब हम लोगों ने प्रगतिशील साहित्य कहा था, तो उसमें नियामक भूमिका किसी अर्थ में बुर्जुआ वर्ग की नहीं थी, बल्कि यह कहना चाहिए कि प्रगतिशील साहित्य में मार्क्सवादी लोग भी थे, गैर मार्क्सवादी लोग भी थे।

चंद्रभूषण तिवारी : 'प्रगतिशील' शब्द तब कोई सिर्फ साहित्य के लिए प्रयुक्त हुआ हो, ऐसी स्थिति तो थी नहीं। प्रगतिशीलता की एक धारणा थी जो साहित्येतर सन्दर्भों

के लिए भी थी। ठीक उसी तरह आज 'जनवादी' शब्द का भी कई सन्दर्भों में—काफी व्यापक स्तर पर प्रयोग हो रहा है, फिर भी मुझे कोई आपत्ति नहीं होगी, अगर आप इन दोनों को पर्याय के रूप में इस्तेमाल कर रहे हैं।

नामवर सिंह : मैंने सिर्फ यह कहा कि 'प्रगतिशील' शब्द या प्रगतिशील साहित्य का एक इतिहास है। इस इतिहास में निश्चित रूप से उसने एक अर्थ ग्रहण कर लिया है और आज भी—उस प्रगतिवाद की परम्परा में ही नई से नई साहित्यिक प्रवृत्तियों को हम जोड़ें और उन्हें प्रगतिवाद के उत्थान का ही अगला चरण मानकर चलें तो उससे हमारी परम्परा भी जुड़ेगी—साथ ही, नई परिस्थितियों में हम प्रगतिशील साहित्य को सिद्धान्त और व्यवहार में किस रूप में लागू करेंगे, इससे ऐतिहासिकता की रक्षा के साथ ही स्पष्टता भी बनी रहेगी। मैं साहित्य के सन्दर्भ में बहुत ही साफ कहूँ आपको कि 'जनवाद' शब्द के प्रयोग के बारे में मेरे मन में कुछ हिचक भी है। हम लोग 'डेमोक्रेसी' के लिए जनवाद का प्रयोग कर सकते हैं और साहित्य में जनवादी प्रवृत्ति होती है, हो सकती है; लेकिन जनवादी साहित्य जब हम कहते हैं तो मुझे प्रगतिशीलता में इससे ज़्यादा व्यापकता दिखाई पड़ती है—जिसकी सीमा जनवाद से आगे बढ़कर समाजवाद तक जाती है, जा सकती है।

चंद्रभूषण तिवारी : लेकिन एक प्रकार की अस्पष्टता भी उसमें हैं, आज के सन्दर्भ में बहुत प्रिसाइज होकर उसका प्रयोग हम नहीं कर सकते हैं। उदाहरण के लिए, हम यह मानते हैं कि जो हमारी अगली क्रान्ति होगी वह किसी न किसी रूप में जनवादी क्रान्ति ही होगी, समाज-व्यवस्था तथा राज्य-सत्ता सम्बन्धी उसके अलग-अलग विश्लेषण को लेकर क्रान्ति के स्वरूप में भी भले ही भिन्नता दिखे, उस क्रान्ति की दिशा में कला या साहित्य की भूमिका की बात भी हम करते हैं—जैसे जिन वर्गों के खिलाफ वह क्रान्ति जाएगी उनके खिलाफ का साहित्य अथवा जिन वर्गों के पक्ष में वह क्रान्ति जाएगी उनके पक्ष का साहित्य; मैं समझता हूँ कि इस सन्दर्भ में 'जनवादी' शब्द की अथवा जनवादी साहित्य की अधिक उपयुक्तता होगी; 'जनवादी' शब्द यहाँ अधिक प्रिसाइज होगा जबकि 'प्रगतिशील' उसकी तुलना में अधिक शिथिल अथवा फैला हुआ प्रतीत होगा; यहीं से आधुनिकतावादी थोड़ा छिद्र देखकर प्रवेश भी करेंगे। इसलिए प्रिसाइज होने के लिए ही मैं सोचता हूँ कि 'जनवादी' शब्द ज़्यादा उपयुक्त हो सकता है।

नामवर सिंह : चंद्रभूषण जी, यहाँ शब्दों को अलग-अलग अर्थों में ग्रहण करने की आशंका दिखाई पड़ रही है, वरना प्रगतिशील साहित्य और प्रगतिवाद, दोनों इतने अर्थ-गर्भ, व्यापक और विकास की नई से नई सम्भावनाओं को समेटने वाले महसूस होते हैं कि इसका सम्बन्ध बुर्जुआजी के प्रगतिशील दौर तक ही मैं सीमित नहीं मानता बल्कि इसकी उपयोगिता और इसकी प्रासंगिकता आजादी के बाद चलने वाले

सामाजिक संघर्षों के साथ भी है और साहित्यिक आन्दोलनों के साथ भी, और किसी भी रूप में मैं नहीं मानता कि आधुनिकतावादी लोग प्रगतिवाद के अन्दर आना चाहेंगे या आ सकते हैं बल्कि बराबर आधुनिकतावादियों ने प्रगतिवाद से अपने को अलग रखा है और कभी उन्होंने प्रगतिवाद से अपने को जोड़ने का प्रयास नहीं किया। इसलिए सुविधा के लिए मैंने कहा कि प्रगतिवाद और प्रगतिशीलता को मैं आज भी प्रासंगिक मानता हूँ।

चंद्रभूषण तिवारी : मौजूदा सन्दर्भ में प्रगतिवादी साहित्य को जिसका विस्तार आप समाजवाद तक मानते हैं, परिभाषित करते हुए हम बढ़ना चाहें तो उसका स्वरूप क्या होगा?

नामवर सिंह : प्रगतिवाद का? देखिए, यहाँ एक बात मैं और कह दूँ। कुछ और लोगों ने सुझाव भी दिया था—जैसे, यथार्थवाद के साथ हम 'नया यथार्थवाद' लगाते हैं, कुछ लोगों ने लगाया है, उसी तरह से आप चाहेंगे तो सुविधा के लिए इसे आप 'प्रगतिशीलता का दौर' कह सकते हैं यदि भेद ही करना हो तो। क्योंकि यह जरूर हुआ है, जहाँ तक मुझे याद है कि छठे और सातवें दशक में जो इस तरह का विद्रोही साहित्य, विरोध का साहित्य—कुछ लोगों की दृष्टि में क्रान्तिकारी भावनाओं से भरा हुआ साहित्य, कुछ लोगों की दृष्टि में वामपंथी साहित्य, कुछ लोगों की दृष्टि में नव वामपंथी साहित्य—यह सारा का सारा जो लिखा गया है, ये सारे प्रयत्न इस बात के सूचक हैं कि पिछले एक या दो दशक की साहित्यिक प्रवृत्तियों में आने वाले नए उभार को कोई न कोई नाम दें, और ये वामपंथी, नव वामपंथी या क्रान्तिकारी आदि-आदि नाम दिए गए, मेरा ख़याल है कि उसी सिलसिले में जनवाद का भी और जनवादी साहित्य वाला नाम भी आया...।

चंद्रभूषण तिवारी : लेकिन टिकता हुआ नाम है।

नामवर सिंह : यह तो इतिहास बताएगा, यदि टिक जाए तो अच्छा है...लेकिन एक बात, चंद्रभूषण जी, एक बात मैं कहना चाहूँगा कि साहित्यिक प्रवृत्तियों में आमतौर से यह देखा जाता है, ध्यान रखा जाता है कि राजनीतिक परिवर्तनों के समानान्तर साहित्यिक प्रवृत्तियों को देखते हुए भी, साहित्यिक प्रवृत्तियों के लिए हम भरसक साहित्यिक नाम ही रखते रहे हैं और जब भी कोई राजनीतिक नाम हम रखते हैं तो वह चल नहीं पाता है। मसलन—वामपंथी साहित्य, वाम कविता या नव वाम कविता चलाने की कोशिश की गई, लेकिन चला नहीं अन्त में और मुझे शक है...'जन साहित्य' चलेगा और जन-साहित्य का एक निश्चित अर्थ है, उसकी एक भूमिका है कि लोक साहित्य के समानान्तर बल्कि उससे अधिक विकसित चेतना वाले साहित्य को हमने जन साहित्य नाम दिया है, लेकिन जनवाद का एक निश्चित राजनीतिक अर्थ है जिसे हम डेमोक्रेसी के साथ जोड़ते हैं।

चंद्रभूषण तिवारी : नहीं, डॉक्टर साहब, वह एक दृष्टिकोण भी है सामाजिक चेतना के सम्बन्ध में, सामाजिक व्यवस्था के सम्बन्ध में, क्रान्ति के सम्बन्ध में–उसी तरह जैसे हम प्रगतिशील शब्द को सिर्फ साहित्य तक सीमित नहीं कर सकते, 'जन' शब्द को नहीं कर सकते–जैसे हम 'जन-संस्कृति' कहते हैं, 'जनवादी संस्कृति' भी कह सकते हैं। इस तरह के शब्दों का अगर थोड़ा स्थानांतरण होता है तो हर्ज क्या है? जब हम 'अवांगार्द' आदि कहकर रणनीतिक शब्दों का प्रयोग करते हैं, 'युवा कविता' कहते हैं–तमाम ऐसे शब्दों का प्रयोग होता रहा है। फिर साहित्यिक शब्दों के द्वारा ही कोई नाम लिए जाएँ, यह तो बहुत जरूरी नहीं है...

नामवर सिंह : नहीं देखिए, मुझे 'जनवाद' शब्द से न परहेज है और न मैं साहित्य से इसे बाहर रखने की बात कर रहा हूँ। मैं सिर्फ इतना ही कह रहा हूँ कि मुझे बातचीत करने में सुविधा होगी अगर हम प्रगतिशीलता या प्रगतिवाद के नाम से अथवा 'नई प्रगतिशील चेतना', 'प्रगतिशील आन्दोलन का नया उभार' कहकर बातें करें...

चंद्रभूषण तिवारी : मुझे भी इसमें कोई कठिनाई नहीं दीखती डॉक्टर साहब, सिर्फ एक दिक्कत वही है जिसे मैंने पहले भी कहा कि जहाँ जनवाद के द्वारा यह बात साफ दिखाई देती है कि किसके पक्ष में या किसके खिलाफ इस साहित्य की रचना होती है, वहाँ प्रगतिशील कहने से यह बात साफ नहीं होती, गोकि यह स्पष्ट है कि प्रगतिशील साहित्य भी निश्चित रूप से साहित्य के बाहर फैलता है–वहीं जाकर उसकी सार्थकता भी सामने आती है लेकिन जहाँ फैलने की बात हो, वहाँ यह स्पष्ट होना चाहिए कि वह कहाँ फैलता है, किसके पक्ष में और किसके खिलाफ और कितनी दूर तक वह जाता है...।

नामवर सिंह : देखिए, मेरी अपनी धारणा यह है कि मोटे तौर से प्रगतिशील की परिभाषा करते हुए कि साम्राज्यवाद-विरोधी, सामन्तवाद-विरोधी विचारधारा का साहित्य प्रगतिशील साहित्य है और आज भी मैं नहीं समझता कि यह चीज़ पुरानी पड़ गई है।

चंद्रभूषण तिवारी : क्यों, आज पूँजीवाद का सन्दर्भ क्या कम महत्त्वपूर्ण है?

नामवर सिंह : यह आप जानते हैं कि जब साम्राज्यवाद का ही विरोध प्रगतिशील लेखक कर रहे थे तो केवल ब्रिटिश साम्राज्यवाद का ही विरोध नहीं कर रहे थे, बल्कि उस समय जो कविताएँ उन्होंने लिखी हैं, वे देशी पूँजीपतियों के खिलाफ हैं। इसलिए प्रगतिशील साहित्य में केवल साम्राज्यवाद का विरोध ही नहीं था, बल्कि देशी पूँजीपतियों का भी विरोध था, इस देश के रहने वालों का भी विरोध था, इस देश के जमींदारों का भी विरोध था...।

चंद्रभूषण तिवारी : बहरहाल, प्रगतिशीलता की या जनवाद की इस धारणा के साथ जब हम आगे बढ़ते हैं तो यह प्रश्न उठता है कि उस साहित्यिक रचना

का सही और कारगर स्वरूप क्या हो, जो आज हमें इन उद्‌देश्यों की दिशा में अग्रसर कर सके...

नामवर सिंह : चंद्रभूषण जी, रचनाओं के धरातल पर हम देखें तो ऐसा मालूम पड़ेगा कि इस बीच जो कहानियाँ लिखी जा रही हैं, जो कविताएँ लिखी जा रही हैं, काफी हद तक उपन्यास और नाटक भी, उनमें आपको मोटे तौर पर जिसे लेखक व्यवस्था कहते हैं, जिसका मतलब है पूँजीवादी व्यवस्था, जिसमें साझीदार वहाँ का सामन्त वर्ग भी है, उस व्यवस्था का विरोध दिखाई पड़ेगा, इसलिए ऐसा मालूम पड़ता है कि आज का लिखा जाने वाला साहित्य व्यवस्था का समर्थक नहीं है, रचना के धरातल पर आमतौर पर इस व्यवस्था का विरोध करने वाला साहित्य लिखा जा रहा है। सवाल यह है कि रचना के धरातल पर जो क्रान्तिकारी तेवर वाला, विद्रोही स्वर वाला साहित्य लिखा जा रहा है, इस सारे साहित्य को हम आज के सन्दर्भ में प्रगतिशील साहित्य कहेंगे या नहीं और ये सचेत रूप से प्रगतिशील साहित्य के अन्तर्गत आते हैं या नहीं? यह भी प्रश्न है कि आप जिसे जनवादी साहित्य कह रहे हैं, उस जनवादी साहित्य की परिभाषा में यह सारा का सारा साहित्य आता है या नहीं आता है? उदाहरण के लिए, जब आपात् स्थिति लागू हुई थी, उसका विरोध करने के सवाल पर–ख़ासतौर से जनवादी मूल्यों की रक्षा के सवाल पर बहुत-से लेखक खड़े हुए, ऐसे लेखक भी, जिन्हें हम पहले व्यक्तिवादी मानते रहे, प्रतिक्रियावादी मानते रहे, अस्तित्ववादी और अनुभववादी मानते रहे। उदाहरण के लिए, इस आपात् स्थिति का विरोध करने वालों में निर्मल वर्मा भी रहे हैं, अज्ञेय भी रहे हैं–इन लेखकों के विचारों को हम आमतौर पर प्रगतिशीलता या प्रगतिवाद के दायरे के बाहर मानते रहे हैं। यही नहीं, बल्कि कुछ ऐसे लेखक भी रहे हैं जो अपने विचारों में जनसंघ की विचारधारा के रहे हैं, जनवाद की रक्षा के लिए वे भी खड़े हुए। सवाल यह है कि इतने व्यापक पैमाने पर जनवादी मूल्यों की रक्षा के लिए खड़े होने वाले लेखकों को आप जनवादी साहित्य के अन्तर्गत मानेंगे कि नहीं मानेंगे?

चंद्रभूषण तिवारी : डॉक्टर साहब, मेरा प्रश्न इससे अलग है। मेरी समझ से देखने की वस्तु सिर्फ यही नहीं है कि एक विशेष इश्यू (मुद्‌दा) आने पर अथवा एक विशेष प्रकार के ऐतिहासिक सन्दर्भ में कोई व्यक्ति अपने कौन से वक्तव्य के साथ सामने आता है, बल्कि यह भी कि अपने रचना-कार्य के द्वारा वह किस प्रकार का कार्य कर रहा है, वह जनवादी कार्य है या नहीं? रचनाओं के भीतर से वह किस प्रकार का कार्य होगा जिसे हम जनवादी अथवा प्रगतिशील कहेंगे–मेरा प्रश्न यह है। एक विशेष अवसर पर अलग से कोई स्टैंड लेने मात्र से उसके रचना कार्य को विश्लेषित नहीं कर सकते। और यह कोई नई बात भी नहीं है। युद्ध के जमाने में भी जो ऐंटीफासिस्ट

कॉन्फ्रेंस हुई थी, उसमें भी अज्ञेय ने पहल की थी, लेकिन उसके बाद उनके साहित्य के माध्यम से हर तरह की आधुनिकता या प्रतिक्रिया भी प्रविष्ट हुई। इसलिए मैं नहीं समझता कि इसको निकष बनाया जा सकता है। जनवादी साहित्य मुख्यतः रचनाओं के भीतर से देखी जाने की वस्तु है।

नामवर सिंह : नहीं...देखिए, मेरे सामने एक व्यावहारिक प्रश्न है कि लेखकों और जनवादी लेखकों का अगर हम कोई मोर्चा बनाएँगे, जैसे राजनीति में हम वामपंथी जनवादी एकता की बात कर रहे हैं, उसी तरह साहित्य के क्षेत्र में भी अगर हम वामपंथी जनवादी एकता लागू करना चाहें तमाम लेखकों को लामबन्द करके, एकजुट करके–भले ही इस नाम की कोई संस्था न बने, बल्कि एक ऐसी जमीन हो जहाँ लेखकों की आपस में बातचीत हो सके, संवाद हो सके–और कुछ ऐसे राष्ट्रीय प्रश्न हैं जिन प्रश्नों पर तमाम लेखक एक साथ खड़े होकर कुछ चीज़ों के लिए संघर्ष कर सकते हैं–इस व्यावहारिक समस्या के अधीन ही अलग-अलग लेखकों के बारे में यह देखना जरूरी होगा कि उनके विचार क्या हैं और उनका लेखन क्या है; क्योंकि साहित्य के क्षेत्र में अगर यह धारणा बनती है तो इससे कार्य भी निर्धारित होगा कि उन लेखकों की आलोचना या समीक्षा करते समय हम क्या रुख अपनाएँ। ठोस उदाहरण लें–आपके 'कलम' के उसी अंक में हरिशंकर परसाई पर एक लेख छपा है और हरिशंकर परसाई के 'पहल' में प्रकाशित एक लेख की आलोचना की गई है। अगर हरिशंकर परसाई सामान्यतः अपनी रचनाओं के द्वारा साम्राज्यवाद-विरोधी, सामन्तवाद-विरोधी और पूँजीवाद-विरोधी भूमिका अदा कर रहे हैं और किसी एक राजनीतिक प्रश्न पर दूसरे वामपंथी लेखक से उनका मतभेद होता है तो इसी आधार पर उनका पूरा-का-पूरा व्यक्तित्व अथवा साहित्य खंडित नहीं हो जाता।

चंद्रभूषण तिवारी : नहीं होता, निश्चित रूप से नहीं होता।

नामवर सिंह : उसी तरह से यदि कोई लेखक अपने साहित्यिक विचारों में नितान्त व्यक्तिवादी है या अस्तित्ववादी दर्शन को मानने वाला, लेकिन राष्ट्रीय समस्याएँ ऐसी आती हैं कि जिन समस्याओं पर उसी व्यक्तिवाद के कारण वह व्यक्ति की स्वतंत्रता या स्वाधीनता को अपने ढंग से समझते हुए सेंसरशिप का विरोध करता है। बिना मुकदमा चलाए कोई आदमी जेल में बन्द कर दिया जाए, इसका वह विरोध करता है, जहाँ भी जनतंत्र का गला घोंटने की कोशिश की जाती है, उसके विरुद्ध वह सभाएँ करता है, पर्चा निकालता है, जुलूस में शामिल होने के लिए तैयार होता है, ऐसे समय में यह ध्यान रखना होगा कि एक ओर विचारों के धरातल पर चलने वाला हमारा संघर्ष है, जिसमें कोई समझौता नहीं है–उस संघर्ष को ध्यान में रखते हुए उस लेखक से जो एक सवाल पर–एक विशेष सवाल पर हमारे साथ आता है, कैसा सम्बन्ध रखेंगे, क्या करेंगे?

चंद्रभूषण तिवारी : सवाल उसकी विश्व-दृष्टि का भी है। एक ओर तो राष्ट्रीय जीवन के एक विशेष अवसर पर वह जनतान्त्रिक अधिकारों की रक्षा के लिए आगे बढ़ता है और ऐसा कार्य करता है, जहाँ सारे लोगों के जनवादी हितों के साथ वह दीखता है–यह उसका एक पक्ष है, लेकिन दूसरी ओर अपनी रचना के माध्यम से वह पूँजीवादी तथा साम्राज्यवादी हितों की रक्षा करता है, उनके स्वार्थों को वह अपनी रचनाओं के द्वारा सिद्ध करता है, यह भी तो उसका एक पक्ष हो सकता है। किसी विशेष अवसर पर वह किसी मंच पर हमारे साथ आता है, लेकिन अपने रचना-कार्य के द्वारा वह पूँजीवाद की सेवा करता जा रहा है, अथवा पुराणपंथी विचारों से जुड़ा है और पीछे की तरफ सारी चीज़ों को वह ले जाना चाहता है तो क्या किसी संयुक्त मोर्चे की स्थापना करते समय उसके उस रचना-कार्य को अथवा साहित्य को हम दृष्टि में नहीं रखेंगे? अपनी घोषणाओं अथवा वक्तव्यों के माध्यम से उनका आना अगर दीखता है तो उसका Antecedent भी तो दीखता है–मैं समझता हूँ कि उसकी पहचान का मुख्य आधार यह भी तो है। अब आप यह कहें कि आखिर आप जाना कहाँ चाहते हैं?

नामवर सिंह : मैं सिर्फ यह कहना चाहता हूँ कि ये सारे राजनीतिक सवाल हैं। यानी आपात् स्थिति बीत गई है, लेकिन ऐसा मैं महसूस करता हूँ कि जनवाद के लिए संकट दूर नहीं हो गया है, जनवाद के लिए संकट बना हुआ है।

चंद्रभूषण तिवारी : निश्चित रूप से बना हुआ है।

नामवर सिंह : और किसी न किसी रूप में यह फिर आएगा।

चंद्रभूषण तिवारी : जनवाद विरोधी शक्तियाँ सक्रिय हैं जिस रूप में, तो वह आएगा ही।

नामवर सिंह : इसलिए ऐसे समय में केवल यह कहकर नहीं टाला जा सकता कि किसी लेखक की रचना को तो हम ध्यान में रखेंगे, उसके विचारों को हम छोड़ देंगे।

चंद्रभूषण तिवारी : ऐसी कहाँ बात है डॉक्टर साहब? मैं यह कह रहा हूँ कि उसके सम्पूर्ण रचना-कार्य को ध्यान में रखेंगे, वही हमारे सामने प्रमुख आधार है–उसकी विचारधारा उससे अलग होगी, मैं इस बात को नहीं मानता। थोड़ी देर के लिए कोई अन्तर्विरोध उसमें हो सकता है, लेकिन अगर वह चेतना-सम्पन्न अथवा दृष्टि-सम्पन्न लेखक है तो उसके रचना-कार्य और उसके विचारों में, एक सामंजस्य की अवस्था होगी ही। मैं यहाँ तक समझता हूँ, एक लेखक के रूप में यह उसकी बुनियादी आवश्यकता है।

नामवर सिंह : इसीलिए समूचे लेखक को ध्यान में रखना होगा।

चंद्रभूषण तिवारी : जी हाँ, अवश्य ही।

नामवर सिंह : मैं कहना चाहता हूँ कि समूचे लेखक को ध्यान में रखना होगा और समूचे लेखक को जब आप ध्यान में रखते हैं तो सबसे बड़ी कठिनाई जो आती है वह यह है कि उसके लेखक की रचना के धरातल पर फर्क करना कभी-कभी बहुत

मुश्किल हो जाता है। उदाहरण के लिए, मैं एक छोटी-सी बात लूँ—अधिकांश लेखक निम्न मध्यवर्ग के हैं। उसमें से ऐसे बहुत-से विद्रोही लेखक हैं जिनमें निम्न मध्यवर्गीय विचारधारा है—इस निम्न मध्यवर्गीय विचारधारा के अन्तर्गत ऐसे लेखक हैं जिनका जिन्दगी के बारे में सिनिकल दृष्टिकोण है, ऐसे लेखक हैं जिनका जिन्दगी के बारे में निहिलिस्ट दृष्टिकोण है, अराजकतावादी दृष्टिकोण है; ये लेखक ऐसे भी हैं जो उग्र वामपंथ के शिकार हैं और इनका कहना यह है कि अपनी क्रान्तिकारिता में ये प्रतिबद्ध मार्क्सवादी लेखकों से एक कदम नहीं, बल्कि सौ कदम आगे हैं। इनके लिए जनवाद तो बड़ी मामूली चीज़ है और इतनी छोटी चीज़ के लिए लड़ना ये घातक समझते हैं और यह समझते हैं कि सीधे ही समाजवाद क्या—समाजवाद से भी बेहतर अगर कहीं कुछ दिखाई पड़े—ऐसे किसी यूटोपिया के लिए ये लड़ रहे हैं। सवाल यह है कि ऐसे लेखकों को आप जनवादी मोर्चे का अंग समझते हैं या नहीं? और ऐसे लेखकों की पूरी की पूरी फौज है और लघु-पत्रिकाओं के द्वारा वे अपने को व्यक्त करते हैं और कविताएँ इस तरह की ज़्यादा लिखी गई हैं, सौभाग्य से कहानियाँ कम लिखी गई हैं और इन्होंने उपन्यास लिखने का ज़्यादा कष्ट नहीं किया है।

चंद्रभूषण तिवारी : अच्छा होगा कि कुछ नामों को सामने रखते हुए डॉक्टर साहब बातें करें।

नामवर सिंह : इन लोगों ने इस बीच इतना अपना स्टैंड बदला है...इनमें से एक की आलोचना तो चंद्रभूषण जी आपने 'वाम' में ही की थी, सम्पादकीय में की थी। एक हैं जो 'पुरुष' नाम की पत्रिका निकालते हैं, एक और हैं जो 'अर्थात्' नाम की पत्रिका निकालते हैं—ऐसी बहुत सारी पत्रिकाएँ मिलेंगी और हर पत्रिका के साथ आठ-आठ दस-दस आदमी जुड़े हुए हैं।

चंद्रभूषण तिवारी : वह तो एक वृत्ति के लोगों की बात हुई फिर जिन्हें आपने निहिलिस्ट या अराजकतावादी कहा है...

नामवर सिंह : उससे पहले आपसे निवेदन करूँगा कि अकवितावादियों का एक लम्बा वर्ग था। वे इससे बहुत भिन्न नहीं थे। इस तरह की प्रवृत्ति मैं आपको कहूँ कि दूसरे लेखकों में भी, श्रीकान्त वर्मा में दिखाई पड़ती है और विचित्र बात यह कि एक ओर तो अपनी कविताओं में वे सिनिकल और निहिलिस्ट दृष्टि अपनाते हैं और दूसरी ओर वे आपातकाल के समर्थकों में भी हैं।

एक ओर इस प्रकार के लेखक हैं, दूसरी ओर ऐसे लेखक हैं जो आमतौर पर अपनी रचनाओं में किसानों के बारे में नहीं लिखते, मजदूरों की जिन्दगी के बारे में नहीं लिखते, वे नितान्त आत्मगत होकर कुछ अन्तर्मुखी समस्याओं के बारे में लिखते हैं, शहर का मध्यवर्ग, मध्यवर्ग का भी सीमित, बहुत rootless जो बुद्धिजीवी है, उसके भाव-जगत का या उसकी भावात्मक समस्या का वे अंकन करते हैं। अपने

राजनीतिक कर्म में ये लेखक समाजवाद की सीमाओं का संकेत करते हैं—सोवियत संघ की भी और चीन की भी। अपने देश में और राष्ट्रीय समस्याओं के बारे में वे प्रायः पूँजीवाद का विरोध करने वाले मिलेंगे और जो भी जनतान्त्रिक मूल्य होते हैं, उनके समर्थन में खड़े होने वाले मिलेंगे। मैं यह कहना चाहूँगा कि ऐसे लोगों का जो रचनात्मक साहित्य है और ऐसे लोगों की जो विचारधारा है, इन दोनों को एक साथ रख करके—मैंने कहा कि समूचे लेखक को हमें ध्यान में रखना होगा—और मैं यह भी कह दूँ कि ये मार्क्सवाद की आलोचना करते हैं, बड़े स्पष्ट रूप में उसे कट्टर, कभी-कभी संकीर्ण बताते हैं, ऐसे लेखक कभी यह भी दावा करते हैं कि हिन्दुस्तान की कम्युनिस्ट पार्टी ने तो मार्क्सवाद छोड़ दिया है, सही-सही मार्क्सवादी तो वही हैं, इस तरह वे भी लोग हैं जो हिन्दुस्तान के किसान-संगठन को कठमुल्ला मानते हैं, उनका विरोध करते हैं और अपने को ही सीधे मूल मार्क्सवाद का समर्थक मानते हैं। इन लेखकों के बारे में भी हमें सोचना होगा क्योंकि एक नए तेवर के साथ आने वाले ये लेखक हैं। आपके जनवादी मोर्चे से इन लेखकों का क्या सम्बन्ध होगा?

इसके बाद एक तीसरा मैं और कहना चाहता हूँ। उदाहरण के लिए, अपनी परम्परा का भी महत्त्वपूर्ण स्थान है। लेखक अपनी परम्पराओं के, अपनी राष्ट्रीय परम्पराओं के, अपनी साहित्यिक परम्पराओं के प्रति क्या रुख अपनाते हैं, ऐसे लेखक आपको मिलेंगे—और इसमें पुनरुत्थानवादी लेखक भी आपको मिलेंगे, अन्ध राष्ट्रवादी लेखक हैं जो अपनी परम्परा के प्रति बहुत गहरा लगाव महसूस करते हैं, सिद्धान्त के स्तर पर वे कहेंगे कि हम रूढ़ियों को नहीं मानते हैं, लगाव महसूस करते हैं, परम्परा की जो जीवित धारा है, उसका समर्थन करते हैं। इसके विपरीत कुछ क्रान्तिकारी लेखक मिलेंगे जिनका दृष्टिकोण उच्छेदवादी है, परम्परा के बारे में ये ज़रूरत से ज़्यादा आलोचनात्मक रुख अपनाते हैं—इस स्थिति में हम इन परम्परावादी लोगों को अपने ज़्यादा करीब पाएँगे या उन लोगों को जो उच्छेदवादी हैं और परम्परा के बारे में बहुत कड़ा रुख अपनाते हैं। लेखकों का एक और वर्ग है जहाँ फर्क हमें करना होगा। कुछ लोग हैं जो व्यक्तिवाद के घोर विरोधी हैं और ऐसा मालूम होगा कि ये समष्टिवादी हैं, ये समूहवादी हैं, लेकिन और जरा दूर जाकर बारीकी से छानबीन करें तो इस तरह के लोग जनसंघी लोग हैं। जनसंघी व्यक्तिवादी नहीं होता, इस मामले में समूहवादी होता है, समष्टिवादी होता है। यहाँ आपको चुनना पड़ेगा कि व्यक्तिवादी लेखक आपके ज़्यादा करीब हैं, जनवादी मूल्यों के, क्योंकि जनवाद के मूल में ख़ासतौर से बुर्जुआ डेमोक्रेसी के मूल में तो व्यक्तिवाद है, अपने उत्थान-काल में इस व्यक्तिवाद ने बड़ी ऐतिहासिक भूमिका अदा की थी, अपने ह्रास-काल में यह व्यक्तिवाद निश्चित रूप से समाज-विरोधी होता है, मानव द्रोही होता है, संकीर्ण और संकुचित होता है, लेकिन जब भी इतिहास में निर्णायक घड़ी आई है—उदाहरण के

लिए, यूरोप में उसके बाद भी तो व्यक्तिवादी लेखकों ने फासिज़्म का विरोध किया है, जबकि बहुत-से समूहवादी थे जो फासिज़्म के साथ चले गए थे। इसलिए यह भी देखना होगा कि एक ओर तो ये व्यक्तिवादी लेखक हैं, जो बहुत ही आत्मग्रस्त, संकीर्ण और आत्मनिष्ठ हैं और अस्तित्वादी विचारधारा से प्रभावित हैं, दूसरी ओर वे समूहवादी और समष्टिवादी जनसंघी विचारधारा के लेखक हैं–इन दोनों में कौन आपके ज़्यादा करीब है, यह चुनना पड़ेगा। अन्तिम जो गहरी लड़ाई आएगी, वह जनवादी मोर्चे में शामिल होने वाले वामपंथी लेखकों के बीच होगी। हिन्दुस्तान की तीन कम्युनिस्ट पार्टियों के अनुसार कम से कम तीन प्रकार के वामपंथी लेखक तो हैं ही और आप जानते हैं कि आज की राजनीतिक परिस्थिति के मूल्यांकन में इन तीनों में मतभेद है। मुख्य दुश्मन कौन है, इस बात को लेकर बलाबल का गहरा अन्तर है। इस आधार पर जो जनवादी मोर्चा बनेगा उसमें बहस चलेगी और उस बहस को देखते हुए हम देखते हैं कि आज इन तीनों प्रकार के लेखकों में परस्पर वाद-विवाद के स्तर पर एक दूसरे के विरुद्ध बहुत ही विरोधी रुख अपनाया जा रहा है। पत्र-पत्रिकाओं में इसकी झलक मिलती है। देखना यह होगा कि राजनीतिक परिस्थिति के मूल्यांकन को लेकर जो होने वाले मतभेद हैं, साहित्य उनसे अछूता नहीं रह सकता है लेकिन साहित्य में जिस न्यूनतम कार्यक्रम की बात आप करते हैं, जिस सामान्य भूमि तक इन मतभेदों के साथ पहुँचने का प्रयास कर सकते हैं, यह हमारे लिए ज़्यादा निर्णायक है और मैं समझता हूँ कि इस पर जनवादी मोर्चे का निर्माण निर्भर करता है तमाम वामपंथी लेखकों के वैचारिक सुलझाव पर और किसी निर्णय पर पहुँचने की स्थिति से इसका गहरा सम्बन्ध है।

चंद्रभूषण तिवारी : डॉक्टर साहब, आपने जो बातें कही हैं वे काफी हद तक साफ हैं। जनवादी मोर्चे के निर्माण की ये बहुत सारी कठिनाइयाँ तो हैं ही, लेकिन आपने जो यह कहा अथवा ऐसा संकेत दिया कि वैसे समष्टिवादियों से जो सम्प्रदायवादी हैं और जनसंघी विचारधारा से जुड़े हुए हैं, लड़ने के लिए हम उन पूँजीवादी तत्वों से जो व्यक्तिवाद के जनक हैं, सामंजस्य करेंगे, यह बात मेरी समझ में नहीं आती। मेरी समझ में लेखकीय मोर्चे पर ये दोनों हमारे लिए समान रूप से शत्रु हैं और वहाँ इन दोनों से हमें निपटना होगा। हाँ, यह जरूर हम देखें कि किसी विशेष परिस्थिति में प्रमुख शत्रु कौन है लेकिन उसके चलते हम पूँजीवादी तत्वों को तरजीह देंगे–ऐसी सामन्ती शक्तियों से लड़ने के लिए यह तो ठीक नहीं होगा। रामबिलास जी ने अपने इंटरव्यू में एक बात कही है–इससे भिन्न सन्दर्भ में कि सामन्ती व्यवस्था के बहुत सारे तत्व अभी भी हमारे देश में ऐसे हैं, जिनसे हम पूँजीवाद से लड़ने के लिए सहयोग कर सकते हैं।

नामवर सिंह : कभी-कभी चुनाव बड़ा कठिन होता है। अगर गुरुदत्त और अज्ञेय में चुनना हो, यदि चुनाव ही करना हो, तो आप इसमें किसे चुनेंगे?

चंद्रभूषण तिवारी : इनमें चुनने का प्रश्न ही कहाँ पैदा होता है? इस तरह की विकल्पहीनता की स्थिति हमारे सामने होगी, ऐसा हम नहीं सोचते।

नामवर सिंह : जैसे मान लीजिए, नरेंन्द्र कोहली और हरिशंकर परसाई में आपको चुनना हो?

चंद्रभूषण तिवारी : इसमें भी कोई विवाद की स्थिति नहीं है डॉक्टर साहब। हरिशंकर परसाई के लेखन की परम्परा नई कहानी आन्दोलन से अब तक काफी स्वस्थ और समाजोन्मुख रही है, हिन्दी में व्यंग्य-लेखन के माध्यम से उन्होंने अपनी पूरी सामाजिक चेतना को व्यक्त किया है। उनके अन्तर्विरोध हो सकते हैं और उनकी हम आलोचना कर सकते हैं–यह एक दूसरी बात है, लेकिन उनके सम्पूर्ण मूल्यों को और सारे कार्य को हम नकार दें, ऐसी हमारी दृष्टि नहीं हो सकती।

नामवर सिंह : यह जानकर मुझे खुशी हुई। लेकिन आपने अभी एक सवाल खड़ा किया था कि पूँजीवाद से लड़ने के लिए सामन्ती तत्वों से समझौता कर सकते हैं।

चंद्रभूषण तिवारी : यह मेरी बात नहीं है, रामविलास जी की है, एक भिन्न सन्दर्भ में है। आपने जब यह संकेत किया कि परम्परागत शक्तियों से लड़ने के लिए हम अज्ञेय जैसे लोगों का साथ ले सकते हैं, उसी क्रम में यह बात आई थी।

नामवर सिंह : चंद्रभूषण जी, राजनीतिक भाषा में हम इसे चाहे जिस रूप में कहें, साहित्यिक रूप में सिर्फ जानना चाहता हूँ कि जनवादी मूल्यों का मतलब मध्ययुगीन सामन्ती मूल्यों के विरुद्ध–स्वस्थ रूप में जनवादी मूल्य मध्ययुगीन मूल्यों के विरुद्ध विद्रोह के रूप में ही आते हैं। इसलिए जहाँ भी जिस स्तर पर, सामन्ती मूल्यों के विरुद्ध संघर्ष आप कर सकते हों–जिसमें एक जातिवाद है, सम्प्रदायवाद है, छुआछूत की भावना है, स्त्री के प्रति सामन्ती दृष्टिकोण है, अन्धविश्वास के प्रति, भाग्यवाद के प्रति–इन तमाम चीज़ों के विरुद्ध संघर्ष की मैं समझता हूँ हिन्दी साहित्य में एक लम्बी परम्परा है और बीसवीं सदी में जब से हमारा स्वाधीनता संग्राम हुआ है, इसके समानान्तर जो साहित्य आया है, संघर्ष करता है। यह लड़ाई बीच में मद्धिम पड़ गई थी। पारिवारिक मान्यताओं, पारिवारिक सम्बन्धों और सामाजिक सम्बन्धों में–खास करके सामन्ती मूल्य अनेक रूप में प्रकट हुए हैं, नैतिक मान्यताओं के रूप में प्रकट हुए हैं। इनके विरुद्ध जो भी लेखक संघर्ष करता है और मैं वहाँ कहना चाहूँगा–मैं जिसकी ओर संकेत कर रहा था कि अनेक व्यक्तिवादी लेखक जो बुर्जुआ व्यक्तिवाद के शिकार हैं, अस्तित्ववादी लेखक हैं इनके विरुद्ध संघर्ष करते हैं ऐसी स्थिति में आपको मानना होगा कि ये लेखक जहाँ-जिस हद तक सामन्ती मूल्यों का विरोध करते हैं, ये आपके जनवादी मूल्यों के साथ हैं, अंशतः साथ हैं।

चंद्रभूषण तिवारी : डॉ. साहब, हम लोगों ने इसमें काफी शक्ति लगाई इन्हें defend करने में। इनकी तुलना में अगर सीधे-सीधे हम यह सोचें कि आज के लेखन में हमारी

यथार्थवादी परम्परा के खिलाफ एक ओर तो आधुनिकता बोध की शक्तियाँ दूसरी ओर पुनरुत्थानवाद की शक्तियाँ हैं, दोनों के अपने ढंग के अन्तर्विरोध हैं; लेकिन चूँकि दोनों की हम से टकराहट है, इसलिए जरूरी है वैसी स्थिति में कि हम दोनों से संघर्ष करें। लेकिन अब तक की आपकी बातचीत से यह काफी हद तक स्पष्ट हुआ कि जो जनवाद-विरोधी शक्तियाँ हैं—यथार्थ विरोधी या प्रगतिशीलता-विरोधी भी; उनकी कैसे पहचान कायम करेंगे और उनके खिलाफ हमें एकजुट होने और संघर्ष करने की आवश्यकता है। अब इस सन्दर्भ में मैं निर्मल वर्मा का नाम लूँगा। शुरू के उनके कथा-साहित्य से लेकर बाद के चेकोस्लोवाकिया आदि से सम्बन्धित जो उनकी चीज़ें आईं, अँधेरे के खिलाफ जो उन्होंने लेख लिखा; इन सबको दृष्टिगत रखते हुए उनकी पूरी भूमिका का आप कैसे मूल्यांकन करेंगे?

नामवर सिंह : देखिए, निर्मल वर्मा के साथ मेरा नाम कुछ इस तरह जुड़ा हुआ है कि माना जाता है कि निर्मल वर्मा का मैं हिमायती हूँ। मैं यह निश्चित रूप से मानता हूँ कि निर्मल वर्मा ने अपनी आरम्भिक रचनाओं में—ख़ासतौर से 'लन्दन की एक रात' कहानी तक, निर्मल वर्मा की कहानियाँ जिसे मैं व्यापक रूप से प्रगतिशील धारा कहता हूँ उसके अन्तर्गत आती हैं लेकिन तब भी निर्मल वर्मा समाजवादी नहीं थे, तब भी निर्मल वर्मा किसानों और मजदूरों के अधिकारों को लेकर लड़ने वाले लेखक नहीं थे, लेकिन जिसे आप जनवादी कह रहे हैं, निर्मल वर्मा व्यापक रूप से उस जनवादी मोर्चे के अन्तर्गत आते हैं। उसके बाद निर्मल वर्मा में दो प्रकार के विकास दिखाई पड़ते हैं—ख़ासतौर से, चेकोस्लोवाकिया की घटना परिवर्तन-बिन्दु है निर्मल वर्मा के पूरे लेखन में और उनकी जीवन-दृष्टि में। वहाँ से वे समाजवाद का विरोध करते हैं, सोवियत संघ का विरोध करते हैं, मार्क्सवाद की सीमाएँ भी बताते हैं और निरन्तर निर्मल वर्मा आत्मनिष्ठ और व्यक्तिवादी होते गए हैं और स्त्री-पुरुष सम्बन्धों की सीमित समस्याओं के अंकन में ही अपना सारा लेखन लगा देते हैं। उसके बाद निर्मल वर्मा में एक और मोड़ आया आपात्काल में। आपात्कालीन स्थिति के दौरान अचानक निर्मल वर्मा में गांधीवाद के प्रति एक गहरा झुकाव आया है और मार्क्सवाद के विकल्प के रूप में वे गांधीवाद को प्रस्तुत करते हैं। यही नहीं, बल्कि उन्होंने उन्हें Tragic Hero के रूप में रखा है। और इसके साथ एक और झुकाव दिखाई पड़ता है निर्मल वर्मा में—वह है भारतीयता के प्रति उनका गहरा लगाव और वे एक अमूर्त्त और अस्पष्ट भारतीयता की तथा भारतीय मूल्यों की हिमायत करते हैं। जयप्रकाश के सन्दर्भ में भी वे यही करते हैं। यही नहीं, बल्कि जब कुम्भ मेला लगा था तो कुम्भ मेले पर उन्होंने रिपोर्ताज लिखा और वहाँ साधुओं, सन्तों और महात्माओं के प्रति ही नहीं, बल्कि गाँव से आए हुए लोगों की उस विशेष प्रकार की धार्मिक भावना—चाहे वह अन्ध-विश्वास को लेकर ही क्यों न हो, उसके प्रति एक श्रद्धा भाव उन्होंने

दिखाया है। यह एक नया विकास उनमें है इसलिए मैंने कहा कि जहाँ से उन्होंने शुरू किया है, उनमें परिवर्तन हुआ है। लेकिन कुल मिलाकर, मुझे...अब इस झुकाव को आप क्या कहेंगे कि...

चंद्रभूषण तिवारी : ये तो मध्ययुगीन वृत्तियाँ हैं...

नामवर सिंह : मुझे ऐसा नहीं लगता, इसलिए स्पष्ट रूप से मैं मध्ययुगीन नहीं कह सकता, एक और समानान्तरता आपको दिखाई पड़ेगी। इस मामले में अज्ञेय का विकास भी इसी के समानान्तर हुआ है। 'शेखर : एक जीवनी' से शुरू करके अज्ञेय क्रमशः अस्तित्ववादी हुए और अस्तित्ववाद के साथ ही अज्ञेय में क्रमशः भारतीयता, भारतीय समय की परिकल्पना...

चंद्रभूषण तिवारी : 'आँगन के पार-द्वार' में आध्यात्मिकता भी...

नामवर सिंह : आध्यात्मिकता...निर्मल वर्मा में अभी वह रहस्यवाद नहीं आया है, अज्ञेय में वह पूरी तरह आ चुका है।

चंद्रभूषण तिवारी : लेकिन दिशा वही है...

नामवर सिंह : अध्यात्म के प्रति उस तरह की आस्था और निष्ठा उनमें नहीं हुई है, जैसे बद्धमूल हो चुकी है। हो सकता है कि अगला विकास उनका इस तरह का हो। सवाल यह है, कठिनाई मेरे सामने यह है कि आधुनिकता के लिबास में आने वाला जो मध्ययुगीन रहस्यवाद है, यह धार्मिकता है, इसका मूल्यांकन हम किस रूप में करेंगे क्योंकि यह सीधे-सीधे जनसंघी मध्ययुगीनता नहीं है और हमारे यहाँ जो पुराणपंथी साहित्यकार हैं, उनसे यह अलग हैं। इसलिए मैंने कहा कि आधुनिकता के लिबास में आने वाले मध्ययुगीन मूल्यों की यह हिमायत है जिसकी कड़ी आलोचना की जानी चाहिए। इस बारे में कोई समझौता नहीं हो सकता।

चंद्रभूषण तिवारी : डॉ. साहब, यहाँ भी वही कुहरा है, यहाँ भी वही आस्था है और अन्ततः समाधान की दिशा में भी वही बढ़ने की बात है। अब तक Absurdity में सारी चीज़ें समाप्त होती थीं, अब जैसे एक सहारा मिल गया हो।

नामवर सिंह : हाँ, लेकिन इसमें जो आधार लेते हैं, वह भारतीय जनता को लेते हैं। जैसे जयप्रकाश पर लिखते हुए जिस सम्पूर्ण क्रान्ति का उन्होंने समर्थन किया है, इससे यह नहीं मालूम होता कि वे केवल अध्यात्म की बात करते हैं; बल्कि अध्यात्म पर लिखते हुए वे भारतीय जन-सामान्य की भी बात करते हैं और सम्पूर्ण क्रान्ति की हिमायत करते हैं। इसलिए एक विशेष प्रकार की राजनीति का समर्थन करते हैं। जिस राजनीति का समर्थन करते हैं, कभी-कभी ऐसा आभास भी आ जाता है कि वामपंथी लोगों से ज़्यादा जनवादी दिखाई पड़ते हैं। मैंने कहा कि आभास के रूप में दिखाई पड़ता है।

चंद्रभूषण तिवारी : डॉ. साहब, मेरी समझ में 'लन्दन की एक रात' निर्मल की एक अपवाद रचना है और उस समय के अस्तित्ववादी लेखक जो अफ्रीका तथा अल्जीरिया

आदि के प्रश्नों को लेकर लड़ रहे थे, सम्भवतः उसी से प्रेरित होकर वह रचना आ गई, नहीं तो अस्तित्ववाद वाली दिशा तो 'परिन्दे' आदि तमाम कहानियों के अन्तर्गत मौजूद है–दर्शक के स्तर पर तो वही व्यवस्था है...ऐसी कोई रचना आपको दीखती है?

नामवर सिंह : चंद्रभूषण जी, मैं कहूँगा कि अस्तित्ववाद या अस्तित्ववादी लेखक–चाहे हमारे देश में हो या उसके प्रभाव में लिखने वाले विदेश में रहे हों–सार्त्र का उदाहरण लें, उनमें एक अन्तर्विरोध दिखाई पड़ेगा, एक ओर उनमें घोर साम्राज्यवाद-विरोध है, तीसरी दुनिया के समर्थन की भावना है, स्वाधीनता को चरम और परम मूल्य मानने वाले ये लोग हैं...

चंद्रभूषण तिवारी : किस प्रकार की स्वाधीनता?

नामवर सिंह : वे तो मनुष्य की स्वाधीनता कहते हैं, लेकिन अपनी राजनीतिक अभिव्यक्ति में आप देखते हैं कि सार्त्र में एक ऐसा दौर था, जब चीन का समर्थन किया था, वियतनाम के स्वाधीनता-संग्राम का समर्थन किया था, अफ्रीका में चलने वाले मुक्ति संग्राम का समर्थन किया था, समस्त साम्राज्यवादी शक्तियों का विरोध किया था।

चंद्रभूषण तिवारी : लेकिन दर्शन के स्तर पर सार्त्र ने मार्क्सवाद का विरोध भी किया था, इसके समानान्तर पूरी एक दार्शनिक व्यवस्था खड़ी की थी, इतिहासवाद का निषेध किया था, सारी चीज़ें सार्त्र ने ऐसी की थीं जो मार्क्सवाद के खिलाफ जाती हैं।

नामवर सिंह : नहीं, ऐसा नहीं है। सार्त्र का वैचारिक विकास थोड़ा और जटिल तथा पेचीदा है। मैं कहना चाहूँगा कि उसने मार्क्सवाद को इस युग का दर्शन माना था।

चंद्रभूषण तिवारी : यह बाद की परिणति है डॉक्टर साहब। मार्क्सवाद की मूल भित्ति तोड़ने का पूरा उपक्रम करने और उसमें विफल होने के बाद उनकी यह स्थापना आती है कि मार्क्सवाद इस युग का एकमात्र दर्शन है, जिसके बीच में एक खाई है और उस खाई को भरने के लिए अस्तित्ववाद के लिए जगह होनी चाहिए। यह जो गुंजाइश है–मार्क्सवाद की स्वीकृति नहीं है।

नामवर सिंह : मैं मार्क्सवाद...सार्त्र किसी भी रूप में मार्क्सवादी नहीं हैं। मैं सिर्फ यह कह रहा हूँ कि अस्तित्ववाद विदेश में भी और अपने देश में भी अन्तर्विरोध से युक्त है, उसकी राजनीतिक अभिव्यक्ति साम्राज्यवाद-विरोध में मिलेगी। ऐसे भी अस्तित्ववादी हैं जो पूँजीवाद का निषेध करते हैं।

चंद्रभूषण तिवारी : निर्मल के सन्दर्भ में कहिए।

नामवर सिंह : मेरा ख़याल है कि निर्मल की रचनाओं से स्पष्ट है कि उन्होंने साम्राज्यवाद का विरोध भी किया है जो कि 'लन्दन की एक रात' में है–मैं उसे

अपवाद नहीं मानता, और निर्मल की रचनाओं में कहीं पूँजीवाद का समर्थन नहीं है बल्कि पूँजीवाद की अमानवीयता और अमानुषिकता का विरोध है।

चंद्रभूषण तिवारी : नहीं, निसंग व्यक्तिवाद है वहाँ तो...।

नामवर सिंह : व्यक्तिवाद है, पूँजीवाद का विरोध व्यक्ति के धरातल से भी किया जा सकता है और किसानों और मजदूरों के सामूहिक संघर्ष के धरातल से भी किया जा सकता है। उन्होंने किसानों और मजदूरों के सामूहिक भूमि से नहीं किया है...।

चंद्रभूषण तिवारी : विरोध करने की बात कहाँ है डॉक्टर साहब? मैं तो कह रहा हूँ कि निसंग व्यक्तिवाद यहाँ तक उनके साहित्य का विषय है।

नामवर सिंह : लेकिन एक आदमी जब पूँजीवाद का विरोध करता है तो उसे आप क्या कहेंगे?

चंद्रभूषण तिवारी : उसने जिस दर्शन को आधार बनाया है, उसमें विरोध करने की कहाँ बात है?

नामवर सिंह : इन लेखकों के बारे में मैं फिर कहूँगा कि इन्हें हम यदि पूँजीवाद का समर्थक लेखक मानेंगे तो हमारा दृष्टिकोण ज़्यादा संकुचित और कट्टर है।

चंद्रभूषण तिवारी : अच्छा, इन्हीं के सन्दर्भ में मैं एक बात उठा रहा हूँ–इनके दर्शन को लेकर। नई कहानी आन्दोलन जिस प्रकार आजादी के बाद की भारतीय जीवन स्थितियों को लेकर बढ़ रहा था और लग रहा था कि यह एक नए किस्म का आविर्भाव और विकास है...

नामवर सिंह : मैं नई कहानी से पहले एक बात पूरी कर लूँ। यह पेटी बुर्जुआ के व्यक्तिवादी दृष्टिकोण से किया गया पूँजीवाद का विरोध है।

चंद्रभूषण तिवारी : इसे आप और स्पष्ट करें डॉक्टर साहब।

नामवर सिंह : देखिए, पूँजीवाद के शोषण और दमन के अनेक रूप हैं। पूँजीवादी अर्थव्यवस्था से जो शोषण होता है उस शोषण का विरोध पेटी बुर्जुआ...क्योंकि हम मानें कि एक...व्यक्तिवाद के बारे में एक बहुत बड़ी कठिनाई यह है कि हम लोग जानते हैं कि यह पूँजीवाद का दर्शन है। लेकिन इस मामले में मैं बहुत स्पष्ट नहीं हूँ कि इजारेदार पूँजीवाद का दर्शन भी व्यक्तिवाद है या नहीं है। दूसरी ओर, मैं यह भी कहना चाहूँगा कि multinational जो आज के जमाने में विकसित हुआ है जो इजारेदार पूँजीवाद का और भी विकसित कदम है–इस विकसित पूँजीवाद का दर्शन व्यक्तिवाद नहीं है।

चंद्रभूषण तिवारी : फिर क्या है डॉक्टर साहब?

नामवर सिंह : Multinational या कॉरपोरेट कैपिटेलिज़्म जिसे कहते हैं इसका कोई भी दार्शनिक नहीं है और कोई भी बुद्धिजीवी नहीं है जो व्यक्तिवाद की हिमायत करता हो। व्यक्तिवाद वस्तुतः उभरते हुए पूँजीवाद का ही दर्शन था, जब लेसेन फेयर

का सिद्धान्त अर्थव्यवस्था में माना जाता था और जिस समय उभरता हुआ व्यक्तिवाद आया था। अधिक से अधिक आप कह सकते हैं कि इजारेदार पूँजीवाद के दौर में भी ऐसे विचारक, दार्शनिक हुए जिन्होंने व्यक्तिवाद की अंशतः हिमायत की। लेकिन आप बाद के दार्शनिकों को देखेंगे कि अमेरिका में आज multinational का हिमायती दार्शनिक व्यक्तिवाद को अर्थव्यवस्था में नहीं मानता है, राजनीति में नहीं मानता है, बल्कि निश्चित रूप से वे समूहवाद की ओर अग्रसर हो रहे हैं।

चंद्रभूषण तिवारी : यह तो आप अमेरिकी बुद्धिजीवी के तर्क दे रहे हैं जो ऑर्गेनाइजेशनल कैपिटेलिज़्म आदि की बात करते हैं...।

नामवर सिंह : हैं, लेकिन उनका दर्शन व्यक्तिवाद नहीं है आज। हम लोग जिस व्यक्तिवाद का विरोध कर रहे हैं, वह व्यक्तिवाद पुराना व्यक्तिवाद है।...हमारे पुराने प्रगतिशील आन्दोलन का अनुभव बताता है कि उस जमाने में हम लोगों का एक बहुत बड़ा मुद्दा था—व्यक्तिवाद बनाम समष्टिवाद। उस समय के लेखक व्यक्तिवाद के विरुद्ध समष्टिवाद का समर्थन करते थे और इस आधार पर वे पुरानी परम्परा को महत्त्व देते थे, लोक मंगल की बात करते थे, व्यापक रूप से सामाजिक मंगल की बात करते थे, उन तमाम लेखकों को प्रगतिशील आन्दोलन ने अपने साथ लिया और जैसे-जैसे वर्ग-संघर्ष तीव्र होता गया, उनमें से कई लोग राष्ट्रीयता के नाम पर, भारतीयता के नाम पर, और बुर्जुआ जनवाद के नाम पर प्रगतिशील आन्दोलन का साथ छोड़कर अलग हो गए—ऐसे कई लोग थे। यह एक लम्बी कड़ी है, जिसमें दिनकर भी हैं, भवानीप्रसाद मिश्र भी हैं, पंडित नन्ददुलारे वाजपेयी भी हैं; बहुत बड़ी संख्या है ऐसे लेखकों की। संघर्ष की तीव्रता के साथ वे तमाम लोग व्यापक प्रगतिशील आन्दोलन से खिसक गए। दूसरी ओर, जो व्यक्तिवादी कहे जाने वाले लेखक थे, जो आधुनिकतावाद की ओर मुड़ रहे थे, जिनकी हम लोगों ने ज़्यादा कड़ी आलोचना की थी और उन्हें मुख्य शत्रु मानते थे, उनमें से कई परिस्थितियों के दबाव के कारण अपनी रचनाओं में ज़्यादा करीब आए प्रगतिशील आन्दोलन के। यद्यपि ये समाजवाद को नहीं मानते थे, मार्क्सवाद को नहीं मानते थे; लेकिन इस समाज-व्यवस्था के खिलाफ खड़ा होना है या इसका साथ देना है, राज्य-सत्ता का साथ देना है या राज्य-सत्ता का विरोध करना है—इस सवाल पर वे प्रगतिशील लेखकों के ज़्यादा करीब थे। यद्यपि जैसा मैंने कहा कि अपने विचारों में वे निम्न मध्यवर्गीय क्रान्तिकारिता के शिकार रहे। यह प्रश्न आज भी हमारे सामने है और जनवादी लेखक संगठन बनाते रागय या जनवादी मोर्चा बनाते समय यदि हम केवल व्यक्तिवाद को मोर्चा बनाएँ और यह केवल रणनीति का प्रश्न नहीं है बल्कि विचारधारा के स्तर पर भी व्यक्तिवाद की सीमाओं की ओर हम बराबर संकेत करेंगे। यह नहीं है कि इसके बारे में हम कुछ समझौता करेंगे या वे हमारे साथ आएँ इसलिए हम तरह देंगे लेकिन हम फिर कहेंगे

कि इन तमाम लेखकों को हम पूँजीवाद का समर्थक या पूँजीवादी विचारधारा का शिकार नहीं कहेंगे। इन तमाम लेखकों को हम साम्राज्यवाद का समर्थन करने वाले लोगों में नहीं गिनेंगे क्योंकि ये नहीं करते। इसलिए नहीं कि हम उनको अपने साथ लेने के लिए इस ओर से आँख मूँदना चाहते हैं; बल्कि तथ्य यह है कि अपने लेखन में ये लोग–चाहे जिस रूप में वह आने वाला हो, उपनिवेशवादी, नव उपनिवेशवादी, साम्राज्यवादी यहाँ तक कि पूँजीवादी व्यवस्था का भी समर्थन नहीं करते किन्तु जैसा कि मैंने कहा कि निम्न मध्यवर्ग की सीमा ऐसी है कि अपने विरोध में ये निम्न मध्यवर्गीय चेतना की सीमा से आगे नहीं जा पाते।

चंद्रभूषण तिवारी : क्या ऐसा नहीं है, डॉक्टर साहब कि उस समय प्रगतिशील मूल्यों के तहत जो रचनाएँ हो रही थीं, ठीक उनसे एक Contradiction का निर्माण करते हुए इस तरह की व्यक्तिवादी या अस्तित्ववादी विचारधाराएँ प्रविष्ट हुईं और ये पूँजीवादी-साम्राज्यवादी खेमे से ही आईं–इनका प्रमुख विरोध आखिर किसके साथ था उस समय के साहित्य में?

नामवर सिंह : अब देखिए, यह अति सरलीकरण है और मेरा ख़याल है कि ऐतिहासिक दृष्टि से भी यह गलत है कि अस्तित्ववादी विचारधारा को हम लोग साम्राज्यवाद की निष्पत्ति कहें, जबकि हकीकत में अस्तित्ववादी लोगों ने कहीं साम्राज्यवाद का समर्थन नहीं किया है।

चंद्रभूषण तिवारी : मजदूर वर्ग के प्रमुख दर्शन मार्क्सवाद तथा उसकी स्थापनाओं का तो विरोध किया ही।

नामवर सिंह : चंद्रभूषण जी, ऐसा हो सकता है। ऐसे कई लोग हैं–टाल्सटॉय अपने जमाने के मजदूर वर्ग की विचारधारा का विरोध कर रहे थे, बावजूद इसके लेनिन ने कहा कि टाल्सटॉय ने उस जमाने में किसानों को जिस तरह उभारा–उनकी कमजोरियों के साथ उनकी शक्ति को भी। इसलिए हमें सिर्फ इसी पर नहीं जाना चाहिए। ऐसे कई लोग मिलेंगे...

चंद्रभूषण तिवारी : ठीक है डॉक्टर साहब, अब हम लोग नई कहानी वाले उस प्रश्न पर आएँ। नई कहानी आन्दोलन के माध्यम से प्रेमचंद की जिस परम्परा का विकास हो रहा था...प्रेमचंद ने अपनी रचनाओं के द्वारा जिस व्यापक पाठक-वर्ग की सृष्टि की थी–बीच में जैनेंद्र तथा अज्ञेय की रचनाओं के द्वारा वह एक हद तक सीमित भी हुआ लेकिन नई कहानी आन्दोलन ने फिर उस पाठक वर्ग को विस्तार दिया। नई कहानी के लेखक ख़ासतौर से अमरकान्त आदि प्रेमचंद की कहानियों में जिन्दगी का जो खुला ढाँचा था उसे सीधे सामने रख रहे थे और सिर्फ साहित्यिक पाठक ही नई कहानियों के समझने वाले हों, ऐसा नहीं रह गया था। एक व्यापक पैमाने पर यह रेणु, मार्कण्डेय और अमरकान्त जैसे रचनाकारों द्वारा हो रहा था–क्या वह ढाँचा

निर्मल की कहानियों द्वारा सहसा नहीं बदला या सहसा नहीं टूटा? निर्मल ने उसे पुनः साहित्यिक पाठकों तक ही सीमित किया। आज जब हम जनवादी कहानी की बात करते हैं तो उसकी व्यापक ग्राह्यता की बात भी तो हमारे सामने रहती ही है...

नामवर सिंह : देखिए, आपका यह कहना ठीक है कि जिस व्यापक जन-समूह के लिए और उसके दृष्टिकोण से लिए अमरकान्त, रेणु, भीष्म साहनी का नाम मैं लूँगा, मार्कण्डेय लिख रहे थे, उस पाठक-समूह को लक्ष्य करके तो निश्चित रूप से निर्मल ने नहीं लिखा। मैं यह भी कहूँगा कि जिस जिन्दगी का अनुभव उन्होंने दिया–वह भी उस पाठक वर्ग का, साधारण जनता का नहीं था। लेकिन इतने से वे प्रतिक्रियावादी नहीं हो जाते।

चंद्रभूषण तिवारी : मैं जनवादिता की बात कर रहा हूँ डॉक्टर साहब, रचनाओं की ग्राह्यता को लेकर उस छोर से भी हम लोग देखें।

नामवर सिंह : यहाँ मैं फिर कहूँगा कि एक सीमित पाठक-समुदाय, मध्यवर्गीय पाठक-समुदाय को ध्यान में रखकर लिखने के बावजूद, एक शहरी पढ़े-लिखे मध्य वर्ग की विशिष्ट संवेदनाओं के चित्रण के कारण ही वे जनवादी मोर्चे से बाहर नहीं हो जाते। जनवादी मोर्चे से बाहर होने के और कारण होंगे या हो सकते हैं, लेकिन यह विशिष्ट भाषा, विशिष्ट अनुभव और विशिष्ट पाठक नहीं होगा। जैसे, एक ही जमाने में तुर्गनेव, दोस्तोवस्की और टाल्सटॉय–तीनों थे, लेकिन जो व्यापक भाव-भूमि टाल्सटॉय की थी, वह दोस्तोवस्की की नहीं थी, वह तुर्गनेव की नहीं थी। यह बात अपने स्वाधीनता आन्दोलन के दौरान लिखे हुए प्रेमचंद के समानान्तर हम अपने छायावादी कवियों में भी देख सकते हैं। जयशंकर प्रसाद की कहानियाँ निश्चित रूप से एक सीमित समुदाय के लिए थीं, लेकिन इसी कारण जयशंकर प्रसाद की कहानियाँ उस दौर के जनवादी लेखन से बाहर नहीं हो जातीं, यद्यपि उनकी भाषा विशिष्ट थी।

चंद्रभूषण तिवारी : लेकिन वे प्रेमचंद भी नहीं थे।

नामवर सिंह : यह सही है कि प्रसाद प्रेमचंद नहीं है, निर्मल अमरकान्त नहीं है, लेकिन सीमित अनुभव, सीमित पाठक समुदाय एक विशेष प्रकार की भाषा होने के कारण जहाँ तक जनवादी मोर्चे का सवाल है–जनवादी साहित्य का–इससे बाहर नहीं हो जाते।

चंद्रभूषण तिवारी : बाहर नहीं होना एक दूसरी स्थिति है...। मुझे ऐसा लगता है कि उनके प्रति कहीं न कहीं से Soft होते हुए सतर्कता के साथ उन्हें Defend कर रहे हैं। मैं आपसे उम्मीद कर रहा हूँ कि वहाँ ऑफेनसिव होने की ज़रूरत है, जहाँ सचमुच वे जनवाद का साथ नहीं देते।

नामवर सिंह : नहीं, यहाँ किसी के पक्ष लेने या जानबूझ कर विरोध करने का सवाल नहीं है। सवाल है कि जनवादी मोर्चे की मेरी समझ है और जिन जनतान्त्रिक मूल्यों को हम व्यापक रूप में ले रहे हैं–प्रश्न उसका है और केवल उसमें हम समाजवादी

लेखकों को शामिल नहीं कर रहे हैं, केवल उसमें हम किसानों-मजदूरों के लेखकों को शामिल नहीं कर रहे हैं, बल्कि उसमें हम ऐसे लेखकों को भी शामिल कर रहे हैं जो इनकी अपेक्षा मध्यवर्ग के बारे में लिख रहे हैं और आपके उस जनवादी मोर्चे में और जनवाद में किसानों-मजदूरों का नेतृत्व भले ही हो, लेकिन उसके साथ आप निम्न मध्यवर्ग, राष्ट्रीय पूँजीपति वर्ग को भी लेने के लिए तैयार हैं। यदि इतना व्यापक है वह मोर्चा वर्ग की भूमि पर, तो मैं समझता हूँ कि राष्ट्रीय पूँजीपति वर्ग के लिए भी अगर राजनीति में जगह है तो मैं समझता हूँ कि साहित्य में भी ऐसे लेखक आ सकते हैं।

चंद्रभूषण तिवारी : साम्राज्यवाद/लेकिन उस मोर्चे में नहीं है, उसकी विचारधारा अगर इनके साथ जुड़ती है...

नामवर सिंह : मैं नहीं मानता कि इन लेखकों की विचारधारा साम्राज्यवाद से जुड़ती है।

चंद्रभूषण तिवारी : अब एक ideal स्थिति क्या हो सकती है? निर्मल वाले प्रसंग को अब हम लोग स्थापित करें। मैं अब भी आशा करूँगा कि आप इनका दुबारा मूल्यांकन करेंगे।

नामवर सिंह : मैं निर्मल वर्मा के विकास से, स्पष्ट कहूँ, असन्तुष्ट हूँ। मैं अपने को इस विकास के विरुद्ध पाता हूँ और मैं निश्चित रूप से उन्हें जिस विकसित प्रगतिशील विचारधारा के साथ देखना चाहता था, वे नहीं दिखाई पड़ रहे हैं। लेकिन जब सवाल जनवाद का आता है तब मैं एकदम उन्हें अपने विरुद्ध खड़ा हुआ नहीं पाता हूँ।

चंद्रभूषण तिवारी : प्रक्रिया उनके विकास की जो है, आपने भी trace की लगता है, अन्ततः वह नहीं पहुँचेगी।

नामवर सिंह : पहुँचेगी तब भी आलोचना हम करेंगे।

चंद्रभूषण तिवारी : ठीक है डॉक्टर साहब, अब इनके बारे में काफी बातें हो चुकीं, अब आप इस सवाल को स्पष्ट करें—काफी सरल और साफ ढंग से कि जनवादी लेखन के लिए ideal स्थिति क्या हो सकती है? दृष्टिकोण तथा ग्राह्यता—दोनों के स्तर से।

नामवर सिंह : देखिए, आज के जमाने में जो भी प्रबुद्ध लेखक है—इसमें कोई भ्रम नहीं है कि वह लेखक जनवादी लेखन के अगुआ दस्ते में होगा, हरावल दस्ते में होगा और उसकी विश्व-दृष्टि निश्चित रूप से मार्क्सवाद से निर्धारित होनी चाहिए और वह आज भी इस रूप में देखें कि इस समाज-व्यवस्था को बदलने में मजदूर वर्ग और उसके साथ जिसमें खेतिहर मजदूर भी शामिल है, इस सर्वहारा की विश्व-दृष्टि से जो जिन्दगी को देखेगा और इसी में सम्पूर्ण मनुष्य की मुक्ति मानेगा और इसी को ध्यान में रखते हुए जो जिन्दगी का वह चित्रण करेगा और यथार्थवादी चित्रण करेगा—यह

आदर्श स्थिति है और मैं समझता हूँ कि लेखकों में–हिन्दी लेखकों में अपने जीवन से सीखकर आगे बढ़ने वाले लेखकों की अच्छी तादाद मिल सकती है।

चंद्रभूषण तिवारी : डॉक्टर साहब, अभिव्यक्ति का जो स्वरूप होना चाहिए, उसके बारे में भी कहें, क्योंकि लगातार हम लोगों के सामने यह पाठकों का समूह है, अगर जनवादी लेखन की बात हम करते हैं।

नामवर सिंह : जहाँ तक अभिव्यक्ति का सवाल है, मैं फिर कहूँगा कि आदर्श स्थिति यही है कि हम ऐसी भाषा में लिखने की कोशिश करें जो आम जनता तक पहुँचने में समर्थ और सक्षम हो। कठिनाई यह है–और इस मामले में मुझे हिन्दी लेखकों को देखकर दुख होता है कि भाषा पर मेहनत करने की जितनी कम कोशिश आज हो रही है, यह बहुत ही दुःखद है। ख़ासतौर से किसानों-मजदूरों की भाषा में बोलने की क्षमता रखें और इसका विकास करें। यह मेहनत करने से होगा और इस मामले में मुझे ऐसा लगता है कि हम लोग और कुछ नहीं तो अपनी हिन्दी की परम्परा से सीखें। उन्नीसवीं सदी के परवर्ती गद्य लेखक, बीसवीं सदी के लेखकों की आलोचना में मैं रामविलास शर्मा की भाषा को आदर्श मानता हूँ। सामाजिक विषयों पर लिखने में मैं राहुल सांस्कृत्यायन की भाषा को आदर्श मानता हूँ। ऐसे कई लेखक हैं जिनमें थोड़ा-सा अति सरलीकरण भी दिखाई पड़ेगा, लेकिन उनकी कोशिश यह है कि वे आम लोगों की भाषा लिखें...और यह मेहनत माँगती है। होता यह है कि हमारे बहुत-से लेखक अंग्रेज़ी ज़्यादा पढ़ते हैं–अपनी हिन्दी कम पढ़ते हैं और किसानों-मजदूरों के बीच, आम लोगों के बीच बोलचाल की जो बोली-बानी है उससे सीखने का हमारा अभ्यास भी जाता रहा। जो जीवित सम्पर्क होना चाहिए, जहाँ भाषा बनती है, रची जाती है, सिरजी जाती है, उन लोगों के बीच जब तक हम रहेंगे नहीं, तब तक उनकी भाषा में हम लिख नहीं सकेंगे और गद्य में तो भयावह स्थिति है। इसलिए हम लोगों पर यह अतिरिक्त जिम्मेवारी आती है कि मेहनत करके–आप जानते हैं, इसी से देख सकते हैं कि किसी जमाने में कम्युनिस्ट पार्टी के जो साप्ताहिक हिन्दी के अखबार निकलते थे, उसमें भाषा पर कितनी मेहनत की जाती थी। आज यह स्थिति नहीं है। इसलिए लेखकों को किसानों-मजदूरों के बीच जाना, जाकर उनसे बातचीत करना, भाषा सीखना, उनसे मुहावरे सीखना जरूरी है। सवाल कुछ शब्दों का नहीं है बल्कि पूरे वाक्य-विन्यास का है और आप देखेंगे कि दो ही चीज़ें होती हैं–हम आप लोगों की भाषा लिखने में या तो आंचलिकता के शिकार हो जाते हैं और समझते हैं कि केवल बोली के शब्दों को और ग्रामीण बोलियों को ज़्यादा से ज़्यादा अपनी कहानी के पात्रों के मुख से कहलवा के हम आम लोगों की भाषा लिखेंगे। ज़रूरत इसी बात की है कि यह जो खड़ी बोली हिन्दी है–इस हिन्दी को इस तरह से ठोंक-पीट करके इतनी लचीली बनाएँ कि भले ही व्याकरण में वह खड़ी

बोली मालूम हो, लेकिन उस बोली का पूरे-का-पूरा मुहावरा, अन्दाज़ मामूली आदमी की बातचीत की तरह ही हो और मैं समझता हूँ कि अभिव्यक्ति के स्तर पर बड़ी से बड़ी बात को, जो प्रेमचंद में है–आपने सही कहा कि प्रेमचंद से सीखने की ज़रूरत है कि मुश्किल से मुश्किल बात को, उलझी धारणा को भी सुलझा करके सरल-सहज ढंग से कहने में प्रेमचंद लाजवाब थे। एक हद तक यह चीज़ अमरकान्त में मिलती है। अमरकान्त की भाषा में यह चीज़ है। यह बात मैं कहूँगा रेणु में नहीं है, यह बात मार्कण्डेय में नहीं है–बल्कि आपको यह बात एक हद तक इसराइल में मिलेगी, क्योंकि जो आदमी मजदूरों के बीच रहेगा, किसानों के बीच रहेगा, वहाँ से भाषा उठाएगा तो वह मुहावरा अपने आप आएगा। ज़रूरत इस बात की है कि हम लोग ज़्यादा से ज़्यादा जो उलझी हुई मुश्किल परिस्थितियाँ हैं, धारणाएँ हैं, विचार हैं उनको सुलझा करके आम लोगों के समझने की भाषा में हम लोग कह सकें। यह बहुत लम्बा संघर्ष लेखक का होता है। मेरा ख़याल है कि हम लोग इस संघर्ष के जरिए इसे हल कर सकते हैं।

चंद्रभूषण तिवारी : इधर Chinese literature में जो रिपोर्ताज तथा कहानियाँ आदि आ रही हैं, वहाँ के Barefoot doctors तथा ट्रैक्टर ड्राइवर्स आदि से सम्बद्ध, वे बिल्कुल सरल ढंग से भाषा में महज एक narrative के रूप में प्रस्तुत हैं; इस तरह जहाँ कहीं भी ये चीज़ें योजनाबद्ध ढंग से प्रस्तुत होंगी, aesthetic मूल्यों के स्तर पर कुछ risk भी लेना पड़ सकता है और एक बिल्कुल सरल संरचना तथा सरल भाषा के माध्यम से उसे हल करना होगा। दिक्कत यह होती है कि आधुनिकतावाद ने हमारे लिए एक ऐसी स्थिति लाकर खड़ी कर दी है–60 के बाद ख़ासतौर से, कि लेखक जल्दी इस तरह का खतरा लेना नहीं चाहते।...

नामवर सिंह : आधुनिकतावादी दौर में भी–कविता वाले दौर में, इस तरह के प्रयोग लोगों ने किए, नए प्रयोगों का दावा करने वाले आधुनिकतावादी लोगों ने नहीं किए। और नाटकों की दुनिया में, कविता में भी बर्टोल्ड ब्रेख़्त के बारे में कहा जाता है कि Biblical simplicity का वह आदर्श है। ब्रेख़्त ने अपनी भाषा सम्बन्धी कोशिशों के बारे में कहा है कि हमने तो मार्टिन लूथर की जो जर्मन थी, उस जर्मन को आदर्श मानकर उसके नमूने पर भाषा मैंने मजदूरों के लिए गढ़ी थी। मैं समझता हूँ कि आज का जो प्रगतिशील लेखक है और जो जनता का लेखक बनना चाहता है उसे खुद अपने यहाँ तुलसीदास से, सूरदास से, कबीर से, भारतेन्दु से, प्रेमचंद से–इन लोगों से सीखना होगा कि कैसी हिन्दी लिखी जाती थी, और मेहनत अगर की जाए तो उन लोगों की परम्परा में हम लोग आम लोगों के समझने लायक हिन्दी लिख सकते हैं। यह नहीं है कि इसमें केवल मोटी स्थूल और अति सरलीकृत बातें ही कही जाएँगी।

चंद्रभूषण तिवारी : अब मैं एक और बहुत ही महत्त्वपूर्ण प्रश्न, डॉक्टर साहब, करना चाहता हूँ–इसी पूरी आवश्यकता को मुक्तिबोध कहाँ तक पूरा कर पाते हैं? जहाँ तक दृष्टिकोण की बात है, मुक्तिबोध उस लिहाज से सतर्क हैं लेकिन कविता के structure के भीतर–उसके अलग-अलग उपकरणों के साथ जिस परम्परा की बात अभी आपने की, उसे मुक्तिबोध कहाँ तक पूरा कर पाते हैं?

नामवर सिंह : मुक्तिबोध का विकास थोड़ा पेचीदा है। एक तो...यह नहीं कि मुक्तिबोध आधुनिकतावाद के शिकार थे, इसलिए उन्होंने जटिल भाषा लिखी, यह भी नहीं कि विचारधारा के मामले में वे बहुत उलझे हुए थे। मेरा ख़याल है कि उस दौर का, जिस दौर में मुक्तिबोध कविता लिख रहे थे–उनका ज़्यादातर लेखन जो बाद में आया है 1950 से लेकर 1965 के दौर का ही है–जिस दौर में विचारधारात्मक उलझाव बहुत ज़्यादा था, अन्तर्राष्ट्रीय पैमाने पर भी, यही नहीं बल्कि उस दौर में किसानों-मजदूरों के संघर्ष को, जैसा होना चाहिए, उतना साफ था नहीं। मैं उस ब्योरे में नहीं जाना चाहता, इसलिए मुक्तिबोध का आत्म संघर्ष...अपने तईं व्यक्तिगत स्तर पर मुक्तिबोध उन विचारों से निपटना चाहते थे और रचनाओं के माध्यम से उनसे निपट रहे थे, किसी चीज़ को सुलझा लेने पर वह जितना साफ होता है, उलझन के दौरान वह उतना साफ नहीं होता। इस प्रकार के अन्तर्विरोध उनके हैं, एक। दूसरा यह भी कि यह नहीं भूलना चाहिए कि मुक्तिबोध उस पूरे दौर में आन्दोलन से कटे हुए थे, अलग थे, अकेले जूझ रहे थे, कोई साथी नहीं था, बहस के लिए भी उनके आस-पास ऐसे लोग नहीं थे जिनसे वे चर्चा करते, यानी मुक्तिबोध एक ऐसी कैद में थे, बाहरी दुनिया से कटे हुए; इसलिए उनके लेखन में जो उलझाव मिलेगा उसका यह भी कारण है कि जीवित आन्दोलन का अभाव और जहाँ आन्दोलन था भी, उस आन्दोलन से मुक्तिबोध का जीवित सम्पर्क रह नहीं पाया था। अकेले अपने अन्दर जूझते हुए, उलझते हुए वे रचना कर रहे थे। यह दूसरी स्थिति थी। बावजूद इसके, एक तीसरी बात मैं कहूँगा, वो यह है कि मुक्तिबोध में आप देखेंगे–जैसे 'अँधेरे में' कविता है, 'चम्बल की घाटी में' कविता है–उसमें आपको बीच-बीच में साफ, बेबाक, दो-टूक कही हुई बातें भी मिलती हैं। कविताओं में आप देखेंगे कि जब वे आत्मनिष्ठ होकर स्वप्न-प्रक्रिया का प्रक्षेपण करते हैं तो वहाँ भाषा जटिल होती है, लेकिन जैसे ही उनकी कविता के विन्यास में आम मजदूर या किसान आते हैं, भाषा साफ होती है, टूटती है और ऐसा लगता है कि कहीं कोई उलझाव नहीं है, बेबाक दो-टूक वह दिखाई पड़ती है।

चंद्रभूषण तिवारी : जहाँ 'गोली चलने' वाली बात है, वहाँ भाषा दूसरे रूप में है।

नामवर सिंह : वहाँ भाषा अपने जीवित रूप में दिखाई पड़ती है। इसलिए कविता के अन्तर्गत जैसे ही मुक्तिबोध में असाधारण पात्र प्रवेश करता है, साधारण आदमी

आता है, भाषा बदल जाती है, जहाँ कथा का वाचक और narrator आत्मग्रस्त स्थिति में रहता है, भाषा जटिल होती है। इसलिए भाषा के दो स्तर मुक्तिबोध में दिखाई पड़ेंगे और विचारों के साथ पात्रों के बदलने के साथ भाषा का ढाँचा और भाषा का रूप उनमें बदलता जाता है। अलावे इसके, मुक्तिबोध की एक और कठिनाई है, और वह यह कि मुक्तिबोध मूलतः मराठी भाषी हैं–घर में मराठी बोली जाती है। हिन्दी भाषी दुनिया से वे दूर थे, इसलिए उनकी भाषा में आपको मराठीपन भी दिखाई पड़ेगा। और मैं समझता हूँ कि खड़ी बोली के क्षेत्र में जो लेखक जितनी दूर है, बावजूद अपने प्रगतिशील विचारों और जनवादी विचारों के–उसकी भाषा में आपको वह अटपटापन मिलेगा ही।

चंद्रभूषण तिवारी : Structure के स्तर पर जो प्रतीकात्मकता है...?

नामवर सिंह : Structure के बारे में मैं आपको कहूँ कि मुक्तिबोध जब गद्य लिखते हैं, जब निबन्ध लिखते हैं तो भाषा जटिल होती है, लम्बे वाक्य होते हैं, उलझे हुए वाक्य होते हैं। 'नई कविता का आत्म संघर्ष तथा अन्य निबन्ध' में लम्बे-लम्बे वाक्य तथा उलझे हुए वाक्य मिलेंगे, लेकिन 'एक साहित्यिक की डायरी' में आप देखेंगे कि अपेक्षाकृत भाषा साफ है। इसलिए कविताओं की तुलना में उनके गद्य में आपको भाषा का दूसरा ढाँचा दिखाई पड़ेगा, ख़ासतौर से 'एक साहित्यिक की डायरी' में। ऐसे लेखकों के बारे में जो इस प्रकार के होते हैं, जैसा जयशंकर प्रसाद में आप देखेंगे–जयशंकर प्रसाद के यहाँ कविता की भाषा वही नहीं है, जो कुछ कहानियों की तथा नाटकों के पात्रों की भाषा है। जैसी स्थिति जयशंकर प्रसाद की है, मुक्तिबोध की स्थिति कुछ-कुछ वैसी ही है। उनका गद्य और उनकी कविता एक ही प्रकार की भाषा का ढाँचा उपस्थित नहीं करते और कविताओं में भी कहीं आपको ऐसी भाषा दिखाई देगी जिसमें हिन्दुस्तानी की ठाठ है और दूसरी ओर 'ब्रह्म राक्षस' जैसी कविता दिखाई पड़ेगी–जहाँ वह अपने प्रलाप में जब दार्शनिक विचारों को व्यक्त करता है तो सिर्फ यह नहीं कि वहाँ कठिन और बड़े-बड़े सामासिक शब्द दिखाई पड़ेंगे। इसलिए मुक्तिबोध के साथ एक और चीज़ देखनी चाहिए कि जहाँ उनकी कविता विचारों की अभिव्यक्ति करती है–भाषा का ढाँचा दूसरा है; जहाँ वह सीधे भावावेश की अभिव्यक्ति करती है–बिल्कुल ही एक दूसरी भाषा है, अपेक्षाकृत सरल है, आसान है और वेग है उस भाषा में और जहाँ वे किसी घटना का वर्णन करते हैं, बहुत ही visual या दृश्य effect पैदा करती है–ख़ासतौर से जुलूस का वर्णन जहाँ उन्होंने किया है, आप देखेंगे कि ऐसा visual effect वह पैदा करती है। इसलिए मैं कहूँगा कि दृश्य चित्रों के वर्णन में मुक्तिबोध अधिक दृश्यात्मक भाषा का प्रयोग करते हैं, संवादों में मुक्तिबोध अपेक्षाकृत सरल, जीवित और बोलचाल की भाषा का प्रयोग करते हैं, विचारों की अभिव्यक्ति में मुक्तिबोध अपेक्षाकृत जटिल भाषा का प्रयोग

करते हैं और जहाँ स्वप्नलोक का निर्माण करते हैं और अधिक जटिल-जटिल वाक्य विन्यास मिलेंगे–वहाँ ज़्यादा धुन्धलके वाली, कुहरे वाली गूढ़ भाषा का वे प्रयोग करते हैं। इसलिए मुक्तिबोध की भाषा में एक से अधिक स्तर हैं और ये सारे कुछ तो विषय वस्तु के अनुरूप कहे जा सकते हैं, लेकिन जैसा कि मैंने कहा ये सारी रचनाएँ मुक्तिबोध के एक लम्बे आत्मसंघर्ष के बीच लिखी हैं, आत्मसंघर्ष समाप्त करके, सुलझा करके जो सिद्ध लेखन हुआ करता है, उस भूमि पर मुक्तिबोध नहीं पहुँच सके।

चंद्रभूषण तिवारी : काफी अच्छा विवेचन किया डॉक्टर साहब आपने, लेकिन यह सवाल फिर आता है कि हमारे नए जनवादी लेखकों के लिए क्या मुक्तिबोध आदर्श लेखक हो सकते हैं?

नामवर सिंह : जहाँ तक भाषा का सवाल है, मैं मुक्तिबोध को आदर्श लेखक नहीं कहूँगा, वैसे ही जैसे मैं निराला को भी नहीं कहूँगा। निराला ने 'राम की शक्ति पूजा' लिखी है और निराला ने 'नए पत्ते' की कविताएँ लिखी हैं। निराला में भी भाषा के कई रूप मिलते हैं। अजीब बात यह है कि हम लोगों को यह नहीं भूलना चाहिए कि हर बड़े लेखक में भाषा के कई रूप में होते हैं। तुलसीदास में, शेक्सपियर में, निराला में–इस तरह मुक्तिबोध में भी यह है, यहाँ तक कि मैं कहूँगा कि जनता के लेखक कहे जाने वाले नागार्जुन में भी भाषा के कई स्तर हैं। इसलिए भाषा के बारे में कोई एक नुस्खा या फॉर्मूला तो नहीं बनाया जा सकता। लेकिन एक बात जरूर है कि जब भी जनता के लिए लिखने वाले लेखकों को कोई आधारभूत भाषा को देखना या चुनना होगा तो जाहिर है कि उसमें जीवित, बोलचाल की, लचीली और सहज भाषा को आदर्श रूप कहा जा सकता है और जरूरी नहीं कि मुक्तिबोध उसके आदर्श रूप हों।

चंद्रभूषण तिवारी : अब एक अन्तिम प्रश्न है डॉक्टर साहब, वैसे मैंने अपनी बात तो पूरी कर ली है फिर भी छोटी पत्रिकाओं में कुछ नए किस्म के जो प्रयोग हुए हैं, कुछ जनगीत तथा नुक्कड़ नाटक लिखे गए, कुछ कहानियाँ आदि भी ऐसी आई हैं–जो अधिक जनग्राह्य कही जा सकती हैं, उनके बारे में आपके क्या विचार हैं?

नामवर सिंह : देखिए, एक बात तो यह है कि मैं उसे बहुत जरूरी काम समझता हूँ कि जनता के लिए कुछ लोकप्रिय गीत भी लिखे जाने चाहिए, यह बहुत जरूरी है, वैसे ही जैसे नारा बनाना बहुत महत्त्वपूर्ण, बहुत मुश्किल काम है और यह काम एक विशेष प्रकार की कल्पना प्रवणता की माँग करता है। उसी तरह से कुछ सरल सुलझे हुए, कंठ पर बस जाने वाले गीत लिखे जाने चाहिए और समर्थ कवि नहीं लिखेगा तो कौन लिखेगा? तुलसीदास ने केवल 'रामचरित मानस' और 'विनय-पत्रिका' ही नहीं लिखी, उन्होंने 'रामलला नहछू' भी लिखा है, 'पार्वती मंगल' भी लिखा है,

'जानकी मंगल' भी लिखा, निराला ने भी ऐसे गाए जाने वाले गीत लिखे हैं और प्रगतिशील आन्दोलन के दौर में बड़े-बड़े कवियों ने जनता के लिए मजदूरों के गाए जाने लायक गीत लिखे। इसलिए आज भी लेखकों का यह समझना कि साधारण जनता के गाए जाने लायक गीत लिखना घटिया काम है और यह काम तो छोटे लोग करेंगे, हम लोग नहीं करेंगे, यह एक नकचढ़ापन है और समर्थ कवियों को भी करना चाहिए। इसी तरह से कहानियों के बारे में भी मैं कहूँगा कि ऐसी कहानियाँ लिखी जानी चाहिए जिन्हें पाँच-छह हजार के मजमे में सुनाया जा सके।

चंद्रभूषण तिवारी : किस्से की शैली में, जो श्रव्य हों...

नामवर सिंह : हाँ, जैसे कि प्रेमचंद ने इस तरह की कहानियाँ भी लिखी हैं। प्रेमचंद की कहानियों में ऐसी कई कहानियाँ हैं जिनमें किस्सागोई का रस है, जिन्हें अलाव के पास बैठ करके पूरी की पूरी कहानी आप सुना सकते हैं और हर आदमी रस लेकर उन्हें सुनेगा। इस शैली में–किस्सागोई के अन्दाज में कहानियाँ आज भी लोगों को लिखनी चाहिए और यह एक नया प्रयोग है, या नया फॉर्म है; मैं समझता हूँ कि एक ही तरह की घिसी-पिटी कहानी लिखना, यह कोई बहुत बड़ी कला नहीं है। इसलिए कहानीकारों को...जो कहानीकार यह काम कर रहे हैं मैं तो उनके सामने श्रद्धा से नतमस्तक हो जाऊँगा। जो सुबोध, कंठ पर बस जाने वाला सरस गीत लिखता हो, जो हजारों आदमियों के सामने मौखिक रूप से सुनाने लायक कोई कहानी लिखता हो, कोई लम्बी बैले की शैली में ऐसी कविता लिखता हो–जिसमें मजदूरों को, किसानों को मनुष्यता का पूरा इतिहास सुनाया जा सके, आजादी की लड़ाई को जो पाँच सौ पंक्तियों में बाँध कर रख दे, मजदूरों के द्वारा चलाए जाने वाले आन्दोलनों की कहानियाँ रख दे, मई दिवस पर इस तरह की कविता लिखे–ये सारे के सारे नए प्रयोग हैं, नए फॉर्म हैं। इस दिशा में भी प्रयत्न करना चाहिए और ऐसा साहित्य लिखना मुश्किल काम है।

चंद्रभूषण तिवारी : ठीक है डॉक्टर साहब, 'कलम' के माध्यम से आपके इस वक्तव्य को हम प्रचारित करेंगे और हम चाहेंगे कि अगर हमारे नए जनवादी लेखक ऐसा लिखते हैं तो आप भी नए प्रतिमानों के साथ उन पर लिखेंगे।

['कलम', नवम्बर 1981 में प्रकाशित एवं पुस्तक 'आलोचना की धार' (चंद्रभूषण तिवारी) में पुनः संग्रहीत]

सच्चा आलोचक केवल समकालीन साहित्य की आलोचना करके सन्तुष्ट नहीं हो सकता

महावीर अग्रवाल की बातचीत

महावीर अग्रवाल : अपनी रचना प्रक्रिया पर प्रकाश डालते हुए बताइए, आपकी आलोचना के क्षेत्र में रुचि कैसे जाग्रत हुई? आप कब से यह कार्य कर रहे हैं? इस क्षेत्र को आपने क्यों चुना? क्या आपने दूसरी विधाओं में भी लिखा है?

नामवर सिंह : इसका जवाब मैं कई बार दे चुका हूँ। मैंने भी अपना साहित्यिक जीवन कविता से आरम्भ किया। यह 1936-37 की बात है। इलाहाबाद से निकलने वाली पत्रिका 'नई कविता' में कुछ कविताएँ 1950 के आस-पास छपी थीं। मेरी पहली पुस्तक 'बकलम खुद' 1951 में जगदीश भारती ने अपने प्रेस 'साहित्य सहकार' में प्रकाशित की। उसी समय 'नीम के फूल' नाम से एक कविता संग्रह भी छप रहा था जो कई कारणों से नहीं छप सका। इससे पहले मेरा पहला आलोचनात्मक लेख 1949 में 'जनवाणी' में 'हिन्दी समीक्षा और आचार्य शुक्ल' प्रकाशित हो चुका था उस समय मैं बी.ए. का छात्र था। यह मासिक पत्रिका काशी विद्यापीठ से प्रकाशित होती थी। मैं सरस्वती के मन्दिर में पूजा का थाल लेकर आया था। कविता के द्वारा सरस्वती की पूजा करना चाहता था, लेकिन मन्दिर इतना गन्दा हो गया था कि झाड़ू लेकर बुहारने लगा। अपने इतिहास के बारे में आलोचनात्मक दृष्टि बने और उसके विकास के लिए जड़ीभूत दृष्टि को तोड़ना मुझे जरूरी लगा। और हुआ यह कि अब झाड़ू हाथ से छूटती ही नहीं। 1951 में एम.ए. करने के बाद मैंने पहला निबन्ध 'इतिहास का नया दृष्टिकोण' लिखा जिसे शिवदानसिंह चौहान ने 'आलोचना' के 'इतिहास अंक' में छापा था। दूसरा लेख 'साहित्य में कलात्मक सौन्दर्य की समस्या' 1952 में 'कल्पना' पत्रिका में छपा था। धीरे-धीरे मैं आलोचना के क्षेत्र में प्रवृत्त हुआ। मनचाही बात को कागज पर उतारने की रचना-प्रक्रिया बहुत जटिल होती है। कभी-कभी मुझे

किसी लेख का पहला वाक्य लिखने में ही एक-एक हफ्ता लग जाता था। हर लेखक का अनुभव, उसकी रचना प्रक्रिया और उसका आत्मसंघर्ष अलग होता है।

महावीर अग्रवाल : अधिकांश रचनाकार ऐसा मानते हैं कि आजकल हिन्दी आलोचना का क्षितिज बड़ा संकीर्ण हो गया है। आलोचक अपने मित्रों की रचनाओं पर ही अधिक बहस करते हैं। समग्र रूप से मूल्यांकन कोई नहीं करता।

नामवर सिंह : ऐसा नहीं है महावीर जी। आलोचक यदि अपने मित्रों की रचनाओं पर ही ध्यान देते तो नए रचनाकारों को स्वीकृति कैसे मिलती? समूचे हिन्दी जगत में अनेक कवि और कहानीकार बिना मित्रों के सामने आए हैं। हो सकता है कुछ आलोचकों ने अपने मित्रों की रचनाओं पर बहुत लिखा हो, बहुत चर्चा की हो, लेकिन इससे आलोचना का क्षेत्र संकीर्ण नहीं माना जा सकता। इसके बाद भी यदि अधिकांश रचनाकार यह मानते हैं कि आलोचना का क्षितिज संकीर्ण हो गया है तो आलोचकों को इस पर गम्भीरता पूर्वक विचार करना चाहिए। समग्र मूल्यांकन का जहाँ तक प्रश्न है–शमशेर, नागार्जुन, त्रिलोचन, केदार और रघुवीर सहाय का समग्र मूल्यांकन अनेक आलोचकों ने किया है।

महावीर अग्रवाल : आप मानक आलोचना किसे मानते हैं? मानक आलोचना का मानदंड क्या होना चाहिए?

नामवर सिंह : मानक आलोचना जैसी कोई चीज़ नहीं होती। मानकों की ज़रूरत सरकारी कार्य के लिए होती है, स्टैंडर्ड टाईम, मानक समय, मानक भाषा, गल्ला नापने का तराजू आदि ये सब व्यावहारिक और व्यापारिक जगत के मानदंड हैं। बाजार और उपभोक्ता संस्कृति के अपने अलग मानक होते हैं लेकिन साहित्य में मानक आलोचना को मैं नहीं मानता। हर रचना अपना मानदंड बनाती है।

आलोचक दंडनायक नहीं है कि उसके हाथ में कोई डंडा होना ही चाहिए। वैसे साहित्य के मान युग के अनुसार बदलते रहते हैं। इन मानों को बदलने का काम समर्थ रचनाकार करते हैं। कभी-कभी किसी भाषा की एक महत्त्वपूर्ण कृति ही प्रतिमान बन जाती है। ऐसे अनेक उदाहरण स्वयं हिन्दी में ही सुलभ हैं। नाम गिनाने की ज़रूरत नहीं है। आलोचना के लिए कोई एक मानदण्ड मुझे दिखाई नहीं देता।

महावीर अग्रवाल : रचनाकार की आलोचक से शिकायत है कि वे बिना पढ़े समीक्षाएँ लिखते हैं जबकि आलोचक कहते हैं रचनाकार समीक्षाओं को पढ़े बिना रचनाएँ लिखते हैं। एक ओर रचनाकार मानते हैं कि आलोचक भटक गए हैं वे सहायता करने में समर्थ हैं, वहीं दूसरी ओर आलोचक की शिकायत है–रचनाओं में ताज़गी और दमखम की कमी है। आलोचक रचना को निरस्त कर अजेय होने को दृढ़प्रतिज्ञ है, ऐसी स्थिति में रचना के विकास में आलोचना की क्या भूमिका है और भविष्य में होगी?

नामवर सिंह : आपका यह प्रश्न रचना और आलोचना के सम्बन्ध पर पुनर्विचार करने की माँग करता है। इस प्रश्न में रचनाकार की शिकायत और आलोचक की

शिकायत—दोनों ही अतिवाद से प्रेरित है। रचनाकार और आलोचक, दोनों को साहित्य को साहित्य समझते हुए उसके रचनात्मक महत्त्व को स्वीकार करना होगा। रचना के मर्म तक पहुँचकर सहृदयतापूर्वक आलोचना से ही आलोचक की सही पहचान होती है। रचना के बहुआयामी आस्वाद को समझने की क्षमता समीक्षक में होनी चाहिए। मुझे नहीं लगता कि कोई आलोचक बिना पढ़े समीक्षा लिखने का काम करता है। यह जरूर है आलोचना के नाम पर जो ढेर सारे ग्रंथ प्रकाशित होते हैं वे परीक्षोपयोगी तो होते हैं लेकिन शिक्षोपयोगी कम होते हैं क्योंकि उनका प्रयोजन पी-एच.डी. या नौकरी प्राप्त करना होता है। ऐसी स्थिति में आलोचना कर्म के सामने प्रश्नचिह्न लगाया जाता है तो इसे गलत नहीं कहा जा सकता। मैं यह मानता हूँ कि ऐसी आलोचना को आमूल-चूल बदलना होगा। यह सही है कि आलोचना रचना को निरस्त नहीं करती, सच बयान करती है। रचना को उसके वास्तविक परिवेश में देखती है। जिस तरह रचनाकार अपने समूचे व्यक्तित्व और अनुभव लेकर रचना में आते हैं उसी प्रकार हम भी रचना के पास एक आँख लेकर नहीं जाते बल्कि अपनी सारी सोच और अपना पूरा जीवन अनुभव लेकर जाते हैं। यही कारण है कि आज भी आलोचना की महत्त्वपूर्ण भूमिका को साहित्य जगत स्वीकार कर रहा है।

महावीर अग्रवाल : क्या आलोचना में सिद्धान्त से अधिक महत्त्व व्याख्या का है?

नामवर सिंह : कुछ लोग आलोचना के दो भेद मानते हैं—पहला सैद्धान्तिक और दूसरा व्यावहारिक। आई.ए. रिचर्ड्स ने इसी समझ के अनुसार पहली पुस्तक लिखी 'प्रिन्सिपल्स ऑफ लिटरेरी क्रिटिसिज़्म' (साहित्यिक आलोचना के सिद्धान्त)। छह साल बाद दूसरी पुस्तक लिखी 'व्यावहारिक आलोचना'। इससे साफ है कि पहले उन्होंने सिद्धान्त बनाए, बाद में सिद्धान्तों के आधार पर कुछ कविताओं की व्याख्या और समीक्षा की। इसके विपरीत, उसी केम्ब्रिज विश्वविद्यालय में अंग्रेज़ी के प्रसिद्ध आलोचक डॉ. एफ.आर. लीविस भी थे जिन्होंने आलोचना के सिद्धान्त नाम से कोई पुस्तक नहीं लिखी। उन्होंने सिर्फ कुछ आधुनिक कवियों के नए सर्जनात्मक प्रयासों की आलोचनात्मक व्याख्या की। और इसी क्रम में अंग्रेजी कविता की परम्परा का पुनर्मूल्यांकन हुआ। अंग्रेज़ी के श्रेष्ठ उपन्यासकारों को चुनकर अंग्रेज़ी उपन्यास की महान परम्परा को रेखांकित किया। इस प्रकार उन्होंने अलग से किसी सिद्धान्त का निरूपण न करते हुए भी अपनी व्यावहारिक आलोचनाओं के द्वारा ही अपने साहित्यिक सिद्धान्त को प्रकट कर लिया।

संस्कृत काव्यशास्त्र के इतिहास पर दृष्टिपात करें तो वहाँ आई.ए. रिचर्ड्स जैसी ही प्रवृत्ति दिखाई पड़ती है। उदाहरण के लिए, आनन्दवर्धन ने पहले ध्वनि सिद्धान्त की साधना की तथा प्राकृत और संस्कृत की विभिन्न कविताओं का उदाहरण देकर व्यावहारिक आलोचना का आदर्श प्रस्तुत किया। ऐसी आलोचना पर जयशंकर प्रसाद

जी की यह टिप्पणी मुझे सटीक लगती है, ''बन जाता सिद्धान्त प्रथम–फिर पुष्टि हुआ करती'' है। मुझे आलोचना का यह ढंग पसन्द नहीं है। मेरी दृष्टि में व्याख्या ही आलोचना का मुख्य कर्म है। यह व्याख्या आलोचनात्मक भी हो सकती है। इसके साथ ही इसमें मूल्यांकन भी निहित होता है। मेरा अपना अनुभव तो यही है कि साहित्य के सिद्धान्त सर्जनात्मक कृतियों की लम्बी परम्परा से ही बनते हैं और उनकी ठीक-ठीक पहचान करके कोई समालोचक आलोचना का सार्थक प्रतिमान प्राप्त कर सकता है। अब आपको स्पष्ट होगा कि मुझे आई.ए. रिचर्ड्स की अपेक्षा एस.आर. लीविस की आलोचना प्रक्रिया ज़्यादा अच्छी लगती है।

महावीर अग्रवाल : परम्परा का मूल्यांकन करते हुए परम्परा के प्रति आलोचक का दृष्टिकोण कैसा होना चाहिए? मूल्यांकन के बाद पुनर्मूल्यांकन की आवश्यकता क्यों और कब पड़ती है?

नामवर सिंह : सच्चा समालोचक केवल समकालीन साहित्य की आलोचना करके सन्तुष्ट नहीं हो सकता। यह तो समीक्षकों का काम है। पुस्तक समीक्षा आलोचना कर्म की इतिश्री नहीं है। सच तो यह है कि समकालीन साहित्य भी अपनी पूर्व परम्परा से किसी न किसी तरह जुड़ा रहता है–अनुसरण में ही नहीं, बल्कि प्रतिक्रिया और प्रतिरोध में भी, इसलिए समालोचक को उल्टी यात्रा करते हुए पूर्व परम्परा की ओर भी जाना पड़ता है। इस प्रसंग में यह ध्यान रखना जरूरी है कि परम्परा के अन्तर्गत अनेक धाराएँ मिल सकती हैं। उन धाराओं के सूक्ष्म भेदों पर भी दृष्टिपात आवश्यक है। उन भेदों पर पर्दा डालने से आलोचक का अन्धापन ही प्रगट होता है। हिन्दी में यह दृष्टि कहीं नहीं दिखाई पड़ती है। इसीलिए इस तथ्य का उल्लेख करना आज जरूरी मालूम होता है।

मूल्यांकन जरूरी है तो इसके साथ ही पुनर्मूल्यांकन भी उतना ही जरूरी है। तुलसीदास ने कहा है–''शास्त्र सुचिन्तित पुनि-पुनि देखी''–तात्पर्य यह कि शास्त्र पर भली भाँति चिन्तन करने के बाद भी बार-बार देखने की ज़रूरत पड़ती है। साहित्यशास्त्र भी इस शास्त्र के अन्तर्गत ही आता है। साहित्यिक आलोचना इस साहित्यशास्त्र का एक अंग है। इसलिए पूर्ववर्ती आलोचना की भी दुबारा, तिबारा पड़ताल करनी पड़ती है। यहाँ तक कि स्वयं आलोचक को भी अपनी ही आलोचनाओं की जाँच-पड़ताल ज़रूरी हो जाती है।

इसी तरह सर्जनात्मक साहित्य को भी बार-बार देखने और जाँचते रहने की ज़रूरत है। किसी कृति में बहुत-सी बातें ऐसी होती हैं जिन पर पहले किसी का ध्यान नहीं गया। लेकिन वही बात आगे चलकर किसी की दृष्टि में आ जाती है। इसके अनेक उदाहरण हैं, पर उनकी चर्चा के लिए यहाँ अवकाश नहीं है। ऐसा भी हुआ है कि अतीत की कुछ उपेक्षित कृतियाँ आगे चलकर बहुत महत्त्वपूर्ण प्रतीत होने

लगती हैं। इसके विपरीत, ऐसी कृतियों के भी उदाहरण हैं जो अतीत में बहुत महत्त्वपूर्ण मानी गई हैं किन्तु बाद में नितान्त महत्त्वहीन पाई गईं। ये सभी उदाहरण पुनर्मूल्यांकन की आवश्यकता को रेखांकित करते हैं।

महावीर अग्रवाल : क्या आलोचना का रचनाकार और समाज पर सकारात्मक प्रभाव पड़ता है? किसी भी देश के सांस्कृतिक विकास में आलोचक और आलोचना की क्या भूमिका होती है?

नामवर सिंह : रचना और आलोचना में गहरा अन्तर्संबन्ध है। आलोचक की प्रवृत्ति और उसकी आलोचना पढ़कर ही यह ज्ञात हो सकता है कि उसका रचनाकार और समाज पर क्या प्रभाव पड़ा है? कभी-कभी यह प्रभाव बहुत सकारात्मक होता है। कभी-कभी आलोचना के सिद्धान्तों को यांत्रिक ढंग से लागू करने पर उसकी सीमाएँ प्रकट होने लगती हैं। हमारे यहाँ रस ध्वनि सिद्धान्त भारतीय काव्यशास्त्र की सबसे बड़ी उपलब्धि मानी जाती है। आनन्दवर्धन ने कहा कि महाकवियों की वाणी से ही ध्वनि का सिद्धान्त निकला था। आनन्दवर्धन ने यह चेतावनी भी दी थी कि हर जगह ध्वनि देखना उचित नहीं है पर कालिदास जैसे समर्थ कवि आचार्य मम्मट के लिए चुनौती बन गए। उदाहरण के लिए, कुमारसम्भव का यह प्रसिद्ध श्लोक–

हरस्तु किंचित परिवृतधैर्यश्च चंद्रोदयारम्भ इवाम्राशिः।
उमामुखे बिम्बफलाधरोष्ठे, व्यापारयामास विलोचनानि।।

समाधिस्थ शंकर, पार्वती को सम्मुख पाकर कामदेव के प्रभाव से किंचित विचलित हुए और उन्होंने पार्वती के बिम्बाफल सदृश लाल अधरों पर अपनी पैनी आँखें फैला दीं। व्यंजना यह है कि शिव ने पार्वती को चूमना चाहा। आचार्य मम्मट की दृष्टि में यहाँ व्यंजना अस्फुट रह गई है। ऐसी स्थिति में व्यंग्यार्थ को यहाँ गौण मानना पड़ेगा और यह ध्वनि-काव्य की उत्तम कोटि में न रखा जा सकेगा। इसीलिए आचार्य मम्मट ने इसे 'गुणीभूत व्यंग्य' नामक दूसरे दर्जे का काव्य माना है। लेकिन विचार करें तो मम्मट की दृष्टि में जो दोष है, वही कालिदास के इस श्लोक का गुण है। कवि की दृष्टि में जगत के माता-पिता पार्वती और शिव की मर्यादा प्रधान है। इसलिए कवि कुल गुरु ने शिव को 'किंचित परिवृत धैर्यः' कहा। यदि शिव का धैर्य पूरी तरह विचलित हो जाता तो वे भी सामान्यजन की तरह छिछोरेपन के शिकार कहलाते। इसलिए शिव, पार्वती को चूमने के लिए उद्यत नहीं बताए गए। हुआ सिर्फ इतना कि उन्होंने पार्वती के अधरों की दिशा में आँखें फैला भर दीं। बस, महादेव की मर्यादा भी रह गई और अभिप्राय अभिव्यक्त हो गया। इस सांकेतिकता में ही काव्य का सौन्दर्य है और कालिदास सांकेतिकता में बेजोड़ हैं। आचार्य मम्मट से यहाँ चूक कैसे हो गई, आश्चर्य है। शायद यह काव्य के सम्मुख शास्त्र की पराजय है। अतिशय सिद्धान्तवादिता के आग्रह में खतरे होते ही हैं।

महावीर अग्रवाल : कहा जाता है, रचना की तुलना में आलोचना का काम द्वितीयक है, क्या यह सही है? अगर नहीं, तो रचना और आलोचना में समानता का आधार क्या है?

नामवर सिंह : आलोचना दूसरे दर्जे का काम है, यह बात अक्सर रचनाकार कहते हैं। यह बात रचनाकारों के लिए सही हो सकती है। रचनाकार के लिए तो रचना ही पहला काम है। और यदि वह कभी-कभार आलोचनाएँ लिखता है तो वह इसके लिए दूसरे दर्जे का ही काम हुआ। कुछ रचनाकार इसे आपद्धर्म कहते हैं। इस आपद्धर्म के क्षणों में कभी वह अपनी रचना का अभिप्रेत अर्थ समझाता है, कभी अपने बारे में लिखी हुई आलोचनाओं का जवाब देता है। और कभी अपनी पसन्द के रचनाकारों पर भी कुछ लिख जाता है। यह भी देखा गया है कि कुछ रचनाकार कविता, कहानी या उपन्यास में कोई नया सर्जनात्मक परिवर्तन लाने के लिए साहित्य के घोषणापत्र भी लिखते हैं—कभी अकेले और कभी सामूहिक रूप से। आलोचना कर्म साहित्य के लिए महत्त्वपूर्ण किन्तु स्वयं उनके लिए दूसरे दर्जे का काम है। यह रचनाकार की सोच हो सकती है लेकिन जब हम किसी भी आलोचक से बात करते हैं तो हर आलोचक यही कहता है, यही मानता है कि आलोचना उसके लिए सर्वाधिक महत्त्वपूर्ण काम है। उसके लिए तो आलोचना कर्म ही पहले दर्जे का काम है। इसलिए आलोचक से उम्मीद की जाती है कि वही काम वह निष्ठा से करे। लेकिन हिन्दी में आचार्य शुक्ल की छवि एक आलोचक की है। यह और बात है कि उन्होंने समय-समय पर कुछ कविताएँ भी लिखीं और अब कोई नहीं कह सकता कि प्रेमचंद, प्रसाद, निराला, और पन्त जैसे अपने समकालीन रचनाकारों की तुलना में आचार्य रामचंद्र शुक्ल का काम दूसरे दर्ज का था। आशा है, आपके सवाल का जवाब मिल गया होगा।

महावीर अग्रवाल : एक रचनाकार और आलोचक द्वारा की गई आलोचना में मुख्य फर्क क्या होता है?

नामवर सिंह : रचनाकारों और आलोचकों द्वारा लिखी हुई आलोचना में कुछ तो फर्क होता ही है। और यह फर्क आता है रचनाकार के अपने सर्जनात्मक अनुभव के मर्म से। अपनी रचना-प्रक्रिया से वह कुछ ऐसी कलात्मक अन्तर्दृष्टि प्राप्त करता है जो सामान्यतः आलोचक को प्राप्त नहीं होती। उदाहरण के लिए, निराला ने अपनी 'तोड़ती पत्थर' कविता की जो सूक्ष्म व्याख्या की है वह डॉ. रामविलास शर्मा जैसे निराला के अत्यन्त निकटवर्ती समालोचक के लिए भी सम्भव न हो सकी। इसी तरह के उदाहरण और भी दिए जा सकते हैं किन्तु रचनाकारों की आलोचना की एक सीमा भी है। वह संकेतपूर्ण तो होती है किन्तु उसके साथ ही संक्षिप्त और एक हद तक अपूर्ण होती है। बरक्स इसके, दृष्टिसम्पन्न आलोचक की लिखी हुई आलोचना अपेक्षाकृत सर्वाश्लेषी, सर्वांग और व्यवस्थित होती है। प्रयत्न करने पर वह यथातथ्य

और सन्तुलित भी हो जाती है—ख़ासतौर से मूल्यांकन के बिन्दु पर। बहुत बार ऐसा होता है कि रचनाकार आलोचना लिखते समय अपनी रचना प्रक्रिया पर बात करने लगता है। इस कारण भी रचनाकारों की आलोचना सामान्यतः कुछ अधिक वैयक्तिक और आत्मनिष्ठ होती जाती है जबकि अपने सर्वोत्तम रूप में समालोचक की आलोचना अपेक्षाकृत वस्तुनिष्ठ और आत्मनिरपेक्ष होती है। वैसे मुक्तिबोध का उदाहरण लें तो वे ऐसे रचनाकार-आलोचक हैं जिनकी आलोचना में यह अन्तर बहुत कुछ मिटता-सा दिखाई पड़ता है। वे ऐसे कवि और कथाकार हैं जिनके अनेक आलोचनात्मक लेख ठेठ आलोचक के लिए मालूम होते हैं।

महावीर अग्रवाल : आपकी दृष्टि में समकालीन लेखन की बुनियादी पहचान क्या हो सकती है?

नामवर सिंह : अध्ययनशीलता और सजगता रचनात्मकता की शक्ति है। सृजनात्मक साहित्य में विविधता को गुण माना जाता है। इसके बाद भी लेखन का मेरुदंड चिन्तन है। साहित्य को साहित्य समझकर उसके रचनात्मक महत्त्व को समझा जाए, यह तो ठीक है लेकिन समकालीन लेखन हमारे आस-पास की जमीन से, हमारे आस-पास के जीवन से निकलकर आना चाहिए। हमारी सामाजिक जिन्दगी का साफ- सुथरा विश्लेषण जरूरी लगता है।

यह सही है कि हमारे समाज में शोषण और नैराश्य बहुत बढ़ा है। इसके साथ यह भी है कि निराशा जितनी बढ़ी है तो प्रतिरोध की शक्तियाँ भी उसके खिलाफ मजबूती के साथ खड़ी हुई हैं। रचनाकार इन सारी बातों को देख रहा है और लिख भी रहा है। समकालीन लेखन की यह बुनियादी पहचान गहरी अन्तर्दृष्टि द्वारा सामने आ रही है।

महावीर अग्रवाल : रचना के कथ्य और शिल्प में आप किसे प्रमुख मानते हैं और क्यों?

नामवर सिंह : इस प्रश्न का उत्तर मैं बहुत बार दे चुका हैं। दोनों अपनी-अपनी जगह महत्त्वपूर्ण हैं। शिल्प या रूप-विधान पिछले 50 वर्षों में कितना बदलता गया है। उसी प्रकार आप देखिए, अन्तर्वस्तु में भी क्रान्तिकारी बदलाव आया है। अन्तर्वस्तु या कथ्य जब एकदम साफ होता है तो विचारों में तारतम्य बहुत अच्छी तरह बन जाता है। पिछले चार-पाँच दशकों में भाषा और संवेदना की दृष्टि से बहुत अच्छे प्रयोग हुए हैं। शिल्प की दृष्टि से भी कविता और कहानी की काया का कायाकल्प हो गया है। रचना में कल्पनाशीलता बहुत अहमियत रखती है। जीवन का कोई सच यथार्थवादी शैली में ही आए, यह जरूरी नहीं है। वह फैंटेसी के रूप में भी आ सकता है। मैं यह मानता हूँ कि अन्तर्वस्तु और रूप की एकता के सम्बन्ध में रचनाकार को सचेत रहना चाहिए। फॉर्म और कन्टेंट का सटीक सन्तुलन एक अच्छी रचना को

सामने लाता है। कथ्य और शिल्प का मेरे पास कोई बना-बनाया नुस्खा नहीं है। मेरा तो सूत्र वाक्य है, ''शास्त्र को अपने ऊपर सवारी मत करने दो, शास्त्र पर सवारी करो—फिर चाहे वह भारतीय काव्य शास्त्र हो या पश्चिमी काव्य शास्त्र हो।''

महावीर अग्रवाल : क्या, आप रामचंद्र शुक्ल को आलोचना के सिद्धान्तों और मूल्यांकन के मानदण्डों के प्रवर्तक/जनक मानते हैं या यह कार्य किसी दूसरे आलोचक ने किया है?

नामवर सिंह : आचार्य रामचंद्र शुक्ल की आलोचना से ही मैंने अपने आलोचना कर्म की शुरुआत की थी। आचार्य शुक्ल की दृष्टि के सम्बन्ध में एक बात मैं जरूर कहना चाहता हूँ। रामचंद्र शुक्ल जब हिन्दी साहित्य को देख रहे थे तो कहाँ से देख रहे थे? विश्वविद्यालय में थे जरूर, पर जहाँ से देख रहे थे वह जगह रमईपट्टी मिर्जापुर थी, जहाँ से वे आए थे। 'पद्मावत' के बारहमासा में 'पियसन कहेउ संदेशड़ा हे भौंरा हे काग' की मार्मिक व्याख्या से पता चल जाता है कि आचार्य शुक्ल साहित्य को कहाँ से देख रहे थे, किस जगह से? इससे सारा पर्सपेक्टिव बदल जाता है। उनकी यह समर्थ दृष्टि साफ-साफ बताती है कि वे कितनी ऊँची सोच और हैसियत के आलोचक स्वीकार किए गए। आचार्य रामचंद्र शुक्ल की सार्थकता और प्रासंगिकता इसी बात में है कि उन्होंने अपने समय के नए काव्य प्रयोग—छायावाद से संवाद स्थापित किया। यह और बात है कि छायावादी कवियों के भावबोध के साथ आचार्य शुक्ल का पूरी तरह साधारणीकरण न हो सका, फिर भी अपनी सूक्ष्म भाषिक-संवेदना और शिल्पबोध के सहारे उन्होंने नए काव्यलोक में अन्तःप्रवेश का साहसपूर्ण प्रयास किया। कहने की आवश्यकता नहीं कि इस मुठभेड़ से आचार्य शुक्ल से साहित्य सिद्धान्त में अनेक मूल्यवान आलोचनात्मक अवधारणाएँ विकसित हुईं।

तुमने जो दिया दान-दान वह
हिन्दी के हित का अभिमान वह
सच्चा कल्याण वह अथच है।
यह सच है।।

निराला की ये पंक्तियाँ रामचंद्र शुक्ल के लिए कही जा सकती हैं। आचार्य रामचंद्र शुक्ल ने 'हिन्दी साहित्य का इतिहास' विद्यार्थियों को पढ़ाने के लिए भले ही लिखा हो, लेकिन उस इतिहास के द्वारा उन्होंने हिन्दी भाषा-भाषी जाति को अपनी जातीय पहचान दी, अपनी संस्कृति की सच्ची विरासत से परिचित कराया। उनका आलोचना कर्म एक तरह से समाज, संस्कृति और साहित्य का अद्‌भुत मिश्रण है।

महावीर अग्रवाल : क्या आप मानते हैं कि रामचंद्र शुक्ल के बाद आलोचना का विकास होता जा रहा है? वह किस रूप में हुआ है? उसे आगे बढ़ाने में किनका-किनका योगदान आपकी दृष्टि से रेखांकित करने योग्य है?

नामवर सिंह : हमारे यहाँ आलोचना की एक परम्परा है, सामान्य पाठक से संवाद करने की परम्परा। महावीर प्रसाद द्विवेदी हैं, आचार्य रामचंद्र शुक्ल हैं और फिर आगे चलकर आचार्य हजारी प्रसाद द्विवेदी और डॉ. रामविलास शर्मा हैं। यह विडम्बना ही है महावीर जी अनेक नए साहित्य प्रेमी आचार्य शुक्ल को छोड़कर और किसी दूसरे को साहित्यवादी आलोचक ही नहीं मानते। अनेक आलोचकों ने अपनी सीमाओं के बावजूद आलोचना के क्षेत्र में अच्छा काम किया है। आचार्य शुक्ल के बाद द्विवेदी जी और रामविलास जी का योगदान बहुत महत्त्वपूर्ण है।

महावीर अग्रवाल : अपने समकालीन आलोचकों से आप किस सीमा तक प्रभावित हैं? आलोचना के क्षेत्र में अपना सहयात्री आप किन आलोचकों को मानते हैं?

नामवर सिंह : 'सहयात्री' शब्द अपने भाव और अपनी व्यंजना में बहुत दूर तक जाता है। महावीर जी आपका यह प्रश्न बहुत समय की माँग करता है। फिलहाल इसे छोड़ दीजिए।

महावीर अग्रवाल : आप प्रगतिशील विचारधारा के साथ-साथ सौन्दर्यपरक मूल्यों और उदारता उदात्तता से युक्त रचना को अधिक महत्त्वपूर्ण मानते हैं या वैसी रचना को, जो प्रगतिशील विचारधारा से न होते हुए भी सौन्दर्यपरक मूल्यों, उदात्तता और यथार्थ को रेखांकित करने वाली होती है?

नामवर सिंह : आलोचक के लिए यह एक कठिन प्रश्न की तरह सामने आता है, अन्तर्विरोध से भरा हुआ। रचना जब अपने समय के गम्भीर प्रश्नों से टकराती है तब वह सामाजिक वास्तविकताओं को सामने लाती है। इस दृष्टि से मैं प्रगतिशील विचारधारा को बहुत महत्त्वपूर्ण मानता हूँ। दूसरी ओर, रचना जब यथार्थ से दूर केवल कल्पनालोक में विचरण करती है और उसको कोई सामाजिक सरोकार नहीं होता तो यह मुझे बहुत अपील नहीं करती। लेनिन ने कहा था 'नथिंग इज फाईनल'–(कोई भी चीज़ अन्तिम नहीं हैं) लेकिन टाल्सटॉय के विचारों से असहमत होते हुए भी उन्हें बड़ा साहित्यकार मानते थे। मार्क्स ने स्वयं बालजाक के बारे में कहा है कि उसके राजनीतिक विचारों से मैं सहमत नहीं हूँ लेकिन वह बड़ा साहित्यकार है। डॉ. रामविलास शर्मा द्वारा रामचंद्र शुक्ल के मूल्यांकन को मैं पूरी तरह गलत मानता हूँ, इसके बाद भी मैं स्वीकार करता हूँ कि डॉ. रामविलास शर्मा हिन्दी के बड़े आलोचक हैं। दूसरी ओर, मैं खुद निर्मल वर्मा के भारतीयता और हिन्दुत्व के विचारों से असहमत हूँ। वे मार्क्सवाद का विरोध भी करते हैं। यह मुझे अच्छा नहीं लगता। इसके बाद भी मैं मानता हूँ कि निर्मल वर्मा महत्त्वपूर्ण साहित्यकार हैं। मार्क्सवादी आलोचना केवल राजनीतिक आलोचना नहीं है बल्कि एक मुकम्मल सौन्दर्यशास्त्र है। इससे किसी भी रचना पर बात करते समय हमारा दायित्व बढ़ जाता है।

महावीर अग्रवाल : नए आलोचकों में आपको जिन आलोचकों में कुछ सम्भावनाएँ नजर आती है, उनके बारे में कुछ बताइए।

नामवर सिंह : कुछ ऐसे आलोचक भी होते हैं जो कविता के एक-एक शब्द को पकड़कर बाल की खाल निकालते हुए उसकी बारीकियाँ समझाते चले जाते हैं। बड़ा बारीक काम करते हैं वे। सराहने को जी करता है। आचार्य शुक्ल ने भी बिहारी के सन्दर्भ में कहा था, "कुछ कवि होते हैं, जो कविता में बड़ी नक्काशी का काम करते हैं। पर बिहारी को वही पसन्द करेगा जो हाथी दाँत पर किए हुए काम को लेकर घण्टों सराहता हो। लेकिन जो रस में थोड़ी देर डूबना चाहता है उसको बिहारी से सन्तोष नहीं होगा। उसे रीतिकाल के कवियों में देव को, पद्माकर या मतिराम को देखना पड़ेगा और अगर कुछ ऊँची भूमि पर संवरण करना चाहता है तो उसे तुलसी के पास जाना पड़ेगा।" इसीलिए आलोचक भी ऐसे हैं जो बाल की खाल निकालते हैं। एक-एक शब्द के लक्ष्यार्थ और व्यंग्यार्थ की क्या-क्या बारीकी निकालते रहते हैं। यह काम भी जरूरी है। यहाँ एक बार मैं फिर कहूँगा कि विश्लेषण की दृष्टि से मार्क्सवादी आलोचना निश्चय ही अधिक समृद्ध है।

महावीर अग्रवाल : पुरस्कारों का रचनाकारों और आलोचकों पर क्या प्रभाव पड़ता है?

नामवर सिंह : पुरस्कार एक तरह का समर्थन है। एक तरह की स्वीकृति है, प्रोत्साहन है। पुरस्कार मिलने से रचनाकार तात्कालिक रूप से तो चर्चा में आ ही जाता है। साहित्य की इक्कीसवीं सदी पुरस्कारों से भरी हुई है। एक हजार रुपये से लेकर 5 लाख तक के पुरस्कार हैं जिनमें हर वर्ष कोई न कोई नया पुरस्कार और जुड़ जाता है।

महावीर अग्रवाल : वर्तमान परिस्थितियों में आलोचक का धर्म क्या होना चाहिए?

नामवर सिंह : आलोचक का धर्म है—कृतियों को बहुत ध्यान से पढ़ना, डूबकर पढ़ना। सटीक विश्लेषण और व्याख्या करके रचना के अन्तःकरण तक पहुँचना। अपने साथ पाठक को भी भीतर तक पहुँचाना। बुनियादी चीज़ है नई या पुरानी रचनाओं को रस लेकर पढ़ना। यह बुनियादी चीज़ हम लोग भूलते जा रहे हैं, जिसे ट्रक वाले और ऑटो रिक्शा वाले भी जानते हैं। उनके पीछे लिखा रहता है 'देखो मगर प्यार से'। रचना को, पुस्तक को प्यार से देखना जरूरी है। यह बुनियादी चीज़ है जिससे आलोचना पैदा होती है। कोई नई रचना उभर रही है। नया लेखक सामने आ रहा है, अच्छा लिख रहा है और उसकी उपेक्षा हो रही है तो उस पर ध्यान देना चाहिए। यह आलोचना का धर्म है। प्रत्येक आलोचक अपने संघर्ष और अपनी साधना से ही अपने सच को अर्जित करता है।

महावीर अग्रवाल : अधिकांश रचनाधर्मी मानते हैं कि विश्व में यदि आज कोई सम्पूर्ण वैज्ञानिक और सही जीवन दर्शन है तो वह मार्क्सवाद है, आप ऐसा क्यों मानते हैं?

नामवर सिंह : मार्क्सवाद केवल राजनीति नहीं है, जीवन के लिए धमनियों में दौड़ने वाला रक्त है। मार्क्सवाद धर्म या आस्था का दर्शन नहीं, वरन विज्ञान है। मार्क्सवाद का अर्थ स्थूल समाजशास्त्र नहीं है, अतः उसका अध्ययन गहराई से करना चाहिए, जानना और समझना चाहिए। तात्पर्य यह कि परम्परा और आधुनिकता की द्वन्द्वात्मक ऐतिहासिक समझ से ही सार्थक आलोचना कर्म सम्भव है। साहित्य की अवधारणा भी 'आइडियोलॉजिकल' है, इसे हमें हमेशा याद रखना चाहिए। मार्क्सवादी आलोचना दृष्टि को स्वीकार करता हूँ। मानता हूँ, वह ऐतिहासिक दृष्टि है। मार्क्सवाद में अन्तर्वस्तु और रूप की एकता और उसका द्वन्द्वात्मक सम्बन्ध बहुत महत्त्वपूर्ण सिद्धान्त है। रचना में अन्तर्निहित विचार को पकड़ने की क्षमता मार्क्सवादी आलोचना में सबसे अधिक है।

महावीर अग्रवाल : रचना और आलोचना के क्षेत्र में सकारात्मक भूमिका अदा करने में लघु-पत्रिकाओं को भूमिका आप किस रूप में मानते हैं? कौन-कौन-सी लघु-पत्रिकाओं ने इस दिशा में बेहतर काम किया है?

नामवर सिंह : लघु-पत्रिकाओं की भूमिका प्रारम्भ से ही महत्त्वपूर्ण रही है। मेरा ऐसा ख़याल है कि हिन्दी की साहित्यिक पत्रिका का आरम्भ ही इस रूप में लघु-पत्रिकाओं के रूप में ही हुआ। भारतेन्दु हरिशचंद्र ने जो 'हरिश्चंद्र चन्द्रिका' निकाली, 'कवि-वचन-सुधा' निकाली वह लघु-पत्रिका थी, 'ब्राह्मण' लघु-पत्रिका थी, 'हिन्दी प्रदीप' लघु-पत्रिका थी। हिन्दी की साहित्यिक पत्रिकाएँ लघु-पत्रिका के रूप में ही शुरू हुई थीं। उनके द्वारा नया गद्य आया था, नया साहित्य आया था, और स्वयं 'सरस्वती' को आप क्या कहेंगे? सरस्वती जब निकली थी, नागरी प्रचारिणी सभा की मोहर के साथ निकली थी। यह नागरी प्रचारिणी सभा प्रतिष्ठान है लेकिन उस प्रतिष्ठान की क्या उम्र थी जब सरस्वती वहाँ से निकली थी? उसकी अपनी एक पत्रिका थी शोध की 'नागरी प्रचारिणी पत्रिका'। लेकिन साहित्यिक पत्रिका जब निकली तो उसके सम्पादक-मंडल में पाँच आदमी थे। द्विवेदी जी तो पाँच साल बाद आए लेकिन स्वयं महावीर प्रसाद द्विवेदी ने जब 'सरस्वती' को सम्भाला तो 'सरस्वती' भले ही प्रकाशन संस्थान से निकलती रही हो, पहला विद्रोह पंडित जी ने किया कि नागरी प्रचारिणी सभा से सम्बन्ध-विच्छेद किया। प्रतिष्ठान से निकल कर 'सरस्वती' प्रतिष्ठान विरोधी पत्रिका के रूप में चली थी और महावीर प्रसाद द्विवेदी उस युग के नए साहित्य को प्रकाशित करके और प्रारम्भ में ब्रजभाषा के विरुद्ध खड़ी बोली की कविताएँ—मैथिलीशरण की—छाप कर 'हरावल-दस्ते' का काम कर रहे थे। आगे चलकर

छायावाद से सहमत न होते हुए भी सुमित्रानन्दन पन्त की कविताएँ उसमें छपीं, स्वच्छन्दतावादी कविताएँ छपीं, तो गद्य ही नहीं 'उसने कहा था' कहानी छपी थी, 'पंच परमेश्वर' कहानी छपी थी। महावीर प्रसाद द्विवेदी सरस्वती को प्रतिष्ठान की पत्रिका नहीं बना रहे थे, बल्कि नई धारा का प्रवर्त्तन 'सरस्वती' के द्वारा हुआ।

उन्नीसवीं सदी के लेखक अपनी पूँजी से, अपने श्रम से, कभी-कभी पूरी पत्रिका उन्हें स्वयं लिखनी पड़ती थी। 'आनन्द कादम्बिनी' प्रेमघन जी आदि से लेकर अन्त तक लिख दिया करते थे। पं. प्रतापनारायण मिश्र जैसे फक्कड़ आदमी 'ब्राह्मण' निकालते थे। चन्दा-वन्दा नहीं आता था और वे कविता में ही चंदा माँगा करते थे–बहुत काल *बीते जजमान, अब तो करो दच्छिना दान, हर गंगे----और अब 21 वीं सदी में लघु-पत्रिकाएँ इंटरनेट पर उपलब्ध हैं।*

'पहल' ने अच्छा काम किया है। आप देख रहे हैं महावीर जी, इस समय 'वसुधा' लगतार बहुत बेहतर ढंग से निकल रही हैं। सामान्य अंकों के साथ-साथ 'वसुधा' ने परसाई जी और डॉ. रामविलास शर्मा पर संग्रहणीय विशेषांक निकाले हैं। समकालीन उर्दू साहित्य पर केन्द्रित उसके दो विशेषांक जो अभी-अभी छप कर आए हैं, उन्हें हिन्दी जगत में व्यापक स्वीकृति मिल रही है। लघु-पत्रिकाओं और साहित्यिक पत्रिकाओं का विपुल प्रकाशन बहुत उम्मीद बँधाता है। गाँवों से, कस्बों से बीस-बीस पन्नों की छोटी-छोटी पत्रिकाएँ निकल रही हैं। दिल्ली, लखनऊ, जबलपुर, भोपाल, आगरा, इलाहाबाद, जयपुर, पटना, कोलकाता, बनारस, इंदौर और भी अनेक शहर हैं, जहाँ से लघु-पत्रिकाएँ लगातार निकल रही हैं। आपके छत्तीसगढ़ में भी कई लघु-पत्रिकाओं ने राष्ट्रीय स्तर पर दस्तक दी है। इसका सबसे बड़ा लाभ यह है कि नए रचनाकारों को प्रकाशन का अवसर व्यापक स्तर पर मिल रहा है। इक्कीसवीं सदी लघु-पत्रिकाओं के लिए एक उज्ज्वल भविष्य लेकर हमारे सामने हैं।

महावीर अग्रवाल : प्रगतिशील लेखक लंघ और जनवादी लेखक संघ अक्सर एक-दूसरे पर आरोप-प्रत्यारोप लगाते रहते हैं–इससे प्रगतिशील आन्दोलन को नुकसान हो रहा है। आपके विचार से यह विभाजन समाप्त कर इन्हें एकता के सूत्र में साथ-साथ कैसे आगे बढ़ाया जा सकता है?

नामवर सिंह : प्रगतिशील लेखक संघ में प्रत्येक लेखक को अपने ढंग से सोचने का अधिकार है। यहाँ सभी एक ही सुर में नहीं बोलते। हमारे यहाँ साहित्यकारों की राय राजनीतिक पार्टी की राय की तरह एक हो–'एक सियार ने 'हुँआ-हुँआ' किया तो सबने राग अलाप दिया 'हुँआ'। एकात्मक राय बनाने का काम हमारा नहीं राजनीतिक पार्टियों का है। बुनियादी मुद्दों पर हम एक अवश्य हैं, लेकिन हमारा प्रत्येक लेखक स्वयं में एक स्वतंत्र इकाई है। यदि हम विचारों से एक हो जाएँगे तो साहित्य में विविधता कैसे आएगी। प्रगतिशील आन्दोलन में व्यक्ति से अधिक महत्त्वपूर्ण उसके

मूल्य, उसकी धारा, उसके सिद्धान्त, उसकी प्रवृत्ति मानी गई है। मैं प्रगतिशील लेखक संघ की गतिविधियों से एक सीमा तक सन्तुष्ट हूँ। आपके छत्तीसगढ़ में प्रगतिशील लेखक संघ ने पिछले बीस वर्षों से लगातार अच्छा काम किया है। जनवादी लेखक संघ में सही मायने में लेखक बहुत कम हैं। जन-संस्कृति मंच में प्रतिभाशाली युवक हैं जो जनता के बीच पहुँच रहे हैं। दूसरे संगठन भी अपने-अपने ढंग से काम कर रहे हैं। वैचारिक मतभेद बहुत स्वाभाविक हैं परन्तु एक-दूसरे पर आरोप एवं प्रत्यारोप से हमारी शक्ति क्षीण होती है। सब मिल-जुलकर बैठें और अपने मतभेद दूर कर एक साथ आगे बढ़ें, इससे अच्छी बात और क्या हो सकती है? आन्दोलन की शक्ति साधारण को विशेष बना देती है। प्रगतिशीलता जनआन्दोलन का अलख जगाती है। यही हमारी शिक्षा और दीक्षा है।

महावीर अग्रवाल : साहित्यिक संगठनों की रूपरेखा कैसी होनी चाहिए? राजनीतिक पार्टियों की भूमिका उसमें कैसी हो? उनका हस्तक्षेप किस सीमा तक हो?

नामवर सिंह : आदमी का दिमाग इतना उर्वर है कि उसमें 'चिन्तन' की सहस्त्र धाराएँ निकलती हैं। कबीर के पास अस्वीकार का अपार साहस है तो तुलसी के पास समन्वय की अद्‌भुत शक्ति परन्तु दोनों लोकमान्य हैं। साहित्यिक संगठन में राजनीतिक संगठन की तरह एक लाईन नहीं होती, अगर इसमें भी एक लाईन हो जाएगी तो साहित्य की प्रगति रुक जाएगी। लेखन की स्वतंत्रता और जीवन्तता का दूसरा नाम ही प्रगतिशील लेखक संघ है। यह लेखकों का सबसे बड़ा और महत्त्वपूर्ण संगठन है। मेरा मानना है कि राजनीतिक पार्टियों का हस्तक्षेप साहित्यिक संगठनों में कम से कम होना चाहिए क्योंकि साहित्यिक संगठनों में अनेक महत्त्वपूर्ण लेखक रहते हैं। यह स्वाभाविक है कि उसमें वैचारिक मतभेद भी अनेक मुद्‌दों पर दिखाई देते हैं लेकिन 'संवाद' लेखकों की सबसे बड़ी शक्ति होती है। निरन्तर संवाद द्वारा रचनाकारों में आत्मविश्वास पैदा होता है और इसके साथ-ही-साथ आत्मालोचना और आत्मसमीक्षा की शक्ति भी पैदा होती है। अपनी भूलों को स्वीकार करने का साहस कलमकारों में होता है। और इस तरह आत्मालोचन और संवाद द्वारा साहित्यिक संगठनों का निर्माण होता है।

महावीर अग्रवाल : नई पीढ़ी के रचनाकारों के विषय में आपकी क्या राय है? कुछ सम्भावनाशील रचनाकारों के नाम और काम पर अपने विचार बताइए। नई पीढ़ी बहुत तेजस्वी है।

नामवर सिंह : आज जो रचनाकर्म हो रहा है, उसे गम्भीरतापूर्वक देखने से पता लगता है कि नई पीढ़ी में सूक्ष्म संवेदनशीलता है। एक से एक नई कहानियाँ, नए शिल्प और नए कलेवर में सामने आ रही हैं। उनको पढ़ने से बहुत उम्मीद बनती है। हिन्दी कविता में भी बहुत काम हो रहा है। आप जानते ही हैं, अभी अनेक युवा रचनाकारों

के शानदार उपन्यासों ने अपनी एक अलग पहचान बनाई है। युवा पीढ़ी बहुत गहराई के साथ अपने समय और अपने समाज को देख रही है, समझ रही है। उसे अपने ढंग से व्यक्त भी कर रही है।

महावीर अग्रवाल : हिन्दी रचना और आलोचना की विश्व साहित्य में क्या स्थिति है?

नामवर सिंह : आमतौर पर जितने बड़े आलोचक हुए हैं उनकी दृष्टि में रचना के निकट होने का अर्थ समाज से दूर जाना नहीं था। महत्त्वपूर्ण आलोचक जो हुए हैं– दो प्रकार के दिखाई पड़ते हैं। एक, जो अपने समय की सामाजिक और सांस्कृतिक चुनौतियों का सामना करते हुए उनसे उद्वेलित होकर आलोचना कर्म में प्रवृत्त हुए। दूसरे वे आलोचक, जो रचना के क्षेत्र में होने वाले नए प्रयोगों और नए सर्जनात्मक प्रयासों और आन्दोलनों से उत्तेजित होकर चाहे उनके समर्थन में, चाहे उनके विरोध में खड़े हुए। वे बड़े आलोचक थे। अंग्रेज़ी से उदाहरण देना हो तो मैथ्यू आर्नल्ड पहली कोटि के आलोचक थे, जिसे 'सभ्यता समीक्षा' कहते थे, मैथ्यू आर्नल्ड ने उसी की नींव डाली। वे केवल साहित्य के कोरे व्याख्याकार मात्र नहीं थे, वे सभ्यता समीक्षक भी थे। अंग्रेज़ी में इसी को 'पब्लिक क्रिटिक' कहते हैं। वे विद्यार्थियों को परीक्षा में पास कराने के लिए नहीं लिख रहे थे। वे उस 'कॉमन रीडर' अर्थात् सामान्य पाठक के लिए लिख रहे थे जो केवल साहित्य का विद्यार्थी नहीं था लेकिन एक सामान्य नागरिक के नाते साहित्य पढ़ता था और साहित्य में रुचि लेता था। दूसरी कोटि के बड़े आलोचक टी.एस. इलियट थे। वे रचना के क्षेत्र में नए प्रयोग कर रहे थे। पर उन प्रयोगों के समर्थन के लिए उन्होंने अपने समय की कविता पर नहीं लिखा बल्कि उन्होंने दो सौ साल पहले के 'मेटाफिजिकल' कवियों पर लिखा। इस प्रक्रिया में आलोचना के क्षेत्र में नए ग्रंथ का प्रचलन हुआ जिसे अंग्रेज़ी में 'न्यू क्रिटिसिज़्म' कहते हैं। अंग्रेज़ी से ये दोनों उदाहरण देने के बाद मैं यह कहना चाहूँगा कि हिन्दी में आचार्य रामचंद्र शुक्ल का समस्त आलोचना-कर्म विश्वविद्यालय के अन्दर सम्पन्न हुआ, पर वह सिर्फ विद्यार्थियों को ही सम्बोधित नहीं है। उनकी नजर सामान्य पाठक पर थी। 'कविता क्या है' निबन्ध से यह स्पष्ट हो जाता है।

एक शब्द पश्चिमी आलोचना में बहुत प्रचलित है जिसको 'लिटरेरी थ्योरी' न कहकर संक्षेप में 'थ्योरी' कहते हैं। वहाँ के विश्वविद्यालयों में नौकरी पाने के लिए भी जरूरी है कि आपको 'थ्योरी' में विशेषता होनी चाहिए। एक जमाना था, जब लोग शेक्सपियर के विशेषज्ञ होते थे या मिल्टन के या फिर 'रोमैंटिक्स' या 'विक्टोरियाई' युग के उपन्यासों के। लेकिन अब आप अगर 'थियरी' नहीं जानते तो आप अज्ञ हैं। लगभग तीन-चार दशक से, जब से उत्तर संरचनावाद उत्तर आधुनिकतावाद का चलन हुआ है अधिकांश विद्वान अध्यापक, आलोचक इसी ऊहापोह में लगे हैं।

अमेरिका में आलोचना ज़्यादातर विश्वविद्यालयों में लिखी जाती है। हम लोग भाग्यशाली हैं कि हमारे साहित्य में आलोचना युग नाम का कोई युग नहीं रहा। लोगों ने जब द्विवेदी युग कहा, तक इसका अर्थ आलोचना युग नहीं था। और उसके बाद के युग को छायावाद या प्रेमचंद का युग जो भी कहें, आचार्य शुक्ल जैसे बड़े आलोचक के रहते हुए भी हमने उसे आलोचना युग नहीं कहा। लेकिन अमेरिकी साहित्य में बीसवीं शती का मध्य आलोचना युग के नाम से जाना जाता है और शती का अवसान काव्य सिद्धान्त का युग है। पर वहाँ यह भी अनुभव किया जा रहा है कि इस सिद्धान्त के चलते स्वयं रचना उपेक्षित हो गई है। हमारे लिए यह सौभाग्य की बात है कि हिन्दी और उसके साथ ही अन्य भारतीय भाषाओं में यह स्थिति नहीं है। आज हम दूसरों की नजरों में भले ही पिछड़े हुए हों पर अपनी नजर में हम बहुत भाग्यशाली हैं कि आज भी कविता, कहानी, उपन्यास, नाटक अर्थात् साहित्य की रचना को ही सिर पर धारण किए हुए हैं और आलोचना को गौण मानते हैं। यही कारण है कि सिद्धान्त का बोलबाला हमारे यहाँ नहीं हुआ और यह शुभ लक्षण है।

महावीर अग्रवाल : 11 से 13 जनवरी, 1987 तक भारत भवन द्वारा आयोजित आलोचना पर केन्द्रित 'समवाय' का आयोजन सम्पन्न हुआ। उस पर केन्द्रित 'पूर्वग्रह' (78-79) के विशेषांक पर आपकी क्या राय है?

नामवर सिंह : समवाय का आयोजन लगभग 15 वर्ष पहले हुआ था। 'पूर्वग्रह' के उस विशेषांक को देखे हुए भी बहुत समय बीत गया। इस पर बात करने के लिए काफी समय चाहिए। अभी यह सम्भव नहीं लगता, महावीर जी। इन बिन्दुओं पर फिर कभी विस्तार से चर्चा करेंगे।

महावीर अग्रवाल : आज मीडिया की लोकप्रियता और उसके सकारात्मक उपयोग की दिशा में आप क्या सोचते हैं? क्या, दूरदर्शन अपने दायित्व का निर्वाह कर पा रहा है?

नामवर सिंह : मैं आज भी नहीं मानता कि पाठक वर्ग अब केवल दर्शक में बदल गया है। इसके बाद भी नई पीढ़ी में जो केवल दर्शक बन रहे हैं वे अन्धत्व की ओर बढ़ रहे हैं। यह हमारे समाज के लिए अभिशाप है कि ऐसे दर्शकों की संख्या में वृद्धि हुई हैं। विज्ञापनों के कारण नई पीढ़ी की सोच में भटकाव आया है। हमारी सामाजिक-साहित्यिक-सांस्कृतिक और नैतिक छवि को दूरदर्शन उपभोक्ता संस्कृति की ओर ढकेल रहा है। लेकिन इसका विरोध करके हम क्या कर सकते हैं? मीडिया का सार्थक उपयोग हम कैसे कर सकते हैं, इस दिशा में हमें सोचना चाहिए। नेशनल जिओग्राफिक, डिस्कवरी और समाचार के साथ-साथ स्पोर्ट्स के अनेक चैनल हैं जिनका प्रभाव सकारात्मक है। महावीर जी, आपने पिछली बार की चर्चा में

'सुबह-सवेरे' को समकालीन साहित्य का एक अच्छा कार्यक्रम बताया था। दूरदर्शन को भी सिर्फ दर्शक नहीं, दृष्टा पैदा करना चाहिए।

महावीर अग्रवाल : पुस्तकों के मूल्य बहुत अधिक रखे जा रहे हैं, वे पाठक और आम जनता तक कैसे पहुँचाई जा सकती हैं?

नामवर सिंह : यह सही है कि पुस्तक के मूल्यों में बहुत अधिक वृद्धि हुई है। पर पुस्तकों के अधिक मूल्य के लिए केवल प्रकाशक दोषी नहीं है। समाज, सरकार और लेखक भी किसी न किसी रूप में जिम्मेदार हैं। फिर भी, अनेक प्रकाशकों ने विश्व साहित्य के महत्त्वपूर्ण रचनाकारों के पेपरबैक संस्करण छापे हैं, उनके मूल्य वाजिब हैं। हिन्दी के प्रतिष्ठित कवियों, कहानीकारों और उपन्यासकारों के पेपरबैक संस्करण पहले से ही पुस्तक के बाजार में उपलब्ध हैं। जो पाठक पढ़ने में रुचि रखते हैं, उन्हें पुस्तकें उचित मूल्य पर मिल ही जाती हैं।

महावीर अग्रवाल : अभिव्यक्ति की स्वतंत्रता और सरकार की नीतियों के सम्बन्ध में आपकी क्या धारणा है?

नामवर सिंह : ऐसा कौन रचनाकार है, जो अभिव्यक्ति की स्वतंत्रता नहीं चाहता। हम, हमारा परिवार, हमारा समाज और सरकार—सभी अपने मन के अनुकूल अभिव्यक्ति को पसन्द करते हैं। चिन्तन के क्षेत्र में मतभिन्नता बहुत स्वाभाविक है। साहित्य सृजन करते हुए इसे अनदेखा नहीं किया जा सकता। सरकार की नीतियाँ उनकी अपनी सोच के अनुसार बनती हैं। वे हमारे मूल्यपरक विचारों से कभी टकराती हैं और कभी पीछे चलती हैं। सरकारी नीतियों को राग-द्वेष से प्रेरित नहीं होना चाहिए। इनमें क्षुद्रता नहीं होनी चाहिए। अभिव्यक्ति की स्वतंत्रता का प्रश्न बहुत गम्भीर, बहुत गहरा और बहुत उत्तरदायी है। रवीन्द्रनाथ टैगोर ने अपनी कविता में अभिव्यक्ति की स्वतंत्रता को बहुत ही सुन्दर तरीके के व्यक्त किया है "अभिव्यक्ति का उत्स हो सत्य का गहन तल, जहाँ पूर्णता की दिशा में पूरी निष्ठा और श्रम से लगे हों...।" कलम की स्वतंत्रता का यह सम्बन्ध, यह विचार जितना पारदर्शी हो 'समाज' के लिए उतना ही बेहतर है।

यदि आप विकास करना चाहते हैं तो आत्मसजगता जरूरी है। आत्मसजगता नहीं है तो फिर आप पुरानी बातें दोहराते चले जाएँगे। पुराने आचार्यों के कथन का चर्चित वर्णन करते चले जाएँगे। इस तरह हिन्दी आलोचना का उत्तरोत्तर विकास सम्भव नहीं है। पहली ज़रूरत आपके सामने यही है कि जितनी पद्धतियाँ और आलोचना के जितने औजार हमें सुलभ हैं, हमारे लिए ये 'औजार बक्सा' के रूप में हमारे सामने है। उनको एक बार फिर से जाँचने-परखने की घड़ी आ गई है। साहित्यानुराग के भाव में जो आलोचना लिखी जाती है, वह मात्र लट्ठबाज होती है। हमारा जो समाज है, यह जो दुनिया है, हमारी जो जिन्दगी है वह वास्तविकता है। इसे बहुत प्यार और अनुराग के साथ देखना और समझना होगा। आलोचना के क्षेत्र

में अपने-अपने ढंग से अनेक आलोचक आलोचना लिख रहे हैं, उनमें से मेरे प्रिय आलोचक कुँवर नारायण हैं।

महावीर अग्रवाल : समकालीन आलोचना की रचनात्मक चुनौतियाँ क्या हैं?

नामवर सिंह : अक्सर हम अध्यापक कक्षा में बताते हैं कि आलोचना शब्द 'लुच्' धातु से बना है, जिसका अर्थ 'देखना' होता है। लोचन भी उसी से बना हुआ है जिससे आलोचक बना है। जो आँख देखती है, उस आँख को भी देखने वाली एक आँख चाहिए कि यह देखने के लिए कि वह ठीक से देख तो रही है? लेकिन जिससे हम देख रहे हैं वह क्या है? सब लोग जिधर हैं वे उधर देख रहे हैं। हम देखने वालों की नजर देखते हैं। कैसे देखते हैं? साथ-ही-साथ अपनी आँख को भी देखते हैं कि वह जो देख रही है ठीक से देख रही है कि नहीं। जब मैं आँख कहता हूँ तो उस आँख में वह सब शामिल है, जिसे हम हमारी विचारधारा कहते हैं, अवधारणा कहते हैं। सिद्धान्त, पद्धतियाँ–सब कुछ इस आँख में शामिल हैं।

आलोचना के लिए सबसे बड़ी चुनौती है–संवेदना और शिल्प, दोनों ही स्तरों पर साहित्य में होने वाले नए परिवर्तन के साथ सर्जनात्मक संवाद। संवाद का अर्थ न तो अन्ध अनुमोदन है और न ही अन्ध विरोध। हम गौर से देखें तो साहित्य में गहरे अर्थों में सामाजिकता का विकास दिखाई देता है। कविता और कहानी में बारीक से बारीक बात को भी अनोखे ढंग से कह सकने की क्षमता का शिल्प विकसित हुआ है। इस तरह रचना की चुनौती बार-बार आलोचक के सामने आ रही हैं। इतना निश्चित है कि साहित्य के अन्दर घटित होने वाले बदलावों में मुँह मोड़ कर कोई आलोचना सार्थक और प्रासंगिक नहीं हो सकती। कुछ नए आलोचक जरूर उम्मीद बँधाते हैं।

आलोचना के सामने एक और चुनौती हिन्दी आलोचना की भाषा है। जाने-अनजाने 'सामाजिक सरोकार' शब्द का प्रयोग खूब किया जा रहा है। तात्कालिकता का दबाब आलोचना के ऊपर साफ दिखाई देता है। कोई तुरन्त समीक्षा लिखता है, कोई मीडिया पर लिख रहा है तो कोई उपभोक्ता संस्कृति पर तो कोई पत्रकारिता की भाषा लिखकर ही यह समझ रहा है कि उसने बहुत बड़ा मैदान मार लिया है। विपरीत परिस्थितियों में भी निराश होना हमें शोभा नहीं देता। फ़ैज़ ने सही कहा है–

दिल नाउम्मीद तो नहीं, नाकाम ही तो है
लम्बी है गम की शाम, मगर शाम ही तो है

['मधुमती' मार्च, 2003 में 'सर्जनात्मक अनुभव के अन्तःकरण तक पहुँचना' शीर्षक से प्रकाशित]

'कहानी' विधा की सीमा को जब तक हम नहीं समझेंगे, बहुत ज़्यादा अपेक्षा करते रहेंगे

सुरेश पांडेय की बातचीत

सुरेश पांडेय : हाल ही एक इंटरव्यू में आपने कहा है कि कथा समीक्षा की दुनिया में आपका आना अनिच्छा से हुआ और कहानी सम्बन्धी आपके लेखों में एक हिचक मौजूद है। इस अनिच्छा और हिचक की पृष्ठभूमि क्या है, कारण क्या है?

नामवर सिंह : ऐसा है कि यह हिचक तो शुरू के लेखों में मिलती है जो 'कहानी', 'नई कहानियाँ' में छपे थे। इस हिचक के दो कारण थे। एक तो यह कि कविता के बारे में जितना आत्म-विश्वास मुझमें था, कहानी के बारे में अपने विचारों को लेकर उतना आत्म-विश्वास मुझमें नहीं था। कहानियाँ उतनी लगन से, तन्मयता से, तबियत से, फुर्सत से, मैंने नहीं पढ़ी थीं जितनी कविताएँ, और संख्या में भी कहानियाँ मैंने कम ही पढ़ी थीं लेकिन मेरी कुछ धारणाएँ बनी थीं और उनको लेकर उतना आश्वस्त मैं शुरू में नहीं था। लेकिन जैसे-जैसे मैं कहानियाँ पढ़ने लगा...मेरे लिए एक तरह से अपने तईं एक खोज थी और उनको मैं दूसरों के साथ 'शेयर' करना चाहता था, साझीदारी चाहता था, उन पर बातचीत करना चाहता था।...तुम देखोगे कि वह हिचक बाद में धीरे-धीरे कम होती गई, बल्कि नहीं रही। दूसरा कारण था हमारी पीढ़ी के लेखकों के साथ कहानी उस समय बनने की प्रक्रिया में थी और यह पुराना अन्ध-विश्वास कह लो, जो मेरे मन में था कि बढ़ते हुए पौधे को नापना नहीं चाहिए वरना उसकी बाढ़ रुक जाती है। और नई जो बनने वाली कहानी उस समय थी, अपना रास्ता कहानीकार टटोल रहे थे, मैंने सोचा कि शायद इन बातों से उनकी बाढ़ में रुकावट आएगी और लेखक सहसा 'आलोचना-कांशस' हो जाएँगे; जबकि मेरी दिलचस्पी कहानी की रचनाशीलता में थी, उसके विकास में थी, उसकी बाढ़ में थी। मेरी हिचक का दूसरा कारण यही था। लेकिन बाद में धीरे-धीरे कहानीकार भी

साझीदारी का अनुभव करने लगे थे और तुम देखोगे कि यह शुरू वाली हिचक बाद के लेखों में दूर हो गई थी। अन्तिम बात उस दौर की अपनी अभिव्यक्ति के बारे में यह कहूँगा कि बाद में कहानी में कुछ लेखकों का एक निहित स्वार्थ पैदा हो गया था, अपने प्रचार को लेकर, अपने महत्त्व को लेकर, अपने को स्थापित करने की भावनों के कारण और फिर धीरे-धीरे उस आधार पर वे कहानी की पत्रिकाओं पर छाने की दिशा में प्रयत्न करने लगे और तब मुझे लगा कि कहानी-सम्बन्धी आलोचना अब साहित्यिक न होकर गैर-साहित्यिक सरोकारों से जुड़ने लगी है।...और इन्हीं गैर-साहित्यिक सरोकारों के कारण मैंने लिखना बन्द कर दिया कि कहानी पर अब साहित्यिक बातचीत सम्भव नहीं है और इसे रोक देना चाहते हैं कहानीकार भी, तो क्या फायदा है खामख्वाह इन चीज़ों से उलझने में और वो हिचक थी। इसलिए बहुत दिनों के बाद जब मैंने शुरू किया और इधर लिखना तो शुरू नहीं किया, कुछ मन में बातें थीं और उनको लेकर कुछ लोग बातचीत करना चाहते थे, तो बातचीत करते हुए फिर मैंने कहा कि इच्छा तो मेरे मन में फिर है, लेकिन आशंका तो थी...और वो कहानी की दुनिया में ज़्यादा होती है जिसकी छानबीन आप लोगों ने जरूर की होगी। कविता की दुनिया में दुबारा लिखते हुए या उसमें पुनः प्रवेश करते हुए ऐसी कोई दिक्कत नहीं होती।...और हिन्दी कहानी के बारे में इधर की नई पीढ़ी में लगभग वही सरोकार मुझे फिर दिखाई पड़े, बावजूद इसके कि व्यावसायिक पत्रिकाएँ भी उतनी नहीं रह गई हैं और लघु-पत्रिकाएँ भी आज दस साल पहले की तुलना में कुछ कम ही निकलती हैं। हाँ, इस बीच संग्रह बहुत ज़्यादा छपे हैं कहानियों के। शायद ही कोई नया लिखने वाला कहानीकार हो, जिसके पास पाँच कहानियाँ हों और जिसका संग्रह नहीं निकल गया हो।...तो किन्हीं कारणों से इस बीच भी अपने को जमाने, स्थापित करने, प्रतिष्ठित करने आदि-आदि जैसे गैर-साहित्यिक सरोकारों की एक धुन लोगों में दिखाई पड़ती है। इसलिए दूसरी बार आने में फिर हिचक थी और तुम तो जानते हो कि कुछ न चाहते हुए भी विवादों से घिरा हुआ या उलझा हुआ आदमी मैं हूँ। मैं कुछ भी कहूँ, लोग उसे लेकर हल्ला मचाना शुरू कर देते हैं।...तो मेरे मन में एक हिचक फिर पैदा हुई कि लोग इन चीज़ों के बारे में एक 'प्रयोजन' ढूँढ़ने' गलते हैं, कोई मंशा खास होगी जिसके कारण ये आ रहे हैं, क्यों आ रहे हैं...अच्छा-खासा तुमने देखा कि एक हंगामा फिर खड़ा हो गया।...तो वो हिचक यहाँ भी मेरे साथ थी।

सुरेश पांडेय : जिस इंटरव्यू की चर्चा अभी मैंने की, उसमें आपने यह भी कहा कि कहानी की आलोचना में आप दोस्तों के लिहाज के दबाव में आए।

नामवर सिंह : हाँ, उस समय के मेरे साथ के लोगों में राजेन्द्र यादव, मार्कण्डेय, अमर कान्त, शेखर जोशी और फिर मोहन राकेश भी—ये लोग लिख रहे थे, और उन लोगों

ने मुझसे कहा कि भई, तुम कविता के बारे में बहुत ज़्यादा लिखते हो, इधर हम लोग इतना प्रयत्न कर रहे हैं...और ख़ासतौर से, इनमें कई लोग थे, जो प्रगतिशील आन्दोलन के साथ जुड़े हुए लोग थे। उन्होंने कहा कि कहानी की उपेक्षा हो रही है, उस पर आलोचना नहीं लिखी जाती है और तुम क्यों नहीं लिख रहे हो...तो जो दबाव और लिहाज था वो यह था कि वे चाहते थे कि उनके प्रयत्नों की भी चर्चा की जाए, उन पर बातचीत की जाए और केवल कविता तक ही सीमित न रहा जाए। दोस्तों का दबाव इसी तरह का था, और किसी तरह का दबाव नहीं था।

सुरेश पांडेय : नामवर जी, आप ने 'नई कहानी' के दौर की कहानियों से लिखने की शुरुआत की। जैसा कि सभी जानते हैं, 'नई कहानी' नाम 'नई कविता' के वजन पर पड़ा। नई कविता का पुरानी कविता के साथ, जैसा कि हरिशंकर परसाई ने अपने एक निबन्ध में कहा है, कुछ मौलिक विरोध भी था और इस कारण 'नई कविता' नाम सार्थक था। क्या नई कहानी का पुरानी कहानी के साथ कोई मौलिक विरोध था जिससे 'नई' विशेषण को सार्थकता मिल सके? यानी कोई मूल्यगत परिवर्तन आपको 'नई कहानी' के भीतर दीखता है?

नामवर : यही तो सवाल था जिसकी खोज की ओर अग्रसर होते हुए मैंने उतने सारे लेख लिखे...बल्कि तुम्हें याद होगा कि 'कहानी' पत्रिका में पहला लेख जो मैंने लिखा था, उसका शीर्षक था–'आज की कहानी'। 'नई कहानी' उसका शीर्षक था नहीं। और उसमें सवाल मैंने उठाया था कि क्या नई कहानी जैसी कोई चीज़ है? और ऐसा क्यों है कि साहित्य के एक ही दौर में कविता तो नई संवेदनाओं की ओर प्रयास करके और धमाके के साथ आई और 'नई कविता' नाम लेते हुए आई, चाहे नाम उसका 'नई कविता' के एक विशेष गुट के ही लोगों ने क्यों न दिया हो लेकिन कहानी में ऐसा क्यों नहीं हुआ या हो रहा है? इसी की खोज थी उसमें...और तुरन्त बाद के लेखों में तुम देखोगे कि...दूसरे या तीसरे लेख में मैंने यह कहा कि...

सुरेश पांडेय : आपने ऐतिहासिक नवीनता की बात कही थी।

नामवर सिंह : हाँ, और कहीं यह भी कहा है कि अब इस सवाल के उठते ही कहानीकार इस नयेपन के प्रति कुछ आत्मसजग हो गए हैं और आत्मसजगता की खोज में ये लोग कविता के ही लटके और मुहावरे इस्तेमाल करने लगे हैं ख़ासतौर से अपने लेखों में और एक हद तक कहानियों में।...नए बिम्बों और प्रतीकों को ले आकर कहानी को नया बनाने की कोशिश कर रहे हैं और मैंने कहा कि यह गलत तरीका है, गलत रास्ता है। कहानी इस तरह से नई न हो सकती है और न तो नयापन उसका इस रूप में माना जाएगा, क्योंकि हिन्दी कहानी की एक लम्बी परम्परा है।...इसलिए जब कविता नई हुई तो अपने आन्तरिक विकास के नियमों के अन्तर्गत उससे संघर्ष करते हुए, अपनी स्वतंत्र अस्मिता बनाते हुए! कहानी के सम्बन्ध में बड़ी

आसानी से कहा जा सकता है कि सन् 50 से पहले कम से कम 40 बरस की एक अच्छी परम्परा थी। प्रेमचंद, प्रसाद, जैनेन्द्र, यशपाल आदि लेखकों ने कहानी की विषय-वस्तु या अन्तर्वस्तु कहो और उसके रूप को लेकर अब तक जो कुछ कर दिया था, उसमें नए कहानीकार नया क्या ले आए हैं, नया अनुभव है, कुछ नए चरित्र हैं या कहानी कहने की कोई नई शैली या टेकनीक है, कोई नई भाषा गढ़ रहे हैं, जब तक यह नहीं होता...और मैं...यही सब कुछ रेखांकित करने की कोशिश कर रहा था। इस प्रयास में मैंने कुछ कहानीकारों के नाम लिए और मुझे लगा कि कहानी उन चीज़ों से हट कर हो सकता है कि कुछ और अपनी ही परम्परा की पुरानी चीज़ों को... मसलन, उन दिनों खासकर प्रगतिशील खेमे में कृश्नचन्दर की कहानियों का बहुत बोल-बाला था और यशपाल की कहानियाँ तो थीं ही।...यशपाल की झटका देने वाली कहानियाँ थीं और कृश्नचन्दर की एक खास तरह की भाषा थी जिस भाषा के द्वारा वे भी कहानी का अन्त लगभग एक झटके के साथ करते थे। एक टेकनीक ही चल पड़ी थी कि कैसे कहानी के अन्दर एक स्थिति में सहसा परिवर्तन होता है और इस परिवर्तन के साथ कहानी खत्म होती है। आमतौर पर उस टेकनीक को ओ' हेनरी या मोपासाँ की टेकनीक कहते हैं। और मैंने देखा कि हमारी पीढ़ी के कई नए लेखकों ने भी इसी तरह की कहानियाँ लिखीं। मोहन राकेश की उस दौर की कहानियाँ जो 'नए बादल' में संग्रहीत हैं, उसी लटके की कहानियाँ हैं, यशपाल जैसी और मुझे लगा कि ये ज़्यादा नई नहीं हैं।...यह नहीं कि टेकनीक पुरानी है, बल्कि अपनी अन्तर्वस्तु में भी ये उतनी तेज नहीं हैं जैसी कि चोट करने में यशपाल और कृश्नचन्दर की कहानियाँ हुआ करती थीं। लेकिन जो बन रही थीं दूसरी कहानियाँ, उनमें देखोगे कि लगभग इस तरह की टेकनीक को लोगों ने छोड़ दिया। मार्कण्डेय की शुरू की 'पानफूल' की कहानियाँ आई थीं, राजेन्द्र यादव की 'खेल-खिलौने' की कहानियाँ आईं थीं, शुरू-शुरू में शेखर जोशी की कहानियों में 'कोसी का घटवार' या अमरकान्त की कहानियों में 'डिप्टी कलक्टरी' थी...एक साथ देखोगे कि इनमें से कोई कहानी इस आधार पर नहीं लिखी हुई थी। इनके सामने एक चरित्र है...ठोस...और उस चरित्र को पूरी जीवन्तता में पकड़ते हुए कुछ लोगों ने सिर्फ चरित्र रखे...

सुरेश पांडेय : मार्कण्डेय के 'गुलरा के बाबा', शिवप्रसाद सिंह की 'दादी माँ'...

नामवर सिंह : ये एक खास तरह के चरित्र थे जिनकी ओर लोग लौट रहे थे और ये नए चरित्र नहीं थे, बल्कि पुरानी पीढ़ी के चरित्रों पर नए आदमी से अपना रिश्ता दिखाते हुए कुछ चरित्र हमारे सामने से आ रहे थे। सिर्फ अमरकान्त थे और अंशतः कहूँगा कि शेखर जोशी भी थे...कुछ ही दिनों बाद शेखर जोशी की 'बदबू' कहानी आई थी...और वे केवल चरित्र देकर सन्तुष्ट रहने वाले आदमी नहीं थे, बल्कि उन चरित्रों के साथ जो घटना है, उस अनुभव के बीच से जिन्दगी की एक सच्चाई जो

कहानी के अन्दर छोटी, किन्तु जिसकी गूँज और अर्थवत्ता ज़्यादा व्यापक और बड़ी हो, उनकी दिलचस्पी इसमें थी। उदाहरण के लिए 'बदबू'...

सुरेश पांडेय : अमरकान्त का 'दोपहर का भोजन'...

नामवर सिंह : हाँ, फिर आगे चल कर 'जिन्दगी और जोंक' संग्रह में जो कहानियाँ आईं।

सुरेश पांडेय : बहुत बाद में उन्होंने 'हत्यारे' जैसी कहानी लिखी...नई कहानी का दौर चुक जाने के बाद।

नामवर सिंह : हाँ, यह कहानी तो नई कहानी का एक दशक पूरा होने के बाद आई।...तो जिसको मैंने कहा था संश्लिष्ट रचनाधर्मिता की कहानियाँ...जिन्दगी के यथार्थ की जटिलताओं के अधिक से अधिक रगों-रेशों को सामने लाने का प्रयास जिसे उस जमाने में कहना चाहिए कि यादव ने अपने लेखों में बहुत कम किया, कहानियों में कोशिश करना चाहते रहे होंगे, लेकिन कामयाब उतने नहीं हुए, जहाँ कहानी एक 'स्लाइस ऑफ लाइफ' के रूप में लिखने की कोशिश हो रही थी। कहानी का विन्यास और ढाँचा और उसके बाद एक नई भाषा भी रहे...कहना चाहिए कि कहानी अपनी जड़ों की ओर लौट रही थी। भाषा का जन्म आम जिन्दगी की बोलचाल की भाषा से हो रहा था प्रेमचंद की भाषा की परम्परा में, जिसमें बोलचाल के स्थानीय शब्द भी आते हैं, लेकिन जिनके द्वारा चरित्र ज़्यादा निखरता है।

मुझे अफसोस है कि मेरा ध्यान उस हद तक नहीं गया, परसाई जी तो व्यंग्य के लेख भी लिख रहे थे, लेकिन वे शुरू में कहानियाँ भी लिख रहे थे! उन्हीं आरम्भिक दिनों की उनकी 'भोलाराम की जीव', 'भूत के पाँव पीछे', 'जैसे उनके दिन फिरे' जैसी चीज़ें आई थीं, यद्यपि मैं इनकी चर्चा नहीं कर सका उन दिनों, क्योंकि मैंने एक लम्बी योजना बनाई थी और सोचा था कि कुछ कहानियों के इर्द-गिर्द लेख लिखे जाएँ, जो पूरी नहीं हो सकी।...तो उस समय परसाई जी की इन कहानियों की ओर ध्यान जाना चाहिए था...दरअसल यशपाल की व्यंग्य करने वाली, चोट करने वाली कहानियों की परम्परा में, लेकिन किसी सपाट फॉर्मूले के मुताबिक लिखी गई कहानियाँ वो नहीं थीं...जैसे कि यशपाल की कहानियों में साफ मालूम होता है कि वर्ग-भेद सम्बन्धी या आर्थिक विषमता या अन्धविश्वास सम्बन्धी जिन्दगी की समस्याओं का एक फॉर्मूला तैयार है उनके पास और उन्होंने चोट की इसके तहत।...तो टेकनीक तो वही थी, परम्परा भी वही थी, लेकिन परसाई जी जिन चीज़ों को ले रहे थे, उनकी और कहानियों में कई और भी चीज़ें ऐसी थीं जिनकी व्याख्या जरूरी थी और वह मैं कर नहीं पाया।

कई दिशाओं में कहानी का विकास उन दिनों हो रहा था, नई दिशाएँ तलाश की जा रही थीं, जिन्हें रेखांकित करने की कोशिश मैं करना चाहता था कि इस कहानी

में रचना के क्षेत्र में जो नवीनता है, वह अपने युग की सामाजिक अन्तर्वस्तु के कारण कितनी आ रही है और कितनी केवल टेकनीक के कारण आ रही है। यह फर्क करके रेखांकित करने की दिशा में विकास करने की ज़रूरत है या थी। यह तलाश ही चल रही थी कि बाद में मुझे ऐसा लगा कि उस नवीनता की खोज में कहानियाँ तो भटक गईं और जब भटकने लगीं तो इनकी आलोचना का एक ही तरीका मेरे सामने रह गया और वह यह कि 'हाशिए पर' वाले लेखों के द्वारा मेरी नजर में जो 'क्लासिक्स' थे, चेख़व या हेमिंग्वे की कहानियाँ लेकर या हिन्दी में ही प्रेमचंद की कोई कहानी लेकर, जिन कहानियों की ओर लोगों का ध्यान नहीं गया था, उन भूली-बिसरी कहानियों को विश्लेषण के द्वारा मैं लेखकों के सामने और पाठकों के सामने भी रखना चाहता था कि कहानी में इन दिशाओं की खोज की जा सकती है। मैंने समकालीन कहानियों पर आने से पहले इन 'क्लासिक्स' का विश्लेषण करना जरूरी समझा और जब समकालीन पर आया तो एक अच्छा-खासा हंगामा खड़ा हो गया जो मौजूद है।...और कहानी के रास्ते को खोजते हुए मैं इस निष्कर्ष पर पहुँचा कि नई कविता तो एक खास तरह की रोमांटिक भावुकता से मुक्त होकर यथार्थ का स्वर अपना चली, लेकिन कहानियों में अब भी वह रोमांटिक भावुकता बची हुई थी, जिसके खिलाफ संघर्ष करना बहुत जरूरी था और यह संघर्ष नए कहानीकारों ने किया। इसी को लेकर के मैंने विष्णु प्रभाकर की कहानी 'अब भी धरती घूम रही है' पर भावुकता का आरोप लगाया था और उसकी तुलना में उषा प्रियम्वदा की कहानी 'वापसी' रखी थी कि देखो, नया क्या है इस कहानी में! इस सिलसिले में मैंने निर्गुण की भी आलोचना की थी।...तो खुद नई कहानी के भीतर और मुझे लगता है कि...ये आप लोग निर्णय करेंगे...मुझे आज भी लगता है कि कहानी के अन्दर अवशिष्ट अनेक कमजोरियों में से एक बड़ी कमजोरी पर मैंने उँगली रखी थी और वो कि जिन्दगी के प्रति एक रोमांटिक भावुकतावादी दृष्टिकोण, जिससे मुक्त होने की ज़रूरत थी, उससे मुक्त हुए बिना कहानी नए यथार्थवाद की ओर अग्रसर हो नहीं सकती थी। बाद के कहानीकारों में ज्ञानरंजन और काशीनाथ सिंह ने नई कहानी पर आगे चलकर यही आरोप लगाया कि नई कहानी तमाम और चीज़ों के अलावा जिन्दगी को भावुकता से ही देखती थी, उसमें रंगीनी और लिजलिजापन बहुत ज़्यादा था और इस कारण, यथार्थ का नया रूप उसमें बहुत कम आ सका।

सुरेश पांडेय : नामवर जी, इधर के प्रगतिशील विचारधारा के आलोचकों ने 'नई कहानी' के दौर की कहानियों का विश्लेषण सोच, कन्सर्न और विचारधारा के स्तर पर करने की दिशा में पहल की है। इनके अनुसार, 'नई कहानी' आन्दोलन में भी प्रगतिशील और गैर-प्रगतिशील, दोनों ही तरह के लेखक सक्रिय थे जिनके फर्क का रेखांकन बहुत जरूरी था। आप की कहानी-सम्बन्धी आलोचना में इस फर्क का

रेखांकन या उस सोच से किया गया विश्लेषण क्यों नहीं मिलता? एक मार्क्सवादी आलोचक से यह उम्मीद तो की ही जानी चाहिए।

नामवर सिंह : ऐसा है कि मेरी कविता-सम्बन्धी आलोचना को भी देखोगे तो उसमें विचारधारा के रूप में, सैद्धान्तिक स्तर पर विचारों की टकराहट खूब हो रही थी। लेकिन स्वयं कविता और कहानी की रचनाओं में यह पार्थक्य छठे दशक में कितना था, इसकी जाँच की जानी चाहिए।...और मुझे लगता है कि...थोड़ी देर के लिए कहानी की ही बात लें...कहानी की दुनिया में यह पार्थक्य कहाँ था? उदाहरण के लिए, नई कविता वाले उस समय कितने थे, जो कहानियाँ लिख रहे थे? जितने कहानीकार थे, कुछ ज़्यादा प्रगतिशील तो कुछ कम प्रगतिशील, लेकिन थे तो कहानी की ही दुनिया में। नई कविता वालों के सबसे बड़े नेता अज्ञेय बन्द कर चुके थे कहानी लिखना। सर्वेश्वर ने कुछ कहानियाँ लिखी थीं, पर मैंने उनको चर्चा के काबिल ही नहीं समझा। रघुवीर सहाय ने बाद में कहानियाँ लिखनी शुरू कीं और मैंने उन पर पूरा एक लेख लिखा था। मेरा खयाल है कि उस दौर की अपनी कविताओं में रघुवीर सहाय उतने प्रगतिशील भले न रहे हों, लेकिन उनकी कहानियों में भावुकताहीन एक नया यथार्थ आ रहा था, जिसका विकास आगे चलकर रघुवीर सहाय की कविताओं में दिखाई पड़ा। और मैंने बावजूद भैरव प्रसाद गुप्त के विरोध और आपत्ति के, कहानी की मुख्यधारा में, मैं कहूँगा कि प्रगतिशील धारा के अन्तर्गत उनका विवेचन करना जरूरी समझा। बाकी लोग जितने लिखने वाले थे–राकेश, कमलेश्वर, मार्कण्डेय, अमरकान्त, शेखर जोशी, रामकुमार और निर्मल वर्मा, ये लोग कायदे से उसी मुख्यधारा के ही अन्तर्गत थे। इनके अलावा जो प्रयोगशील या प्रयोगवादी थे, वे लोग कहानी को फिल्मी गीत की तरह से जीवन के अनुभवों के यथार्थ का सरलीकरण कहते हुए कहते थे कि यह कोई गम्भीर विधा है ही नहीं, जिस पर विचार किया जा सके, क्योंकि वे स्वयं कहानीकार नहीं थे। उन लोगों में ले-देकर एक धर्मवीर भारती थे। धर्मवीर भारती ने ऑस्कर वाइल्ड की नकल में कहानियाँ शुरू में लिखीं, जिनकी चर्चा तब भी मैंने नहीं की और अब भी नहीं करता। आगे चल कर उन्होंने 'गुलकी बन्नो' लिखी जिसका बहुत ढोल पीटा गया। लेकिन 'गुलकी बन्नो' को प्रतिक्रियावादी कहानी किसी भी तरह से नहीं कहा जा सकता है, यह दूसरी बात है कि वह कहानी भी अच्छी नहीं है।

सुरेश पांडेय : क्या आपको ऐसा नहीं लगता कि भारती की कहानियों में नितान्त वस्तुगत समस्याओं के नैतिक समाधान का एक 'रेडीमेड फॉर्मूला' मौजूद है?

नामवर सिंह : तुम जो 'भारती की कहानियाँ' कह रहे हो, उस समय तक भारती अपनी कितनी कहानियों द्वारा जाने जा रहे थे? एकमात्र कहानी 'गुलकी बन्नो' ही थी, जिससे भारती एक कहानीकार के रूप में चर्चित हो रहे थे। मुझे वो ऐसी नहीं लगी थी कहानी

और न भारती ऐसे लेखक थे जिनकी चर्चा की जा सके। यह कहानी लगभग उसी कोटि में आती है, जिस कोटि में मार्कण्डेय की बहुत-सी कहानियाँ हैं, शिवप्रसाद सिंह की बहुत-सारी कहानियाँ हैं, जो एक दिलचस्प चरित्र के माध्यम से जिन्दगी के बारे में एक छोटी-सी बात कहने की कोशिश करती हैं। इससे अधिक वह कहानी और कोई महत्त्व नहीं रखती। चूँकि वह कहानी भारती की थी और भारती उस समय साहित्यिक समुदाय के नेता थे, इसलिए प्रगतिशील और गैर-प्रगतिशील, तमाम लोग उसकी दाद दे रहे थे। यद्यपि किसी ने भी उस दौर में यह देखने की कोशिश नहीं की कि ऐसे ही दिलचस्प चरित्र को लेकर के...उदाहरण के लिए 'बूढ़ी काकी' के साथ 'गुलकी बन्नो' को मिलाकर देखें तो प्रेमचंद एक चरित्र के माध्यम से जिन्दगी के यथार्थ की एक बहुत बड़ी सच्चाई व्यक्त करते हैं। 'बूढ़ी काकी' तथाकथित चरित्र-प्रधान कहानी नहीं है, बल्कि समाज के नग्न यथार्थ को चित्रित करने वाली कहानी है; एक मध्यवित्त आदमी, जिसके पास थोड़ा-बहुत पैसा है, अपनी ही बूढ़ी काकी के साथ क्या सुलूक करता है, इसके द्वारा समाज की एक बहुत बड़ी सच्चाई व्यक्त करते हैं प्रेमचंद। यह उस परम्परा की कहानी है, जिसमें आगे चलकर भीष्म साहनी ने 'चीफ की दावत' जैसी कहानी लिखी। लोग 'गुलकी बन्नो' की दाद तो देते रहे, पर सूझा किसी को नहीं कि इसकी तुलना 'चीफ की दावत' से करें, 'बूढ़ी काकी' से करें। ये लेखक हैं, जो अपनी गहरी सामाजिक अन्तर्दृष्टि के द्वारा एक चरित्र के माध्यम से यथार्थ का ऐसा बारीक और ज्वलन्त पहलू सामने रखते हैं। दूसरा आदमी है, जिसकी जीवन-दृष्टि इतनी भोथरी है कि वह केवल एक नैतिक समाधान देकर कहानियों को समाप्त कर देता है, जिसके पास और कोई रास्ता ही नहीं।...तो एक पहलू यह था। इसलिए महत्त्वपूर्ण यदि जिन लोगों को नहीं समझा गया...इस आलोचना के द्वारा मैं यह भी कहना चाहूँगा कि जितनों को मैंने छोड़ दिया...आलोचना में यही नहीं महत्त्वपूर्ण होता कि आप क्या चर्चा करते हैं, यह भी महत्त्वपूर्ण होता है कि आप किसकी चर्चा करते हैं और किसे छोड़ देते हैं।...और उस दौर में बहुत-से लोगों को जिन्हें क्रमशः चर्चा के दौरान मैंने छोड़ा; यह भी उल्लेखनीय होना चाहिए। मैंने आरम्भिक सम्भावना के रूप में कमलेश्वर का जिक्र किया, बाद में मुझे वे चर्चा के योग्य कहानीकार नहीं लगे। लोगों ने कहा कि आपसी सम्बन्धों के कारण...मेरे मार्कण्डेय से अच्छे सम्बब्ध थे, बावजूद इसके मुझे मार्कण्डेय की कहानियाँ इस लायक न तब लगीं और न उसके बाद लगीं कि उनकी चर्चा कर सकूँ। इस दायरे में तमाम चीज़ों के होते हुए मैं यह साफ कहना चाहता हूँ कि अमरकान्त से तो मेरा ज़्यादा सम्बन्ध भी नहीं था, लेकिन तब भी मैंने उनकी चर्चा की। मैं भीष्म साहनी को नहीं जानता था। वे दिल्ली रहते थे और रहें होंगे प्रगतिशील आन्दोलन में। लेकिन जिन लोगों की मैंने चर्चा की, उनकी कहानी में उस प्रगतिशील सम्भावना को देखते हुए की।

सुरेश पांडेय : वर्गीय जीवन-दृष्टि और रचना-दृष्टि के आधार पर क्या आपको ऐसा नहीं लगता कि नई कहानी में निर्मल वर्मा, कृष्ण बलदेव वैद, उषा प्रियम्वदा जैसे कहानीकार एक ओर हैं और दूसरी तरफ अमरकान्त, शेखर जोशी, भीष्म साहनी, परसाई जैसे लोग हैं...मेरा इशारा इस ओर था।

नामवर सिंह : मैं समझ रहा हूँ इशारा। कहानी की दुनिया में छठे दशक के जितने लेखकों का नाम लिया तुमने...जो बहुत भिन्न और विरुद्ध हैं, अब आप लोगों को दिखाई पड़ रहे हैं। ऐसा उस समय था नहीं।...मैं नहीं मानता कि ऐसा स्पष्ट विभाजन, जिममें वर्गीय आधार पर जैसा कि तुम कहना चाहते हो कि एक ओर बुर्जुआ वर्ग के मूल्यों को समर्थन देने वाले लेखक थे और दूसरी ओर उन मूल्यों का विरोध करके, जिसको कहें कि सर्वहारा की वर्ग चेतना को आधार बनाकर लिखने वाले लेखक रहे हों...मैं नहीं समझता कि अमरकान्त और भीष्म साहनी के बीच कोई ऐसी विभाजक रेखा तब थी, उसके बाद भी नहीं थी...।

सुरेश पांडेय : अमरकान्त और भीष्म साहनी के बीच नहीं थी और न है, लेकिन निर्मल वर्मा और अमरकान्त के बीच, कृष्ण बलदेव वैद और भीष्म साहनी के बीच तो थी और अब भी है।

नामवर सिंह : एक बात और कहता हूँ...मार्क्सवादी आलोचना ही नहीं, बल्कि साहित्य की एक दृष्टि जो छठे दशक में थी, उस पर आज बैठ करके आप लोग...ज़्यादा वर्ग-संघर्ष तीव्र हो गया है और तरह-तरह के मार्क्सवाद...और कहना चाहिए कि सत्ता के साथ जुड़ी हुई एक विचारधारा ज़्यादा उग्र रूप में आ रही है, बल्कि पतनशील रूप में...कुछ चीज़ें अब आप लोगों के लिए शायद ज़्यादा स्पष्ट हों, हमारे लिए उतनी स्पष्ट नहीं...। लेकिन 1951 से लेकर के 1960 के बीच भारतीय कम्युनिस्ट पार्टी की जो राजनीतिक दृष्टि और समझ थी...अगर वह लाइन आप को याद हो...यह वह दौर था, जब 1953 में स्टालिन की मृत्यु हुई थी और 1956 में ख़ुश्चेव की प्रसिद्ध स्पीच जो 'डीपरसनलाइज़ेशन' पर थी...उस पूरे सन्दर्भ में आप देखें तो उस दौर में स्वयं कविता के बारे में जो आलोचना लिखी गई, कहानी के बारे में जो आलोचना लिखी गई, उपन्यास के बारे में जो लिखी गई...आप पाएँगे कि उस दौर में लगभग जिसको मैं स्वाधीनता के बाद राष्ट्रीय निर्माण का दौर कहता हूँ...तमाम कवियों, कविताओं, कहानीकारों और उपन्यासकारों, सबकी आलोचना को मिला कर आप लोग देखे...मैं ज़्यादा उदाहरण तो नहीं देना चाहता...अमृतलाल नागर का उपन्यास 'बूँद और समुद्र' लिखा जा चुका था जिसका अन्त सर्वोदयी था और रामविलास शर्मा तो सन् 47 में तलवार भाँजने वाले आलोचक थे...कहाँ गई थी वह प्रखर वर्ग-चेतना और मार्क्सवादी दृष्टि उस उपन्यास का मूल्यांकन करते समय! कितनी नर्मी से, मुलायमियत से 'बूँद और समुद्र' पर उन्होंने लिखा था! अगर सन् 48-49 के दौर

में यही उपन्यास मिला होता तो रामविलास जी उसके साथ क्या सुलूक करते, आप अन्दाज़ा लगा सकते हैं। एक दूसरा : नागार्जुन का कविता संग्रह 'सतरंगे पंखों वाली'। क्या नाम रखा था नागार्जुन ने! सतरंगे पंखों वाली कौन है? क्रान्ति है? कौन है सतरंगे पंखों वाली? 'सतरंगे पंखों वाली' तो प्रसिद्ध कविता रही है उनकी 'यह कैसे होगा? यह क्यों कर होगा? सलिल को सुधा बनाए तटबन्ध। मैं ही अकेला रहूँ?' पूरी कविता का स्वर है कि राष्ट्र निर्माण हो रहा है पंचवर्षीय योजनाओं के द्वारा और हमको इसमें योग देना है। इसमें नेहरू द्वारा जारी की गई पंचवर्षीय योजनाओं के अन्तर्गत योगदान का आह्वान है अर्थात् इसके प्रति वर्ग-संघर्ष की तीव्रता को भूल कर इस राष्ट्र-निर्माण की घड़ी में हम लोगों को उन तमाम चीज़ों का समर्थन करना है जो गुटनिरपेक्षता की ओर ले जाती हैं, पंचवर्षीय योजनाओं के द्वारा आने वाले सम्भाव्य समाजवाद की ओर ले जाती हैं, सेक्युलरिज़्म की ओर ले जाती हैं आदि-आदि। यह उस समय की भारत की कम्युनिस्ट पार्टी की राजनीतिक समझ थी। यही उस दौर की मार्क्सवादी आलोचना की भी समझ थी। इस दौर की मार्क्सवादी आलोचना की इस समझ के कारण ही आरम्भ में प्रयोगवाद पर इतने तेज हमले हुए। यही नहीं, स्वयं प्रगतिशील कविता के अन्तर्गत भी कुछ ऐसे रुझानों की, जहाँ उतना तेज वर्ग-संघर्ष नहीं होता था, कड़ी आलोचना की गई थी। इस दौर में आप देखेंगे कि प्रगतिशीलता के अन्तर्गत भटकावों के विरुद्ध वाला संघर्ष तो मन्द हो ही गया था, स्वयं नई कविता के अन्तर्गत भी लिखने वाले अनेक कवियों के विरुद्ध...कविता के विरुद्ध उतना संघर्ष नहीं था क्योंकि कहीं ऐसा विरोध था जिस पर नागार्जुन और केदारनाथ अग्रवाल में और 'नई कविता' के अन्तर्गत नए लिखने वाले लोगों में अन्तर बहुत कम रह गया था, मिटता चला जा रहा था। और कहानी में चूँकि कोई प्रयोगवादी या प्रयोगधर्मी धारा थी नहीं, इसलिए उस दौर की...चाहे वे निर्मल वर्मा हों, चाहे मनोहर श्याम जोशी हों—चाहे कृष्ण बलदेव वैद हों, चाहे भीष्म साहनी हों, इन तमाम लेखकों की कहानियों में कमोबेश सामाजिक चेतना का मात्रा सम्बन्धी अन्तर तो दिखाई पड़ता है, लेकिन उस दौर की कहानियों को तुम देखोगे तो निर्मल वर्मा की कहानियाँ प्रतिक्रियावादी नहीं थीं। कृष्ण बलदेव वैद का एक ही संग्रह आया था : बन्द दरवाजा। बहुत अच्छी कहानियाँ मुझे तब भी लगी थीं और आज भी लगती हैं। तो इन लोगों में उस तरह का प्रतिक्रियावाद...शीत युद्ध की राजनीति, जिसमें कम्युनिज़्म-विरोध, मार्क्सवाद विरोध, हर तरह की विचारधारा का विरोध, जीवन का विरोध करके एक अन्तर्गुहावास की ओर जाने वाली चेष्टा नहीं है, बल्कि उस घुटन से बाहर निकलने की कोशिश है और मेरा अब भी खयाल है कि खुद निर्मल वर्मा का कहानी-संग्रह 'परिन्दे', और वह इतना प्रतिक्रियावादी था तो उसको पीपुल्स पब्लिशिंग हाउस ने क्यों छापा?

सुरेश पांडेय : यह एक इतर बात है।

नामवर सिंह : इतर नहीं है। पीपुल्स पब्लिशिंग हाउस आज का पीपुल्स पब्लिशिंग हाउस नहीं है। पीपुल्स पब्लिशिंग हाउस में हर कोई किताब नहीं छप सकती थी।

सुरेश पांडेय : लेकिन पीपुल्स पब्लिशिंग हाउस ने ही 'चाँद का मुँह टेढ़ा है' लौटा दिया था।

नामवर सिंह : पीपुल्स पब्लिशिंग हाउस ने 'चाँद का मुँह टेढ़ा है' लौटाया या नहीं, यह घटना मुझे नहीं मालूम। और यह बात होगी तो साठ के बाद की होगी। लेकिन जिस दौर की बात मैं कह रहा हूँ, पीपुल्स पब्लिशिंग हाउस से जो भी किताबें छपती थीं, इस बारे में, प्रकाशन के बारे में, बिक्री के बारे में भी तब तक यह सावधानी बरती जाती थी कि कम्युनिज़्म का विरोध करने वाली, मार्क्सवाद का विरोध करने वाली अथवा जीवन के सकारात्मक यथार्थ का विरोध करने वाली कोई कृति छप नहीं सकती थी। इसका निर्णय करने वाले जो लोग थे, और नहीं, हिन्दी विभाग के इंचार्ज डॉ. रामविलास शर्मा के भाई 'मुंशी' थे, रामशरण शर्मा। और कार्यानन्द शर्मा के पुत्र सच्चिदानन्द थे। दोनों पार्टी मेम्बर थे। पीपुल्स पब्लिशिंग हाउस में काम करते थे। यह इतर बात है कि उन दिनों निर्मल वर्मा भी पार्टी मेम्बर थे। जो भी कारण रहा हो, लेकिन यह ध्यान देने की बात है कि अमरकान्त का उपन्यास 'सूखा पत्ता' भी छपा था पीपुल्स पब्लिशिंग हाउस से 'परिन्दे' के साथ। 'सूखा पत्ता' पर बल्कि ऐतराज था कि उसमें समलैंगिकता है और देखिए, सच्चिदानन्द ने मुझसे कहा कि लोग ऐतराज कर रहे हैं कि लेखक होगा प्रगतिशील लेखक संघ का सदस्य, लेकिन ऐसी चीज़ लिख रहा है। निर्मल वर्मा के बारे में कोई आपत्ति नहीं की गई थी।...तो ये इतर कारण नहीं था, बल्कि एक समझ थी उस दौरान की कि निर्मल वर्मा प्रगतिशील आन्दोलन के ही अन्तर्गत हैं और उसी के बीच लिखने वाले हैं।...और आज जो लोग कह रहे हैं...अगर ऐसी ही चीज़ थी तो...बड़े दमखम के साथ लोग विरोध करने वाले हैं, लेकिन भैरव प्रसाद जी तो प्रगतिशील लेखक संघ के स्तम्भ थे इलाहाबाद में। 'कहानी' पत्रिका का सम्पादन करते थे। निर्मल की कहानियाँ उन्होंने क्यों छापीं, अगर वो प्रतिक्रियावादी थीं और उस खेमे के बाहर की थीं?...तो उनकी बहुत सारी कहानियाँ 'कहानी' में ही छपी हैं और भैरव जी माँग करके छापते थे उनकी, कृष्णा सोबती की, रामकुमार की।

सुरेश पांडेय : भैरव जी के सम्पादन में निकले 'कहानी' और 'नई कहानियाँ' के अंकों को देखने से मुझे ऐसा तो नहीं लगता कि कहानियों का चयन किसी वैचारिक प्रतिबद्धता के तहत होता था। भैरव जी की दृष्टि कहानी मात्र पर रही होगी?

नामवर सिंह : ऐसा नहीं है। यह बात भैरव जी न तब स्वीकार करते थे और न आज स्वीकार करेंगे।

सुरेश पांडेय : भैरव जी एक रचनाकार के रूप में 'कमिटेड' जरूर रहे हैं, पर उनके सम्पादन में बहुत सारी प्रतिक्रियावादी कहानियाँ छपी हैं। इसलिए यदि वे निर्मल की कहानियाँ लगातार छापते रहे, तो इससे निर्मल की प्रगतिशीलता के समर्थन में कोई तथ्य नहीं जुटाया जा सकता।

नामवर सिंह : मैं यह नहीं मानता। भैरव जी कोई वेतन-भोगी सम्पादक नहीं थे। स्वयं 'कहानी' पत्रिका के जो मालिक थे और सम्पादक के रूप में जिनका नाम भी शुरू-शुरू में जाता था, बाद तक जाता रहा, श्रीपत राय!...यह सही है कि श्रीपत राय उस द्वैमासिक 'प्रतीक' के सम्पादक मंडल में भी थे जिसे अज्ञेय ने निकाला था।...लेकिन तमाम चीज़ों के होते हुए श्रीपत राय अपने साहित्यिक सरोकारों में और सांगठनिक स्तर पर भी उस दौर में प्रगतिशील आन्दोलन के साथ थे। और मतभेद थोड़े बहुत भैरव प्रसाद जी और श्रीपत राय के बीच कहानी की पसन्द-नापसन्द को लेकर के, विचारों के स्तर पर भी थे, लेकिन इस बारे में भैरव जी बहुत सतर्क और जागरूक थे और वो ये कि...और इसे मैं महत्त्वपूर्ण भी मानता हूँ, उनकी देन भी मानता हूँ...उन्होंने 'कहानी' ही नहीं, बल्कि 'नई कहानियाँ' में आने पर भी भरसक कोई प्रगति-विरोधी कहानी नहीं छापी और ऐसे किसी लेखक को स्थान नहीं दिया। एकाध कहानी अगर उन्होंने छापी शुरू के दिनों में जब वे 'माया' से सीधे-सीधे आए थे और अपने को 'एसर्ट' नहीं कर सकते थे श्रीपत जी के सामने...उन्होंने अज्ञेय की भी कहानियाँ छापी थीं लेकिन शुरू के ही एकाध अंकों में और एकाध बार ही।...बाद में उन्होंने बन्द कर दिया। और लगभग उनका निर्णय किसी समझौते के तहत नहीं हुआ करता था। ख़ासतौर से विशेषांकों के लिए कहानी का चयन करते हुए वे बहुत ही सतर्क रहते थे। कोई भी ऐसी कहानी जो जन-विरोधी हो, लोक-विरोधी हो, प्रगति-विरोधी हो, वे कभी नहीं छापते थे। इसलिए मैं...कायदे से यह बात तो भैरव जी को ही कहनी चाहिए कि उन्होंने निर्मल को मित्रतावश या छूट देते हुए या श्रीपत राय के कहने पर या रामकुमार का भाई होने के नाते नहीं छापा है, बल्कि सच्चाई यह थी कि निर्मल को वे प्रगतिशील आन्दोलन का अंग मानकर छापते थे, भले ही उनकी कहानियों को वे उतनी प्रखर सामाजिक चेतना का अंग न मानते रहे हों।...

सुरेश पांडेय : नामवर जी, छठे दशक में वर्गीय दृष्टि के नुकीले या पैने न हो पाने की जो चर्चा आप ने की और इसके लिए जिम्मेदार जिन स्थितियों का हवाला आपने दिया, एक सचेत और ईमानदार रचनाशीलता के सन्दर्भ में उनके 'रोल' को लेकर आप क्या सोचते हैं?

नामवर सिंह : पहली बात तो कहूँ कि वह ऐतिहासिक अनिवार्यता थी। ऐतिहासिक अनिवार्यता दो अर्थों में। एक तो यह कि उस समय जनता के हितों को लेकर संघर्ष

करने वाली घोषित रूप से भारत की कम्युनिस्ट पार्टी की भी राजनीतिक समझ यही थी जिसकी आज कुछ मार्क्सवादी और कम्युनिस्ट भी आलोचना करते हैं कि उस समय कम्युनिस्ट पार्टी संशोधनवादी हो गई थी। अजय घोष के नेतृत्व वाली पार्टी और उस समय 'युनिटी' और 'स्ट्रगल'–इन दोनों सिद्धान्तों को मानते हुए जवाहरलाल नेहरू के नेतृत्व में चलने वाली सत्ता के साथ 'युनिटी' का अहसास ज़्यादा था, 'स्ट्रगल' का कम था। एक दूसरा यह कि उस दौर में स्वयं देश में राजनीतिक आन्दोलन की स्थिति क्या थी? जन आन्दोलन कितने प्रबल थे? 51 से 59 के बीच कितने बड़े राष्ट्रव्यापी जन-आन्दोलन हुए? क्योंकि, किसी लेखक की वर्ग-चेतना को प्रखर करने वाले जन-आन्दोलन हुआ करते हैं या ये लेखक जिस संगठन से प्रेरणा लेते हैं, उस संगठन में वैसी प्रखर विचारधारा हो। ये दोनों चीज़ें इस दौर में दिखाई नहीं पड़ती हैं। और इसीलिए मैं समझता हूँ कि कहानी-साहित्य के अन्तर्गत उस समय ज़्यादा जोर...बल्कि आरम्भ में बहस का मुद्दा भी यही था कि अनुभूति और विचाराधारा के बीच साहित्य-सृजन में किसकी भूमिका ज़्यादा महत्त्वपूर्ण होती है! मुझे याद है कि प्रगतिशील लेखक सम्मेलन सन् 1952 या 53 में इलाहाबाद में हुआ था। उसमें चर्चा का पहला मुद्दा यही था। निबन्ध नेमिजी ने पढ़ा था। उसमें भाग लेने वाले यशपाल थे, सरदार जाफरी आए थे, रामविलास शर्मा भी थे, मैंने भी हिस्सा लिया था और मेरा खयाल है कि यह दौर था, जिसमें ज़्यादा जोर अनुभव और अनुभूति पर दिया जा रहा था, तथाकथित विचारधारा पर उतना जोर नहीं दिया जा रहा था। यह एक समझ थी और इसीलिए मैंने कहा कि ऐतिहासिक अनिवार्यता थी उस दौर की, जिसका असर उस दौर के रचनात्मक साहित्य पर भी पड़ा है। और मैं यह कहूँगा कि बहुत कम लेखक हैं जो उससे मुक्त हो सके हैं। स्वयं आप नागार्जुन की उस दौर की कविताओं को देखें। नागार्जुन की एक कविता का हवाला मैंने दिया, स्वयं केदारनाथ अग्रवाल को देखें, स्वयं रामविलास शर्मा के आलोचनात्मक लेखों को देखें उस दौर में लिखे हुए; यही नहीं, बल्कि स्वयं परसाई जी के लेखों को आप देखें और जो नाम छूट रहा है...मैं कहूँ कि मुक्तिबोध की उस दौर की रचनाओं को देखें, पूरे दशक की नहीं...मुक्तिबोध में अपेक्षाकृत औरों की तुलना में प्रखर चेतना दिखाई पड़ेगी। ठीक-ठीक उनका रचनाकाल देख करके रचनावली के आधार पर अगर विचार किया जाए तो औरों की तुलना में मुक्तिबोध में अपेक्षाकृत वह प्रखरता ज़्यादा दिखाई पड़ती है। और यही वजह है कि इसके कारण ही मुक्तिबोध की कविताएँ उस दौर में उपेक्षित रह गईं, क्योंकि वे लगभग 'आउट ऑफ ट्यून' थीं। यदि प्रगतिशील आन्दोलन ने भी उनकी उपेक्षा की तो इसलिए कि मुक्तिबोध वस्तुतः उस युग-चेतना के लिए 'बेसोय' करते थे।...यह कारण रहा होगा और इससे यह भी साबित होता है

कि...आज हम कह सकते हैं...यद्यपि उस दौर में किसी ने, खुल करके जो कह सकते थे, नहीं कहा, लेकिन पश्चात् दृष्टि के रूप में कहें कि वस्तुतः उस दौर की समझ ने उस समय की रचनाशीलता को सीमित किया, कुंठित किया। एक हद तक। लेकिन दूसरी ओर, इसके अभाव में जो उपलब्ध किया गया, वह इसके ठीक पहले वाले दशक की तुलना में ज़्यादा महत्त्वपूर्ण अर्थात् 1950 के पहले प्रगतिशील आन्दोलन के तथाकथित शुद्ध विचारधारा वाले दौर के साहित्य को आप देखें तो उसमें एक तरह का इकहरापन मिलेगा, जबरदस्त फॉर्मूलेबाजी मिलेगी, जिन्दगी का सरलीकरण मिलेगा।

सुरेश पांडेय : जिसको आपने क्रान्तिकारी रोमांटिसिज़्म' कहा है?

नामवर सिंह : जी हाँ! उस क्रान्तिकारी रोमांटिसिज़्म के दौर में आप देखेंगे कि उस नुस्खे का सबसे ज्वलन्त प्रमाण है कि लोग मध्यवर्ग के बारे में कहानी लिखते हुए हिचकते थे। संघर्षशील सर्वहारा उनके ध्यान में था और एक इतनी बड़ी सच्चाई हिन्दुस्तान की, जो गाँव की जिन्दगी थी, उसके बारे में कहानियाँ न्यूनतम लिखी गईं। ये सारी चीज़ें सूचित करती हैं कि इस दौर में विचारधारा के धुँधलेपन के कारण कविता और कहानी ने यदि कुछ खोया तो उसके साथ ही वह उपलब्ध किया जो पिछले दशक में उपलब्ध नहीं था। इस तथ्य की ओर ध्यान जाना चाहिए और इसलिए ऐतिहासिक सन्दर्भ में ही मूल्यांकन किया जाना चाहिए 'नई कहानी' की सीमाओं और उपलब्धियों का। यहाँ एक बात और जोड़ दूँ जिस पर तुम स्वयं विचार कर सकते हो और हम लोग बात भी कर सकते हैं कि वह दौर तो संशोधनवादी था। उस दौर के बाद क्या तुम्हारा खयाल है कि वर्ग-दृष्टि बहुत प्रखर हुई?...मैं तो कहानियों के आधार पर बात कह सकता हूँ। छठा दशक बीतने के बाद सातवें दशक के प्रखर चेतना वाले कहानीकारों को तुम लो। ज्ञानरंजन को सबसे पहले लो। ज्ञानरंजन की आरम्भिक कहानियाँ...स्वयं उनकी विचारधारा जैसी थी...'फेन्स के इधर और उधर' की...दूधनाथ सिंह लिख रहे थे...।

सुरेश पांडेय : काशीनाथ थे, महेन्द्र भल्ला थे। ज्ञान की कहानी 'फेन्स के इधर और उधर' में एक प्रखर वर्ग-दृष्टि तो मिलती है। इस दृष्टि से यह उस पूरे दौर की पहली कहानी है।

नामवर सिंह : ये लोग तो अन्तर्वैयक्तिक सम्बन्धों की कहानियाँ लिख रहे थे : पिता-पुत्र की, माँ-बेटे की, भाई-भाई की। परिवार के बीच अन्तर्वैयक्तिक सम्बन्धों में कैसे तनाव आ रहा है, इन सम्बन्धों के परिवर्तन की कहानियाँ लिख रहे थे ये! इन अन्तर्वैयक्तिक सम्बन्धों की कहानियों में कहाँ कोई प्रखर-दृष्टि या वर्ग-दृष्टि दिखाई दे रही है? मैं तो सीधे-सीधे कहूँगा कि परिस्थितियों के दबाव के कारण अनुभव के बीच से यह एक दृष्टि उभर रही थी, सचेत मार्क्सवाद के तहत और

वर्ग-दृष्टि के तहत यह नहीं बन रही थी। मैं कहूँगा कि इनका मूल आधार लेखक का वह ठेठ साक्षात् जीवन अनुभव है, जिसके आधार पर वे नए परिवर्तन को सूचित कर रहे थे। अब अगर कोई कहे कि ये वर्ग-संघर्ष की कहानियाँ हैं, तो मेरी समझ में यह बात नहीं आती। 'घंटा' कहानी लिखने तक, 'बहिर्गमन' लिखने तक ज्ञानरंजन को 10-12 साल का फासला तय करना पड़ा है। उसके बाद जा करके ज्ञानरंजन 'घंटा' और 'बहिर्गमन' लिखने की स्थिति ने आए हैं। उसके पहले ज्ञानरंजन और महेन्द्र भल्ला में और दूधनाथ सिंह में क्या फर्क था? कोई फर्क नहीं था। स्वयं काशीनाथ सिंह की कहानियों में भी आपको यही दिखाई पड़ेगा। आरम्भिक कहानियों से 'सुधीर घोषाल' तक पहुँचने में काशीनाथ को 10-12 साल लगे और 'सुधीर घोषाल' तक जब पहुँचे भी तो अनुभव की दुनिया से कूद कर वे क्रान्तिकारी वर्ग-संघर्ष की दृष्टि पर पहुँचे जिसके कारण कहानी और बरबाद हो गई मेरी नजर में; क्योंकि वर्ग-दृष्टि के दबाव के कारण कहानी का अन्त जहाँ उन्होंने किया, साफ मालूम होता है कि उस कहानी में फाँक है। अन्त करने के लिए एक नजरिए के तहत उन्होंने पूरी कहानी को एक झूठ में बदल दिया, जिसको मैं कहूँगा कि उस जमाने की चालू घटनाओं के अनुसार मोड़ने की कोशिश की। इसलिए मैं नहीं मानता कि छठे दशक के बाद सातवें दशक में ये जितने लेखक थे, वे बड़े वर्ग-चेतन हो गए थे, उनके लिए दुनिया दो गड्ढे में दिखाई पड़ रही थी...

सुरेश पांडेय : उनकी दृष्टि में 'ऑब्जेक्टिविटी' तो आ रही थी।

नामवर सिंह : इस 'ऑब्जेक्टिविटी' का आधार, मूल स्वरूप क्या है, मेरी दिलचस्पी इसमें है। और उन्होंने जो विषय चुने थे...

सुरेश पांडेय : इस दृष्टि से 'नई कहानी' के दौर में परसाई जी ने जो कहानियाँ लिखी थीं, जिन पर कभी आप लिखना चाह रहे थे, उनके बारे में आप क्या कहना चाहेंगे?

नामवर सिंह : देखिए, हरिशंकर परसाई के बारे में एक बात मैं कहूँ, जिसकी जाँच की जानी चाहिए कि परसाई जी क्रमशः कहानी की दुनिया छोड़ते हुए उन निबन्धों की ओर बढ़ने लगे जो घटनाओं को केवल उदाहरण के रूप में लिया करते थे। मुख्यतः उनका ध्यान निबन्धों की ओर गया। इसलिए उनकी रचनाधर्मिता की अच्छी तरह जाँच की जानी चाहिए कि वह कौन चीज़ जो परसाई को...निबन्ध अपने-आप में कोई कम महत्त्वपूर्ण विधा नहीं है। परसाई जी को आज भी याद किया जाएगा तो उनके उन तेज-तर्रार चुटीले निबन्धों के कारण किया जाएगा। यशपाल की शानदार परम्परा में। लेकिन कोई तो बात रही होगी, कहानीकार से अपेक्षा जिसकी की जाती है, उस दुनिया को छोड़ करके परसाई जी चले आए। कहानियाँ कम-कम लिखी हैं उन्होंने, बहुत कम-कम। ज़्यादातर कहानियाँ उन्होंने लिखी हैं जिनको मैं 'इलेस्ट्रेटिव' कहानियाँ कहूँगा। एक बात का उदाहरण देने के लिए उन्होंने घटना चुन ली।

सुरेश पांडेय : आपने अपने एक लेख में 'कथात्मक व्यंग्य' कहा है उनकी कहानियों को।

नामवर सिंह : परसाई जी ने कम कहानियाँ लिखी हैं, लेकिन वे उल्लेखनीय हैं और अपनी अलग पहचान भी बनाती हैं। लेकिन कभी-कभी साहित्य की दुनिया में हुआ करता है और वो ये कि किसी लेखक का समूचा व्यक्तित्व उसकी रचना से बड़ा हुआ करता है। परसाई ने जो काम किया है, शायद कोई अकेला एक लेखक अपने दौर के लेखकों में नहीं कर सका है। उन्होंने बहुत बड़े पैमाने पर पढ़े-लिखे समुदाय को अपने आस-पास की सच्चाई के बारे में सजग किया है, शिक्षित किया है, एक नई चेतना पैदा की है। यह इतना बड़ा काम है जिसकी तुलना में परसाई जी की कुछ कहानियाँ ही अपना अर्थ प्राप्त करती हैं, अपना महत्त्व ग्रहण करती हैं। अकेले उन तमाम रचनाओं से अलग करके केवल कहानियों का मूल्यांकन आप करने लगें तो परसाई का महत्व शायद उतना प्रकट न हो और उतना महत्त्वपूर्ण न भी मानें। मेरी यह समझ है उनकी रचनाओं के बारे में! यानी कहूँगा कि परसाई के समूचे लेखन का जो चरित-नायक है, परसाई व्यक्ति नहीं, परसाई अपने सम्पूर्ण लेखन के एक कैरेक्टर हैं और वह 'कैरेक्टर' जितना 'सिमिट्रिक'...मैं तो कहूँगा कि स्वयं मुक्तिबोध की रचनाओं में, उनके एक 'मैं' नाम का जो 'कैरेक्टर' बनता है, जो भूमिका अदा करता है, आमतौर से हमारी नजर से ओझल हो जाता है...परसाई की समस्त रचनाओं में वह तेज, पैनी नजर वाला एक व्यक्तित्व है, जो इस दुनिया को तार-तार करके देखता है, चिकोटी काटता है, झकझोरता है, चुनौती देता है। वह उनके सम्पूर्ण लेखन का सबसे महत्त्वपूर्ण चरित्र है, जैसे किसी उपन्यास का होना चाहिए। अपनी समग्रता में वह चरित्र बहुत महत्त्वपूर्ण है। परसाई जी की सबसे बड़ी सृष्टि मैं कहूँगा वह व्यक्तित्व, रचनात्मक और 'क्रिटिकल'। वह अविस्मरणीय चरित्र है और इस चरित्र के रूप में याद किया जायगा वह आदमी। परसाई जी का सम्पूर्ण साहित्य जैसे एक विशाल 'फिक्शन' हो, इस फिक्शन के अन्तर्गत वह आदमी एक 'कैरेक्टर' है...मैं यह कहना चाहता हूँ।

सुरेश पांडेय : 'इंडियन लिटरेचर सिन्स इंडिपेन्डैन्स' वाले लेख में आपने मुक्तिबोध और परसाई के बारे में लिखा है कि हिन्दी में यही दो लेखक थे जिन्होंने आजादी के बाद के मोहभंग की पीड़ा का पहले-पहल साक्षात्कार किया था। इन दोनों की कहानियों में इस पीड़ा की अभिव्यक्ति जिस रूप में हुई है, उसके बारे में आप क्या कहना चाहेंगे?

नामवर सिंह : पहली बात, जो मैं लिख चुका हूँ, वह बिल्कुल सही है। मैं यह कहूँगा कि आज़ादी के बाद के मोह को तोड़ने में इन दोनों लेखकों ने जो भूमिका अदा की है, 'डिमिस्टिफाई' करने में जो भूमिका अदा की है, हिन्दी के और किसी भी दूसरे

लेखक ने यह भूमिका अदा नहीं की है। हम लोग एक मोह के दौर से गुज़र रहे थे और उस मोह से...मोह-भंग हो भी रहा था लोगों का; लेकिन धक्का देकर के, हस्तक्षेप करके उस मोह को इन लेखकों ने तोड़ा। एक माया-लोक था, जिसे मैंने 'नेहरू-युग का माया-लोक' कहा है। उस दौर में भारत की कम्युनिस्ट पार्टी उसमें पूरी की पूरी मुब्तिला थी। आश्चर्य है कि इन दोनों लेखकों ने उस माया लोक को, उस मोह को तोड़ा! इसलिए परसाई और मुक्तिबोध केवल उस मोह-भंग की अभिव्यक्ति करने वाले लेखक नहीं हैं, उस मोह को तोड़ने वाले भी हैं। अब उस मोह को तोड़ने के साथ...अगर इतना ही वे करते तो निषेधात्मक कार्य होता। उस मोह के टूटने के दौरान जो पीड़ा हुई, जो खीझ पैदा हुई, जो गुस्सा पैदा हुआ, ऐसे चरित्रों को लेकर के भी इन दोनों ने लिखा। यहाँ मैं एक और भी प्रीतिकर आश्चर्य की चर्चा करूँ, जिसका एहसास मुझे तब नहीं हुआ था, बाद में हुआ कि–ये दोनों लेखक ऐसे हैं जो मूलतः कहानीकार नहीं हैं। न मुक्तिबोध मूलतः कहानीकार हैं और न परसाई मूलतः कहानीकार हैं। इन दो लोगों ने कहानीकार न होते हुए भी अपने कथात्मक व्यंग्यों के द्वारा...ठेठ अर्थों में मुक्तिबोध की कहानियाँ भी आप देखें तो चालू अर्थों में कहानियाँ नहीं हैं। कभी 'फेबल' का रूप ले लिया करती हैं उनकी कहानियाँ। 'पक्षी और दीमक' कहानी ऐसी ही है।

सुरेश पांडेय : मुक्तिबोध की यह कहानी शायद बच्चों की किसी पत्रिका में छपी थी।

नामवर सिंह : हाँ, तो...लेकिन इन लोगों ने यह काम किया। अफसोस यह है कि मुक्तिबोध की कहानियाँ उस समय सुलभ नहीं हो सकी थीं।

सुरेश पांडेय : जिन दिनों आप कहानी पर लिख रहे थे।

नामवर सिंह : हाँ...और काश, मुक्तिबोध की ये कहानियाँ संकलित-संगठित होकर मिल गई होतीं तो...मुझे यह भी याद है कि जब मैंने मुक्तिबोध पर पहला लेख उनकी कविताओं पर 'कृति' में लिखा था 1959 में, तब कविताएँ भी उनकी सुलभ नहीं थीं। लेकिन कुछ पत्रिकाओं और कविता के निकट होने के कारण, उनकी कुछ कविताएँ मैंने जुटा ली थीं। मुझे अच्छी तरह याद है, जब मैंने वह लेख लिखा था, तो मुश्किल से मेरे पास उनकी दस कविताएँ थीं। लेकिन जब कहानियों पर लिख रहा था, तब मुक्तिबोध की एक भी कहानी मेरे लिए सुलभ नहीं थी। एक तो 56-57 में कम कहानियाँ भी उनकी प्रकाशित हुई थीं, कम लिखी भी थीं उन्होंने। जब मैंने लेख बन्द कर दिया, उसके बाद बल्कि उन्होंने ज़्यादा कहानियाँ लिखीं...बल्कि 'एक साहित्यिक की डायरी' ज़्यादा सुलभ थी उनकी। शायद विजय मोहन सिंह पहले आदमी हैं जिन्होंने मुक्तिबोध की कहानियों पर बहुत अच्छा लेख लिखा, जो उनकी पुस्तक 'आज की कहानी' में संकलित है। तो इस ओर ध्यान दिया जाना चाहिए कि मुक्तिबोध ने कविता की दुनिया में जो महत्त्वपूर्ण और युगान्तरकारी कार्य किया है,

कदाचित आज अगर मूल्यांकन किया जाए तो घोषित कहानीकारों की अपेक्षा मुक्तिबोध ने कहानी की दुनिया में कहीं ज़्यादा महत्त्वपूर्ण कार्य किया है। यदि गुलेरी जी अपनी एक कहानी 'उसने कहा था' के द्वारा अमर हो सकते हैं तो मुक्तिबोध की अगर एक कहानी भी, आप कहें 'क्लॉड इथरली'...'क्लॉड इथरली' ही हिन्दी में एक ऐसी कहानी है कि दूसरे किसी आदमी ने न वैसी कहानी लिखी और न कोई लिखने की क्षमता रखता है। मानव-नियति की बड़ी लम्बी-चौड़ी बातें करने वाले निर्मल वर्मा और दूसरे लोग हैं, अकेली यह कहानी उन लोगों को चुनौती देती है। इतिहास के विराट् परिप्रेक्ष्य में मनुष्य की नियति आज क्या है, अगर इसे देखना हो तो 'क्लॉड इथरली' को देखें। और कहानियाँ उसकी तुलना में ज़्यादा सीमित चिन्ता और दायरे को लेकर लिखी गई कहानियाँ हैं।

सुरेश पांडेय : अभी हाल ही में आपने निर्मल वर्मा और मनोहर श्याम जोशी की दो कहानियों की चर्चा करते हुए कहा है कि ये तथाकथित सामाजिक यथार्थ की कहानियाँ न होकर नितान्त 'ह्यूमन सिचुएशन्स' की कहानियाँ हैं। इससे आपका क्या तात्पर्य है? क्या 'ह्यूमन सिचुएशन' सामाजिक यथार्थ से, अपने समय से, इतिहास से निरपेक्ष हो सकती है?

नामवर सिंह : सामाजिक यथार्थ और मानवीय स्थिति में निश्चित रूप से सम्बन्ध होता है। लेकिन जब मैं कह रहा था कि कुछ कहानियाँ होती हैं, जो केवल सामाजिक यथार्थ का ब्योरा देकर छोड़ देती हैं, उस यथार्थ का जो अर्थ है, मानवीय अर्थ निकल सकता है, जिसकी गूंज दूर तक जाती है, उसकी न कहानीकारों को पहचान होती है और न उसको वे ध्वनित करते हैं कहानियों में। मेरा संकेत उन तथाकथित, अगर जॉर्ज लुकाच का शब्द इस्तेमाल करो तो 'नेचुरलिस्ट', प्रकृतवादी कहानियों की ओर था, जिनमें सारे ब्योरे होंगे और लगेगा कि आज की बड़ी ज्वलन्त सामाजिक स्थितियों का ब्योरा है। आप चाहें तो उसे वर्ग-संघर्ष सम्बन्धी जीवन की स्थितियों का ब्योरा भी कह सकते हैं। फैक्टरी, कल-कारखाने के मजदूरों की जो हड़ताल होती है, उसका भी...। मैं अपनी बात यों कह सकता हूँ; असगर वजाहत की कहानी है 'दिल्ली पहुँचना है', जिसकी मैंने आलोचना की थी कि कैसे दिल्ली में कोई विशाल प्रदर्शन होने वाला है...एक भीड़ आती है झंडा-वंडा ले करके और प्रथम श्रेणी के डिब्बे में पुरा जाती है, तोड़ती है...पुलिस भी उसके सामने बेकार हो जाती हैं। बड़ा ब्योरा दिया गया है स्टेशन से लेकर के रेलगाड़ी तक का। मैं इसको 'नेचुरलिस्ट' कहानी मानता हूँ, बहुत स्पष्ट। यह संघर्ष इतने ही तक अगर सीमित रहता है और...इसको रिपोर्ताज भी कह सकते है...बल्कि मैं तो कहूँगा कि कहानी भी नहीं लगती यह मुझे। ऐसे ज़ुलूस का वर्णन-प्रदर्शन, एक नेचुरलिस्ट प्रदर्शन...कुल मिलाकर के इसको बहुत दूर तक नहीं ले जाता है कि इस कहानी को बार-बार पढ़ने की इच्छा हो। इसके

लिए...जब मैं कह रहा था, मेरे ध्यान में था...एन्तोन चेख़व की कहानियों को वहाँ के मार्क्सवादी आलोचकों ने जब देखा...चेख़व की कहानियों में आपको इस जुलूस, भीड़-भाड़ का कोई वर्णन नहीं मिलेगा। प्रेम की कहानी मिल सकती है, उदाहरण के लिए 'दुल्हन ('ब्राइड') नाम की—यह मशहूर कहानी है चेख़व की, जिसकी बड़ी प्रशंसा वहाँ आज भी की जाती है। कौन-सा वर्ग-संघर्ष हैं उसमें?

सुरेश पांडेय : साशा नाम का जो चरित्र है कहानी में, वह उस लड़की के दूसरों के श्रम पर जीने वाले लोगों की जीवन-पद्धति और संस्कृति में शामिल होने के निर्णय के प्रति क्षोभ प्रकट करता है और एक नई जिन्दगी की ओर इशारा करता है। साशा का यह 'स्टैण्ड' कथाकार की प्रखर वर्ग-चेतना का ही परिणाम है। इस कहानी में वर्ग-संघर्ष भले ही न हो, पर उसकी प्रस्तावना जरूर है। साशा की 'क्लास-कॉन्शसनेस' और नायिका को उससे लैस करने की उसकी कोशिश आखिर हमें किस ओर ले जाना चाहती है?

नामवर सिंह : तुम बिल्कुल ठीक कह रहे हो। लेकिन एक बात...चेख़व कहीं नहीं कहता कि साशा की विचारधारा क्या है, साशा किस वर्ग का है।...कुल मिला करके 'दुल्हन' कहानी लो तो उसका सामाजिक यथार्थ क्या है? एक अच्छे-खासे भले व्यक्तियों के मध्य-वित्त परिवार का...उसके खाने-पीने का...एक लड़का छुट्टी बिताने के लिए आता है...यही वर्णन तो है। सामाजिक यथार्थ तो उसका बहुत आकर्षक भी नहीं है और न कोई चित्रण ही महत्त्वपूर्ण है।

सुरेश पांडेय : इससे क्या फर्क पड़ता है! कहानी में महत्त्वपूर्ण बात साशा का प्रतिपक्ष है। छुट्टियाँ बिताने के लिए आया हुआ साशा बातचीत के दौरान बार-बार उस लड़की को दिखाता है कि किस तरह उसके परिवार के लोग दूसरों के श्रम पर जिन्दा हैं, किस तरह दिन-रात बैठे सुख-सुविधा की सुरक्षित, किन्तु उबाऊ और नीरस जिन्दगी जी रहे हैं!

नामवर सिंह : सही है...

सुरेश पांडेय : वह भूमि तैयार कर रहा है। एक साफ-सुथरी स्वस्थ जिन्दगी का नक्शा है उसके पास। एक ऐसी जिन्दगी का, जिसमें शोषण नहीं है। इस जिन्दगी की ओर लड़की बढ़ती भी है। इस कहानी की चर्चा के दौरान हमें यह भूलना नहीं चाहिए कि यह चेख़व की आखिरी कहानियों में एक है। उसे उन्होंने 1904 में लिखा था और इसी वर्ष उनकी मृत्यु हुई थी। सभी जानते है, चेख़व उत्तरोत्तर बहुत 'रैडिकल' होते गए थे।

नामवर सिंह : ठीक कह रहे हो तुम कि साशा भूमि तैयार कर रहा है। कुल मिलाकर तो साशा यही कहता है उस लड़की से कि देखो, तुम्हारा जो परिवार है, तुम जिस वर्ग की हो, वह 'पैरासाइट क्लास' है, परोपजीवी। यही है न? इस परोपजीवी जीवन

में...वह उसको एक तरह से संकेत देता है कि तुम्हारे जीवन में जो नीरसता है, ऊब है, घुटन है, निराशा है, वह केवल मनोवैज्ञानिक बीमारी नहीं है; बल्कि उसका आधार यह है कि तुम्हारा जो जीवन स्वयं है, उसका एक निश्चित वर्गीय आधार है और वर्गीय आधार है कि तुम लोग दूसरों की मेहनत पर जीते हो, खुद मेहनत नहीं करते हो। एक। और दूसरा यह कि तुमको पता नहीं कि यह पूरा परोपजीवी वर्ग मरणासन्न है, इसका कोई कुछ नहीं है। जब तक तुम इसमें रहोगी, तुम इसी तरह घुटती रहोगी। इस दुनिया से बाहर निकलो। एक नया समाज बन रहा है। कुछ लोग हैं ऐसे जो सपना देख रहे हैं, बदलना चाहते हैं, परिवर्तन करना चाहते हैं।...इन बातों का संकेत है।...मैं जो कहना चाहता था, इस कहानी का सामाजिक यथार्थ अपने-आप में महत्त्वपूर्ण नहीं हुआ जिसको कहें ब्योरा...'नेचुरलिस्ट' कहानी यह नहीं है। लेकिन यह कहानी जिस बहुत बड़े अर्थ को ध्वनित-व्यंजित करती है...कहानी में तो एक तरह से साशा और उस लड़की के बीच थोड़ा प्रेम भी दिखाई पड़ता है...

सुरेश पांडेय : बहुत प्लेटॉनिक किस्म का...

नामवर सिंह : लेकिन है न। 'दुल्हन' को प्रेम की कहानी भी कहा जा सकता है।

सुरेश पांडेय : लेकिन इसकी बहुत अधिक छूट शायद लेखक हमें देना नहीं चाहता। इसके मुखर संकेत कहानी में नहीं हैं। चेख़व ने इसे हमारी 'अंडर-स्टैंडिग' पर छोड़ दिया है।

नामवर सिंह : छोड़ तो दिया है...

सुरेश पांडेय : और 'डेलिबरेटली' छोड़ा है। देखिए, साशा के मरने की खबर पर लड़की की जो प्रतिक्रिया है, उसके चित्रण में चेख़व ने गजब की निर्ममता और संयम का परिचय दिया है। वह चुपचाप घर छोड़कर चली जाती है, साशा द्वारा दिखाई गई उस नई जिन्दगी को आकाश देने के लिए।

नामवर सिंह : तुम सही कह रहे हो।...मुख्य मुद्दा जो हमारा था...मैं जब मानवीय नियति और सामाजिक यथार्थ, दोनों के बीच अन्तर करने की बात कहता हूँ...तो आज की कहानियों में अखबारों में सुलभ होने वाले और आँखों के सामने दिखाई पड़ने वाले सामाजिक यथार्थ का प्रकृतवादी चित्रण तो मिल जाएगा, लेकिन उस सामाजिक यथार्थ में निहित मनुष्य की जो विडम्बना है और उससे मुक्त होने की जो चेष्टा है, वह नहीं मिलती।...उस मानवीय स्थिति का एहसास और उससे आगे बढ़ने का संकेत स्वयं यदि लेखक में है, तब तो वह एक बड़ी कहानी देता है, जैसा चेख़व ने दिया। यदि लेखक यह नहीं करता, तो वह केवल प्रकृतवादी चित्रण की, यथार्थ चित्रण की कहानी देकर रह जाएगा अब इस सन्दर्भ में मनोहर श्याम जोशी की कहानी 'सिल्वर वेडिंग' लो। यह कहानी मुझे इसलिए महत्त्वपूर्ण लगी कि मनोहर श्याम जोशी ने परिवार की...परिवार की दो पीढ़ियों की...पुराने संस्कार...अभी तक

मुंशीगीरी करने वाला पिता और आधुनिक बेटे...इसके द्वारा एक बड़ी समस्या दिखानी चाही है, आज के भारतीय समाज की, जो मुझे बहुत महत्त्वपूर्ण समस्या लगती है। एक पारम्परिक समाज में एक उपहिया आधुनिकता नई पीढ़ी के साथ जो आ रही है, यह एक परिवार की ही समस्या नहीं है। पूरे भारत जैसे तीसरी दुनिया के देशों में 'ट्रेडिशन' और 'मॉडर्निटी' के बीच का जो तनाव है, उसमें किस प्रकार एक झूठी 'मॉडर्निटी', जो मिथ्या है, आरोपित है, वह कितनी निस्सार और निरर्थक है, उसकी अपेक्षा गहरे मानवीय मूल्य कहीं आज भी उन तथाकथित ध्वस्त होते हुए पारम्परिक संस्कारों-मूल्यों में हैं, 'सिल्वर वेडिंग' कहानी इतनी बड़ी समस्या को उठाती है। एक जीवन की छोटी-सी घटना, सिल्वर वेडिंग जैसी घटना के बीच से...मैं समझता हूँ कि आज के भारतीय समाज की उस ऐतिहासिक समस्या को जो बहुत बड़ी समस्या है और उसकी जटिलता या पेचीदगी की गहराई का अभी तक पूरा-पूरा एहसास नहीं कर सके हैं हम लोग, जोशी जी ने दिखाने की कोशिश की है। इस दृष्टि से मुझे ऐसा लगा कि यह अकेला लेखक है जिसने अकेली इस कहानी में ही नहीं, बल्कि अपने दोनों उपन्यासों—'कुरु कुरु स्वाहा' और 'कसप' में भी इसकी खोज करनी चाही है कि ठेठ भारतीय सन्दर्भ में इस 'ट्रेडिशन' और 'मॉडर्निटी' का क्या अर्थ है।...इसी दृष्टि से मैंने सामाजिक यथार्थ के प्रकृतवादी चित्रण और गहरी मानवीय स्थिति के बीच के विरोध को रेखांकित करने की कोशिश की थी, नियति को रेखांकित करने की कोशिश की थी।

सुरेश पांडेय : लेकिन मनोहर श्याम जोशी के कुल लेखन में उनके 'स्टैंड' को लेकर आप क्या कहना चाहेंगे?

नामवर सिंह : अगर 'सिल्वर वेडिंग' कहानी ही लें तो किसी लेखक का 'स्टैंड' उसकी अपनी सहानुभूति से जाना जाता है, वह स्वयं उसको विकसित करे, व्यवस्थित रूप में उपस्थित अपने तईं भी न कर सका हो तो इससे कोई बहुत फर्क नहीं पड़ता है। लेकिन उस कहानी से एक बात तो स्पष्ट है ही कि पुराने संस्कारों के विरुद्ध तथाकथित आधुनिक हो जाने वाली जो यह नई पीढ़ी है, वह बड़ी अमानवीय है। हमारे देश के इस छद्म आधुनिकतावाद और आधुनिक जीवन-दृष्टि आदि-आदि का खोखलापन इस कहानी से स्पष्ट प्रकट होता है और कोई आदमी आज के भारतीय सन्दर्भ में इस ओढ़े हुए आयातित आधुनिकतावाद का यदि विरोध करता है, इसके खोखलेपन को जाहिर करता है, तो मैं समझता हूँ कि बड़ा अच्छा काम करता है।—यह प्रगतिशील दृष्टिकोण है, अगर तुम 'प्रगतिशील' शब्द यहाँ इस्तेमाल करना चाहो। ऐतिहासिक दृष्टि से, सामाजिक दृष्टि से बहुत जरूरी है यह दृष्टि, और जोशी जी ने इस कहानी में इसे बहुत अच्छी तरह दिया है। दूसरी बात यह है कि मनोहर श्याम जोशी परम्परावादी नहीं हैं, यानी वे पंडित विद्यानिवास मिश्र से अलग हैं। इस मामले

में अलग हैं कि जो बाप है, उसको उपहासास्पद दिखा के कि वह कितना 'रिडिकुलस' है...मानवीय तो है लेकिन उसको उपहासास्पद दिखा के, उसको एक 'आयरनिकल सिचुएशन' में डाल के वे यह भी सिद्ध करते हैं कि वे ठीक-ठीक उस बीते हुए अतीत के मूल्यों के समर्थक नहीं हैं। अब ये दो स्थितियाँ दिखाई पड़ती हैं : अतीत के प्रति एक आयरनिकल एप्रोच और नितान्त, जो आधुनिक है उसको हास्यास्पद दिखाना। इन दोनों से जो दृष्टि निकलती है, स्पष्ट है कि वह सही दृष्टि है। यह किसी पोंगापंथी आदमी की दृष्टि नहीं है। लेकिन इसके अलावा आज के युग की जो सच्ची आधुनिकता हो सकती है, वह विकल्प मनोहर श्याम जोशी नहीं दे पाते हैं, जबकि यह तीसरा विकल्प मौजूद है आज की जिन्दगी में। यह दिखाई नहीं पड़ता उन्हें और न दिखाई पड़ने के कारण उनकी इस कहानी की एक सीमा तो प्रकट होती ही है, उनकी जीवन-दृष्टि की भी सीमा प्रकट होती है।

सुरेश पांडेय : नामवर सिंह जी, आपने जीवन-दृष्टि की सीमा की बात उठाई है तो सहज ही मुझे निर्मल की कहानियाँ याद आने लगी हैं जिनके 'परिन्दे' संग्रह की कहानियों के बारे में कभी आपने कहा था कि ये इतिहास की विराट नियति से साक्षात्कार करने वाली कहानियाँ हैं। लोगों का यह आरोप सुपरिचित है कि वे वस्तु-सत्य से पलायन करने वाले कहानीकार हैं। उनकी रचनाओं में जो जीवन-स्थितियाँ हैं, पात्रों की जो समस्याएँ हैं, वे वस्तुगत नहीं हैं, हमारे व्यापक जीवन का या जीवन की निर्णायक समस्याओं का प्रतिनिधित्व करने वाली नहीं हैं और उनके चित्रण में भाववादी दृष्टिकोण है, रोमांटिसिज़्म है। व्यक्तिगत रूप से उन पर मेरा आरोप तो यह भी है कि 'शब्दातीत' अनुभूतियों-अनुभवों और अन्तःसत्यों को खोजने और पकड़ने के नाम पर उनकी कहानियाँ उत्तरोत्तर रहस्यात्मक होती चली गई हैं। निर्मल जी के इस लगातार सघन और गहन होते जा रहे रहस्यवाद का न तो कोई कलात्मक औचित्य दीखता है न ही इसकी कोई सामाजिक प्रासंगिकता दीखती है। ये तमाम आरोप स्वयं 'परिन्दे' संग्रह पर भी लागू होते हैं। क्या आज भी इन्हें आप 'इतिहास की विराट नियति से साक्षात्कार करने वाली कहानियाँ' कहना चाहेंगे?

नामवर सिंह : महत्त्व की दृष्टि से बहुत बड़ा प्रश्न है यह, और बहुत बुनियादी प्रश्न है। इसमें बहुत-सारी चीज़ें कहने की आवश्यकता है। एक बात तो यह कि कहानी जैसी विधा की सीमा को जब तक हम नहीं समझेंगे, तब तक हम कहानी से बहुत ज़्यादा अपेक्षा करते रहेंगे। यह जानना बहुत जरूरी है कि समाज के वस्तुगत यथार्थ का कितना चित्रण कहानी में आ सकता है। जाहिर है कि यह चीज़ उपन्यास में जिस हद तक आ सकती है, उस हद तक कहानी की सीमा में नहीं आ सकती। फिर भी प्रेमचंद ने ऐसी कहानियाँ लिखी हैं, जिनमें जो हमारा प्रत्यक्ष जीवन है उस जीवन की स्थितियों का जीवन्त रूप और स्वाद हमको मिलता है और यह कहानी के मूल

उद्देश्य और कथन के अलावा भी मिलता है। ऐसे लेखक बहुत महत्त्वपूर्ण होते हैं। लेकिन जरूरी नहीं कि सारी कहानियाँ जिन्दगी का स्वाद देने वाली स्थितियों का एहसास कराने वाली ही हों। ऐसी भी होती हैं कहानियाँ, जो अमूर्तन करती हैं, उन घटनाओं और स्थितियों का पूरा ब्योरा न देकर उसमें से चुनकर और केवल... कभी-कभी यह भी होता है कि हम कुछ मनःस्थितियों के संकेत के माध्यम से भी जीवन का स्वाद दे सकते हैं, झलक दे सकते हैं। अब निर्मल इस तरह के लेखक नहीं हैं। कहीं-कहीं वे ब्योरा देते भी हैं और एक अजीब बात है कि...मैं कहूँगा कि यह करीब चेखोवियन आर्ट है कि प्रायः वे फिजा या वातावरण के द्वारा मनःस्थितियों को ज़्यादा उद्घाटित करते हैं। उनका मन इसमें ज़्यादा रमता है। ठोस जो सामाजिक स्थितियाँ हैं, उनमें वे कम रमते हैं। अब यह अपना एक तरीका है, ढंग है। दूसरी चीज़ है कि ऐसी चीज़ों का चित्रण करने में निर्मल जी उन पर रहस्य का एक झीना परदा डाल देते हैं, उनको रहस्यात्मक बना देते हैं। 'लन्दन की एक रात' कहानी में जो नस्ल-भेद करने वाली उपनिवेशवादी व्यवस्था है, उस व्यवस्था को उन्होंने बराबर 'वे' कहा है : 'वे' वहाँ हैं, 'वे' चारों तरफ हैं और इस पूरी व्यवस्था को एक रहस्यात्मक जामा पहनाया है। उस कहानी का सारा आतंक इस रहस्य में है। मुझे लगता है कि उपनिवेशवादी, नस्ल-भेद करने वाली व्यवस्था को आतंकवादी रूप में उपस्थित करने के लिए वहाँ रहस्य का जामा पहनाना बहुत सार्थक, बहुत उपयोगी हुआ है। ब्योरे देकर या कोई चरित्र खड़ा करके मूर्त शायद उसका वैसा आतंक पैदा नहीं किया जा सकता था जितना आतंक उसे अमूर्त और रहस्यमय बनाकर पैदा किया गया है। यहाँ सही इस्तेमाल किया गया है। लेकिन दूसरी स्थितियाँ होती हैं...ऐसी भी हो सकती हैं...देखना यह चाहिए कि रहस्य का इस्तेमाल कहाँ किया गया है? 'तीसरा गवाह' कहानी में दो प्रेमियों के बीच यह पता लगाना कि क्यों वह लड़की भाग गई, शादी...सब कुछ तय करके...फिर उसने अन्त में फैसला किया और भाग गई कोर्टरूम से।...और वे जो आने वाले थे, नहीं आए और कई चीज़ों पर वह सोचता है। फिर लगेगा कि उसको उन्होंने रहस्य का जामा पहनाया है। अन्त तक उस आदमी की समझ में यह बात नहीं आती...मुझे लगता है कि दो आदमियों के सम्बन्ध इतने रहस्यमय होते हैं...इस रहस्यमयता में कई संकेत दिखाई पड़ते हैं। एक उसमें आता है कि कदाचित् उस कोर्टरूम का वह वातावरण, जिसका बड़े विस्तार से चित्रण किया गया है, वह अपने-आप में संकेत है। ठीक यथार्थ के धरातल पर जैसे ही उतरते हैं, यह कोर्टरूम प्रतीक बन जाता है। रहस्य का जामा पहना करके उसकी क्रूरता को दिखाकर 'लन्दन की एक रात' जैसा तो नहीं, लेकिन ऐसे मसलों की पेचीदगी की ओर ध्यान आकृष्ट करते हुए एक सार्थक कार्य किया है निर्मल वर्मा ने। यह रहस्यमयता 'परिन्दे' में भी है। क्यों यह जो लतिका है, चिपकी हुई है अतीत की

स्मृति से, और इतने लोग आते हैं, लेकिन कुछ है, जिसके कारण वह अपना नया जीवन शुरू नहीं करती है, घुटती रहती है। इसको उन्होंने काफी रहस्यमय बनाने की कोशिश की है। यह दृष्टिकोण एक दृष्टि से मुझे महत्त्वपूर्ण लगता है। यह लेखक की अन्तर्दृष्टि का सूचक है कि जिन्दगी इतनी...सतह और गहराई में अन्तर हुआ करता है, यह तो मार्क्सवाद भी मानता है।

सुरेश पांडेय : आपका संकेत शायद संश्लिष्ट यथार्थ की वयस्क पकड़ की ओर है।

नामवर सिंह : निश्चित रूप से। कुछ चालू नुस्खों और फॉर्मूलों के जरिए जिन्दगी को स्याह और सफेद में बाँट करके तुरन्त फैसला कर देने वाले लोगों की अपेक्षा जिन्दगी के गहरे सवालों के बारे में यदि कोई आदमी यह दृष्टि देता है तो मैं समझता हूँ कि एक सार्थक रचना की सृष्टि तो करता ही है, संश्लिष्ट-यथार्थ की वयस्क दृष्टि का भी परिचय देता है। कठिनाई यह है कि उसके बाद निर्मल जी इस रहस्यमयता का इस्तेमाल आगे की कहानियों में इसी तरह से नहीं करते। उनकी इधर की कहानियों में, खासतौर पर मैं कहूँगा कि 'कव्वे और काला पानी' नाम का जो संग्रह आया है, उसमें उनका वह बाबावाद मुझे बहुत खटकता है, कहानी की हत्या कर डालता है। एक बातचीत के दौरान यह बात मैं पहले भी कह चुका हूँ 'कव्वे और काला पानी' में उन्होंने जो रहस्यमयता फैलाने की कोशिश की है, उस बाबा के इर्द-गिर्द, उसके द्वारा वे क्या कहना चाहते हैं और किन चीज़ों को, किस स्थिति से जोड़कर रहस्यमय बनाना चाहते हैं, यह सब बिल्कुल समझ से बाहर है। यह ऐसा है कि जिसको कहूँ कि एक साफ-सुलझी हुई चीज़ को खामख्वाह उलझाने की मनोवृत्ति है। और यह वह रहस्यवाद है जो जिन्दगी के यथार्थ को चीरकर, भेदकर यानी कहना चाहिए कि जिस सच्चाई को कायदे से 'डिमिस्टिफाई' करना चाहिए था, निर्मल भी वहाँ एक साफ-सुथरी सच्चाई को अनावश्यक रूप से 'मिस्टिफाई' करते हैं। यहाँ टेकनीक वही है, लेकिन इसका प्रयोजन और इसके पीछे छिपी हुई जीवन-दृष्टि निश्चित रूप से यथार्थ पर परदा डालने का काम करती है और यहाँ स्पष्ट होता है कि लेखक यथार्थ बोध की वयस्कता नहीं सूचित करता है, बल्कि वह खामख्वाह एक सीधी बात को उलझा देता है। कबीर कहा करते थे : 'मैं कहता सुरझावनहारी, तू रखता उरझाई रे।' लेखक की भूमिका सुलझावनहार की होनी चाहिए, जबकि निर्मल उलझाने वाले लेखक हैं।

सुरेश पांडेय : निर्मल की कहानियों में यह 'डिजनरेशन' आपको कब से दीख रहा है?

नामवर सिंह : निश्चित रूप से यह इधर की कहानियों में दिन-पर-दिन बढ़ता चला जा रहा है। उनकी 'दूसरी दुनिया' नाम की कहानी में इसी प्रकार का एक रहस्यवाद दिखाई पड़ता है। बल्कि 'बीच बहस में' कहानी में भी यही चीज़ है। लेकिन इस

कहानी में, मैं फिर कहूँगा कि अस्पताल पूरा-का-पूरा एक जादुई लोक बन जाता है, रहस्य का पर्दा जब वे पहनाते हैं। वहाँ वह सार्थक भूमिका अदा करता है कहानी में और यह चीज़ मुझे अच्छी लगती है। लेकिन 'दूसरी दुनिया' में उस लड़की को लेकर फिर रहस्य जब बुनते हैं। उसके कारण कहानी आकर्षक तो लगती है, लेकिन फिर वह 'कव्वे और काली पानी' की तरह एक निरर्थक रहस्यवाद की ओर बढ़ जाती है। अब इस रहस्वाद...मैंने कहा कि इसमें दोनों पहलू हैं। जब से जीवन के बारे में निर्मल जी का...दृष्टिकोण बदला है और यह परिवर्तन आसानी से सन् 1967-68-69 के आस-पास से लक्षित किया जा सकता है...इस बीच बहुत तेजी से आगे परिवर्तन हुआ है...इस बदली हुई दृष्टि के तहत उनकी पूरी साहित्यिक समझ, जीवन की समझ, जो उनके लेखों में भी अभिव्यक्त होती है और कहानियों में भी अभिव्यक्त होती है...इस परिवर्तन को देखा जा सकता है।

सुरेश पांडेय : नामवर जी, जिस रहस्यमयता की चर्चा आपने की, उसका एक दूसरा पक्ष भी है। क्या आपको ऐसा नहीं लगता कि इससे रचना की सहज सम्वेद्यता बाधित या नष्ट होती है। पढ़ने के दौरान किसी कृति का 'अच्छा' लगना एक दीगर बात है। मेरी दृष्टि में इस तरह की रहस्यवादी कृतियों में जीवन का वस्तुगत अनुभव और उसका उत्ताप उभर कर सामने नहीं आ पाता जो कि बहुत जरूरी है उसकी प्रासंगिकता के लिए। आखिर हम किस आधार पर इस तरह की रचनाओं से अपने सामाजिक संघर्ष के लिए कोई मदद ले सकते हैं, आप भी अपने एक लेख में कह चुके हैं कि कहानी की सार्थकता हमारे सामाजिक संघर्ष में उसके उपयोगी होने में ही है।

नामवर सिंह : देखो, सिद्धान्त के स्तर पर तो मैं मानता हूँ कि साहित्य दोनों काम करता है। एक यह कि जीवन में रहस्यों की ओर ले जाता है...और यह साहित्य की गहराई में शामिल है। तमाम बड़े लेखक ऐसा करते है कि ज़िन्दगी की अँधेरी गुफाओं, घाटियों, गहराइयों में, जीवन के अँधेरे कमरों में ले जाते हैं। दोस्तोवस्की ने यही काम किया है। टालस्टॉय ने भी यही काम किया है। स्वयं प्रेमचंद ने यह काम किया है। इसलिए जीवन के रहस्यों की खोज भी साहित्य का एक कर्त्तव्य है, धर्म है। उससे यथार्थ और सच्चाई के नए-नए पहलू हमारे सामने आते हैं। यह काम स्वयं कविता में रहस्यवाद के नाम पर निराला ने, पन्त ने, प्रसाद ने किया जिसकी बड़ी निन्दा की गई थी और जिसको उस जमाने में आचार्य शुक्ल पहचान नहीं सके थे और उन्होंने इन सारी कविताओं को खारिज कर दिया था। इसलिए जहाँ लेखक जीवन के ऐसे रहस्यों की खोज करता है, उसकी आलोचना नहीं की जानी चाहिए। हमें इनसे नई सच्चाइयों का पता चलता है। अंशतः यह काम निर्मल ने किया है और उसकी प्रशंसा की जानी चाहिए, उसकी निन्दा नहीं की जानी चाहिए। लेकिन लेखक

का एक दूसरा काम भी होता है। वह काम होता है 'डिमिस्टिफाइ' करना। यह समाज-व्यवस्था, ख़ासतौर से सत्ता, यथार्थ पर परदा डालती है और सम्बन्धों को खोटे रूप में दिखाती है। भाववादी दृष्टि के लेखक और दार्शनिक उस परदे के रंग को और गहरा किया करते हैं। मार्क्स ने 'कैपिटल' लिख करके 'कैपिटलिज़्म' को 'डिमिस्टिफाई' किया है और सचमुच के जो सम्बन्ध हो सकते थे, उन सम्बन्धों को उसने मजदूरों के लिए, मजदूर वर्ग के लिए दिखा करके क्रान्तिकारी काम किया है। प्रेमचंद की अनेक कहानियों में दिखाई पड़ेगा और उपन्यासों में 'गोदान' तो इसका सर्वोत्तम उदाहरण है कि कैसे 'गोदान' 'डिमिस्टिफाई' करता है। होरी स्वयं जिन राय साहब को अपना शुभचिन्तक समझता है, जिस दुलारी सहुआइन के साथ हँसी-ठिठोली करता है, जो मित्र है उसकी, प्रेमचंद का यह उपन्यास दिखाता है कि यही उसके शोषक भी है। यानी प्रेमचंद 'गोदान' में 'डिमिस्टिफाई' करते हैं, शोषित और शोषक के सम्बन्धों को कि किसान किस तरह एक मोह में पड़ा हुआ है और वह भूल जाता है कि उसका शोषण करने वाले स्वयं उसी के आस-पास के लोग हैं, जिनसे वह प्यार-मोहब्बत और भाई-चारे का नाता निभाता है। यह 'डिमिस्टिफिकेशन' है जो लेखक का दूसरा बड़ा कर्त्तव्य है। जहाँ पहले से ही पर्दा पड़ा हुआ हो, वहाँ आप दुबारा दो-चार पर्दे और डाल दें, तो आप समाज-विरोधी कार्य करते हैं और कला की क्षति करते हैं। निर्मल जी यह दूसरा काम जो 'डिमिस्टिफिकेशन' का है, नहीं करते। बल्कि कहना चाहिए कि निर्मल जी ऐसे स्थलों पर भी पर्दा डाल देते हैं, और इस तरह संघर्ष में योगदान देना तो दूर रहा, बल्कि मैं कहूँगा कि एक खास तरह के मोह में डाल करके, ऐसी कहानियों के द्वारा वे उनके काम पर पर्दा डाल देते हैं और भावुक बना देते हैं और भावुक बना करके निश्चित रूप से अपनी कहानी-कला की भी क्षति करते हैं। इसलिए इस दूसरे पहलू की ओर...दोनों में फर्क करना चाहिए। होता यह है कि फर्क न करने के कारण हम इन्हीं दूसरे प्रकार की कहानियों के कारण, अधिकांश रचनाओं के कारण इनके प्रभाव में उनके उन सार्थक प्रयासों को भी गड़बड़ करते हैं। नतीजा यह होता है कि यहाँ साहित्यिक आलोचना अपना दायित्व पूरा नहीं करती है।

सुरेश पांडेय : नामवर सिंह जी, मेरी दृष्टि में उनके रहस्यवाद के अतिरिक्त कुछ और भी महत्त्वपूर्ण मुद्दे हैं, जिन पर चर्चा की जानी चाहिए। मसलन, उनके कथाचरित्रों, स्थितियों, समस्याओं और अनुभव संसार का प्रातिनिधिक न होना और इन सबका ऐतिहासिक दबावों की क्रूरता से मुक्त रहना। आखिर किस आधार पर 'परिन्दे' की कहानियों में, आप ही के शब्दों में, 'स्थितियाँ इतिहास की विराट नियति बन कर खड़ी हो जाती हैं'?

नामवर सिंह : निर्मल की चर्चा कुछ ज़्यादा ही कर रहे हो।

सुरेश पांडेय : उसके पीछे कोई 'पोलेमिकल स्पिरिट' नहीं है। जैसा कि आप भी जानते हैं, कथा-समीक्षा की दुनिया में आप जो इतने विवादास्पद हुए, उसका बहुत सारा श्रेय निर्मल पर लिखी आपकी समीक्षा को ही जाता है। इस बहुचर्चित समीक्षा में आप की जो आलोचना-दृष्टि उभरती है, साहित्य और कहानी को लेकर आपकी जो मान्यताएँ सामने आती हैं, उसके बारे में लोग एकमत हैं कि ये मार्क्सवादी चिन्तन और आलोचना की आधारभूत स्थापनाओं व निष्पत्तियों के खिलाफ जाती हैं। जबकि दूसरे लेखकों पर लिखते हुए आपकी चिन्ताओं और मूल्यों का धरातल नितान्त भिन्न होता है और यह धरातल मार्क्सवादी मानदंडों का होता है। ऐसे में क्या आप निर्मल पर लिखी अपनी समीक्षा को अपना 'डेवियेशन' स्वीकारना चाहेंगे?

नामवर सिंह : निर्मल की कहानियों का अनुभव-संसार, जैसा कि सभी जानते हैं, बहुत सीमित है और इस सीमित अनुभव-संसार के कारण, जाहिर है कि उनकी कहानियों की एक सीमा तो बन ही जाती है। यही नहीं कि उनके चरित्र एक निश्चित वर्ग से आते हैं...

सुरेश पांडेय : और वह अभिजात वर्ग है?

नामवर सिंह : अभिजात वर्ग को तुम ढीले-ढाले शब्दों में इस्तेमाल कर रहे हो। मैं उस वर्ग को अभिजात वर्ग तो नहीं कहूँगा। वह निश्चित रूप से मध्यवर्ग है। 'अभिजात' का सम्बन्ध हम लोग सामन्ती व्यवस्था की 'एरिस्टोक्रेसी' से जोड़ते हैं। वर्गों की चर्चा जब भी होगी, मैं निश्चित रूप से मार्क्सवादी शब्दावली ही इस्तेमाल करूँगा। मैं ढीले-ढाले ढंग से वर्गों की चर्चा नहीं कर सकता। मैं निर्मल के पात्रों को अभिजात वर्ग का नहीं मानता क्योंकि अभिजात वर्ग की कुछ निश्चित सीमाएँ हैं, उसकी विशेषताएँ हैं, उसके कुछ गुण भी हैं और निश्चित रूप से ये चीज़ें निर्मल के यहाँ नहीं हैं। बल्कि मैं यह कहूँ कि हिन्दी में इस शब्द का इतने ढीले-ढाले ढंग से प्रयोग किया जाता है...यहाँ तक कि अज्ञेय के साहित्य को भी लोग अभिजात वर्गीय, अभिजात संस्कारों वाला साहित्य कह दिया करते हैं। मैं नहीं मानता कि अभिजात वर्ग की छाया भी उनके यहाँ दिखाई पड़ती है। मैं उसे मध्यवर्ग, शिक्षित मध्यवर्ग, जो नितान्त आधुनिक है, जो नई औद्योगिक पूँजीवादी व्यवस्था से पैदा हुआ है, का लेखक मानता हूँ। मैं रवीन्द्रनाथ के साहित्य में जो अभिजात वर्गीय चेतना पाता हूँ, वह भारतीय साहित्य में बहुत थोड़े-से लोगों में है। आधुनिक लोगों में चाहो तो तुम कह सकते हो कि यह चेतना भगवतीचरण वर्मा में ज़्यादा मिलती है यद्यपि वे ठेठ मध्यवर्गीय वातावरण के आदमी थे। अभिजात वर्गीय चेतना उनके 'भूले बिसरे चित्र' में भी दिखाई पड़ती है, 'टेढ़े मेढ़े रास्ते' में भी दिखाई पड़ती है। मेरी दृष्टि में, अपने यहाँ के इस वातावरण में जो लोग अच्छे जमींदारों और ताल्लुकेदारों के संस्कारों से और उनकी वर्गीय चेतना से लिखते हैं, उनका साहित्य अभिजात वर्गीय

है। इसलिए एक तो मैं यह कहूँगा कि हिन्दी में जब भी हम साहित्य के सन्दर्भ में वर्गों की चर्चा करते हैं तो जो समाज-विज्ञान में विशेष रूप से मार्क्सवाद में, वर्गों को जिस रूप में परिभाषित किया गया है, उनकी वर्ग-चेतना, उनका सांस्कृतिक दृष्टिकोण और उनके जीवन मूल्य...हम उसी सीमा में चर्चा करें तो ज़्यादा उपयोगी होगा वरना...और यह मनोवृत्ति जो आजकल चर्चा के दौरान नए लेखकों में दिखाई पड़ती है, मुझे इस पर घोर आपत्ति है। होता यह है कि ज़्यादातर लेखक बेचारे निम्न मध्यवर्गीय ग्रामीण संस्कारों से, छोटे किसानों के घरों से आते हैं। इन्हें अपने से ऊपर के वर्ग का जो भी दिखाई पड़ता है, उसको अभिजात वर्गीय कह देते हैं। इसमें बड़ी कठिनाई होती है और इसके कारण साहित्यिक मूल्यांकन भी गड़बड़ होता है और समाजशास्त्रीय विश्लेषण तो निश्चित रूप से सदोष है ही। इसलिए निर्मल के सम्बन्ध में पहली बात तो मैं कह दूँ कि वे अभिजात वर्गीय नहीं हैं, क्योंकि उनकी रचनाओं में जमींदारों, ताल्लुकेदारों, राजाओं या नवाबों से जुड़े हुए जीवन-मूल्यों की न कहीं स्थापना की गई है और न उनकी चर्चा है। मैं उन्हें ठेठ मध्यवर्ग का ही मानता हूँ, इसी वर्ग के जीवन-मूल्यों की प्रतिष्ठा करने वाला जैसा भी भारतीय मध्यवर्ग है। और यह उनकी आरम्भिक कहानियों के सन्दर्भ में मैं कह रहा हूँ। बल्कि अगर उनके पुरुष-चरित्रों को देखो तो ये मध्यवर्ग के नहीं, बल्कि ठेठ मध्यवर्ग के चरित्र हैं। 'सितम्बर की एक शाम' का जो युवक है या 'पिक्चर पोस्टकार्ड' के जो युवक हैं, पढ़े-लिखे मध्यवर्ग के लोग हैं, बल्कि कहना चाहिए निम्न-मध्यवर्ग के। यहाँ तक कि जिस 'परिन्दे' कहानी का तुम जिक्र कर रहे हो, उसकी नायिका लतिका एक स्कूल-टीचर है और उसमें आने वाले दूसरे जो मास्टर हैं, सारे-के-सारे निम्न मध्यवर्ग से सम्बन्ध रखने वाले हैं, मार्क्सवादी शब्दावली में। उनका अभिजात वर्गीय संस्कारों और मूल्यों से कोई सम्बन्ध नहीं। निर्मल चाहे जिस वर्ग के हों, उसे छोड़ दो। मार्क्स ने इस पर बहुत साफ लिखा है कि महत्त्वपूर्ण यह नहीं है कि लेखक स्वयं किस वर्ग का है, महत्त्वपूर्ण यह है कि लेखक किन जीवन-मूल्यों की स्थापना करता है। कथा-साहित्य के दौरान उन जीवन-मूल्यों का पता लगाने का सबसे आसान-सा नुस्खा यह है कि उसके चरित्र आमतौर से किस वर्ग से आते हैं? इसलिए ज़्यादातर देखोगे कि निर्मल वर्मा के चरित्र निम्न मध्यवर्ग के ही हैं और उस निम्न मध्यवर्ग के चरित्रों की स्थापना करने में वे उनके संस्कारों का भी इस रूप में जिक्र करते हैं। इसलिए अभिजात वर्ग का तो उन्हें मानना ही नहीं चाहिए। अब दूसरी महत्त्वपूर्ण बात यह है कि ये चरित्र किन जीवन-स्थितियों से होकर गुजरते हैं? आमतौर से देखोगे कि उन जीवन-स्थितियों में कहीं-कहीं तो एक बेरोजगार युवक है और बेरोजगारी की समस्या निश्चित रूप से उनको आर्थिक परिस्थितियों की ओर, संकट की ओर ले जाती है।

सुरेश पांडेय : जैसे 'सितम्बर की एक शाम' में।

नामवर सिंह : हाँ, लेकिन ऐसे कम हैं। जब तुम कहते हो कि वे इतिहास के क्रूर दबावों से बचे हुए हैं, तो इसका मतलब है कि बड़े, व्यापक आर्थिक, राजनीतिक और सामाजिक संघर्षों से होकर उनके चरित्र गुजरते दिखाई नहीं पड़ते हैं। आमतौर से उनके चरित्रों के सामने जो समस्याएँ हैं, वे समस्याएँ, सुविधा के लिए हम कहें तो नैतिक समस्याएँ हैं। नितान्त वैयक्तिक, चाहे वह प्रेम की हों, चाहे कुछ विवाह की स्थिति उसमें बनती हो।

सुरेश पांडेय : बेरोजगारी की समस्या को भी तो उन्होंने लगभग उसी स्तर पर उठाया है। 'सितम्बर की एक शाम' में एक युवक घास पर लेटा है और वह प्रतीक्षा कर रहा है कि दुनिया आकर उसे 'अर्थ' दे! इसका क्या अर्थ है? आप देखिए कि इसमें एक नितान्त वस्तुनिष्ठ समस्या को किस तरह 'इरशनलाइज' कर अमूर्त करने की कोशिश की गई है, जहाँ वस्तु-व्यंजना हाथ से छूट जाती है।

नामवर सिंह : तुम्हारा विश्लेषण बिल्कुल सही है। लेकिन वह बड़ी कमजोर कहानी है।

सुरेश पांडेय : लेकिन आपने इसकी चर्चा तो बहुत की है।

नामवर सिंह : नहीं, बहुत तो नहीं की है। जितनी करनी चाहिए, उतनी ही चर्चा की है लेकिन वह उनकी महत्त्वपूर्ण कहानियों में नहीं है। मैं भी उसे महत्त्वपूर्ण नहीं मानता। बात यह हो रही थी कि...इसलिए सीमित जीवन स्थितियों के बीच एक सीमित वर्ग के चरित्र गुजरते हैं। इनकी समस्याएँ भी निश्चित रूप से सीमित हैं। ये सारी चीज़ें उनकी कहानियों को सीमित करती हैं और उदाहरण के लिए, अमरकान्त की कहानियों की दुनिया से अलग करती हैं। अमरकान्त के यहाँ निम्न मध्यवर्ग की दूसरी ज़्यादा बड़ी समस्याएँ हैं, जीवन के कठोर संघर्ष हैं—ये बातें तो स्पष्ट ही हैं। लेकिन एक दूसरा पहलू भी इसका है, जिसकी ओर हमारा ध्यान जाना चाहिए और पहले भी मैंने कहा था कि कहानी और उपन्यास में फर्क है। इसलिए जीवन के बड़े संघर्षों के लिए उतनी गुंजाइश कहानियों में नहीं रहती है। इसलिए देखना यह है कि सीमित वर्ग के चरित्र सीमित जीवन-स्थितियाँ, उन सीमित जीवन-स्थितियों में जो समस्याएँ उठाई जाती हैं, वे समस्याएँ सार्थक हैं कि नहीं। और वे समस्याएँ जो भी हों, कहीं वे अमूर्त, दार्शनिक, अनुचिन्तात्मक रूप में तो नहीं उठाई गई हैं और फिर उनका 'ऑब्जेक्टिव कोरिलेटिव' कहानियों में मौजूद है या नहीं। जैसे अभी तुम 'सितम्बर की एक शाम' कहानी का जिक्र कर रहे थे कि वह प्रतीक्षा कर रहा था कि कोई उसको अर्थ दे। इस पूरी कहानी में यह एक चौंकाने वाला वाक्य तो लगता है, लेकिन इसका 'ऑब्जेक्टिव कोरिलेटिव' उस कहानी में मौजूद नहीं। इसलिए माना जाएगा कि यह किसी नितान्त मनोगत रूप में, एक गम्भीर और बड़ा

महत्त्वपूर्ण लगने वाला दार्शनिक वाक्य तो लेखक कह देता है, लेकिन कहानी में, अगर एफ. आर. लीविस का शब्द लें, तो यह 'रिअलाइज' नहीं होता। तो इस नाते कहानी कमजोर हो जाती है अपने-आप और यह वाक्य कोई अर्थ रखता नहीं है। स्वयं लेखक ही उसको अर्थ नहीं दे पाता है, तो पाठक कैसे ग्रहण करेगा? और ऐसी चीज़ों को तुम देखोगे कि लगभग ये फिकरे अस्तित्ववादी विचारधारा के भीतर चालू कुछ इसी तरह के मुहावरों और फिकरों से ले लिए गए हैं, जो निर्मल' की कहानियों में कहीं-कहीं बीच में उलझते रहते हैं, जीवन-स्थितियों से वे सिद्ध नहीं होते। तो कला के स्तर पर ही उनकी आलोचना की जा सकती है, उन कहानियों की कमजोरी साबित हो जाती है। इसके लिए हम इतनी दूर तक सफर न भी करें कि सीमित संसार है। वह जरूरी तो है, लेकिन वह सवाल बाद में उठता है। यह सीमा तो ठीक है, किन्तु उस सीमा में जहाँ कुछ कहानियों में तीव्रता के साथ, सघनता के साथ यदि कोई सच्ची जेनुइन, प्रामाणिक अनुभूति और समस्या निर्मल ने व्यक्त की है तो उस सीमित दायरे में उसकी सार्थकता प्रमाणित होती है। मैं नहीं समझता कि जीवन की ये नितान्त महत्त्वहीन समस्याएँ हैं, जैसे कि नैतिक समस्या। या प्रेम पर कहानी लिखने से ही कोई घटिया कहानीकार नहीं हो जाता है। उदाहरण के लिए, चेख़व की जितनी श्रेष्ठ कहानियाँ तुम देखोगे, मूलतः वे प्रेम की कहानियाँ हैं। सवाल यह है कि वह प्रेम भी जीवन के और अनुषंगों से कटा हुआ है या जुड़ा हुआ है या उस प्रेम पर इतिहास का वह दबाव पड़ता रहता है या नहीं और लेखक किसी न किसी रूप में उसको...इसकी जाँच की जानी चाहिए। और वैसे भी माना जाए...प्रेमचंद जैसे बड़े लेखक कहाँ मिलते हैं जिनकी यदि दो-ढाई सौ कहानियाँ मिलाई जाएँ तो उस युग के पूरे भारत और मानवीय समाज का एक पूरा खाका मिल जाएगा। इसी तरह यशपाल के बारे में भी कहा जा सकता है। यशपाल उपन्यासों से ज़्यादा अपनी कहानियों में...और उनकी सारी कहानियाँ एक साथ मिलाई जाएँ तो उनमें उस दौर की अनेक प्रकार की आर्थिक, राजनीतिक, सामाजिक और नैतिक समस्याओं की अभिव्यक्ति मिल जाएगी। प्रेम की भी कहानियाँ उन्होंने लिखीं, स्त्री-पुरुष सम्बन्धों की भी कहानियाँ लिखीं।...तो उस दृष्टि से निर्मल की कहानियों की दुनिया सीमित तो है ही, लेकिन जो एक छोटी-सी दुनिया, छोटा-सा अनुभव है, उसको एक आदमी यदि तीव्रता से...कुछ लेखक ऐसे होते हैं, जैनेन्द्र ऐसे ही लोगों में हैं और इस कारण उनकी कहानियाँ खारिज नहीं की जा सकतीं। इस दृष्टि से निर्मल की कहानियों की सीमा को ध्यान में रखते हुए उन कहानियों में से जहाँ सार्थक बन सका है, उसका विचार किया जाना चाहिए। रहा यह कि उस दौर में...जब मैंने कहा...उदाहरण के लिए, 'परिन्दे' कहानी। चेख़व की 'दुल्हन' कहानी का भी मैंने जिक्र किया था कि चेखव की प्रेम की कहानी के बीच से भी एक ऐसा अर्थ ध्वनित होता है, व्यंजित

होता है जिसकी व्याप्ति सामाजिक समस्या की ओर होती है और आलोचकों ने भी कहा है कि उनकी नायिकाओं में जो युवा और सुन्दर हैं, एक तड़प मिलती है, बेचैनी मिलती है। यह चीज़ उनके नाटकों में भी दिखाई पड़ती हैं, जब उनकी ये नायिकाएँ कहती हैं–'मॉस्को' 'मॉस्को'। एक छोटे-से कस्बे में पड़ी हुई इन नायिकाओं के मन में बराबर एक ललक है मॉस्को के लिए और मॉस्को उनके लिए एक शहर नहीं, बल्कि एक नई जिन्दगी है। मुझे कहीं 'परिन्दे' पढ़ते समय लगा, हो सकता है कि मेरे मन का यह मनोगत आरोप हो, 'हम कहाँ जाएँगे' यह सवाल केवल चिड़ियों का सवाल नहीं है, यह केवल लतिका का सवाल भी नहीं है, बल्कि ज़्यादा व्यापक सवाल दिखाई पड़ता है; क्योंकि एक जगह लोग...यानी हम सभी लोग जैसे परिन्दे हैं, एक 'सिचुएशन' में कैद हैं। तो जिसको मैं कहूँ कि यदि किसी कहानी में, काव्यशास्त्र का शब्द लें तो अभिधा की सीमा और उसको बाधित करते हुए अभिधार्थ को, यदि व्यंग्यार्थ की गूँज उसमें मिलती है तो उसे पकड़ना चाहिए और देखना चाहिए कि वह क्षमता है कि नहीं उस कहानी में। कायदे से देखें तो जैसे चेख़व की कहानी 'वार्ड नं. 6' है तो अस्पताल की, एक डॉक्टर की, लेकिन लेनिन को लगा कि सारा रूस 'वार्ड नं. 6' है। अब उस कहानी में यह एक सम्भावना मौजूद है, लेकिन उस सम्भावना को दूसरे नहीं पकड़ सके। एक आदमी जो दूसरे अनुभव से गुजर रहा था, लेनिन को वह दिखाई पड़ा। मुझे लगा कि 'परिन्दे' में यह सम्भावना मौजूद है। एक स्थिति में कैद कुछ लोग परिन्दे की तरह से हैं और वह कहानी एक छटपटाहट, एक व्यापक छटपटाहट व्यक्त करती है और वह केवल प्रेम की छटपटाहट नहीं है, एक स्थिति से निकलने की बहुत व्यापक रूप से हो सकती है। मैं इस बात को पुष्ट यूँ करूँ कि मुझे उस समय किसी दूसरी कहानी में ऐसा नहीं लगा। यद्यपि बाद में मुझे, तुम्हें याद होगा, कहानी तो पहले छप चुकी थी, अमरकान्त की 'डिप्टी कलक्टरी' में यही एक व्यापक ध्वन्यर्थ उसका मिला जब मैंने कहा कि...

सुरेश पांडेय : 'पीड़ा भरी प्रतीक्षा' की बात आपने कही थी, निर्मल की 'परिन्दे' और अमरकान्त की 'डिप्टी कलक्टरी' को साथ रखते हुए।

नामवर सिंह : इन दोनों कहानियों में एक पीड़ा भरी प्रतीक्षा है। और सवाल यह हो सकता है...कुछ लोग कहें कि...अब आलोचना में तो यही हो सकता है कि मैं एक पाठक के नाते कह सकता हूँ कि मुझे यह अर्थ उसमें दिखाई पड़ रहा है। मैं दूसरे पाठकों से यह जानना चाहूँगा कि उन्हें यह दिखाई पड़ रहा है या नहीं।

सुरेश पांडेय : सवाल यह उठता है कि जिस संसार में लतिका जीती है, उससे जुड़े हुए पात्र जीते हैं, उस संसार का ऐतिहासिक अनुभव क्या इस प्रश्न-बिन्दु तक हमें लाता है कि हम कहाँ जाएँगे? चेख़व यदि अपनी कहानियों में यह सवाल उठाते हैं कि 'हम क्या करें?' तो इस सवाल का समर्थन तत्कालीन रूसी समाज से मिलता

है? इस पर एक जगह आपने टिप्पणी भी है कि जैसे सारा ज़माना एक साथ पूछ रहा हो कि हम क्या करें? लतिका के मन में यह जो सवाल उठता है कि कहाँ जाएँगे? पहाड़ के पीछे से लौटते हुए पक्षियों को देखकर, क्या इसका साक्ष्य हमारे उस समय के इतिहास में मिलता है?

नामवर सिंह : निश्चित रूप से मिलता है। अगर तुम छठे दशक के भारतीय समाज की कल्पना करो तो उसमें स्वाधीनता के बाद पूरे देश के सामने यही तो प्रश्न था कि हम लोग जिस स्वाधीन भारत का निर्माण करना चाहते हैं, वह स्वाधीन भारत...यानी हम कहाँ जाएँगे? हमारा विकास...क्या हम लोग सचमुच समाजवाद के रास्ते पर जा सकेंगे? क्या हम एक सेक्युलर डेमोक्रेटिक सोशलिस्ट स्टेट बना सकेंगे जो आत्म-निर्भर हो?...इसलिए मैं समझता हूँ कि निश्चित रूप से छठे दशक में इसके लिए लोग सचेत रहे हों, हो सकता है कि कुछ लोग सचेत न रहे हों; लेकिन सम्वेदना और अनुभूति के धरातल पर...क्योंकि निर्मल और अमरकान्त, इनमें कोई सम्पर्क भी नहीं था, परिचय भी नहीं था...ये दो कहानीकार अलग-अलग स्थितियों में दो कहानियाँ लिख रहे थे और दोनों सार्थक कहानियाँ मुझे लगती हैं। अपने-अपने ढंग से दोनों के चरित्र लगभग इसी बात को ध्वनित और व्यंजित करते हैं कि हम कहाँ जाएँगे। मुझे लगता है कि कहीं न कहीं यह बात वैसे ही पूरे भारतीय समाज के मन में दबे हुए या उठने वाले प्रश्न को ध्वनित करती है, करने की क्षमता उसमें है सम्भावना उसमें है, जैसे कि उन्नीसवीं सदी के अन्त में और बीसवीं सदी के प्रारम्भ में रूसी समाज की स्थिति थी। सुविधा वहाँ यह है कि रूसी समाज में साहित्य के अलावा दूसरे विचारकों ने भी इसी तरह की किताबें लिखीं—वैचारिक। चेर्नीशेवस्की ने अपना उपन्यास लिखा 'ह्वाट इज टु बि डन'। लेनिन ने इसी पर पूरी एक किताब लिखी, जिसके आधार पर आगे चल कर उन्होंने क्रान्तिकारी पार्टी की स्थापना की। टालस्टॉय ने इसी शीर्षक से एक और किताब लिखी।...तो वहाँ तो आसानी हो जाती है हमें क्योंकि तीन किताबों को देख करके एक नारा...एक स्लोगन के रूप में उभरता है कि हम क्या करें। हमारे यहाँ किसी आदमी ने ऐसी कोई किताब लिखी होती अगर, चाहे वह राजनीतिक चिन्तन की किताब, आर्थिक चिन्तन की किताब हो...इस तरह से सवाल को ठीक-ठीक 'फॉर्मुलेट' करने वाली इस शीर्षक की कोई किताब नहीं दिखाई पड़ती कि हम कहाँ जाएँगे। लेकिन इसका कहीं अंग्रेजी में शायद ढूँढ़ने पर अगर पता लगाया जाए तो...'फ्रॉम ह्वेयर शैल वी गो' या 'ह्वेयर शैल वी गो' जैसी हो सकता है लिखी हो लोगों ने...कुछ लेख लिखे हों लेकिन मुझे लगता है कि यदि नहीं भी लिखा हो तो कोई फर्क नहीं पड़ता। सच्चाई यह है कि छठे दशक में भारत उस ऐतिहासिक संक्रमण के दौर से गुजर रहा था जहाँ 'अनचार्टेड' भविष्य था, कोई बना-बनाया मॉडल हमारे सामने नहीं था कि विकास का कौन-सा मॉडल अख्तियार

करें! यहाँ तक कि योजनाओं के बारे में भी यह बहस चल रही थी कि योजना तो समाजवादी व्यवस्था के अन्तर्गत ही चलती है। भारत समाजवादी व्यवस्था को न स्वीकार करते हुए 'मिक्स्ड इकोनॉमी' और 'डेमोक्रेसी' को स्वीकार करते हुए भी 'प्लान' कर रहा है। उस वक्त जब जवाहरलाल नेहरू ने 'योजना' पत्रिका शुरू की, उसमें अर्थशास्त्रियों के बीच यह लम्बी बहस चली कि लोकतंत्र और पंवचर्षीय योजना, दोनों साथ नहीं चल सकती हैं, क्योंकि, 'प्लान्ड इकोनॉमी' केवल सोशलिस्ट व्यवस्था में ही हो सकती है। किसी पूँजीवादी व्यवस्था में इस तरह की योजना या नियोजित अर्थव्यवस्था का निर्वाह नहीं हो सकता है।...मैं गैर साहित्यिक बातें करके इस चर्चा को बोझिल नहीं बनाना चाहता, लेकिन मैं कहना चाहता हूँ कि उस समय छठे दशक की सबसे महत्त्वपूर्ण समस्या थी कि भारत जैसे देश के विकास में और आर्थिक-सामाजिक विकास की दिशा में तो था ही, स्वयं साहित्यिक और सांस्कृतिक विकास के बारे में भी कोई ऐसा स्पष्ट मार्ग नहीं था। इसलिए उस दौर में यह सवाल उठना कि हम कहाँ जाएँगे, स्वाभाविक था और जब तक कि कोई बड़ा परिवर्तन नहीं होता है तो एक ऐसी...जैसे सब प्रतीक्षा कर रहे हों और उस प्रतीक्षा के दौर से लोग गुजर रहे हों जिसका परिणाम आगे चल कर प्रकट हुआ कि प्रतीक्षा करते-करते जब धीरज टूट गया, मोह भंग हुआ, तो उस मोह भंग के बाद एक आक्रोश और विस्फोट के रूप में लगभग सातवें दशक और उसके बाद से एक अराजकतावादी माहौल-सा दिखाई पड़ा जिसके बीच से थोड़े दिनों के लिए तानाशाही भी आई। लेकिन छठे दशक में लोग किसी बहुत क्रातिकारी परिवर्तन या व्यवस्था को पलट देने वाले दौर से नहीं गुजर रहे थे क्योंकि सन् 48-49 के आस-पास तेलंगाना वाला विद्रोह करके लोग देख चुके थे कि समाजवादी क्रान्ति का यह समय नहीं है। इसलिए इन दोनों कहानियों के बीच से जो अर्थ मैंने ढूँढ़ा था, वह इतिहास-सम्मत है और उसका इतिहास में एक वस्तुगत आधार उपस्थित है।

सुरेश पांडेय : निर्मल की इन्हीं कहानियों के बारे में आप कहते हैं; सर्वत्र कोशिश यही है कि इतिहास से अपने को मुक्त करके एक साक्षी या 'विटनेस' के रूप में उसे देखा जाए और इसी आधार पर आप इस निष्कर्ष पर पहुँचते हैं कि 'ये कहानियाँ जीवन की विभिन्न स्थितियों के सन्दर्भ में आज के सबसे बड़े मानव-मूल्य–मानव-मुक्ति–को परिभाषित करती हैं।' क्या ऐसा सचमुच सम्भव है कि मनुष्य इतिहास से स्वयं को मुक्त करके उसका साक्षी या विटनेस हो सके? फिर जिस 'मानव-मुक्ति' की बात आप करते हैं, उसका क्या अर्थ है?

नामवर सिंह : देखो, दो बातें है। जहाँ से तुमने इसे लिया है, मैंने रचनाकार का पक्ष इसमें रखा है और उसका जो मूल कथ्य है, उसे एक तरह से कहना चाहिए कि आलोचना की भाषा में प्रस्तुत करने की कोशिश की है। लोग चर्चा इन कहानियों

की कर रहे थे तो कोई इसकी खूबसूरत भाषा पर...अलग-अलग फुटकर चीज़ों पर चर्चा कर रहे थे और मुझे लग रहा था कि इन कहानियों का मूल रूप कुछ और है! इसलिए वस्तुनिष्ठ ढंग से ये कहानियाँ क्या कहती हैं, क्या कहना चाहती हैं, लेखक का क्या प्रयास है—यह बताना मैंने जरूरी समझा और आलोचना का यह कर्त्तव्य भी है कि पहला काम तो मूल पक्ष के रूप में लेखक के उस मूल कथ्य को परिभाषित करे। बहुत-से लोगों को कुछ चीज़ें अच्छी लगती हैं, लेकिन गलत कारणों से अच्छी लगती हैं। लेखक के मूल कथ्य को हमेशा पकड़ा ही जाए, कोई जरूरी नहीं है।...तो अपनी समझ से मैंने उनको 'फॉर्मुलेट' किया। तक तक निर्मल ने उन कहानियों के बारे में न कहीं वक्तव्य दिया था, न कोई लेख लिखा था। कहीं कहा भी नहीं था कि इन कहानियों का यह उद्देश्य है।

सुरेश पांडेय : लेकिन नामवर जी, रचनाकार का पक्ष भर रख देने या उसकी रचनाओं के मूल कथ्य का अन्वेषण भर कर देने से आलोचना-कर्म की इति श्री नहीं हो जाती।...यह तो बिल्कुल प्रारम्भिक काम है। इसके आगे का और सबसे महत्त्वपूर्ण काम तो यह है कि आलोचक रचनाकार के उस पक्ष की, उसके उस मूल कथ्य की निर्मम पड़ताल करे। यह काम आपने नहीं किया है।

नामवर सिंह : मैं बिल्कुल सहमत हूँ तुम्हारी इस बात से। होना तो यह चाहिए था कि मैं स्पष्ट करता कि मुक्ति सम्बन्धी, मानव-मुक्ति सम्बन्धी मेरी क्या परिकल्पना है। इतिहास से मनुष्य मुक्त हो सकता है कि नहीं, मुक्त हो सके तो साक्षी होने वाली बात...पहली बात तो यह कह दूँ कि मैं उस बात से न तो तब सहमत था, और न अब सहमत हूँ। यह इतिहास-विरोधी मानव-मुक्ति की धारणा मूलतः अस्तित्ववादी दर्शन की धारणा है जो उस दौर में कविता में भी व्यक्त हो रही थी और कविता के साथ ही कहानियों में जहाँ व्यक्त हो सकती थी, निर्मल में हो सकती थी और इसी सन्दर्भ में मेरे उस कथन को लिया जाना चाहिए जब मैंने कहा था कि 'नई कहानी' की अगर कोई पहली किताब है तो वह निर्मल की 'परिन्दे' है। इसी अर्थ में मैंने यह यह कहा था क्योंकि नई कविता में यही भावबोध, यही जीवन-दृष्टि उस दौर में व्यक्त हो रही थी और यह जीवन दृष्टि, यह भाव-बोध कहानी में आगे आ रहा था तो निर्मल जी की ही कहानी में आ रहा था। और कोई आदमी इसको इतनी दूर तक ले जाने वाला नहीं था। छिटपुट, अधकचरे ढंग से यह प्रभाव कदाचित् तुम राकेश में देखोगे, 'अपरिचित' और कई दूसरी कहानियों में अधकचरे ढंग से। जिस ढंग से पचाया हुआ...और अपेक्षाकृत ज़्यादा कलात्मक ढंग से व्यक्त करने वाले जितने निर्मल थे, दूसरा कोई आदमी उस वक्त नहीं था। राजेन्द्र यादव भी इसी तरह की कोशिश करते थे। शायद ही कोई लेखक रहा हो जो छठे दशक का हो और अस्तित्ववादी विचारधारा से प्रभावित न रहा हो। मैं रचनाकारों की बात कर रहा हूँ।

यह जरूर है कि...तुम कहोगे कि यह व्याख्या करने के बाद उचित तो यह था कि उसकी आलोचना की जाए और कहा जाए कि मैं इससे सहमत नहीं हूँ। यह काम उस समय मैं नहीं कर सका।

सुरेश पांडेय : क्यों?

नामवर सिंह : इसलिए कि उस बीच जो नई कहानी की बहस हो रही थी, चर्चा हो रही थी, उस चर्चा के दौरान, जिस चीज़ के लिए कहानी 'स्ट्रगल' कर रही थी, उसमें मुझे लगता था कि शायद प्राथमिक आवश्यकता यही है कि...

सुरेश पांडेय : इसके विधेयात्मक पक्षों को ही 'रैशनलाइज्ड' स्तर पर रखा जाए।

नामवर सिंह : बिल्कुल! इसलिए तात्कालिक आवश्यकता को देखते हुए एक ही पक्ष रखा गया। मुझे बाद में भी बराबर लगता रहा और शायद इतने दिनों के बाद इस चीज़ पर आज तुम यह कह रहे हो। लेकिन तुम्हारे अलावा किसी आदमी ने इस बात को लेकर के कोई चर्चा नहीं की, यहाँ तक कि स्वयं कहानीकारों ने भी नहीं। इन तमाम लोगों ने दूसरी फालतू बातों की तो बहुत चर्चा की, लेकिन इस मूल जीवन-दर्शन की क्या सीमा है, यह सवाल इतने वर्षों के दौरान अकेले तुमने ही उठाया है। स्थिति यह है कि इस तरह का जीवन-दर्शन उस समय के...यानी मैं कहूँ कि जो लोग प्रगतिशील धारा के लेखक थे; अपने को प्रगतिशील कहते थे, मानते थे, वे भी इन विचारों से प्रभावित थे। इसके कीटाणु, इसके बीज उस दौर के बहुत-से लोगों में थे।

सुरेश पांडेय : कथ्य, संरचना, भाषा, जीवन-दर्शन आदि तमाम दृष्टियों से निर्मल से एकदम भिन्न इस दौर के दूसरे महत्त्वपूर्ण कहानीकार हैं भीष्म साहनी। भीष्म जी प्रारम्भ से ही एक प्रगतिशील चेतना के लेखक रहे हैं। मार्क्सवादी जीवन-दर्शन और साहित्यिक मूल्यों के प्रति पूरी तरह प्रतिश्रुत। जहाँ तक मुझे याद है, आपने अपनी पूरी पुस्तक में इनकी मात्र एक कहानी 'चीफ की दावत' की चर्चा की है। बाद में भी अपने इंटरव्यूज में इस दौर के जिन कहानीकारों की चर्चा आपने की भीष्मजी उनमें नहीं थे। इधर आकर यानी प्रगतिशील आन्दोलन के इस दौर में भीष्म जी का महत्त्व बहुत तेजी से बढ़ा है। आज जब कि 'नई कहानी' दौर के लगभग सभी कथाकार, अमरकान्त और अंशतः शेखर जोशी को छोड़ कर, अप्रासंगिक मान, चर्चा के दायरे से बाहर किए जा चुके है भीष्म साहनी की कई कहानियाँ आज भी चर्चा की चीज़ हैं। प्रगतिशील सोच-समझ के पाठकों-लेखकों ने उनकी इधर की लिखी कहानियों को भी खूब सराहा है। उनको लेकर एक मार्क्सवादी आलोचक के नाते आपकी चुप्पी किंचित् अचरज की बात है। अचरज की बात तो यह भी है कि एक लम्बी चुप्पी के बाद, इधर की अपनी बातचीत में आपने सबसे ज़्यादा जिन दो कथाकारों की चर्चा की है, वे हैं–निर्मल वर्मा और मनोहर श्याम जोशी और ये दोनों ही सचेत रूप से प्रतिक्रियावादी, गैर मार्क्सवादी हैं।

नामवर सिंह : भीष्म जी इधर जो यशस्वी हुए, उसका कारण उनकी कहानियाँ नहीं हैं, उनके उपन्यास हैं।

सुरेश पांडेय : उनके उपन्यासों में मात्र 'तमस' की ही चर्चा हुई है; गम्भीरतापूर्वक। उनके दूसरे उपन्यास तो अचर्चित ही निकल गए। उपन्यासों से अधिक तो उनके नाटकों की चर्चा हुई है।

नामवर सिंह : मैं एक बात कह रहा हूँ। अगर कहानियों की ही चर्चा के आधार पर उनको यश मिलना था, तो भीष्म जी ने बहुत अच्छी कहानियाँ काफी पहले लिखी थीं। भीष्म जी आज से नहीं लिख रहे हैं। भीष्म जी 50-51 के आस-पास से लिख रहे हैं। 'पहला पाठ' उनका एक संग्रह निकला था जिसे उन्होंने स्वयं छापा था। नोटिस तक नहीं ली गई। एक और कहानी-संग्रह उन्हीं दिनों की कहानियों को लेकर उन्होंने छापा था, किसी ने नोटिस नहीं ली। विधिवत् भीष्म जी की नोटिस कायदे से ली तो मैंने ही ली थी। लोग निर्मल का नाम तो बहुत लेते हैं लेकिन इस बात को भूल जाते हैं कि कहानीकार के रूप में भीष्म साहनी का पहला उल्लेख मैंने किया था और महत्त्वपूर्ण उल्लेख किया था। और उसके बाद लगातार...और मेरा धन्धा यही तो नहीं है कि मैं केवल कहानियों पर ही लिखता रहूँ, एक लेखक जो भी प्रकाशित करे, उसके बारे में लिखता रहूँ, आप देखिए कि उसके बाद के लेखकों में भी, यदि मैंने छोड़ दिया तो...पूरी नई कहानी सम्बन्धी चर्चा, और उसके बाद की पीढ़ी आई, भीष्म साहनी का जब तक 'तमस' नहीं छपा और 'तमस' को पुरस्कार साहित्य अकादमी का नहीं मिला और जब तक भीष्म साहनी प्रगतिशील लेखक महासंघ के महासचिव नहीं बने, तब तक ये ही प्रगतिशील कहने वाले अपने को तमाम लोग उनको कहाँ याद करते थे! लिखते तो चले आ रहे थे भीष्म साहनी। इसलिए कहानियों के अलावा और दूसरे कारण हैं, जिनके कारण भीष्म साहनी को प्रतिष्ठा मिली। उसके बाद तो उन्होंने नाटक भी लिखे, फिल्म में भी काम किया—ये सब चीज़ें अपनी जगह पर हैं। लेकिन उन पर लेख लिखे जाएँ, उनकी कहानी पुस्तकों की समीक्षा की जाए, इससे कुल मिलाकार कोई बात तो आगे बढ़ती नहीं। आज भी मुझे शक है कि भीष्म जी की कहानी-कला की विशेषताओं का ठीक-ठीक निरूपण नहीं किया जा सकता है। अपने को अतिरिक्त श्रेय तो नहीं देना चाहिए, लेकिन कहानियों पर लिखने का जो मेरा विचार है, उसमें मुझे विश्वास है कि उनकी कहानी की विशेषता शायद मैं ही बता सकूँ। कैथरीन मैन्सफील्ड उनकी प्रिय कहानीकार रही हैं। यह ध्यान रखने की बात है कि कैथरीन मैन्सफील्ड को चेख़व की शिष्या एक तरह से कहा जाता है। जितने सहज भाव से, सादगी के साथ साफ-सुथरी कहानियाँ वे लिखती हैं, एक छोटी-सी चीज़ को बहुत खूबसूरती से... भीष्म जी की कहानी-कला कैथरीन मैन्सफील्ड की कहानी-कला के बहुत समीप है। अपने पूरे विन्यास में, भाषा में, ट्रीटमेंट में। अभी तक मुझे किसी आदमी ने भीष्म

जी की कहानी-कला की इस विशेषता की ओर ध्यान नहीं दिलाया। इसलिए मैंने कहा कि शायद कभी मैं लिखूँ तो बता सकूँ। सहज ढंग से, बिना बनावट के, भीष्म जी जीवन की किसी छोटी घटना को लेकर के जितनी खूबसूरती से उठाते हैं और निभाते हैं, वह बहुत महत्त्वपूर्ण कला है। उनकी पहले की कहानियाँ ज़्यादा अच्छी हैं। बाद की कहानियाँ उतनी अच्छी नहीं हैं। मैंने सारी कहानियाँ तो उनकी नहीं पढ़ी हैं, लेकिन एक सधे हुए कलाकार की कहानियाँ तो ये हैं ही। उनका नाम लिया जाना चाहिए, चर्चा की जानी चाहिए। मैंने बानगी के तौर पर एक कहानी का जिक्र कर दिया, अब जो विशेषता उस कहानी में कला सम्बन्धी दिखाई पड़ती है, उनकी और कहानियों में भी है। हर कहानीकार का अपना एक 'सिग्नेचर' होता है, एक 'सिग्नेचर ट्यून' होती है और यह उनकी कहानियों में हैं। लकिन कठिनाई यह है कि भीष्म जी बहुत गहराइयों में नहीं जाते हैं और उनमें एक सपाटता और सरलता मिलती है।

सुरेश पांडेय : और इसी कारण उनकी कहानियाँ 'सिचुएशन' के एक स्तर से आगे नहीं बढ़ पातीं।

नामवर सिंह : हाँ...और बहुत सुलझा करके उन चीज़ों को कह के चरित्रों की, स्थितियों की जटिलता और गहराई में बहुत दूर तक वे नहीं जाते। उनकी कहानियाँ निश्चय ही उल्लेखनीय हैं, महत्त्वपूर्ण भी हैं। लेकिन उनकी सीमा को हमें ध्यान में रखना चाहिए। उनसे ज़्यादा उन गहराइयों, उन पेचीदगियों में...इस तरह किन्हीं दो लेखकों की तुलना तो नहीं करनी चाहिए, लेकिन जैसे ज्ञानरंजन के साथ तुलना करें तो ज्ञान जिस पेचीदगी में जाते हैं, भीष्म जी उस पेचीदगी में नहीं जाते। बल्कि कहूँ कि कहीं-कहीं उस बारीकी में भी नहीं जाते।

सुरेश पांडेय : ज्ञानरंजन के साथ आपने उनकी तुलना कर ही दी है, तो यहाँ एक बात और जोड़ दूँ और वह यह कि ज्ञान की तुलना में उनका यथार्थबोध भी किंचित् पिछड़ा हुआ है। शायद यही कारण है कि उनकी कहानियों में ज्ञान जैसी प्रखरता और उत्ताप भी नहीं है।

नामवर सिंह : हाँ। भीष्म जी बहुत साफ-सुथरी, कटी-छँटी कहानियाँ लिखते हैं। प्रेमचंद की दूसरे दर्जे की कहानियों में जो एक सादगी, सरलता और सफाई मिलती है, वह भीष्म जी में मौजूद है। वैसी सादगी, सरलता और सफाई यशपाल की कहानियों में मिलेगी। लेकिन प्रेमचंद की जो गहराई में जाकर के लिखी जाने वाली कहानियाँ हैं, उस ऊँचाई को भीष्म जी की कहानियाँ बहुत कम छू पाती हैं। ऐसा मुझे लगता है, जो उनकी सीमा है।

सुरेश पांडेय : नामवर जी, कुछ ही दिनों पहले आपका एक वक्तव्य सामने आया था, जिसमें आपने साठोत्तरी कहानियों पर अराजक होने, 'सेक्स ऑब्सेस्ड' होने का आरोप लगाया था। यह वह दौर था जिसमें हम तीखे मोहभंग की स्थिति से गुजर रहे थे,

हमारे सामाजिक, राजनीतिक और सांस्कृतिक जीवन में पूँजीवाद की जड़ें जमती जा रही थीं, वस्तुगत अन्तर्विरोध तीव्रतर हो रहे थे, आर्थिक विषमताएँ उत्तरोत्तर गहरी हो रही थीं। ऐसे समय में इस दौर की कहानियों का यह चरित्र आखिर किन स्थितियों का परिणाम है? यदि यह कहानी, नई कहानी के दौर की कहानियों की प्रतिक्रिया थी तो इसका संघर्ष भाववादी जीवन-दृष्टि और रूमानियत से तो हो सकता था, पर उसके अनुभव-संसार के अचानक सिकुड़ जाने, उसके अराजक और 'सेक्स ऑब्सेस्ड' हो जाने की क्या व्याख्या है?

नामवर सिंह : मेरा खयाल है कि साठोत्तरी कहानी जब नई कहानी के दौर की कहानी की प्रतिक्रिया में सामने आई, तो इसका विचार किया जाना चाहिए कि सातवें दशक की सामाजिक परिस्थिति का दबाव उस पर कितना था और एक पश्चिमी प्रभाव जो भारत के लेखकों पर पड़ रहा था और पश्चिम के साहित्य की विचारधारा का गहरा असर था, उसके प्रभाव में यह परिवर्तन कितना आया। सातवें दशक की कहानियों को समझने के लिए जरूरी है कि उस दशक की कविताओं को भी...जो अकविता आदि-आदि का माहौल है, समझा जाए। उस माहौल से अलग करके उसे नहीं देखना चाहिए, दोनों को जोड़कर देखना चाहिए। और जोड़ करके देखने से मुझे ऐसा मालूम होता है कि एक महत्त्वपूर्ण बात हुई कि बड़ी राजनीतिक और सामाजिक समस्याओं से हटकर अपनी जिन्दगी के आस-पास के आपसी रिश्तों और पारिवारिक दुनिया में सिमटने की कोशिश...यह बहुत अच्छी बात नहीं थी। ये लोग इस दृष्टि से प्रेमचंद के भी विरोधी थे। और लोगों का खयाल था कि बड़ी-बड़ी राजनीतिक और सामाजिक घटनाओं पर कहानियाँ लिखने की अपेक्षा बेहतर है कि व्यक्ति-केन्द्रित कहानियाँ लिखी जाएँ। और इस व्यक्ति-केन्द्रित होने और परिवार में आते ही आमतौर से जैसा कि कविता में हुआ, और उस दौर की कहानियों में हुआ...मैं फिर कहूँगा कि अस्तित्ववाद के एक दूसरे रूप की गहरी छाया पड़ रही थी। ये संत्रास के कालवाली कहानियाँ थीं। दफ्तर में बैठा...हर आदमी संत्रास से जुड़ा था। मैं सातवें दशक के आरम्भ की बात कर रहा हूँ जब अकविता और अकहानी लिखी जा रही थी और इनका नारा दिया जा रहा था और जिसके रचनाकार अपनी समझ से भावुकता से मुक्त होने का प्रयास कर रहे थे। उस दौर का सबसे महत्त्वपूर्ण लेखक दूधनाथ सिंह है। ज्ञानरंजन और काशीनाथ सिंह की अपेक्षा कहानीकार के रूप में दूधनाथ सिंह ज़्यादा चर्चित हुए थे। दूधनाथ की कहानियों में अगर ध्यान से देखो तो वे सारी प्रवृत्तियाँ दिखाई पड़ेगी जहाँ संत्रास सेक्स के धरातल पर आता है।

सुरेश पांडेय : खासतौर पर '*रीछ*' में। '*रक्तपात*' में भी।

नामवर सिंह : इन दोनों कहानियों में भी यही चीज़ है। और विजय मोहन सिंह ने इस दौर की कहानियों का जो संग्रह सम्पादित किया है, उसकी भूमिका में भी इसकी

छाप देखोगे। लगभग राजनीतिविमुख मानसिकता की ये कहानियाँ थीं। यह चीज़ तो तुम देखोगे कि आरम्भ की काशीनाथ सिंह की कहानियों में भी मिलेगी, जैसे 'आखिरी रात' में। ज्ञान ने जब शुरू किया था तो वे भी ऐसी ही कहानियाँ लिखते थे। इसलिए यह प्रतिक्रिया जो आई, मैं कहूँगा कि नई कहानी की अपेक्षा इन कहानियों की दुनिया और सिमटी हुई थी। यहाँ तक कि निर्मल की दुनिया से भी ज़्यादा सिकुड़ी हुई थी।

सुरेश पांडेय : शिवप्रसाद सिंह और आप सरीखे लोगों ने तो लिखा भी है कि इस दौर की साठोत्तरी कथा-पीढ़ी निर्मल को अपने सबसे करीब पाती है।

नामवर सिंह : हाँ, इसी दृष्टि से; क्योंकि बाहरी दुनिया से कटी हुई, उसी अस्तित्ववादी मनोभूमि के पथ पर आगे बढ़ते हुए जिस संत्रास और जिन 'सिचुएशन्स' की कहानियाँ ये लोग लिख रहे थे विजय मोहन जी ने अपने लेखों में लिखा है कि ये 'सिचुएशन्स' की कहानियाँ थीं। ये आपसी सम्बन्धों की कहानियाँ हैं। ये सम्बन्ध और 'सिचुएशन्स' सूचित करते हैं कि लेखक इतिहास के दबाव या सामाजिक स्थितियों, सामाजिक संघर्षों से अलग हट करके एक छोटी-सी, सिमटी और सिकुड़ी हुई दुनिया की कहानियाँ लिख रहे थे। यद्यपि इनमें फर्क करने की ज़रूरत है लेकिन मोटे तौर पर मैं कहना चाहता हूँ कि वह परिदृश्य है जिसमें कहानी, नई कहानी की दुनिया से अलग होकर के बढ़ रही थी जिसको मैंने अपने आखिरी लेख में रेखांकित करने की कोशिश की थी।

सुरेश पांडेय : उस लेख में तो आपने इस साठोत्तरी कथा-पीढ़ी की खूब पीठ ठोंकी थी।

नामवर सिंह : इसकी सीमाएँ नहीं दिखला पाया था। मेरा दृष्टिकोण यह था कि जो नया परिवर्तन अगर हो रहा है तो...

सुरेश पांडेय : बढ़ते हुए पौधे को नापना नहीं चाहिए।

नामवर सिंह : बिल्कुल! यद्यपि यह बताना होगा और तब भी मुझे स्पष्ट था कि जो धीरे-धीरे...देश के सातवें दशक के राजनीतिक माहौल को तुम देखो तो लगभग भारत-चीन सीमा-संघर्ष के बाद सन् 67 में जिस रूप में प्रकट हुआ कि अनेक राज्यों में कांग्रेस की सत्ता समाप्त हो गई, संविद सरकारें बनीं, तो राजनीति का नक्शा बहुत ही...और नेहरू की मृत्यु भी इसी काल में हुई, पाकिस्तान ने भारत पर हमला किया तो बहुत उथल-पुथल का यह काल था, राजनीतिक दृष्टि से। जो स्थिरता छठे दशक में राजसत्ता की थी, अर्थ-व्यवस्था की थी...आर्थिक संकट गहरे हो रहे थे, विकल्प कोई हमारे सामने नहीं आ रहा था राजनीतिक पार्टियों का। इस दौर में हमारा लेखन भी बहुत ही बिखरा हुआ-सा लेखन था, और यह जो युवा पीढ़ी आई थी, वह आक्रोश की, विरोध की बात तो बहुत करती थी, लेकिन यह किसी सुनिश्चित जीवन-दृष्टि, विचारधारा या संगठित साहित्यिक आन्दोलन के तहत नहीं हो पा रहा था। उससे इसका कोई सम्बन्ध भी नहीं था। यहाँ तक कि प्रगतिशील लेखक संघ तो विघटित

हो ही गया था, 'परिमल' भी विघटित हो गया था। साहित्य में विचारधाराओं का लगभग अभाव था। आज देखोगे कि शुद्ध अनुभववाद का राज्य था। उस दौर में भोगा हुआ यथार्थ, आगे चल कर जिसको कमलेश्वर ने बहुत चालू किया...इस भोगे हुए यथार्थ के बारे में लिख रहे थे, जिसमें जोर यथार्थ पर कम था, 'भोगे हुए' पर ज़्यादा था। उस भोगे हुए अनुभव की बात की जानी चाहिए थीः यथार्थ तो उसमें कहीं था ही नहीं। इसके तहत जो आरम्भ में कहानियाँ लिखी गईं, उनका फिर से मूल्यांकन किया जाना चाहिए। क्या नई चीज़ उनमें हो रही थी? लेकिन विषय-वस्तु या अन्तर्वस्तु की दृष्टि से उनकी क्या सीमाएँ थीं? मैं नहीं समझता कि सामाजिक दृष्टि से या लोकव्यापी जीवन को देखते हुए ये कहानियाँ किसी बहुत बड़े यथार्थ को या यथार्थ के अन्तर्विरोधों को व्यक्त कर रही हों, ऐसा दिखाई नहीं पड़ता।

सुरेश पांडेय : आपने तो इन कहानियों को 'अपठनीय आलेख' तक कह डाला है।

नामवर सिंह : बिल्कुल ठीक कहा है; क्योंकि, आमतौर से इन कहानियों में एक ही चरित्र होता था और वह चरित्र जो बहुत ही चिन्तन किया करता था, जिसे...कहीं यादव ने कहा है कि वह मेज पर कुहनी टिकाए हुए अपनी आन्तरिक दुनिया में सोचता जाता था, सोचता जाता था...न उसमें कुछ घटित होता था...नितान्त मनोगत अनुचिन्तन की ये कहानियाँ थीं। इसी दृष्टि से मैंने कहा कि ये एक तरह से अपठनीय आलेख हैं। ये कहानी तो थी ही नहीं।

सुरेश पांडेय : इन कहानियों के बारे में क्या इस तरह नहीं सोचा जा सकता कि परम्परागत मूल्यों के प्रति, अपने चिरपोषित विश्वासों के प्रति या फिर वर्षों से जिए जा रहे रागात्मक सम्बन्धों के प्रति उस दौर की युवा पीढ़ी के तीखे मोहभंग को ये कहानियाँ एक अन्तरंग तीव्रता के साथ व्यक्त कर रही थीं?

नामवर सिंह : लेखक में मोहभंग की अन्तरंग तीव्रता तो रही होगी, लेकिन उन कहानियों में वस्तुगत रूप से कहानी के अन्दर फिर कहूँगा कि उसका 'ऑब्जेक्टिव कोरिलेटिव' नहीं था। इसलिए अपठनीय थीं ये।

सुरेश पांडेय : जिस 'ऑब्जेक्टिव कोरिलेटिव' की बात आप कह रहे हैं, ज्ञानरंजन और काशीनाथ की कहानियों में तो यह था। ज्ञान की कहानी 'सम्बन्ध' को ही लीजिए। निहायत आधारभूत सम्बन्धों की तथाकथित मानवीयता के प्रति अपने मोहभंग को ज्ञान जिस 'फोर्स' के साथ व्यक्त करते हैं, 'स्टेप-बाई-स्टेप' उसको 'रिअलाइज' भी करते चलते हैं और इस प्रक्रिया में वे उस परिवार के दैनिक क्रिया-कलापों के जिन 'ऑरगैनिक डिटेल्स' में जाते हैं, उनसे कहानी में 'ऑब्जेक्टिव कोरिलेटिव' बहुत ही समर्थ रूप में उभरता है। काशीनाथ की 'लोग बिस्तरों पर' में भी यही चीज़ है। बदलती हुई सामाजिक, राजनीतिक और आर्थिक स्थितियों की प्रच्छन्न, किन्तु उत्तम अभिव्यक्ति इन दोनों कथाकारों में मिलती है। दूधनाथ की प्रारम्भिक कहानियों में

भी, जिनमें 'फैंटेसी' नहीं थी, यह 'ऑब्जेक्टिव कोरिलेटिव' मिलता है। यह अलग बात है कि दूधनाथ बहुत तेजी से अमूर्तता, दार्शनिकता की ओर बढ़ते गए और 'सुखान्त' की 'दुखान्त परिणति' तक जा पहुँचे। शुरू में भी दूधनाथ में प्रतिक्रियाओं को लेकर वह पैनापन नहीं था जो ज्ञान और काशीनाथ में शुरू से दीखता है।

नामवर सिंह : सही कह रहे हो। मैंने कहा कि सातवें दशक के आरम्भ के प्रमुख कहानीकार दूधनाथ हैं। लेकिन ज्ञान और काशी की कहानियों की रचना-तिथि और प्रकाशन-तिथि बताओ तो उनको देखते हुए...मेरा खयाल है कि सातवें दशक के उत्तरार्द्ध की...और यह स्थिति उतरार्द्ध में बदल चुकी थी। बल्कि कहूँ कि एक दूसरा मोहभंग हुआ था। सन् 67 के आस-पास संविद सरकारें बनीं, टूटीं और एक नया परिवर्तन आया। उसके बाद...मैं यही कहूँगा जो कविता वाले सन्दर्भ में कहता रहा हूँ कि जो नक्सलबाड़ी आन्दोलन आरम्भ हुआ, जिसने महानगरों के नितान्त वैयक्तिक संत्रास पर लिखे जाने वाले साहित्य का खोखलापन उजागर किया, लोगों की दृष्टि गाँवों की ओर गई, कहना चाहिए कि वर्ग-चेतना प्रखर हुई, जरूरी नहीं कि ये लोग नक्सलबाड़ी विचारधारा से सहानुभूति रखते थे, लेकिन उसने एक 'कैटेलिटिक एजेंट' के रूप में काम किया। और फिर अन्दर-अन्दर चलने वाला जो मोहभंग था, वह धीरे-धीरे अपने से बाहर निकल करके इस दुनिया को देखने-समझने की ओर बढ़ा। उस दौर की...मैं यहाँ एक बात जोड़ दूँ, उन परिस्थितियों में दबाव और उस परिवर्तन के कारण, के तहत ज्ञान और काशी में यह परिवर्तन आया। यहाँ ध्यान देने की बात है कि क्या कारण है कि इस परिवर्तन के साथ ही दूधनाथ ने लिखना बन्द कर दिया। गंगा प्रसाद विमल किसी जमाने के बड़े महत्त्वपूर्ण अकहानीकार माने जाते थे, और कई लोग लिखने वाले उस दौर के कहानीकार...

सुरेश पांडेय : विजय चौहान थे, अशोक सेक्सरिया थे, प्रबोध कुमार थे...

नामवर सिंह : महेन्द्र भल्ला।

सुरेश पांडेय : महेन्द्र भल्ला ने तो खैर बाद में भी लिखा, अब भी लिख रहे हैं, लेकिन उनकी कहानियों का स्वभाव नहीं बदला है।

नामवर सिंह : हाँ, नहीं बदला है। वे वहीं जमे हुए हैं।...इसलिए जिन लोगों ने लिखना बन्द कर दिया, वे ज़्यादा समझदार लोग थे।

सुरेश पांडेय : एक नाम तो छूट ही गया कालिया का। इस दौर के कहानीकारों में सबसे ज़्यादा लिखने वाले शायद कालिया ही हैं। उनकी इधर की कहानियों को लेकर जिस 'प्रस्थान' की बात पिछले दिनों की गई, उसको लेकर आप क्या सोचते हैं?...यानी 'नौ साल छोटी पत्नी' से 'गरीबी हटाओ' तक की यात्रा के बारे में...

नामवर सिंह : रवीन्द्र कालिया ज्ञान और काशी से भिन्न दूधनाथ के काल के अकहानीकारों की दुनिया के ही हैं और कहना चाहिए कि...कमलेश्वर जैसी एक अखबार-नवीसी

उनकी कहानियों में दीखती है...शुरू की कहानियों में 'नौ साल छोटी पत्नी' जब छपी थी और बाद की लगातार कई कहानियों में। शुरू से वह बहुत लिखता है। तब भी बहुत लिखता था, अब भी बहुत लिखता है।...लेकिन सातवें दशक के आरम्भ के दौर के हैं ये लेखक। उसके बाद जैसे ही संघर्ष तीव्र हुआ, चेतना जाग्रत हुई और इस दौर में ज्ञान और काशी की कहानियाँ सातवें दशक के उतरार्द्ध से आने लगीं तो प्रायः देखोगे कि...कालिया तो वैसे ही 'धर्मयुग' में चला गया, दूसरा धंधा करने लगा...बम्बई से हटने के बाद कुछ दिनों के लिए उसकी कहानियाँ बिल्कुल बन्द-सी हो गईं। उसे कुछ सूझ नहीं रहा था कि क्या लिखें। बहुत दिनों बाद उसने 'काला रजिस्टर' लिखा, जिसको कहना चाहिए कि कहानी की दुनिया में यह उसकी वापसी थी।...उन कारणों को हम छोड़ भी दें तो यह जो परिवर्तन हुआ था। उस दौर का सबसे महत्त्वपूर्ण कवि धूमिल है। उसके समानान्तर ज्ञानरंजन की कहानियाँ... और यह पता लगाया जाना चाहिए कि उस दौर के उतरार्द्ध की जब मैं बात कर रहा हूँ, तो कोई वजह होनी चाहिए कि ज्ञान की 'घंटा' जैसी कहानी...और ज्ञान ने एक और काम किया जो मुझे ज़्यादा उल्लेखनीय लगता है, उसी रास्ते पर आगे बढ़ते हुए कि ठेठ निम्न मध्यवर्गीय युवक किस अवसरवादी प्रलोभन...और साथ ही उससे मुक्त होने का प्रयास...इनके बीच से कैसे...क्या स्थिति इसकी होती है, क्या इसकी भूमिका होती है। यही वजह है कि 'घंटा' कहानी इतनी लोकप्रिय हुई और लगा कि इस युग के युवक का सही चित्र अगर कहीं देखना हो तो वह 'घंटा' कहानी में है। और ऐसा चरित्र जो आदमी निर्मित कर सकता है, यह निश्चित है कि वह एक गहरी आलोचनात्मक दृष्टि रखता है। 'बहिर्गमन' जैसी कहानी के द्वारा जिसकी पुष्टि होती है। दूसरी कहानियाँ भी हैं।

सुरेश पांडेय : और काशीनाथ?

नामवर सिंह : अब बात यह है कि वह मेरा भाई है, इसलिए उसके बारे में मैं ज़्यादा...

सुरेश पांडेय : आप तो दोनों का नाम हमेशा साथ-साथ लिया करते हैं और यह परम्परा इस बात में भी अभी तक निभती आई है। सभी जानते हैं, काशीनाथ इस दौर के ही नहीं, सम्पूर्ण हिन्दी कहानी के एक महत्त्वपूर्ण हस्ताक्षर हैं। फिर आपका भाई होने मात्र के कारण, आप उन पर कुछ कहने से 'एस्केप' करें, यह तो उन्हें नाहक 'दंडित' करने जैसा हुआ।

नामवर सिंह : हाँ, तो मैं यह कह रहा था कि जिस मोहभंग का जिक्र तुम कर रहे थे...पहली बात तो यह कि सातवें दशक के आरम्भ में मोहभंग की अभिव्यक्ति जिस रूप में हुआ करती थी और सातवें दशक के उतरार्द्ध में इसकी अभिव्यक्ति जिस रूप में हुई, दोनों में बुनियादी अन्तर है। परवर्ती मोहभंग अपेक्षाकृत एक प्रखर सामाजिक चेतना और राजनीतिक चेतना के तहत हुआ। इसलिए देखोगे कि उसमें एक विशेष प्रकार की 'आयरनी' या विडम्बना को सामाजिक अर्थ दिया गया है। यह केवल

मजाक उड़ाना...'घंटा' केवल मजाक नहीं है। वह केवल एक चालू व्यंग्य की कहानी नहीं है। उसकी एक कहानी है, 'हास्यरस'। उस 'हास्यरस' को देखो तो ज्ञान जिसको हास्यरस कहते हैं, आलोचना की भाषा में हम इसको 'आयरनी' कहेंगे। वह हास्य नहीं है।...ये आरम्भिक मोहभंग की अपेक्षा एक भिन्न रूप और चेतना ग्रहण करने वाली कहानियाँ थीं। और इस मामले में लगभग समानधर्मा हैं काशीनाथ सिंह और ज्ञानरंजन। वह 'आयरनी' काशीनाथ की 'सुख' नाम की कहानी में बहुत ही स्पष्ट रूप में दिखाई पड़ती है। दोनों की शैली में थोड़ा अन्तर है। काशीनाथ आमतौर से यही नहीं कि ग्रामीण परिवेश लेते हैं...उनका यह शायद ज़्यादा जाना हुआ हो...लेकिन परिवेश लेना ही नहीं, इस मामले में काशी ज़्यादा वस्तुनिष्ठ, ज़्यादा वस्तुन्मुखी और जिसे मैं कहूँ कि आत्मेतर हैं, जहाँ कहानीकार का 'मैं' गायब है। उनके यहाँ स्थितियाँ, घटनाएँ और चरित्रों की विविधता ज़्यादा दिखाई पड़ती है।

सुरेश पांडेय : क्या आपको ऐसा नहीं लगता कि सातवें दशक के पूर्वार्द्ध के कथा-दौर की जिस अराजकता की चर्चा आपने की है, उसका सबसे कम असर काशीनाथ की कहानियों में मिलता है?

नामवर सिंह : शुरू से कम रहा है। और उसका मुख्य नुस्खा यह था कि...वह अकेला लेखक है जिसने अपने बारे में कहानी नहीं लिखी है। और दूसरे कहानीकारों के चरितनायक आमतौर से कहानीकार स्वयं हुआ करते थे।

सुरेश पांडेय : काशीनाथ कहानी की 'ऑब्जेक्टिविटी' के प्रति अधिक सचेत रहे हैं, अपनी पीढ़ी के दूसरे कहानीकारों की तुलना में। शायद आप यही कहना चाह रहे हैं।

नामवर सिंह : बिल्कुल, और उस लेखक की यही विशेषता है जो उसे कभी अपने को दुहराने से बार-बार बचाती है और...बाहरी दुनिया की विभिन्न स्थितियों, सामाजिक क्षेत्रों और चरित्रों की विविधता अगर सबसे ज़्यादा कहीं मिलेगी तो इस मामले में काशीनाथ सिंह की कहानियों में मिलेगी।

सुरेश पांडेय : यहाँ एक तथ्य बहुत दिलचस्प लगता है मुझे और वह यह कि आठवें दशक में कहानी में जिस 'आम आदमी' को लाने का नारा दिया समान्तर आन्दोलन ने, वह आदमी अपने समर्थतम रूप में काशी और ज्ञान की ही बाद की कहानियों में चित्रित हुआ है।

नामवर सिंह : इस दृष्टि से मुझे...अगर जिक्र ही चल रहा है काशीनाथ सिंह की कहानियों का...उसकी 'कविता की नई तारीख' कहानी मुझे बहुत महत्त्वपूर्ण लगती है। वह उसकी बाद की लिखी हुई है जिसकी ओर, जाने क्यों लोगों का ध्यान नहीं जा पाया।...कैसे एक निहायत निम्नमध्यवर्ग का आदमी, जो आज के जमाने में धीरे-धीरे सुविधा-सम्पन्न हो जाता है, फिर उसकी जीवन-चर्या पूरी की पूरी बदल जाती है...और फिर एक दूसरा आदमी उस दायरे में आ करके समग्र चेतना के साथ

उसमें फँस जाता है और वह भी लगभग वैसा ही 'बिहेव' करने लगता है। कुछ देर के बाद उसको फिर जैसे अपने वर्ग की असलियत का अहसास होता है और वह वहाँ से 'रिएक्वायर' करके पीछे हटता है। मुझे उस कहानी को पढ़ते हुए चेख़व की 'गूजबेरी' याद हो आई...जो आज के दौर के मध्यवर्गीय जीवन की बहुत बड़ी विडम्बना है कि बहुत जल्दी सुविधा मिलते ही हम भूल जाते हैं कि दरअसल हमारी असलियत क्या है, हमारी असली जगह कहाँ है? इसे एक गहरी सामाजिक चेतना के साथ ही दिखाया जा सकता है। और जिस 'आम आदमी' का जिक्र तुम कर रहे थे, 'आम आदमी' इन लोगों के लिए एक नारा था और उस नारे का खोखलापन बहुत जल्दी साबित हो गया, जिसके पीछे न कोई सामाजिक दृष्टि थी, न कोई राजनीतिक चेतना थी। अगर कुछ था तो इसके द्वारा एक छलावा या एक भुलावा कहना चाहिए, जिसका फंदा डाल करके लेखकों को फँसाने-बाँधने की कोशिश की जा रही थी और खामख्वाह एक आन्दोलन खड़ा किया जा रहा था। बावजूद उसको हटा देने के बाद भी उसमें इब्राहिम शरीफ ने कुछेक कहानियाँ...अच्छी, संवेदनशील... ज़्यादा नहीं...लिखीं या कुछेक कामतानाथ की कहानियाँ। आन्दोलन से अलग रख कर भी देखें, इन कहानियों का आन्दोलन से कोई रिश्ता नहीं है। लेकिन ऐसे लेखकों को केवल समान्तर आन्दोलन से जुड़े रहने के कारण छोड़ नहीं दिया जाना चाहिए।

सुरेश पांडेय : नामवर जी, साठोत्तरी कथा-पीढ़ी से जुड़ा हुआ एक और सवाल। ज्ञानरंजन जैसे सचेत, समर्थ और बहुचर्चित कथाकार की इस लम्बी चुप्पी को लेकर आप क्या सोचते हैं?

नामवर सिंह : ज्ञान जैसा समर्थ कहानीकार लिखना बन्द कर दे तो कहानी के पाठक के नाते यह एक अभाव तो खटकता ही है। लेकिन यहाँ यह भी कह दूँ कि खराब कहानी लिखने से बेहतर है कि कहानी नहीं ही लिखी जाए और ज्ञान जैसा समर्थ लेखक...चूँकि वे अपने आलोचक भी ज़्यादा गहरे मालूम होते हैं...जो कहानी का प्रतिमान स्थापित कर दिया, उससे अगर आगे जा सकता है तो जाए, न जा सकता हो तो कुछ ठहर कर सोचे, विचार करे, पचाए, बजाय इसके कि सिर्फ चर्चा के केन्द्र में बने रहने के लिए कहानियाँ लिखता चला जाए। मैं समझता हूँ, उसका निर्णय सही है। यह दूसरी बात है कि कहानी न लिख करके 'पहल' के द्वारा ज्ञान ने जो महत्त्वपूर्ण कार्य किया है, वह मामूली काम नहीं है। यह ठीक है कि लिखा नहीं, लेकिन साहित्य के क्षेत्र में दूसरे माध्यमों और साधनों के द्वारा ज्ञान की सक्रियता यह प्रमाणित करती है कि अपना दायित्व निभा रहे हैं।...कई लेखकों के साथ ऐसा हुआ। ऐसा नहीं था कि प्रेमचंद हमेशा लिखते ही रखते थे।...तो इस पर दुख तो जरूर है, लेकिन यह नहीं कहा जा सकता कि एक जन-चेतस् साहित्यकार ने अपना दायित्व नहीं पूरा किया। ज्ञान इसे दूसरे माध्यमों से तो पूरा कर ही रहे हैं। अब होता यह है कि एक

परिस्थिति बदल जाने के बाद उससे अपना सम्बन्ध साधने में जो आत्मसंघर्ष लेखक का हुआ करता है, वह इतना पेचीदा होता है कि हमेशा उसी सुगम तरीके से जैसे लिखते चले आ रहे थे, उसमें लिखना कठिन हो जाता है। शायद उनके साथ भी ऐसा हुआ हो। वैसे मैं जानता नहीं हूँ, इसीलिए निश्चित रूप से कुछ नहीं कह सकता। उनके और बदली हुई स्थितियों के बीच सम्पर्क साधने में क्या कठिनाइयाँ आ रही हैं, शायद वे बेहतर जानते होंगे। हम लोग तो अनुमान ही लगा सकते हैं।

सुरेश पांडेय : समान्तर कहानी और उसके बाद तथाकथित जनवादी कहानी का जो रूप हमारे सामने आया, उसमें आम आदमी के वस्तुगत यथार्थ पर बहुत बल दिया गया, कहानी की सामाजिक भूमिका को ध्यान में रखते हुए। समान्तर कहानी के सन्दर्भ में आपने कहा कि आम आदमी के चित्रण को लेकर उसके पास न कोई सामाजिक दृष्टि थी और न राजनीतिक चेतना ही। इधर की जनवादी कहानियों को देखते हुए क्या आपको ऐसा नहीं लगता कि इनमें अपने समय,समाज और इतिहास के अन्तर्विरोधों को जानने-समझने की अपेक्षा विषय-वस्तु की 'उपादेयता' पर बहुत अधिक बल दिया जा रहा है?

नामवर सिंह : समान्तर कहानी पर मैं अधिक कोई टिप्पणी नहीं करना चाहता क्योंकि घोषणा-पत्रों से कहानी नहीं पैदा होती। हर घोषणा-पत्र मार्क्स के 'कम्युनिस्ट मैनिफेस्टो' की तरह तो होता नहीं है, जो उतना प्रेरणादायी हो और जो शताब्दियों तक लोगों को सोचने, जिन्दगी को समझने और विचारने के लिए एक नई दृष्टि देता रहा हो। समान्तर आन्दोलन तो घोषणा-पत्रों का आन्दोलन था। दुर्भाग्य से इसके जो नायक थे, नेता थे—कमलेश्वर, वे स्वयं बहुत अच्छे कहानीकार नहीं थे। उन्होंने कहानी पर जो आलोचना-पुस्तकें लिखी हैं, उनसे यह मालूम होता है कि समय-समय पर वे तालिका प्रकाशित किया करते थे और कुछ ऐलान किया करते थे। बाकी सारी क्रिया करते थे। कुछ लेखकों को सूची में दाखिल किया, फिर बाद में उन्होंने अपने मंत्रिमंडल का विस्तार करते हुए कुछ और लेखकों को अपने साथ लिया।...तो एक तरह से कहना चाहिए कि यह एक साहित्यिक आन्दोलन भी नहीं था; बल्कि कुछ लेखकों का गुट बना करके दूसरी चीज़ों, दूसरे उद्देश्यों और साहित्येतर प्रयोजनों को साधने की कोशिश थी। इसलिए उस पर मैं अपनी टिप्पणी नहीं करूँगा। शायद यह कारगर हो जाता अगर कमलेश्वर स्वयं उस दौरान अच्छी कहानियाँ लिखते होते जो मिसाल बनतीं। पहले दौर में भी उन्होंने बहुत अच्छी कहानियाँ नहीं लिखीं। बहुत उल्लेखनीय कहानीकार वे मुझे कभी नहीं लगे। उनमें एक खास तरह की 'डेमागॉगी'...और 'रेटॉरिक' और...अंग्रेज़ी में जिसे 'एजेंट प्रोवोकेटियर' कहते हैं, उसकी भूमिका उनके साहित्य में दीखती है। इसीलिए उस आन्दोलन के तहत यदि कुछ कहानियाँ पैदा हो गईं तो उस आन्दोलन और नारेबाजी के बावजूद पैदा हुई,

उसके कारण पैदा नहीं हुईं। इससे सबक लेना चाहिए जनवादी कहानी को। अब ऐसा है कि मैं स्वयं जनवादी लेखक संघ पर कोई टिप्पणी करना नहीं चाहता।

सुरेश पांडेय : यहाँ जनवादी कहानी से मेरा मतलब मात्र जनवादी लेखक संघ के कहानीकारों से नहीं है। इनमें वे सभी कथाकार शामिल हैं जो स्वयं को प्रगतिशील विचारधारा के प्रति प्रतिबद्ध मान कर कहानियाँ लिख रहे हैं। इनमें प्रगतिशील लेखक संघ के भी लेखक हैं और वे भी हैं जो इन दोनों संगठनों से बाहर हैं, लेकिन जो मार्क्सवादी विचारों से खुद को जुड़ा पाते हैं। मैं कह रहा था कि इस दौर की कहानियाँ 'उपयोगितावाद' के दबाव में न केवल सपाट, सतही और इकहरी हो रही हैं, बल्कि यथार्थ की गलत समझ का भी नमूना बन रही हैं। इन कहानियों में उस बुनियादी कला-दृष्टि का भी अभाव है, जिसकी चर्चा आपने बारम्बार की है।

नामवर सिंह : ठीक है। इसके बारे में दो राय नहीं हो सकती। लेकिन कठिनाई मेरे साथ यह है कि इस कहानी को मैंने जनवादी कहानी न कहा है, न कहना चाहता हूँ, और न कहना चाहूँगा क्योंकि कहानी की दुनिया में या साहित्य की दुनिया में किसी भी प्रवृत्ति को जब भी नाम दिया जाए, साहित्यिक नाम निकलना चाहिए। ये जो दोष दिखाई पड़ रहे हैं, बहुत कुछ इस नाम के ही कारण हैं। और इस नाम के पीछे एक मनोवृत्ति है...असल बात यह है कि लेखक की जिम्मेदारी अपने समाज की, अपनी दुनिया की सच्चाई को...वह सच्चाई जो बहुतों के लिए स्पष्ट न हो, साफ़ न हो...क्योंकि यह सही है कि दिन-पर-दिन जबकि सामाजिक संघर्ष तीव्र हो रहा है, तो सामाजिक संघर्ष के तीव्र होने का मतलब यह नहीं है कि सामाजिक संघर्ष सरल भी हो रहा है। जब अन्तर्विरोध बढ़ते हैं तो उसका एक अर्थ होता है कि सामाजिक शक्तियों के आपसी रिश्तों में पेचीदगी आई है। जब हम यह कहते हैं कि आज की सत्ता ज़्यादा दमनकारी हो रही है तो इसका मतलब यह नहीं है कि दमनकारी होने से हर जगह उसका दमनकारी रूप साफ़ दिखाई ही पड़ता है। यह भी सही है कि सत्ता ज़्यादा चालाक हो गई है, महीन तरीके से काम कर रही है। तो दमन के रूपों की बारीकियों को और जिस पर कि लोगों की नजर न जाती हो, उसको समझने के लिए जरूरी है कि आज के यथार्थ को अच्छी तरह समझा जाए। और यथार्थ को समझने के लिए एक अच्छी, वैज्ञानिक, साफ-सुथरी जब तक अन्तर्दृष्टि या जीवन-दृष्टि या रचना-दृष्टि आपकी नहीं होगी, तब तक आप यथार्थ को चित्रित नहीं कर सकेंगे। होता यह है कि जब हम जनवादी कहानी जैसा कोई आन्दोलन या कोई नारा चलाने की कोशिश करेंगे तो उसमें खतरा पैदा होगा कि...राजनीति में जैसे एक कार्यक्रम के तहत हम कुछ फौरी काम करते हैं जो तत्काल उपयोगी हों और बाकी चीज़ें फौरी कामों के अलावा सुदूरगामी परिवर्तन...या कहते हैं कि वह तो हमारे लिए प्रोग्राम का पार्ट है। हम इस समय तुरन्त फायदे के लिए एक रणनीति अख्तियार करते हैं। यानी राजनीति

की भाषा में कहूँ कि एक बड़ी 'स्ट्रेटेजी' के तहत हम कुछ 'टैक्टिक्स' इस्तेमाल करते हैं। लेखक यह भूल जाता है कि राजनीतिक कार्यक्रम और सक्रियता में तो यह एक भेद होता है–'स्ट्रेटेजी' और 'टैक्टिक्स' का; साहित्य की दुनिया में नहीं हुआ करता है कि हम 'टैक्टिक्स' के लिए इस समय कुछ कहानियाँ लिखेंगे और बाकी हमारे जीवन की उसी 'स्ट्रेटेजी' के रूप में रहेंगी। हर कहानी अपने-आप में मुकम्मल होती है। और उस यथार्थ का चित्रण करते हुए जरूरी नहीं कि तत्काल फ़ायदा उससे हमें हो, तुरन्त आन्दोलन को मदद देती हो, जनता को जाग्रत और प्रबुद्ध करती हो। बल्कि उसमें अगर गहरी समझ देती है, उसकी मानसिकता को बदलती है तो यही नहीं कि वह महत्त्वपूर्ण और सार्थक कहानी है, बल्कि अपने 'कॉज' को, उद्देश्य को भी मदद पहुँचाती है।...तो इस चीज़ को अगर हम ध्यान में रखें तो देखें कि उसके तहत कहानी जब लिखने के दौरान...होगा यह कि तत्काल उपयोगी दृष्टि होने के कारण कहानी का ढाँचा बदल जाता है, उसका अन्त बदल जाता है। फिर दबाव यह होता है कि...आजकल यह है कि लेखक कितना लड़ाकू है, कितना आक्रामक है। आक्रामक और लड़ाकू दिखाने के लिए उस कहानी के नायक में एक झूठी क्रान्तिकारिता और झूठा लड़ाकूपन दिखाने की कोशिश की जाती है। जब कि हम यह भूल जाते हैं कि अगर ऐसा ही लड़ाकूपन और ऐसी ही आक्रामकता सचमुच होती तो क्रान्ति हो गई होती। मनुष्य उन परिस्थितियों के सम्मुख कहाँ विवश होता है, कहाँ वह कदम तो उठाना चाहता है लेकिन उठा नहीं पाता है, ऐसी एक...चाहे अन्दर जितनी आक्रामकता हो, लेकिन स्वयं और उस आक्रामकता में ही भेद होता है। अक्सर दिखाई पड़ेगा कि आज की व्यवस्था से जुड़े हुए लोगों में भी आक्रामकता कम नहीं है। उदाहरण के लिए, असगर वजाहत की 'केक' कहानी। डेविड बड़ा आक्रामक खाने की मेज पर दिखाई पड़ता है। उसकी आक्रामकता की विडम्बना को बहुत अच्छी तरह से असगर वजाहत ने दिखाने की कोशिश की है। अब वे कहेंगे कि इसमें दूसरे वर्ग की आक्रामकता का पर्दाफ़ाश किया गया है, इसलिए अच्छी कहानी है। लेकिन मैं यह कहना चाहता हूँ कि जरूरी नहीं कि ऊपर वाले वर्ग की आक्रामकता में ही विडम्बना हो। सम्भव है कि एक मजदूर में या एक खेतिहर मजदूर में या तो गरीब में चाहे जितनी गहरी आक्रामकता हो, लेकिन वहाँ भी लाचारी हो सकती है। स्वयं प्रकाश की एक कहानी मैं देख रहा था मोचियों वाली, 'आसमाँ कैसे कैसे'। उस कहानी में जो जेल से छूट करके आया है, देखोगे कि गुस्सा कम नहीं है। लेकिन कैसे नितान्त निम्नवर्ग का आदमी भी आज के जमाने को देखते हुए ऊपर चढ़ने की कोशिश में अपना गुस्सा समझौते में बदलता है! यथार्थ है वह कहानी। अब अगर कोई कहे कि वहाँ आक्रामकता नहीं है...इसलिए तुम जो कह रहे थे कि उपयोगिता पर नजर रखने के कारण कई कहानियाँ नष्ट हो रही हैं, बिगड़ जाती हैं, उनका अन्त खराब होता है, ढाँचा उनका

खराब होता है, कला के स्तर से भी गिरती हैं और अन्ततः ये उनके कुछ राजनीतिक समर्थकों से तालियाँ तो बजवा लें, दाद पा जाएँ लेकिन ध्यान देने की बात यह है उनसे राजनीतिक उद्देश्य भी सिद्ध नहीं होता है। वे गुमराह करती हैं। अगर यह क्रान्ति की घड़ी नहीं है और आप उकसा करके दिखाना चाहते हैं लोगों में कि बिल्कुल वातावरण बना हुआ है...उस व्यवस्था को बदल देना चाहते हैं, तोड़ देना चाहते हैं तो ये 'एजेंट प्रोवोकेटियर' का रोल होता है...राजनीतिक दृष्टि से ही हानिकारक हैं ये कहानियाँ। ऐसी कहानियाँ उपयोगितावादी दृष्टि ही रखने के कारण कलात्मक दृष्टि से भी...यानी कला की ही हानि नहीं करती हैं, बल्कि राजनीति की भी हानि करती हैं। यह समझने और समझाने की ज़रूरत है। किसी आदमी ने कहा था कि, आज के जमाने में 'वी डु नॉट ऐक्ट, वी अंडरस्टैंड'। आज ज़रूरत समझने की है, समझ कर काम करने की है, न कि हड़बड़ी में, उत्साह में आकर के कर गुजरें कुछ। भले ही उसका परिणाम सारे देश, सारी जनता को भुगतना पड़े। एक कहानीकार यह 'एफोर्ड' नहीं कर सकता है कि बगैर यथार्थ को समझे हुए सारी जनता को हर समय ज़ुझारू और लड़ाकू दिखाता चला जाए। इस तरह वह अपनी वफादारी तो प्रमाणित कर सकता है, लेकिन वह स्वयं अपने साथ दगा करता है और उस उद्देश्य के साथ भी दगाबाजी करता है और कहानी-कला का तो सत्यानाश करता ही है।

सुरेश पांडेय : युवा कहानी की चर्चा करते हुए पिछले दिनों एक बातचीत में आपने कहा था कि आज कहानी से वह काम लेने की कोशिश की जा रही है, जो इस विधा से सम्भव नहीं है। कहानी की कुछ अपनी मर्यादाएँ होती हैं, सीमाएँ होती हैं।

नामवर सिंह : जब मैं यह कह रहा था, तो मेरे ध्यान में रहीम के उस दोहे की यह पंक्ति थी; 'जहाँ काम आवै सूई, कहाँ करे तलवार।' सूई से तलवार का काम नहीं लेना चाहिए। यह वही आदमी लेता है जो स्वयं सूई के महत्त्व को नहीं समझता है। तलवार के महत्त्व को तो समझता ही नहीं है। यह मैं जब कहता हूँ तो मोटे तौर से, बात करने की सुविधा के लिए कि सूई को मैं कहानी मान सकता हूँ और उपन्यास को तलवार। कहानी की मर्यादा और सीमा...जब मैंने कहा तो बहुत पहले एक लेख में देखा होगा कि कहानी एक तरह से...जैसे कविता में जो जगह 'लिरिक' की हुआ करती है और 'लिरिक' हमेशा रूमानी ही नहीं हुआ करता है, बॉदलेयर ने भी 'लिरिक' लिखे हैं, निराला ने भी लिखे हैं और ध्वस्त कर दिया है उन्होंने...छोटा-सा 'लिरिक'...कोई पंक्ति निराला की आए कि 'बाहर मैं कर दिया गया हूँ, भीतर मैं भर दिया गया हूँ' ये दो पंक्तियाँ ज़्यादा बोधक हैं, ये केवल फिल्मी गीत की तरह से गला भर कर गाने के लिए नहीं हैं...तो कहानी को तो मैं कहता हूँ कि इसका फॉर्म 'लिरिक' का है तो उस 'लिरिक' फॉर्म की एक ऐसी मर्यादा है कि इसमें आप महाकाव्य नहीं लिख सकते हैं, प्रबन्ध-काव्य नहीं लिख सकते हैं। जिन्दगी का सारा यथार्थ आप एक ही कहानी

में ठूँस कर भर दें...यह सम्भव नहीं है। कहानी का जो तेज दायरा है, वह तो फट ही जाएगा, यथार्थ कमबख्त की ऐसी की तैसी हो जाएगी। इसलिए कहानी की मर्यादा कहानी-कला की मर्यादा है...उस फॉर्म की सीमा है। बहुत लोग उस फर्क को न समझने के कारण उसमें ऐसी बहुत-सी बातें...और वह मैं नहीं, प्रेमचंद कह चुके हैं कि कहानी ध्रुपद की एक तान है, संगीत का उदाहरण देते हुए। तो इसलिए कहानी में यथार्थ की आप एक झलक दे सकते हैं, एक 'फ्लैश' की तरह से और उस फ्लैश में जितना दिखाई पड़ जाए, उतना आपने दिखाया, जैसे अँधेरे में कोई आदमी दियासलाई की तीली जलाता हो और उतनी में वह खट् से दिख जाए। उतना भी अगर मिल जाता है...वह वस्तुगत यथार्थ या किसी आपके विचार का 'ऑब्जेक्टिव कोरिलेटिव' सिचुएशन, चरित्र के रूप में आना चाहिए, बस। यह चीज़ इधर की कहानियों में कम दिखाई पड़ती है। बहुत-से लोग कहानी की इस मर्यादा को, सीमा को समझते ही नहीं हैं। वैसे कुछ लेखक हैं जो सार्थक, महत्त्वपूर्ण बात कहते हैं, कहने की क्षमता भी उनमें है, इसीलिए कभी-कभी 'फेबल' का सहारा लेते हैं। असगर वजाहत की कुछ छोटी-छोटी कहानियाँ लघुकथा के रूप में देखोगे। एक बात है जो आदमी कहना चाहता है। उसके लिए उसने जरूरी नहीं समझा कि लम्बे-चौड़े सामाजिक यथार्थ के विवरण दिए जाएँ। यह बात एक दृष्टान्त की शैली में कही जा सकती है। काशीनाथ सिंह ने जातक का सहारा लेकर कुछ ऐसी चीज़ें कहीं। असगर वजाहत ने मुझसे शंशाक की बहुत तारीफ की थी और कहा कि इस बीच का बहुत महत्त्वपूर्ण युवा लेखक है। मैंने खोज करके उसका 'उन्नीस साल का लड़का' कहानी संग्रह पढ़ा। संयोग से शंशाक भोपाल में मिल भी गए थे तो मैंने कहा कि भाई, तुम अपनी चुनी हुई चार अच्छी कहानियाँ बताओ। जो कहानियाँ उन्होंने बताईं, उनमें 'उन्नीस साल का लड़का' भी एक कहानी थी। एक कहानी उन्होंने बताई जो अभी 'इसलिए' में छपी है। वह कहानी भी मैंने पढ़ी। और दो बार पढ़ने के बाद भी मेरी समझ में नहीं आई, कि ये कहना क्या चाहते हैं...जिसमें तथ्यात्मक ब्योरे हों, भावुकता का लेश न हो, लेकिन एक घटना और एक स्थिति के बाद दूसरी स्थिति में कोई क्रमसम्बन्ध नहीं दिखाई पड़ता। खैर, इस पर भी मुझे कोई आपत्ति नहीं है कि इसमें कोई कथानक नहीं है। न हो कथानक। लेकिन सारे वर्णनों और विवरणों का कोई अर्थ होना चाहिए। इसको मैं 'सुर्रिमलिस्ट' भी नहीं कह सकता कि आपस में उनमें कोई सम्बन्ध नहीं लेकिन अन्त में अलग-अलग खंडों और विच्छिन्न तथ्यों और घटनाओं के बीच से कोई एक जीवन की बड़ी भारी सच्चाई या महत्त्वपूर्ण सच्चाई या कोई सार्थक बात उभर करके यदि आती है, तब भी मुझे कोई ऐतराज न होता। मैं कहूँगा, जॉर्ज लुकाच की शब्दावली में कि नितान्त 'नेचुरलिज़्म'...तथ्यात्मक वर्णन-विवरण सब है और कह सकते हो कि शायद वे यथार्थ का चित्रण भी किसी स्तर पर कर रहे हों, लेकिन यह

कहानी ही नहीं है। जहाँ तक मैं समझता हूँ कि कहानी में चाहे बड़ी घटना लीजिए, चाहे छोटी लीजिए, जैसी भी एक स्थिति हो, सामाजिक स्थिति हो या कोई मानवीय स्थिति हो, उससे उसको कहानीकार अर्थ प्रदान करता हो। अगर ऐसा कोई नहीं करता तो सारे तथ्यों-विवरणों के बावजूद इस हद तक...अन्ततः लगता है कि या तो यह कोई नया रहस्यवाद है जिसको मैं नहीं समझ पा रहा हूँ, मेरी संवेदना बहुत पिछड़ गई है, पुरानी हो गई है, बिल्कुल समझ नहीं पा रहा हूँ। और दूसरे लोगों से पूछा कि भाई...खुद 'इसलिए' के सम्पादक राजेश जोशी से मैंने पूछा कि तुमने यह कहानी छापी है, बहुत महत्त्वपूर्ण समझ करके, तुम्हीं बताओ इसमें क्या है। उन्होंने कहा कि मैंने इसे तीन बार पढ़ा है, मेरी समझ में नहीं आई।...तो छापा क्यों?...तो यह स्थिति है। मैं कह रहा था कि इसलिए कहानी नाम के इस माध्यम को...जो पहले कहा जाता था कि कहानी लक्ष्योन्मुख होती है, सोद्देश्य होती है, आप स्थूल सोद्देश्यता की बात यदि छोड़ भी दीजिए। आप उपदेश का मर्म उसमें न दें, सारी चीज़ें छोड़ दें, लेकिन कुछ तो ऐसा हो जो जिन्दगी के बारे में संकेत देता हो, एक इशारा देता हो। किसी ऐसी सच्चाई को उजागर करता हो जो अछूती हो या अछूती न भी हो तो कम से कम सार्थक, महत्त्वपूर्ण हो। इस बात को ध्यान में रखते हुए मैंने कहा था कि कहानी की विधा की...कुछ लोग तो इसकी सीमा ही नहीं समझते हैं, लेकिन कुछ लोग इस विधा की अपनी शर्तों को भी जैसे या तो स्वीकार नहीं करते या समझते नहीं हैं, इन कहानियों को रेखाचित्र भी नहीं कहा जा सकता। मैं कोई उस तरह का हठी पाठक नहीं हूँ और उस तरह का कोई शास्त्राचार्य भी नहीं हूँ कि विधाओं के लौह शिकंजे को बहुत मजबूती से पकड़े रहने का आग्रह करूँ। बड़ा ढीला-ढाला ढाँचा कहानी का हो सकता है। बीसियों तरह के ढाँचे आपको अकेले प्रेमचंद में मिलेंगे, लेकिन ये तो बुनियादी शर्त कहानी की पूरी नहीं करते। और तब मुझे लगा कि कहानी के बारे में कहीं कोई ऐसा 'गैप' है कि इसी दौर का एक महत्त्वपूर्ण कहानीकार असगर वजाहत जैसा एक को बहुत महत्त्वपूर्ण लेखक मानता है और मैं उसे समझने में असमर्थ हूँ।...तो ये दो युगों के भावबोध का अन्तर है, संवेदना का अन्तर है, कहानी सम्बन्धी समझ का अन्तर है या कोई और कारण है...मैं अभी हैरान हूँ।

सुरेश पांडेय : अन्य विधाओं की तरह कहानी में भी इधर आकर विचारधारा पर बहुत बल दिया जा रहा है। विचारधारा के इस आग्रह ने आज की युवा कथा-पीढ़ी को कितनी दूर तक ऊर्जस्वित किया है? साठोत्तरी कहानी के अनुभववाद की रूढ़ियों से मुक्त होने में क्या इसने कोई मदद पहुँचाई है?

नामवर सिंह : मैंने जितना इस बीच लेखकों को पढ़ा है, शशांक जैसे लेखक बहुत कम हैं जिसमें विचारधारा तो बहुत बड़ी चीज़ है, एक छोटे-से बिन्दु का भी अभाव है। लेकिन दूसरे ऐसे लेखक हैं...मैं यह तो नहीं कह सकता कि सबमें विचारधारा

का आग्रह है, लेकिन कहानी की चिरपरिचित या परम्परागत जो विधि है, इस दौर के मुझे दो महत्त्वपूर्ण युवा कहानीकार लगे, असगर वजाहत और स्वयं प्रकाश जो कहानी की सीमा को समझते हैं और जिनकी जिन्दगी...उस विचारधारा वाली बात जो तुम कह रहे हो, जो जीवन को समझने के बारे में एक आलोचनात्मक दृष्टि है और उन समस्याओं को कहानी में उठाते भी हैं जिनको लेना बहुत जरूरी है, और अच्छी वर्ग-दृष्टि, अगर एक शब्द में कहूँ, मार्क्सवादी अर्थ में, इन दोनों लेखकों में मुझे वह प्रखर वर्ग-दृष्टि, आलोचनात्मक दृष्टि मिली और इस दृष्टि से जितनी भी कहानियाँ मैंने इन लोगों की पढ़ीं, एक-दो छोड़ करके...मुझे ये दो सार्थक कहानीकार लगे। और काफी संख्या में मैंने इन लोगों की कहानियाँ पढ़ीं। अगर इनके आधार पर मुझे कहना हो कि विचारधारा की प्रखरता इन लेखकों में दिखाई पड़ती है तो ज्ञानरंजन और काशीनाथ से तो कुछ ज़्यादा नहीं, उसी परम्परा में। खास करके स्वयं प्रकाश की जो कहानियाँ मैंने पढ़ीं, उनमें 'आसमाँ कैसे कैसे'...एक दिलचस्प बात कहूँ, इन दोनों आदमियों ने एक ऐसी समस्या पर लिखा है जिस पर लोग कम लिखते हैं...आज के हिन्दू-मुस्लिम सम्बन्धों को या एक साम्प्रदायिक भावना जो बढ़ती दिखाई पड़ रही है। असगर ने भी इस पर लिखा है और स्वयं प्रकाश ने भी लिखा है। स्वयं प्रकाश की दो कहानियाँ मुझे याद आती हैं। एक मैंने 'वर्तमान साहित्य' के पहले ही अंक में 'पार्टीशन' नाम की कहानी पढ़ी थी। बड़ी बारीक बात उठाई गई थी उसमें। दूसरी कहानी है 'चौथा हादसा'। बड़े मार्मिक ढंग से इन कहानियों में...बड़ा ही वैज्ञानिक दृष्टिकोण अपनाया गया है साम्प्रदायिकता की इस समस्या को लेकर। इनके अलावा एक ओर छोटी-सी कहानी स्वयं प्रकाश की है जिसमें एक मास्टर ट्यूशन करता है। वर्ग-भेद कैसे छोटे बच्चों में भी...एक छोटी-सी बच्ची में जिसको पढ़ाने जाता है...कितनी वह 'क्लास कांशस' है और कैसे धक्का लगता है इस निम्न मध्यवर्गीय गरीब टीचर को...बहुत अच्छी है। कहानी का शीर्षक बहुत दिलचस्प है, 'एक जरा-सी बात', जो अच्छी बात लगी मुझे। एक जरा-सी बात कह करके लेखक दरअसल एक बड़ी बात कहता है। वर्ग-भेद सम्बन्धी बोध एक बड़े परिवार के छोटे बच्चे में भी आ जाए, यह एक जरा-सी बात नहीं है। लेकिन जिसको कहें कि कहानीकार 'मित कथन' करता है, 'अंडर प्ले' करता है किसी चीज़ को और उसके माध्यम से वह एक बड़ी बात की ओर संकेत करना चाहता है...तो अगर विचारधारा की बात जब तुम कह रहे थे, तो इन दो लेखकों में मुझे प्रखर रूप में दिखाई पड़ी और वह सम्पूर्ण युवा-पीढ़ी की विशेषता हो, यह तो मैं नहीं मान सकता। असगर वजाहत को तो अंशतः मैं जानता हूँ उनकी विचारधारा के बारे में। स्वयं प्रकाश से न कभी मिलने का मौका है और न उनके बारे में ज़्यादा मैंने सुना है। लेकिन कहानियों से एक प्रतिबद्ध लेखक की वर्ग-चेतन दृष्टि का अहसास बराबर होता है। बड़ी साफ-सुथरी और प्रखर चेतना

के साथ लिखी ये कहानियाँ हैं जो लगभग ज्ञानरंजन और काशीनाथ की पीढ़ी का ही आज के जमाने में एक और कदम है। इससे यह निष्कर्ष नहीं निकलता कि पहले के लोग अनुभववादी थे और इस दौर के तमाम लोग बड़े ही वर्ग-चेतन और सूक्ष्म दृष्टि वाले हो गए हैं, क्योंकि इस दौर के बहुत सारे दूसरे लोग धुँधली दृष्टि में हैं। काफी पहले मैंने विजय मोहन जी से इधर के लेखकों में से कुछ कहानीकारों का नाम बताने को कहा था। उन्होंने मधुसूदन आनन्द का नाम लिया।

सुरेश पांडेय : 'करौंदे का पेड़' जिनका संग्रह है।

नामवर सिंह : उसकी पहली कहानी 'टिड्डे' बहुत अच्छी कहानी है। शीर्षक वाली कहानी स्वयं बहुत अच्छी कहानी नहीं है। लेकिन औसतन कहानी के शिल्प को, उसकी सीमा को वह लेखक अच्छी तरह समझता है। लेकिन विचारधारा की वह जागरूकता और सतर्कता या पैनापन जो असगर वजाहत में है, स्वयं प्रकाश में है, मधुसूदन आनन्द में नहीं है। इसलिए उनकी कहानियों में वह जान, वह शक्ति या कहूँ वह डंक, एक ऐसी तेज दृष्टि जो सच्चाई को बड़ी तेजी से उद्घाटित करती है, वह चीज़ मधुसूदन आनन्द में नहीं मिलती। राजेश जोशी और उदय प्रकाश के भी एक-एक कहानी संग्रह आए हैं। किंचित् राजेश जोशी में और उदय प्रकाश की कहानियों में लगेगा कि कुछ विचारधारा की दृष्टि से...उदय प्रकाश की 'टेपचू' कहानी है, राजेश जोशी की 'आलू की आँख' मैंने बहुत पहले पढ़ी थी, मास्टर वाली कहानी। मुझे 'आलू की आँख' बेहतर लगी थी 'टेपचू' से। 'टेपचू' मुझे बहुत गढ़ी हुई, नकली और झूठी कहानी लगी। अखबार की खबर पर बनाई हुई और एक अति क्रान्तिवादिता के कारण कहानी को जबरदस्ती मोड़ देने की, जिसे मैं कहूँ कि 'रोमांटिक रिवोल्युशनिज़्म' की कहानी वह मुझे लगी। उससे बेहतर कहानियाँ उनकी हैं, जो बहुत खुली राजनीतिक कहानियाँ नहीं हैं। जो बात मुझे इधर दिखाई पड़ी, वह यह कि...बल्कि तुम्हारे कथन के उल्टा दिखाई पड़ती है। किसी दौर में राजनीतिक कहानियाँ बहुत लिखी जाती थीं। एक भली बात हुई है, कि इस बीच राजनीतिक कहानियाँ, खुली राजनीति वाली कहानियाँ कम लिखी गई हैं और यह दोष नहीं है। राजनीतिक कहानियाँ अपने अनुभव और यथार्थ के मामले में बहुत इकहरी हुआ करती हैं। भंडाफोड़ और भ्रष्टाचार का उद्घाटन करने वाली कहानियों में एक बहुत सतही इकहरापन मिलता है और वे अखबार की कहानियाँ मालूम होती हैं। इनसे ज़्यादा जिन्दगी के दूसरे और कोने हैं, हिस्से हैं, अनुभव हैं, दायरे हैं जिनमें प्रवेश करके आप अपनी उस सचेत वर्ग-दृष्टि या सामाजिक आलोचना की दृष्टि को आजमाएँ तो कहानी ज़्यादा मार्मिक और मानवीय बनती है, टिकाऊ होती है...तो वह चीज़ तो नहीं है। इसलिए तुम्हारी वह बात मुझे...हो सकता है कि मैंने कहानियाँ कुछ कम पढ़ी हों, कुछ और पढ़ूँ तो शायद तुम्हारी बात का और गहरा अहसास हो। लेकिन विचारधारा

की प्रखरता इधर के युवा लेखकों में पहले से ज़्यादा हो, मुझे ऐसा मालूम नहीं होता।

सुरेश पांडेय : इनमें विचारधारा की प्रखरता पहले से अधिक भले ही न हो, पर जिस वैचारिक प्रतिबद्धता की ज़रूरत इन्होंने महसूस की है, उसे क्या आप महत्त्वपूर्ण नहीं मानते?

नामवर सिंह : कथा-सृजन ही नहीं, बल्कि साहित्य-सृजन मात्र के लिए वैचारिक प्रतिबद्धता तुम कहना चाहो...मैं प्रतिबद्धता को वैचारिक तो मानता नहीं हूँ। प्रतिबद्धता खाली किसी विचार के प्रति नहीं होती। प्रतिबद्धता जो होती है, वह सामाजिक संगठन के प्रति, किसी राजनीतिक दल के प्रति जो कर्म का भी अवसर प्रदान करती है, जहाँ आप बहुत कुछ अपना त्याग और बलिदान करने के लिए तैयार रहें, हानि उठाने के लिए तैयार रहें। मैं वैचारिक स्पष्टता कहूँगा। विचारों में वैज्ञानिक दृष्टि का आना, यह हर साहित्य सृजन के लिए जरूरी है। लेकिन सार्थक साहित्य-सृजन के लिए इतना ही काफी नहीं है। आपके पास विचार की धार हो तो आप राजनीतिक पैम्फलेट लिख सकते हैं, आर्थिक विश्लेषण भी कर सकते हैं, लेख भी लिख सकते हैं, आलोचना भी लिख सकते हैं; लेकिन जो आपको रचनाकार बनाती है, वह रचनात्मक क्षमता, सृजनात्मक क्षमता और रचनात्मक दृष्टि है। इनके लिए जीवन के अनुभवों का होना बहुत जरूरी है। शायद अनुभव बहुत-से लोगों के पास होते हैं, लेकिन अनुभव ही नहीं, बल्कि जीवन के अनुभव, मूर्त जीवन्त अनुभव कैसे एक रचना में...और मुझे लगता है कि जहाँ...ऐसा तो नहीं है कि आज के लेखकों में नहीं हैं, जो महत्त्वपूर्ण लेखक हैं, उनके पास ये क्षमताएँ हैं। इसलिए यह कहना गलत होगा कि आज के लेखकों के पास ये चीज़ें नहीं हैं। लेकिन जरूरी है कि जोर उस चीज़ पर भी देना चाहिए। केवल प्रतिबद्धता पर बल देने से बात नहीं बनती जिसे मैं आमतौर से एक उदाहरण के द्वारा...गाय कितना दूध देती है और कैसा दूध देती है, यह इस पर निर्भर नहीं है कि किस खूँटे से बँधी हुई है। खूँटा गाय के दूध को निर्धारित नहीं करता है। इसी तरह से कोई लेखक किस खूँटे से बँधा है, किस विचारधारा से बँधा है... इस 'प्रतिबद्धता' शब्द को मैं 'बद्धता' के साथ ही जोड़ूँ तो आप कहाँ किससे बँधे हुए हैं, इससे आपके साहित्य की मूल्यवत्ता निर्धारित नहीं होती। उसे निर्धारित करने वाली कई दूसरी चीज़ें होती हैं और महत्त्वपूर्ण चीज़ें होती हैं।

सुरेश पांडेय : कहानी को जन-सामान्य तक पहुँचाने के नाम पर इधर के इन युवा कथाकारों ने सपाट बयानी का नारा बुलन्द किया है। क्या आपको ऐसा नहीं लगता कि यह प्रवृत्ति यथार्थ की उत्तरोत्तर बढ़ती संश्लिष्टता को रचनानुभव में बदलने की प्रक्रिया में बाधक सिद्ध हो रही है? क्या कारण है कि इन कहानियों में आज का यथार्थ मात्र सूचित होकर रह जाता है?

नामवर सिंह : पहली बात यह कि 'सपाट बयानी' बड़ा दुर्भाग्यपूर्ण शब्द है। खेद है कि कविता के सन्दर्भ में इसका प्रयोग मैंने किया। यह प्रयोग एक निश्चित सन्दर्भ

में मैंने किया था और उस सन्दर्भ से हटा देने के बाद अगर उसे कोई कविता या कहानी के क्षेत्र में ज्यों-का-त्यों, नुस्खे, फार्मूले के रूप में इस्तेमाल करता है, उससे भी ज़्यादा दुर्भाग्यपूर्ण यह बात होगी। मैं उसको यूँ कहूँ कहानी के सन्दर्भ में कि ऐसी स्थितियाँ आती हैं, जिन्दगी के जो मसले बहुत उलझे हुए हों, जो लेखक उसको जितना सुलझा के कहता है, सफाई के साथ कहता है, ऐसी स्थितियों में दो-टूक फैसला करना पड़ता है जिसमें सन्देह न रह जाए कि आप किस तरफ हैं, सच क्या है और झूठ क्या है। उन स्थितियों में तो दो-टूक कहने का साहस बहुत...उस कला को भी बहुत ऊँचा बनाता है, अच्छा बनाता है...और कहिए कि पठनीयता भी उसमें आती है लेकिन इसके ठीक उल्टा ऐसी स्थितियाँ आती हैं जो नितान्त सतही हों, जो दो-टूक दिखाई पड़ती हों, लेकिन लगे कि विभाजन इतना सरल नहीं है, बल्कि और पेचीदा है, जटिल है, गहरा है और जीवन की उस जटिलता, पेचीदगी का अहसास करना उस समय और उस स्थिति की माँग होती है। उदाहरण के लिए, मैं कहूँगा कि जहाँ मैंने स्वयं प्रकाश की हिन्दू-मुस्लिम समस्या की दो कहानियाँ लीं...'पार्टीशन' कहानी में इस समस्या की इस पेचीदगी की ओर इशारा किया गया है कि कैसे एक मुसलमान कुछ साथियों के साथ रहने से बँटवारे के बाद दुकान वगैरह खोलता है, कैसे उस साम्प्रदायिकता के दायरे से निकलता है और फिर परिस्थितियों का दबाव पड़ता है और वह बहुत प्रगतिशील कदम उठाने के बाद जैसे फिर अपनी पुरानी उसी दुनिया में सुरक्षा के लिए लौटने को मजबूर होता है। अब यह 'हिन्दू-मुस्लिम भाई-भाई' जैसी साफ दो-टूक कहानी नहीं है। लगेगा कि यह कहानी साम्प्रदायिकता की ओर ले जा रही है, लेकिन मैं समझता हूँ कि यह कहानी उस ज़्यादा गहरी, पेचीदी समस्या की ओर ले जाती है जहाँ एक प्रगतिशील मुसलमान विशेष स्थिति के दबाव में पुनः अपने दायरे में जाने के लिए मजबूर होता है। पीड़ा के साथ, दर्द के साथ, लेकिन लाचार होकर के जाता है। इससे पता चलता है कि हिन्दू-मुस्लिम समस्या बहुत सरल-सपाट नहीं है, ज़्यादा उलझी हुई है। 'चौथा हादसा' में भी इस उलझन का एक और संकेत है कि कैसे एक हिन्दू मुसलमान समझ लिया जाता है और फिर बाद में जोधपुर में कहता है कि...अपने कई दोस्तों के साथ जिनमें हिन्दू भी हैं और एक मुसलमान भी...और ज्ञात लेखक हैं जैसे यह सच्ची घटना मालूम होती है...और कहानी के अन्त में हबीब कैफी की ओर से टिप्पणी करवायी गई है जो स्थिति के ज़्यादा नाजुक पहलू की ओर संकेत करती है। अब यहाँ दो-टूक स्टैंड लेने से या हिन्दू-मुस्लिम का सपाट हल दिखाने पर यह कहानी चौपट हो जाती। आज की सच्चाई पर पर्दा पड़ जाता। वह सपाट-बयानी की कहानी नहीं है, लेकिन कहानी में उलझन कहीं नहीं है। बहुत साफ लिखी गई है। जो सामने आने वाला यथार्थ है, उसकी जटिलता का अहसास वह कराती है...तो 'सपाट बयानी' बहुत दुर्भाग्यपूर्ण

शब्द है और कोई लेखक कहानी के क्षेत्र में अगर इसे नुस्खे के रूप में इस्तेमाल करता है, तो हर नुस्खे की तरह इसकी भी दुर्गति हो रही है। रही सम्प्रेषणीयता, जो कहानी जैसी विधा के साथ जुड़ी हुई और इस अर्थ में महत्त्वपूर्ण है कि कुछ लोग जरूर यह कहते हैं कि इधर की कहानी अपठनीय हो रही है, खामख्वाह उसमें फालतू की बातें बहुत होती हैं और पूरी कहानी पढ़ने के बाद यह अहसास होता है कि एक जरा-सी बात कहने के लिए लेखक खामख्वाह दस-बारह पन्ने खराब करता है, अनावश्यक ब्योरे और बातें कहता है जैसे लगता है कि कहानी को खींचा जा रहा है अनावश्यक रूप से। अब रहा यह कि किसी एक या दो लेखक की इस कमजोरी के आधार पर हम इस पूरे दौर, पूरे युग के तमाम लेखकों को 'कंडेम' नहीं कर सकते हैं। लेकिन यह जरूर है कि जो महत्त्वपूर्ण और समर्थ लेखक रहे हैं, पिछले दौर के भी, उनकी कहानियों में पठनीयता का एक सुखद अनुभव भी जुड़ा हुआ है। ज्ञान और काशीनाथ की कहानियाँ उतनी ही पठनीय हैं जितनी तेज रोशनी में...

सुरेश पांडेय : नामवर जी, आज की युवा कहानी के सन्दर्भ में एक और महत्त्वपूर्ण सवाल। यह तो आप भी मानेंगे कि पिछले दौर की कहानियों की अपनी-अपनी 'इमेज' रही है। चाहे वह प्रेमचंद-युग की हों या यशपाल के युग की या फिर नई कहानी और साठोत्तरी कहानी की। क्या कारण है कि इधर की युवा कहानी अपनी कोई ऐसी 'इमेज' नहीं बना पाई अभी तक?

नामवर सिंह : देखो, कहानी की 'इमेज' किसी एक लेखक की लिखी हुई तमाम कहानियों से अथवा किसी दौर की कहानी की इमेज जब बनती है तो उसमें एक महत्त्वपूर्ण बात हुआ करती है, उस कहानी की अपनी अन्तर्वस्तु, जिस अन्तर्वस्तु के तहत यह होता है कि कोई एक लेखक अथवा एक दौर के तमाम लेखक मिलकर के मनुष्य की जानी-पहचानी जो एक इमेज है, प्रतिमा है, मूर्ति है, उससे भिन्न कोई दूसरी इमेज या मूर्ति या प्रतिमा बनाते हैं, और यह इमेज या प्रतिमा तमाम चरित्रों के बीच या उसके 'पॉजिटिव' चरित्रों के बीच से उभर कर आती है। जिसे हम पहचानते हैं, उसकी शख्सियत पहचानी जाती है। जैसे यशपाल की कहानियाँ। नाम न भी हो तो यशपाल की कहानियों को देखकर कहा जा सकता है कि यह उन्हीं की कहानी है। या बाद के लेखकों में भी तुम पाओगे कि किसी लेखक की कहानी को देखते ही...वह अपनी पहचान बनाती है, उसका अपना चेहरा है। स्थिति यह है कि इधर के जितने कहानीकार हैं, जिनको मैं 'संडे शॉर्ट स्टोरी राइटर' कहता हूँ, जो इक्की-दुक्की... कभी एक-दो चीज़ों पर कहानी लिख दी...कभी...जब जो जी में आया, कोई चीज़ लगी, 'स्ट्राइक' की, तो उन्होंने एक कहानी लिख दी। जिन्होंने अपने जीवन का लक्ष्य बना रखा हो, जिनके सामने इस समाज के और इस युग की पूरी एक तसवीर हो और जिनकी लगातार एक के बाद दूसरी, तीसरी, चौथी, हर कहानी अलग-अलग

टुकड़े जिन्दगी के लेते हुए एक बिन्दु पर बराबर 'हिट' करती है, जो प्रेमचंद या यशपाल की कहानियों में आपको दिखाई पड़ेगा कि कहानी चाहे जीवन के जिस अनुभव और जिस समस्या को लेकर लिखी गई हो, लेकिन गिरती एक बिन्दु पर है और उससे तसवीर बनती है कि यह है लेखक जो कहना चाहता है और आप जिसके इन्तजार में होते हैं कि यह कहे। इन लेखकों के सामने, लगता है कि, वह बड़ा लक्ष्य इस समाज को...किन चीज़ों पर हमला करे...समाज को बदलने की बात ये लोग बहुत करते हैं, लेकिन अगर समाज को बदलने के लिए आप इतने उतावले हैं, अधीर हैं या इसके बारे में इतने 'कीन' हैं तो आपको छठे-छमासे एकाध कहानी लिख करके तुष्ट नहीं होना चाहिए। यह जिन्दगी चुनौती देती है कि आप उसके तमाम कोनों पर, ऐसी हर चीज़ पर नज़र रखते हुए सिलसिलेवार, लगातार लिखते चलें और एक 'इमेज' बनाएँ। जब तक आप ऐसा नहीं करते, तब तक किसी कहानीकार की कहानी की अपनी इमेज नहीं बनती और किसी दौर की कहानी की इमेज नहीं बनती। दुर्भाग्यपूर्ण स्थिति यह है कि आज के लेखक इस योजनाबद्ध रूप में...जिन लोगों का मैंने नाम लिया, उनमें यह प्रवृत्ति पाई जाती है। इसलिए आज का लेखक अपनी अन्तर्वस्तु के द्वारा, अपनी जीवन दृष्टि के द्वारा, कथावस्तु के द्वारा और यथार्थ की नई पहचान के द्वारा कहानी का नया चेहरा स्थापित करने का प्रयत्न नहीं कर रहा है, बल्कि अपनी अस्मिता, अपनी विशिष्टता भाषा-शैली और शब्दों के सहारे बनाने की कोशिश कर रहा है, जो गौण कर्म है। किसी के कहानी कहने के लहजे से या उसकी भाषा से अगर उसकी अपनी तसवीर बनती है, तो वह बहुत टिकाऊ और बहुत दूर तक ले जाने वाली नहीं होती है। ऐसी विशिष्टता लोगों की दिखाई पड़ेगी लेकिन वह कोई बहुत सार्थक पहचान नहीं है। महत्त्वपूर्ण पहचान तभी बनती है जब लेखक का गहरा ताल्लुक आज के यथार्थ के किसी अछूते पहलू के उद्घाटन से हो और जहाँ वह दिखाई पड़ता है, वहाँ तसवीर बनती है। इसलिए इधर के दौर की कहानी की अगर इमेज नहीं बनी है तो इस कारण से नहीं बनी है। शायद यह भी हो कि किसी दौर की कहानी की इमेज आलोचनाओं के द्वारा बनती है। बहुत बड़ी संख्या में, तादाद में, कुछ कहानियों को लेकर विश्लेषण करके जब उनमें से निचोड़ कर, निकाल करके सिद्धान्त के धरातल पर एक बात कही जाती है, जैसे नई कहानी की तसवीर बनी या बाद के दौर की कहानी की तसवीर बनी, यह काम स्वयं नहीं किया इस दौर की आलोचना ने यह कम दुर्भाग्यपूर्ण नहीं है कि इस दौर में कहानीकार इक्के-दुक्के जैसे हो रहे हैं, इनके बीच से कोई अपना कहानी का आलोचक नहीं पैदा हो रहा और जो हो रहे हैं, वे पीठ ठोंकू आलोचक हैं। एक-एक कहानी संग्रह की समीक्षा लिखते हैं, जिसके द्वारा उस कहानीकार की विशेषता ठीक से उद्घाटित नहीं होती है और लेख लिखे जाते हैं तो एक लम्बी तालिका या सूची होती है जिसमें गलत-सही, अच्छे-बुरे

तीस लेखकों का नाम गिना दिया जाता है जिसका कोई मतलब नहीं। इन चीज़ों से बात आगे बढ़ने वाली नहीं है। यह प्रचारात्मक साहित्य है, आलोचना नहीं है, समीक्षा नहीं है। इसलिए इससे कहानी की इमेज बनने में कोई मदद नहीं मिलती है। वैसे इस दौर की ओर से दावे करने वाले काफ़ी 'उत्साही' लेखक दिखाई पड़ रहे हैं और एक साप्ताहिक में तो इधर की कहानियों को लेकर एक पूरी लेखमाला ही छपी है। बावजूद इसके कोई तसवीर उभर करके सामने नहीं आई।

सुरेश पांडेय : नामवर सिंह जी, 'सारिका' में प्रकाशित एक बातचीत में आपने एक और युवा कथाकार की कहानियों की चर्चा की थी, मृणाल पांडे की। इनकी चर्चा आपने इस बातचीत में नहीं की।

नामवर सिंह : मृणाल पांडे निश्चित रूप से एक महत्त्वपूर्ण कहानी लेखिका हैं। अपने विषय के चुनाव में भी और भाषा-शैली में भी। एक तंज है, एक व्यंग्य है, शब्दों के साथ खेलने, खिलवाड़ करने की कोशिश है। सम्पन्न वर्ग के लोगों, ख़ासतौर से इस वर्ग की महिलाओं की आधुनिकता में क्या बनावटी है, कितनी कृत्रिमता है, ऐसे सम्पन्न और सम्भ्रान्त वर्ग के पुरुषों और स्त्रियों और उस पूरे समाज के आडम्बर पर व्यंग्य और तंज करने वाली बहुत दिलचस्प कहानियाँ हैं इनकी। यह उनके अनुभव की सीमा है, उनके संसार की सीमा है। लेकिन उस चीज़ को बखूबी...यह तो लगता ही है कि किस्सा कहने की कला, कहानी कहने की कला में बड़ा ही सिद्ध दिखाई पड़ती हैं वे। इस सिलसिले में कहीं-कहीं उनके कहानी लेखन में आयास और बनावट भी है। भाषा अनुवाद की भाषा लगती है, जैसे कि अंग्रेज़ी मुहावरों का अनुवाद-सा कर दिया गया हो। शायद इसलिए वह लगता है कि जिन चरित्रों को, जिन लोगों को वे लेती हैं, उनकी जिन्दगी में खुद उनकी भाषा बहुत बनावटी है। लेकिन बहुत सारी भीड़ में मैं कहूँगा, महिला लेखिकाओं में...

सुरेश पांडेय : मुझे ऐसा लगता है कि जिस दुनिया को वे 'एक्सपोज' करती हैं, उस दुनिया को लेकर कोई तकलीफदेह प्रतिक्रिया उनके भीतर पैदा नहीं होती। ऐसा शायद इसलिए है कि उस तथाकथित कुलीन और सम्पन्न वर्ग की कृत्रिमता, आडम्बर या खोखलेपन से उनकी सारी शिकायत महज सौन्दर्य बोध के धरातल पर है। चूँकि वे इन चीज़ों के वस्तुनिष्ठ सन्दर्भों तक नहीं पहुँच पातीं, अतः ऑब्जरवेशन की शार्पनेस के बावजूद उनकी कहानियाँ हमारे अनुभवों का हिस्सा नहीं बन पातीं, उस संसार के बारे में ज़्यादा गुस्से और तकलीफ के साथ सोचने के लिए हमें मजबूर नहीं करतीं। रचनाकार के सन्दर्भ में जिसे हम 'शेयर' करना कहते हैं, वह तो उनके यहाँ एक सिरे से गायब है।

नामवर सिंह : सही, बिल्कुल सही बात कही है तुमने। कारण यह है कि वे जिन चीज़ों की आलोचना करती हैं, वे ऊपरी और सतही चीज़ें हैं। उस वर्ग का जो खोखलापन

है, उसकी नींव ज़्यादा गहरी है। उस वर्ग का खोखलापन इसके परोपजीवी होने में है। समाज के पूरे ढाँचे में उस वर्ग की जो स्थिति है, उसको न वे जानती हैं, न जानना चाहती हैं। इसलिए उस वर्ग के मूल पर वे कुठाराघात नहीं करतीं क्योंकि उनके पास वह वर्गदृष्टि है ही नहीं। इसलिए उनका लेखन एक 'स्मार्ट' लेखन का अहसास तो कराता है और इस नाते, जैसा कि मैंने कहा, दिलचस्प लगता है, रोचक लगता है; लेकिन उस वर्ग को भी जैसे वह हल्की चिकोटी काट के या गुदगुदा के रह जाता है पर ऐसा चिकोटी काटने वाला या गुदगुदाने वाला लेखक एक तो आक्रामक होता नहीं है और बुनियाद पर चोट न करने के कारण बहुत गहरी सम्वेदना का कारण भी नहीं बनता। यही वजह है कि...जो तुम कह रहे हो कि उनमें वह पीड़ा या लगाव नहीं है और जहाँ वह पीड़ा या लगाव न होगा तो ऊपर-ऊपर से...जैसे कोई आदमी दिल से न गाए, बल्कि गले से केवल गाता हो तो कलाबाज़ी तो आएगी, लेकिन उनमें मर्मस्पर्शिता नहीं रहेगी। कारण यह है कि चूँकि उस वर्ग से वे स्वयं जुड़ी हुई हैं, इसीलिए उस वर्ग से जुड़ने का अहसास उनकी कहानियों में है और इसीलिए मूल पर कुठाराघात करने का मतलब है, अपनी पूरी संवेदना पर कुठाराघात करना। एक गहरी आत्मालोचना...उन कहानियों में अगर आत्मालोचना का अहसास होता तो शायद वे ज़्यादा मर्मस्पर्शी होतीं। तब वे दिलचस्प, रोचक और स्मार्ट होकर नहीं रह जातीं बल्कि वे एक गम्भीर कहानी के रूप में ली जातीं।

सुरेश पांडेय : उनकी भाषा के बनावटीपन के मूल में भी यही बात है।

नामवर सिंह : हाँ, जब आदमी कोई बड़ी सच्चाई नहीं कहता है तो उसको तो भाषा के चटपटेपन से या चमत्कार से ही भरने की कोशिश करता है और यह दूसरी बात है कि यह चमत्कार उस सतहीपन को बहुत दूर तक छिपा नहीं पाता है।

सुरेश पांडेय : नामवर जी, इधर 'सृजनात्मक आलोचना' के 'पूर्वग्रही' आलोचकों ने कहानीकारों की एक ऐसी जमात खड़ा करने की कोशिश की है जो मूलतः कवि हैं और जिनके बारे में इनका दावा है कि हिन्दी कहानी की मुख्यधारा का निर्माण इन्हीं कवि-कहानीकारों की कहानियों से होता है या ऐसा माना जाना चाहिए। इसके बारे में आप क्या सोचते हैं? इस क्रम में इन लोगों ने कई ऐसे लोगों को उछालने की कोशिश की है जो स्वयं कविता में बुरी तरह पिट चुके हैं।

नामवर सिंह : अभी 'पूर्वग्रह' का जो अंक निकला है, वह ख़ासतौर से इसी बात को ध्यान में रख करके कि कहानी की दुनिया में यदि किसी ने महत्त्वपूर्ण काम किया है तो वे स्वयं कवि रहे। इसी अंक में उन लोगों ने मेरा एक लम्बा इंटरव्यू भी छापा है और इसमें मैंने उन लोगों को बताया है कि यह भ्रम है आप लोगों का।...तो अतिरिक्त बल देना तो ठीक नहीं है, लेकिन महत्त्वपूर्ण यह है कि कहानी की दुनिया में कोई यदि नाटककार आता हो तो, उपन्यासकार आता हो तो, कवि हो, कोई

आलोचक हो, चाहे जहाँ से जिस विधा का आदमी हो—देखना यह है कि उस कहानी की दुनिया में खुद क्या करता है और नया क्या करता है? इसमें कोई शक नहीं कि कुँवर नारायण या रघुवीर सहाय या श्रीकान्त वर्मा...स्वयं मुक्तिबोध...मूलतः तो कवि ही हैं, कहानीकार तो थे नहीं...और उनके इस योगदान की उपेक्षा अगर हम करें तो स्वयं उनकी कहानी का जो पूरा परिदृश्य है, उसके साथ न्याय नहीं कर सकते। 'पूर्वग्रह' के जिस अंक की तुम बात कर रहे हो, उसमें कुछ ऐसे लेखकों की भी कहानियाँ उन्होंने छापी हैं जो खुद उनके दायरे के नहीं हैं। इधर उनके अपने लेखक...अच्छे लेखकों में से वे विनोदकुमार शुक्ल का भी नाम अपने साथ लेना पसन्द करते हैं। उनकी एक ही कहानी 'महाविद्यालय' है। दूसरी उनकी कोई कहानी मैंने देखी नहीं है और वह भी 'पहल' ने ही छापी थी, काफी पहले 1976 में। बाकी तो वे उपन्यास लेखक के रूप में...वे बहुत महत्त्वपूर्ण लेखक हैं निश्चित रूप से। लेकिन ऐसे कुछ बड़े नामों को लेकर के और महत्त्वपूर्ण, सार्थक कहानीकारों के नामों के साथ अगर वे कुछ ऐसे लेखकों को भी चालू कर देना चाहते हैं, बल्कि उन्हीं के लिए पूरी जमात को बनाने की कोशिश करते हैं, तो ऐसी चीज़ें चलने वाली नहीं हैं चाहे जितना कोई ढोल पीटे, जो करे।

सुरेश पांडेय : नामवर सिंह जी, अभी आपने श्रीकान्त वर्मा का नाम लिया। आपने इनकी कविताओं की चर्चा तो भरपूर की है, पर जहाँ तक मुझे याद है, इनकी कहानियों को लेकर आपकी प्रतिक्रिया पढ़ने-सुनने को नहीं मिली। यहाँ तक छठे-सातवें दशक के कवि-कहानीकारों की चर्चा के क्रम में भी आपने श्रीकान्त जी का नाम नहीं लिया है।

नामवर सिंह : श्रीकान्त जी की कहानियाँ दरअसल तब आईं, जब मैं कहानियों पर अपनी लेख-माला समाप्त कर रहा था। श्रीकान्त जी छठे दशक में तो कहानियाँ नहीं लिख रहे थे। छठे दशक के अन्त से उन्होंने इक्की-दुक्की कहानियाँ लिखनी शुरू कीं। लेकिन उनकी कहानियों ने मेरा ध्यान आकृष्ट किया था और मैं उन्हें कई दृष्टियों से, और दूसरे कई लोगों की अपेक्षा महत्त्वपूर्ण कहानीकार मानता हूँ। और यहाँ एक बात मैं स्पष्ट कर दूँ कि श्रीकान्त वर्मा की कहानियाँ एक कवि की कहानियाँ नहीं हैं। अर्थात् कविता से जो कुछ समझा जाता है...काव्यात्मक भाषा, एक खास तरह की रूमानियत, बिम्बों और प्रतीकों का प्रयोग...इनको देखें तो निर्मल जी में ये चीज़ें ज़्यादा हैं। श्रीकान्त की कहानियाँ तो बहुत ही तथ्यात्मक...छोटे-छोटे वाक्यों में समाप्त होने वाला गद्य...और बड़ी निर्ममता से किसी समाज की अमानवीयता को उद्‌घाटित करने वाली हैं, जैसे 'शव-यात्रा' कहानी में हुआ है; 'ठंड' में है, 'घर' में है।...तो जैसे अपनी कविताओं में श्रीकान्त जी कर रहे थे...उनकी कविताओं की भाषा भी देखोगे तो एक खास तरह की बड़ी कटी-छँटी-सी भाषा है।...तो इसलिए कवि की लिखी

कहानियाँ अगर ये हैं, तो एक खास तरह के कवि की लिखी हुई कहानियाँ हैं। इस समाज में बढ़ती हुई आपसी सम्बन्धों और परिस्थितियों की जो अमानवीयता है, अमानुषिकता है, उसकी क्रूरता है, उसको बड़ी निर्ममता से श्रीकान्त ने इन कहानियों में चित्रित किया है।

सुरेश पांडेय : नामवर सिंह जी, इस 'कवि-कथाकार-वार्ता' के क्रम में एक और कवि-कथाकार रमेशचंद्र शाह का नाम लेना मैं भूल ही गया था, जिनकी ख्याति-पताका फहराने में पूरा 'पूर्वग्रह-ग्रुप' विगत एक दशक से मुब्तिला है।

नामवर सिंह : रमेशचंद्र शाह मेरे मित्र हैं और वे तो सर्वतोमुखी प्रतिभा के लेखक हैं। उनका प्रयास यह है कि साहित्य की कोई विधा बच न जाए, अछूती न उनसे चली जाए। इसलिए नाटक वे लिखेंगे, उपन्यास वे लिखेंगे, ललित निबन्ध वे लिखेंगे, कहानी वे लिखेंगे, कविता तो खैर लिखते ही हैं, आलोचना भी लिखते ही हैं, यात्रा-विवरण लिखेंगे, रिपोर्ताज लिखेंगे...कोई विधा रह न जाए। तो उनका प्रयास तो बड़ा साफ दिखाई पड़ रहा है लेकिन...यह दूसरी बात है कि उनकी कहानियाँ कहानियां हैं कि नहीं हैं और महत्त्वपूर्ण हैं कि नहीं। हिन्दी साहित्य बड़ा जागरूक है। इस दृष्टि से और किसी खोटे सिक्के को चलाने की कोशिश अगर कोई आदमी करे, चाहे आप करें या हम करें, तो वह चलने वाला नहीं है। चाहे उसको पत्रिकाओं में कितना ही उछालें, चाहे उसकी जितनी ही किताबें छाप लें। इसलिए मुझे हिन्दी साहित्य के विवेक पर इतना भरोसा है कि किसी ऐसे प्रयास पर अपनी ओर से कुछ कहना आवश्यक नहीं समझता।

[पहल-27 की अनुषंग पुस्तिका के रूप में 'कहानी : आज की कहानी' शीर्षक से 1984 में प्रकाशित]

नए का अर्थ है बेहतर विकल्प

रमेश उपाध्याय द्वारा बातचीत

रमेश उपाध्याय : डॉक्टर साहब, आप 'नई कहानी' और 'नई कविता' के आलोचक रहे हैं। कहानी पर आपकी पुस्तक का नाम 'कहानी : नई कहानी' है, जिसमें आपके कई लेख नएपन पर जोर देते हैं, जैसे 'नई कहानी : नई प्रश्न', 'नई कहानी की पहली कृति : परिन्दे', 'कहानी : अच्छी और नई'। इसी तरह कविता पर आपकी पुस्तक का नाम 'कविता के नए प्रतिमान' है। यह सब देखकर लगता है कि नयापन आपको बहुत पसन्द है। हिन्दी के दूसरे आलोचक भी नएपन पर काफी जोर देते हैं। मगर नएपन की इतनी चर्चा के बावजूद आज तक यह बहुत स्पष्ट नहीं है कि नया क्या है या नयापन क्या है? तो सबसे पहले मैं चाहता हूँ कि आप इसे परिभाषित करें।

नामवर सिंह : अच्छा, तो 'नई कहानी' के सन्दर्भ से ही शुरू करें। मैंने 1955-56 से 1962 तक कहानी पर कुछ लेख लिखे थे। उसके पहले मैंने 'नई कविता' पर भी लेख लिखा था। लेकिन नया क्या है, नएपन की कोई अवधारणा है कि नहीं, उसे परिभाषित करना चाहिए कि नहीं, और किया जाए तो कैसे किया जाए, इस पर मैंने कभी कुछ नहीं कहा। 'नई कविता' और 'नई कहानी' के बाद कुछ लोगों ने 'नई आलोचना' शब्द भी चलाया। मगर आलोचक होने के बावजूद मैंने हिन्दी में 'नई आलोचना' जैसी किसी चीज़ के अस्तित्व को स्वीकार नहीं किया। उपन्यास के सन्दर्भ में भी 'नया उपन्यास' जैसे शब्द का प्रयोग मैंने कभी नहीं किया—इसके बावजूद कि अंग्रेज़ी में 'न्यू क्रिटिसिज़्म' मौजूद था, मैंने उससे सम्बन्धित आलोचकों को पढ़ा था और आलोचना लिखने के दौरान उसकी कुछ अवधारणाओं का मैंने प्रयोग भी किया था। 'नई' का प्रयोग मैंने सिर्फ कहानी के सन्दर्भ में किया। लेकिन तब भी मेरे मन में नएपन की कोई स्पष्ट अवधारणा नहीं थी—न सिद्धान्त के स्तर पर, न किसी और स्तर पर।

रमेश उपाध्याय : लेकिन 'कहानी : नई कहानी' में संकलित आपके लेखों को पढ़कर तो ऐसा नहीं लगता। उन लेखों में आप कहानी के नएपन को तरह-तरह से रेखांकित करते हैं...

नामवर सिंह : हाँ, यह मैंने किया है। मैं यह समझने की, तलाशने की कोशिश कर रहा था कि वे कौन-सी कहानियाँ हैं, जिनमें नयापन है। यह मेरी अपनी तलाश थी, अपनी कोशिश थी। मैंने कोई मानदंड नहीं बनाया कि यही नई कहानी है और बाकी कहानियाँ नई नहीं मानी जाएँगी। इस प्रकार का कोई लेख लिखा भी नहीं। इस सिलसिले में, आपको याद होगा, जब कमलेश्वर, अमरकान्त, भीष्म साहनी आदि की कहानियाँ आ रही थीं, तो मैंने कहा कि निर्मल वर्मा की कहानी 'परिन्दे' नई कहानी की पहली कृति है। बाद में पुराने और नए लेखकों को लेकर जो बहस हुई, उसमें मैंने द्विजेंद्रनाथ मिश्र 'निर्गुण' की 'एक शिल्पहीन कहानी' और विष्णु प्रभाकर की कहानी 'धरती अब भी घूम रही है' की सख्त आलोचना की थी...

रमेश उपाध्याय : और उषा प्रियंवदा की कहानी 'वापसी' की प्रशंसा।

नामवर सिंह : हाँ, और मैंने बताया था कि 'वापसी' कैसे नई और अलग है। मेरे वे लेख भैरवप्रसाद गुप्त ने 'कहानी' और 'नई कहानियाँ' पत्रिकाओं में छापे थे और वे मेरी किताब में भी हैं। मैंने उस समय की कई कहानियों में देखा कि इनमें नया यथार्थ है, नई संवेदना है, नई भाषा है और कहानी की नई तकनीक है। जैसे उस समय कहानीकार के रूप में रघुवीर सहाय का कोई नाम भी नहीं लेता था, लेकिन जब उनकी रचनाओं का संकलन 'सीढ़ियों पर धूप में' आया, जिसमें उनकी कुछ कहानियाँ भी थीं, तो मुझे लगा कि उनकी 'सेब', 'खेल', 'लड़के' आदि नए ढंग की कहानियाँ हैं और मैंने उनकी चर्चा की।

रमेश उपाध्याय : भैरव जी के सम्पादन में निकलने वाली 'नई कहानियाँ' पत्रिका में आप 'हाशिए पर' नाम से एक स्तम्भ लिखते थे। उसमें आपने जो लेख लिखे, उन्हें पढ़कर लगता था कि आप 'नई कहानी' का एक शास्त्र बना रहे हैं...

नामवर सिंह : शास्त्र तो नहीं, पर हाँ, मैने वह स्तम्भ योजनाबद्ध ढंग से लिखा था। मैंने उसमें बताया कि कहानी की पाठ-प्रक्रिया क्या है, फैंटेसी क्या है और कहानी में उसका उपयोग कैसे होता है, रचनाधर्मी और संश्लिष्ट कहानी क्या होती है, कहानी में प्लॉट क्या है, कथानक क्या है आदि-आदि। इस क्रम में मैंने पुरानी और नई, दोनों तरह की कहानियों की चर्चा की। जैसे प्रेमचंद की 'मुक्ति मार्ग' और 'सुजान भगत' की, प्रसाद की 'स्वर्ग के खंडहर' की, जैनेंद्र की 'नीलम देश की राजकन्या' की, अज्ञेय की 'पठार का धीरज' की, निर्मल की 'डायरी का खेल' की, बेदी की 'लाजवन्ती' की, राजेंद्र यादव की 'छोटे-छोटे ताजमहल' की, और उषा प्रियंवदा की 'वापसी' की। उस समय कई पुराने लेखक, जैसे निर्गुण और विष्णु प्रभाकर बड़ी भावुकतापूर्ण कहानियाँ

लिख रहे थे। मैंने बताया कि भावुकता क्या होती है और यथार्थ से उसका विरोध क्यों होता है। इसी सिलसिले में मैंने निर्गुण और विष्णु प्रभाकर की कहानियों की आलोचना की और उषा प्रियंवदा की 'वापसी' की विस्तार से व्याख्या की। मैंने कहा कि छायावादी भावुकता कविता में गलत है तो कहानी में कैसे सही है? बहरहाल, कहानी पर मेरी एक समझ थी, क्योंकि मैं सीख रहा था, ढूँढ़ रहा था और मेरे सामने कहानियों में आता हुआ नयापन स्पष्ट हो रहा था। लेकिन उस नएपन को परिभाषित करने का, उसे कोई शास्त्रीय रूप देने का प्रयास न मैंने तब किया न बाद में किया।

रमेश उपाध्याय : क्षमा करें डॉक्टर साहब, मैं चूँकि आपकी कहानी-समीक्षा पर लिख चुका हूँ, और मेरा वह लेख आप ही पर निकली पुस्तक 'नामवर सिंह के विमर्श' में संकलित है, जिसमें मैंने आपकी 'नई कहानी' की समझ की आलोचना की है, इसलिए फिलहाल इन बातों को जाने दें। आज हम नएपन की अवधारणा के बारे में बातचीत करें। आप यह बताए कि यह अवधारणा पश्चिम से आई है या भारतीय परम्परा में मौजूद रही है?

नामवर सिंह : अपनी परम्परा को देखते हुए मुझे लगता है कि 'नया' शब्द हमारे यहाँ बड़ा पुराना है। भारतीय दर्शन के सन्दर्भ में, गौतम के न्याय दर्शन के सन्दर्भ में, न्याय सूत्रों के सन्दर्भ में आप देखें तो दसवीं-ग्यारहवीं शताब्दी के आस-पास, शंकराचार्य के बाद, मिथिला में और नदिया में, 'नव्य न्याय' नाम की एक नई पद्धति या प्रणाली विकसित हुई थी। पुराने लोग ही 'नव्य न्याय' कहते थे। काव्यशास्त्र में भी पंडितराज जगन्नाथ की बहस आप देखें, जो मम्मट के बहुत बाद हुए थे, लगभग चार-पाँच सौ साल बाद, तो वे भी जिक्र करते हैं कि 'प्राचीन' ऐसा कहते हैं और 'नव्य' ऐसा कहते हैं, या पुराने लोगों का मत यह है और नए लोगों का मत यह है। फिर उन्नीसवीं शतान्दी में जब राजा राममोहन राय आए, ब्रह्मसमाज के लोग आए, विवेकानन्द आए, तो इन लोगों ने 'नव वेदान्त' की बात की। यानी शंकराचार्य तक का वेदान्त वेदान्त है, बल्कि कहना चाहिए कि शंकराचार्य तक का ही नहीं, रामानुज, माधव, निम्बार्क, वल्लभ आदि के जो कई वेदान्त हैं, जैसे विशिष्टाद्वैत, शुद्धाद्वैत, द्वैताद्वैत और अद्वैत–यह सब भी वेदान्त है। इसके बाद 'नव वेदान्त' है। तो हमारे यहाँ एक ओर दसवीं शताब्दी में 'नव्य न्याय' शब्द का इस्तेमाल किया गया और दूसरी ओर आधुनिक दौर में 'नव वेदान्त' का। इस प्रकार देखें तो 'नए' की एक परम्परा रही है और यह बहुत महत्त्वपूर्ण है।

रमेश उपाध्याय : दर्शन में तो रही है, लेकिन धर्म में? धर्म तो सनातन माना जाता है।

नामवर सिंह : हाँ, हमारे यहाँ जो पंडित हैं–पंडित विद्यानिवास मिश्र हैं, गोविन्दचंद्र पांडेय हैं–ये लोग कहते हैं कि भारतीय परम्परा में तो सब सनातन है। यहाँ सनातन की धारणा है। इसमें पुराना और नया तो कुछ होता ही नहीं। वे हिन्दू धर्म को

सनातन धर्म कहते हैं और उसे अपने जीवन-दर्शन से जोड़कर कहते हैं कि हमारे यहाँ अन्त की परिकल्पना ही नहीं है, जिसका सबसे बड़ा प्रमाण यह है कि हम मृत्यु को जीवन का अन्त नहीं मानते। हमारे यहाँ पुनर्जन्म की धारणा है। इसलिए किसी की मृत्यु जीवन का अन्त नहीं है। उसके बाद भी आपका दूसरा जन्म हो सकता है। और यह चीज़ वैदिक परम्परा में ही नहीं, बौद्धों के यहाँ भी है। बुद्ध अवतार लेते हैं। जैनों में भी तीर्थंकरों की परम्परा है। तो ये लोग कहना चाहते हैं कि हमारे यहाँ तो इस रूप में वास्तविक परिवर्तन नहीं, परिवर्तन का आभास है, विवर्त है, भ्रम है। धारा सनातन चलती है, इसमें पुराना-नया कुछ नहीं होता। लेकिन मेरे मन में प्रश्न उठता है कि यदि ऐसा है, तो फिर 'न्याय' के विरुद्ध 'नव्य न्याय' और 'वेदान्त' के विरुद्ध 'नव वेदान्त' कैसे आया? जब अपनी परम्परा के पुराने लोग ही पुराने और नए की बात कर रहे हैं, तो कहना होगा कि नए और पुराने की परिकल्पना हमारे यहाँ मिलती है।

रमेश उपाध्याय : नए-पुराने की परिकल्पना हमारे साहित्य में भी मिलती है। कालिदास ने 'मालविकाग्निमित्रम्' के आरम्भ में कहा है—"पुराणमित्येव न साधु सर्वं न चापि काव्यं नवमित्यवद्यम्"।

नामवर सिंह : मैं इसके समानान्तर आधुनिक साहित्य का एक उदाहरण देना चाहता हूँ। आचार्य रामचंद्र शुक्ल का 'हिन्दी साहित्य का इतिहास' आप देखें तो जब वे आधुनिक काल पर आते हैं, तो 'पुरानी धारा' और 'नई धारा' की बात करते हैं। नई धारा, प्रथम उत्थान; नई धारा, द्वितीय उत्थान; नई धारा, तृतीय उत्थान। ब्रज भाषा काव्य की जो पुरानी परम्परा चली आ रही थी, उसे वे पुरानी धारा कहते हैं। वे 'पुरानी परिपाटी' की बात भी कहते हैं। पुरानी परिपाटी से सम्बन्ध रखने के साथ ही साहित्य की नवीन गति के प्रवर्तन में योग देने वाले कवियों की बात भी कहते हैं। इससे पता चलता है कि आचार्य शुक्ल नएपन की अवधारणा का प्रयोग एक ऐतिहासिक अवधारणा के रूप में करते हैं। ऐतिहासिक विकास के क्रम में कुछ पुराना होता है, कुछ नया होता है। इस प्रकार आप देखें तो चाहे 'न्याय' के सिलसिले में, चाहे काव्यशास्त्र के सिलसिले में, चाहे वेदान्त के सिलसिले में, चाहे आधुनिक साहित्य के सिलसिले में, जब भी 'नव', 'नव्य' या 'नया' का प्रयोग होता है, ऐतिहासिक काल-क्रम से परवर्ती के अर्थ में आता है। यह हमारी परम्परा में है। चाहे आप उसे सनातन धारा मानें, चाहे बौद्धों के अनुसार विच्छिन्न प्रवाह। अगर यह सनातन धारा है भी, तो ऐसी सनातन धारा है, जिसमें परिवर्तन होता है—बुनियादी परिवर्तन हो या सामान्य परिवर्तन हो, गहराई में होता हो या सतह पर होता हो, इस पर विवाद हो सकता है, लेकिन पुराने और नए का अर्थ परम्परा के सन्दर्भ में है। अर्थात् नवीनता की अवधारणा ऐतिहासिक अवधारणा है।

रमेश उपाध्याय : पर हमारे यहाँ नवीनता का सम्बन्ध आधुनिकता से भी जोड़ा जाता है। हिन्दी में नवीनता के साथ आधुनिकता पर भी बहुत बहस हुई है। तो नवीनता का आधुनिकता से क्या सम्बन्ध है? ये दोनों एक-दूसरे के पर्याय हैं या अलग-अलग हैं?

नामवर सिंह : आधुनिकता को भी हम परम्परा के सन्दर्भ में ही पहचानते हैं। 'आधुनिकता' शब्द का प्रयोग हम कैसे करते हैं? परम्परा और आधुनिकता, परम्परा और प्रगति, परम्परा और प्रयोग। इसलिए बुनियादी रूप में 'नए' की तरह 'आधुनिक' भी परम्परा के सन्दर्भ में ही अर्थ ग्रहण करता है और उसका सम्बन्ध परिवर्तन से है। इस दृष्टि से यह एक ऐतिहासिक कोटि है, ऐतिहासिक अवधारणा है। इसीलिए इसका सम्बन्ध काल की परिकल्पना से है। हम 'नया युग' कहते हैं, 'न्यू एज' कहते हैं, 'न्यू टाइम्स' कहते हैं, जैसे हम 'आधुनिक युग' कहते हैं, 'मॉडर्न एज' या 'मॉडर्न टाइम्स' कहते हैं। तो नवीनता और 'आधुनिकता, दोनों एक तो नहीं हैं लेकिन दोनों का सम्बन्ध काल से है, इतिहास से है।

रमेश उपाध्याय : लेकिन 'काल' की अवधारणाएँ भी भिन्न-भिन्न हैं। जैसे कुछ लोग काल को एक चक्राकार गति के रूप में देखते हैं। इसीलिए वे 'काल-चक्र' या 'इतिहास के पहिए' की बात करते हैं। हमारी परम्परा में सतयुग, त्रेता, द्वापर और कलियुग के बाद प्रलय और उसके बाद पुनः चार युगों वाला एक कल्प आता है, जिसके कारण प्रलय को 'कल्पान्त' भी कहते हैं। उसके बाद नई सृष्टि, नए मन्वंतर की परिकल्पना है। लेकिन दूसरी अवधारणा प्रगति की है, जिसमें काल को निरन्तर आगे ही बढ़ते देखा जाना है, भले ही वह सरल रेखा के रूप में नहीं, बल्कि स्पायरल या सर्पिल गति से आगे बढ़ता हो...

नामवर सिंह : मैं काल की गति को चक्राकार गति के रूप में नहीं, प्रगति के रूप में देखता हूँ। चक्राकार गति का मतलब है कि जो एक बार होता है, बार-बार वही होता रहता है। कुछ भी नया नहीं होता। इतिहास अपने को दोहराता रहता है और दुनिया में कभी कुछ भी बदलता नहीं है। मैं इसे नहीं मानता, क्योंकि यह धारणा परिवर्तन को अस्वीकार करने वाली एक अमूर्त धारणा है। लेकिन परिवर्तन तो होते हैं, और अमूर्त रूप में नहीं, बड़े प्रत्यक्ष और व्यावहारिक रूप में होते हैं जैसे सामाजिक परिवर्तन, आर्थिक परिवर्तन, राजनीतिक परिवर्तन, विज्ञान और टेक्नोलॉजी से जुड़े हुए परिवर्तन। इन परिवर्तनों के साथ हमारी मानसिकता में परिवर्तन होता है। यहाँ तक कि जिस भाषा में हम अनुभव करते हैं, सोचते हैं, अभिव्यक्त करते हैं, उस भाषा में भी परिवर्तन होता है जैसे स्वयं हिन्दी में परिवर्तन। पुरानी हिन्दी अपभ्रंश से शुरू होकर अवधी, मैथिली से होती हुई खड़ी बोली तक आई। फिर खड़ी बोली के रूप भी बदलते रहे हैं पिछले सौ सालों में। भाषा बदलती है, तो सम्प्रेषण के माध्यम और

साधन भी बदलते हैं। वाचिक परम्परा से हम लिखित परम्परा में आते हैं। लिखित के बाद फिर वाचिक परम्परा में भी जाते हैं। टेक्नोलॉजी में परिवर्तन होते हैं, तो साहित्य और कला की तकनीकों में भी परिवर्तन होते हैं।

रमेश उपाध्याय : 'काल-चक्र' की अवधारणा में एक और गड़बड़ है, डॉक्टर साहब! जैसा कि कोसम्बी ने अपनी पुस्तक 'प्राचीन भारत की संस्कृति और सभ्यता' में बताया है, इसमें काल-क्रम को उत्तरोत्तर पतन या अधोगति के रूप में देखा जाता है। जैसे सतयुग सबसे अच्छा है, त्रेतायुग उससे बुरा, द्वापरयुग उससे भी बुरा और कलियुग सबसे बुरा है। कोसम्बी ने इस मान्यता को निरर्थक ऐतिहासिक पुनरावृत्ति का निराशापूर्ण दृष्टिकोण कहा है और इसे भारतीय ग्राम के नीरस ऋतु-चक्र का प्रक्षेपण बताया है। शीत ऋतु स्वास्थ्य और समृद्धि से भरपूर होने के कारण सतयुग है, फिर क्रमशः हर वस्तु की दुर्लभता बढ़ती जाती है यानी त्रेता, द्वापर, कलियुग। और अन्त में वर्षा से सारी धरती आप्लावित हो जाती है, सो वह प्रलय है। काल की इस उत्तरोत्तर अधोगति वाली अवधारणा के विपरीत है प्रगति और विकास की वैज्ञानिक अवधारणा, जिसके अनुसार पाषाणकाल से आज तक मनुष्य उत्तरोत्तर प्रगति और विकास करता आया है।

नामवर सिंह : मैं समझ गया। ऐसा है कि हमारे यहाँ हिन्दू परम्परा में यह जो सतयुग, त्रेता, द्वापर और कलियुग की परिकल्पना है, वह धर्म से जुड़ी हुई है और धर्म विज्ञान-विरोधी होता है। यह जो पतन या 'फॉल' की परिकल्पना है, केवल हिन्दू धर्म में नहीं है, दूसरे धर्मों में भी है। जैसे ईसाइयत में देखें कि ईडन में आदम ने ज्ञान का फल चखा और उसका पतन हुआ, वह धरती पर उतर आया। इस्लाम में भी कयामत के रूप में पतन की परिकल्पना है। तो ये जो धर्मों की परम्पराएँ हैं, उनमें अपने मूल स्रोत को, अतीत को गौरवान्वित किया गया है। पुराना सब अच्छा था, नया सब खराब है—उत्तरोत्तर खराब होता गया है—ऐसा माना जाता है। उनमें यह धारणा पाई जाती है कि अतीत में कोई स्वर्णयुग था। आज भी बहुत-से लोग ऐसा मानते हैं। जैसे गुप्तकाल को स्वर्णयुग कहते हैं। औपनिवेशिक दौर में इस धारणा का बड़ा प्रचार किया गया था क्योंकि वह पुनरुत्थानवाद का दौर था, अतीत के महिमामंडन का दौर था। लेकिन यह ऐतिहासिक परिकल्पना नहीं, अतीत को वर्तमान के मुकाबले गौरवशाली मानने वाली धार्मिक परिकल्पना है, अवैज्ञानिक परिकल्पना है। यह परिकल्पना है पुरोहितों की, मुल्लाओं की, पादरियों की। इसके समानान्तर लोकजीवन में आप देखें, तो ऋतु-चक्र या इतिहास-चक्र की परिकल्पना प्रकृति के नजदीक रहने के कारण आई है। किसान खेती करता है, उसका सारा जीवन ऋतुओं के अनुसार चलता है लेकिन उत्तरोत्तर पतन की बात उसे उसका अनुभव नहीं सिखाता, बल्कि धर्म सिखाता है। उसके अनुभव में तो बहुत कुछ ऐसा होता है, जो पतन की

परिकल्पना के विरुद्ध जाता है। जैसे लोकजीवन में दूज के चन्द्रमा का बड़ा सम्मान है। लेकिन उसके साथ ही पूर्णिमा का भी सम्मान है। यह नहीं समझा जाता कि चन्द्रमा का दूज से पूर्णिमा तक पहुँचना पतन है। हालाँकि हम अन्धकार का भी उत्सव मना लेते हैं, जैसे अमावस्या को दीपावली मनाते हैं, मौनी अमावस को त्योहार के रूप में मनाते हैं, लेकिन पूर्णिमा के प्रकाश का महत्त्व ही कुछ और है। पूर्णिमा के दिन पैदा होना बहुत अच्छा माना जाता है। हमारे यहाँ बुद्ध पूर्णिमा को पैदा हुए, नानक पूर्णिमा को पैदा हुए, कबीर पूर्णिमा को पैदा हुए। तमाम बड़े लोगों के सम्बन्ध में माना जाता है कि पूर्णिमा को पैदा हुए। द्वितीया और पूर्णिमा का महत्त्व इस्लाम में भी है। दूज को ईद मनाई जाती है और चौदहवीं के चाँद के गीत गाए जाते हैं। तो हमारा लोकजीवन सतयुग, त्रेता, द्वापर और कलियुग की उत्तरोत्तर पतन वाली परिकल्पना को नहीं मानता। पतन की बातें पुरोहित, मुल्ला, पादरी करते हैं और इसलिए करते हैं कि पतन का भय दिखाकर अपनी कमाई का धन्धा चलाते रहें।

रमेश उपाध्याय : लेकिन 'लोक' पर, एक विचारधारा के रूप में, यह परिकल्पना थोप दी गई है कि पहले का जमाना अच्छा था, आज का जमाना बड़ा बुरा है।

नामवर सिंह : देखिए, लोकजीवन स्मृतियों के सहारे चलता है और उनमें अच्छी-बुरी, दोनों तरह की स्मृतियाँ होती हैं। उदाहरण के लिए, महँगाई बढ़ रही है। इसे देखकर बूढ़े लोग कहते हैं कि हमारे जमाने में गेहूँ बहुत सस्ता था और रुपये सेर घी मिलता था, आज बहुत महँगा हो गया है। लेकिन इसके साथ उनको यह भी याद रहता है कि उस जमाने में प्लेग आया था, इंफ्लुएंजा फैला था, अकाल पड़ा था, युद्ध हुआ था। तो वे लोग अपनी इन खट्टी-मीठी स्मृतियों के सहारे 'काल' को समझते हैं। विचारधारा के रूप में उन पर पतन की परिकल्पना थोप देने से वे अतीतजीवी नहीं हो जाते। व्यावहारिक धरातल पर वे सदा नए के साथ चलते हैं। कहने को भले ही कह दें कि आज के जमाने से तो अंग्रेजों का जमाना ही अच्छा था, लेकिन कोई उस जमाने में वापस जाना चाहेगा?

रमेश उपाध्याय : धर्म और विज्ञान के मामले में भी यही बात है। किसान वैसे धार्मिक होता है, लेकिन अपनी खेती-बाड़ी में नए बीज, नई खाद, नए उपकरण और नए कीटनाशक लेने में पीछे नहीं रहता। स्वास्थ्य और चिकित्सा के क्षेत्र में विज्ञान और टेक्नोलॉजी ने जो दिया है, उसका महत्त्व वह समझता है।

नामवर सिंह : हाँ, उसे याद है कि पहले बच्चे जल्दी-जल्दी मर जाते थे और स्त्रियों का बुरा हाल था। अब वह देखता है कि विज्ञान द्वारा दी गई सुविधाओं से लोग दीर्घजीवी होने लगे हैं। तो इस सबको वह पतन के रूप में नहीं देखता। पंडित, मुल्ला, पादरी कुछ भी कहते रहें, ठोस यथार्थ की जमीन पर जीने वाले लोग पतन की धार्मिक अवधारणा में विश्वास नहीं करते।

रमेश उपाध्याय : अच्छा, डॉक्टर साहब, जैसे किसान अपने कृषि-कार्य में नई टेक्नोलॉजी अपनाते हैं, वैसे ही अगर हम साहित्य में आने वाली नई तकनीकों को देखें तो...?

नामवर सिंह : आपने बहुत अच्छा सवाल उठाया। हमारा साहित्यकार भी, जो यथार्थवादी है, किसान की तरह व्यावहारिक धरातल पर जीता और लिखता है। वह देखता है कि साइंस और टेक्नोलॉजी में परिवर्तन होने से साहित्य की तकनीकों में भी परिवर्तन हो रहा है। यह ऐतिहासिक परिवर्तन है। और साहित्य का इससे बहुत गहरा सम्बन्ध है। कथा, आख्यान, नैरेशन को 'काल की कला' कहते हैं, क्योंकि आप एक 'टाइम' में 'नैरेट' करते हैं। समय बदलेगा, तो कथा कहने की टेक्नीक भी बदलेगी, कथा-विन्यास में परिवर्तन होगा। कथा का मतलब यहाँ सिर्फ कहानी-उपन्यास नहीं है। आख्यान कविता में भी हो सकता है, नाटक में भी हो सकता है। आख्यान में परिवर्तन का गहरा सम्बन्ध ऐतिहासिक परिवर्तन से है और यह अर्थ रखता है परम्परा में, परम्परा के साथ। लेकिन इसका बड़ा गहरा सम्बन्ध आर्थिक, सामाजिक, राजनीतिक, मानसिक, वैज्ञानिक और तकनीकी परिवर्तनों से भी है। साहित्य में नया चिन्तन, नई दृष्टि, नया सौन्दर्य-बोध इसी से आता है। इसी से नई रुचि या अभिरुचि पैदा होती है। सौन्दर्य सम्बन्धी अवधारणाएँ कैसे बदलती हैं, इसके प्रमाण मिल जाएँगे। कालिदास के समय में जो चीज़ें सुन्दर लगती थीं—उस काल की मूर्तियों को देखें, सुन्दरता के वर्णनों को पढ़ें—और रीतिकाल के लोग जिन चीज़ों को सुन्दर समझते थे, उनको छायावाद के लोग सुन्दर नहीं समझते हैं, आज के लोग सुन्दर नहीं समझते। तो समय और समाज के परिवर्तन से हमारी 'सुन्दर' की समझ में भी परिवर्तन होता है, रुचि या 'टेस्ट' में भी परिवर्तन होता है।

रमेश उपाध्याय : आपने जो यह रीतिकाल और छायावाद की बात की, इससे क्या यह समझा जाए कि साहित्य में जब कोई नई प्रवृत्ति पैदा होती है, तभी उसे कोई नया नाम दिया जाता है?

नामवर सिंह : हाँ, बिल्कुल। जब साहित्य में कोई महत्त्वपूर्ण परिवर्तन होता है, तो पहले यह समझ बनती है कि कुछ नया हो रहा है, फिर यह समझने की कोशिश की जाती है कि नया क्या है। और तब लोग उसे कोई निश्चित नाम दे देते हैं। अंग्रेज़ी में एजरा पाउंड ने 1910 के आस-पास एक किताब लिखी थी 'मेक इट न्यू'। इसे नया बनाओ। और यह वही दौर है, जिसमें आधुनिकतावाद का आन्दोलन चला। तो कभी-कभी यह भी होता है कि नई प्रवृत्ति के लोग स्वयं अपनी प्रवृत्ति को कोई नया नाम दे देते हैं। जब एजरा पाउंड ने 'मेक इट न्यू' कहा, तो 'नए' को एक नाम भी दे दिया—'इमेजिज़्म' यानी बिम्बवाद। कविता में बिम्ब। उन्होंने कहा कि कोई कवि जीवन में एक महत्त्वपूर्ण बिम्ब की भी सृष्टि कर ले, तो मैं समझता हूँ कि उसने

अपना काम कर लिया। फ्रांस में जब मलार्मे और वेलारी आदि कुछ नया कर रहे थे, तो उन्होंने उसे 'सिंबोलिज़्म' कहा, प्रतीकवाद कहा। और बाद में जब 'अवाँगार्द' का, यानी एडवांस्ड गार्ड का, हरावल दस्ता का आन्दोलन चला, तो यह परिकल्पना सामने आई कि साहित्य में कुछ प्रबुद्ध, संवेदनशील और जागरूक रचनाकार होते हैं, जो थोड़े ही होते हैं, लेकिन अग्रगामी होते हैं। वे फौज के हरावल दस्ते की तरह आगे बढ़ते हैं। हिन्दी में वह सफरमैना पल्टन कहलाती है। ये लोग सेना के आगे-आगे चलते हैं, जंगल साफ करते हैं, रास्ते बनाते हैं, पुल बनाते हैं ताकि सेना आगे जा सके। साहित्य में भी ऐसा दस्ता होता है। इसको उन्होंने 'अवाँगार्द' कहा। यह भी नए का ही सूचक था, जिसको बाद में 'सर्रियलिज़्म' और 'दादाइज़्म' के नामों से चलाने की कोशिश की गई। अंग्रेज़ी में इस पर काफी बहस हुई कि 'मॉडर्निज़्म और 'अवाँगार्द', दोनों एक नहीं हैं, बल्कि आधुनिकतावादियों में भी जो सबसे आगे हैं, हरावल दस्ता हैं, वे अवाँगार्द हैं। वे ज़्यादा आगे हैं, ज़्यादा नए हैं।

रमेश उपाध्याय : तो क्या यह माना जा सकता है कि नएपन की भी एक परम्परा बनती है? जैसे एक समय विशेष में कुछ नया हुआ तो छायावाद कहा गया, फिर कुछ नया हुआ तो उसे प्रगतिशील कहा गया और इसी तरह आगे कुछ नया हुआ तो...

नामवर सिंह : पहले यह देखें कि साहित्य में कोई नई चीज़ कैसे आती है। परम्परा में जो रूढ़ है, जीर्ण-शीर्ण है, पुराना है, उससे अपने को अलग करने के लिए लोग अपने को नया कहते हैं। समय बीतने पर उस नए को कोई नाम भी दे दिया जाता है। उदाहरण के लिए, अंग्रेजी में रोमांटिक लोगों ने कुछ नया किया, तो उसको 'रोमांटिसिज़्म' नाम दिया। हिन्दी में जब यह नया काम हुआ, तो स्वयं कवियों ने उसे 'छायावाद' नाम नहीं दिया। वे यह तो महसूस करते थे कि हम नए ढंग की कविता लिख रहे हैं, लेकिन उसे 'छायावाद' नाम उन्होंने नहीं, दूसरों ने दिया। प्रगतिवाद के लोग आए, तो उन्होंने अपने साहित्य को नया कहा। वे 'नया साहित्य' नाम की पत्रिका निकालते थे, लेकिन आन्दोलन का नाम था 'प्रगति'। प्रयोगवादियों को लगा कि प्रगतिवादी लोग कथ्य या अन्तर्वस्तु के नएपन की बात करते हैं, लेकिन उससे ज़्यादा नया और ज़्यादा महत्त्वपूर्ण है नया रूपविधान, नया शिल्प, नई भाषा, नई संवेदना, नया प्रयोग। तो एक नया नामकरण हुआ 'प्रयोगवाद'।

रमेश उपाध्याय : और उसके बाद 'नई कविता' और नई कहानी'...

नामवर सिंह : 'नई कविता' नाम पहली बार अज्ञेय ने दिया था। लोग कहते हैं कि 'नई कहानी' नाम मैंने दिया है लेकिन मैंने यह नाम नहीं दिया था। मैंने तो सवाल उठाया था कि कविता में 'नई कविता' की तरह कहानी में 'नई कहानी' नाम की भी कोई चीज़ है क्या? उस समय तक 'नई कहानी' नाम से कोई आन्दोलन नहीं

चला था। तो क्या कहानी में कोई नयापन आया ही नहीं था? मैंने यह नहीं कहा था कि 'नई कविता' की तरह 'नई कहानी' का कोई आन्दोलन चलाओ। मैंने तो इस प्रश्न के साथ कहानी पर लिखना शुरू किया था कि आज की कहानी को 'नई कहानी' कहना ठीक है या नहीं? बाद में जब 'अकहानी', 'सहज कहानी', 'आम आदमी की कहानी' आदि आन्दोलन चले, तो मैंने स्पष्ट कहा कि 'नई कहानी' का नयापन सुपरिभाषित नहीं है। लेकिन यह तो तय है कि उस समय कहानी में कुछ नया हो रहा था। उसके बाद फिर जब कुछ नया होता दिखाई दिया कहानी में, तो मैंने उसे 'एक और शुरुआत' कहा। कहने का मतलब यह कि साहित्य में जब कुछ नया होता है, उसे एक नाम दिया जाता है। ऐसे लेखक, जो लीक से हटकर कुछ करना चाहते हैं, उन्हें अपने काम को, अपनी संवेदना को, अपने 'विजन' को एक निश्चित नाम देना चाहिए जिससे वे पहचाने जाएँ। कभी यह काम रचनाकार खुद करते हैं और कभी दूसरे करते हैं। दूसरे जो नामकरण करते हैं, जरूरी नहीं कि हमेशा सही हो। जैसे छायावादियों ने कुछ नया किया, पर खुद उसे कोई नाम नहीं दिया। और जब दूसरों ने उसे 'छायावाद' कहा, तो उन्हें यह नामकरण पसन्द नहीं आया। उन्होंने विरोध किया। कहा कि हम छायावादी नहीं है। प्रगतिवादियों ने खुद अपने लिए 'प्रगति' नाम चुना। प्रयोगवादियों ने आरम्भ में कहा कि हम प्रयोग कर रहे हैं, लेकिन 'प्रयोगवाद' नाम स्वीकार नहीं किया। लेकिन मुझे याद नहीं कि 'नई कहानी' वालों में से किसी ने कहा हो कि हम 'नई कहानी' के नहीं हैं। सबने इस नामकरण को स्वीकार कर लिया।

रमेश उपाध्याय : डॉक्टर साहब, अब तक की बातचीत से यह तो स्पष्ट हो गया कि नयापन एक ऐतिहासिक अवधारणा है। आपने जिस तरह इसे स्पष्ट किया, उससे पता चलता है कि यह एक समाजशास्त्री अवधारणा भी है। मगर साहित्य में हम देखते हैं कि नएपन को एक सौन्दर्यात्मक मूल्य भी माना जाता है। तो क्या नयापन एक सौन्दर्यशास्त्रीय अवधारणा भी है?

नामवर सिंह : आपको याद होगा, कार्ल मार्क्स ने प्राचीन ग्रीक कला के बारे में एक ऐतिहासिक वाक्य कहा था कि ग्रीक कला आदिम युग की होकर भी इसलिए महान है कि वह सभ्यता का बचपन था। साहित्य और कला के क्षेत्र में हम अपनी बुलंदियाँ कभी-कभी इतना पहले हासिल कर लेते हैं कि बाद में उस तक नहीं पहुँच सकते हैं। उदाहरण के लिए, 'रामायण' और 'महाभारत' जैसी चीज़ें आज तक नहीं लिखी गईं और न ही लिखी जा सकती हैं। हमारे जो पौराणिक मिथक हैं सभी देशों में, सभी समाजों में—क्या वैसे मिथक आज, जबकि सभ्यता और संस्कृति इतनी आगे बढ़ चुकी है, कोई गढ़ सकता है? मिथकों में हम देखते हैं कि लोग आकाश में उड़ रहे हैं, पहाड़ आकाश में उड़ रहे हैं। आज के लोग फैंटेसी की बात करते हैं, लेकिन

कोई अच्छी फैंटेसी नहीं गढ़ पा रहे हैं। पुराने मिथक इतने ताकतवर हैं कि सदियों से हमारे दिमाग पर छाए हुए हैं। उनका यह प्रभाव हमारे किसी अन्धविश्वास के कारण नहीं, उनमें निहित सृजनशीलता के कारण है।

रमेश उपाध्याय : लेकिन यह भी तो कहा जा सकता है कि आज वैसे मिथक गढ़ने की आवश्यकता ही नहीं रह गई है। पुराने जमाने के लोग प्रकृति के जिन रहस्यों को नहीं जानते थे, उन्हें अपनी कल्पना के सहारे समझने के प्रयत्न में मिथक गढ़ते थे। अग्नि एक देवता है, जल एक देवता है, पवन एक देवता है, वर्षा कराने वाला इन्द्र एक देवता है। ज्यों-ज्यों मनुष्य इन प्राकृतिक शक्तियों के रहस्य को समझता जाता है, मिथक अनावश्यक होते जाते हैं। देवी-देवताओं की संख्या कम होती जाती है...

नामवर सिंह : हाँ, लेकिन फिर भी कहना होगा कि पुराने समय में ऐसे दौर आए, जब मनुष्य की सृजनशीलता इतनी ऊँचाई पर पहुँची थी कि उस तक हम नहीं पहुँच सकते। मिथकों की बात छोड़ दें, बौद्धिक क्षेत्र में देखें। आज पाणिनि जैसा व्याकरण कोई नहीं लिख सकता। मुझे तो लगता है कि सभ्यता के विकास के साथ-साथ मनुष्य की मेधा क्षीण हुई है। वह किस समय और किन कारणों से क्षीण हुई, यह अभी रहस्य हो सकता है, पर जैसा विकास हो रहा है, उससे ऐसे अनेक रहस्यों का उद्घाटन होगा किसी दिन। यह ठीक है कि विज्ञान के विकास के साथ-साथ देवमालाएँ खत्म होती हैं, पुराण खत्म हो जाते हैं, लेकिन यह भी सच है कि उनके खत्म होने के साथ-साथ हमारी कल्पनाशीलता में कमी आई है। या यों कहें कि उसमें कमी नहीं आई है, उसका विकास दूसरी दिशा में हुआ है अन्यथा विज्ञान में आइंस्टाइन और हाइजेनबर्ग कैसे होते और स्पेस में हम इतनी ऊँचाई पर कैसे जाते? लेकिन विज्ञान में जो विकास हुआ है, साहित्य और कला में भी उसी के समानान्तर हो, यह जरूरी नहीं है। हो सकता है कि आदिम मनुष्य में पशुओं जैसी शक्तियाँ रही हों, जैसे गृद्ध की-सी दृष्टि और व्याघ्र की-सी घ्राण शक्ति। विकास हुआ तो मनुष्य में वाक् शक्ति का तो ऐसा विकास हुआ, जैसा किसी पशु में नहीं हुआ, लेकिन उसकी देखने, सुनने और सूँघने की शक्ति वह नहीं रही, जो पशुओं में थी और उनमें आज तक भी बची रह गई है। इस प्रकार कुछ विकास होता है, तो कुछ ह्रास भी होता है। मनुष्य में बुद्धि का विकास हुआ है, लेकिन उसकी कल्पनाशक्ति का ह्रास हुआ है। हम गाँव से शहर में आए तो हमारी बहुत-सी इन्द्रियाँ कुंठित हो गईं। गाँव का आदमी घड़ी के बिना तारों को देखकर बता सकता है कि रात के कितने बजे हैं। वर्षा होगी या नहीं, वह जानता है। दूर-दूर तक सूँघ लेता है। शहर में आ जाने वाले आदमी की ये क्षमताएँ नष्ट या कम हो जाती हैं। उसका सौन्दर्यबोध भी बदल जाता है। तो नएपन की सौन्दर्यशास्त्रीय अवधारणा के

बारे में मुझे यह कहना है कि सभ्यता के विकास के साथ-साथ मनुष्य की कुछ क्षमताओं का विकास भी होता है, लेकिन उसका असर हमारी ज्ञानेन्द्रियों और कर्मेंद्रियों पर भी पड़ता है। उसका असर हमारी कल्पनाशक्ति पर भी पड़ता है, हमारे सौन्दर्यबोध पर भी पड़ता है। इसलिए साहित्य और कला के मामले में यह कहना सही नहीं होगा कि पुराने की तुलना में नया हमेशा आगे का होता है, ज़्यादा अच्छा होता है, या ज़्यादा सुन्दर होता है।

रमेश उपाध्याय : इस तरह तो आप 'सुन्दर' को 'प्रगति' से अलग कर रहे हैं। अलग ही नहीं कर रहे हैं, प्रगति को सुन्दरता की विरोधी चीज़ भी बता रहे हैं। मार्क्स ने ग्रीक कला के सन्दर्भ में मनुष्यता के शैशव की बात कही तो थी, पर...

नामवर सिंह : देखिए, आज भी हम देखते हैं कि जो कवि या लेखक अपने शैशव में जाते हैं, वे कोई नई चीज़ लाते हैं। रूस में पुश्किन से पहले साहित्य में कितना कुछ नया हो चुका था, बहुत अच्छा भी लिखा जा चुका था, लेकिन पुश्किन ने उससे अप्रभावित रहते हुए एक नई नजर से दुनिया को देखा जैसे रूस की सुबह को, सूर्योदय को, गिरती हुई और जमी हुई बर्फ को, पेड़-पौधों और मनुष्यों को उसने इस तरह देखा, जैसे पहली बार देख रहा हो। कभी-कभी नया रचने के लिए जरूरी होता है कि परम्परा का वह बोझ, जो हमारे मन या हृदय पर रखा होता है, उसे हटाकर हम फिर अपने इतिहास के शैशव में लौटें। पन्त जी ने जब कहा कि "प्रथम रश्मि का आना रंगिणि कैसे तूने पहचाना? कहाँ-कहाँ हे बाल विहंगिनि पाया तूने यह गाना?" तो क्या भारत में पहली बार उषाकाल देखा गया था? लेकिन पन्तजी ने असंख्य बार देखी हुई चीज़ को जैसे नये ढंग से देखा, जैसे कुतूहल, आश्चर्य और विस्मय के साथ देखा, वैसे उनसे पहले के किसी और कवि ने नहीं देखा। प्रतिभा का जो अक्षय स्रोत है मनुष्य के पास, वह परम्परा से मुक्त होकर कैसे फूटता है, यह हम देख सकते हैं। इस तरह नयापन एक सौन्दर्यशास्त्रीय अवधारणा भी है।

रमेश उपाध्याय : पुराने लोग अक्सर कहते हैं कि 'ओल्ड इज गोल्ड'। नये लोग लाख कहते रहें कि हम कुछ नया और महत्त्वपूर्ण कर रहे हैं, पुराने लोगों को यही लगता रहता है कि ये नए लोग सब अच्छी चीज़ों को नष्ट कर रहे हैं। इन्हें ऐसा नहीं करना चाहिए, यह अनैतिक है। इस तरह नयापन एक नैतिक प्रश्न बन जाता है। तो क्या नएपन को एक नीतिशास्त्रीय अवधारणा भी कहा जा सकता है?

नामवर सिंह : कहा जा सकता है, लेकिन इतिहास में नैतिकता का रूप बदलता रहा है। अच्छे और बुरे की धारणाएँ बदलती रही हैं। यह परिवर्तन पारिवारिक और सामाजिक सम्बन्धों से जुड़ा होता है। आदिम समाज से लेकर सामन्ती और आज के पूँजीवादी समाज तक का जो ढाँचा है, उसमें बड़े परिवर्तन हुए हैं। उदाहरण के

लिए, हमारे यहाँ वर्ण और जाति की व्यवस्था थी और उससे जुड़ी हुई नैतिकता थी। उससे समाज जब तक चला, चलता रहा, लेकिन एक समय आया कि उसका चलना मुश्किल दिखाई पड़ने लगा। तो पहली बार बुद्ध ने कहा कि यह नहीं चलेगा। दूसरा उदाहरण लीजिए। एक जमाने में पुरुष कई स्त्रियाँ रख सकता था। राजाओं की बहुत-सी रानियाँ हुआ करती थीं। यह समाज की स्वीकृति से होता था। बहुविवाह एक स्वीकृत सामाजिक और नैतिक मूल्य था। लेकिन धीरे-धीरे यह मान्य हो गया कि अनेक शादियाँ करना ठीक नहीं है। दशरथ ने तीन शादियाँ की थीं, राम ने एक ही शादी की थी। इस तरह एकपत्नीव्रत नया मूल्य हो गया। लेकिन यह ध्यान रखना चाहिए कि सभी नैतिक मूल्य नहीं बदलते। कुछ प्राचीन मूल्य भी बहुत टिकाऊ होते हैं, जैसे माता-पिता के लिए सम्मान, बड़ों का आदर, छोटों के प्रति स्नेह और त्याग की भावना वगैरह। इन चीज़ों से विचलन अच्छा नहीं माना जाता। आप सामन्ती मूल्यों की लाख आलोचना करें, लेकिन उनमें भी कुछ मूल्य सुरक्षित रखने योग्य मिल जाएँगे। जैसे पुराने लोग लिखा-पढ़ी के बिना ही बड़े-बड़े लेन-देन कर लिया करते थे। आदमी की बात का, उसकी दी हुई जबान का मूल्य होता था। आज लिखा-पढ़ी होती है और यह एक व्यावहारिक मूल्य है। लेकिन आदमी की बात का, दी हुई जबान का आज भी मूल्य है। बात कहकर मुकर जाने को आज भी अच्छा नहीं माना जाता। आप यह नहीं कह सकते कि यह पुरानी नैतिकता है, इसलिए इसे छोड़ देना चाहिए। मैं यह कहूँगा कि नैतिक या सौन्दर्यशास्त्रीय जितने भी मूल्य हैं, उनमें समय के साथ काट-छाँट चलती रहती है। कुछ मूल्य पुराने पड़ जाते हैं, बदल जाते हैं, लेकिन कुछ चलते रहते हैं। मूल्यों की परख काल के मापदंडों पर नहीं होती कि यह पुराना है इसलिए त्याज्य है और नया है इसलिए मूल्यवान है।

रमेश उपाध्याय : अच्छा, साहित्य में हम देखते हैं कि कभी-कभी नएपन को स्वयं एक मूल्य मान लिया जाता है। जैसे यह कि नयी पीढ़ी पुरानी पीढ़ी से बेहतर है या कोई नया विचार पुराने से बेहतर है या कोई नया आन्दोलन चला है, तो चूँकि वह पुराने आन्दोलन से आगे का है, इसलिए ज़्यादा अच्छा भी है।

नामवर सिंह : नयापन अपने-आप में कोई मूल्य नहीं है। कोई लेखक युवा है, उम्र के हिसाब से नया है, केवल इसी आधार पर उसे पुराने लेखकों से बेहतर या आगे का नहीं कहा जा सकता। देखना चाहिए कि उसका दिल और दिमाग पुराना तो नहीं है? वह सोचता-विचारता क्या है? कोई युवा है या प्रौढ़, स्त्री है या पुरुष, दलित है या सवर्ण—इससे, कम से कम साहित्य में, किसी का मूल्यांकन नहीं हो सकता, नहीं होना चाहिए। कबीर ने कहा है—"जाति न पूछो साधु की पूछ लीजिए ज्ञान, मोल करो तलवार का पड़ी रहन दो म्यान।" तो तलवार की धार का मूल्य होता है, म्यान

चाहे सोने की या हीरों से जड़ी हुई क्यों न हो। कोई आदमी कम उम्र का है, इसलिए नया ही लिखेगा, यह जरूरी नहीं। वह पुराना भी लिख सकता है। सवाल यह है कि जो लिख रहा है, वह साहित्यिक दृष्टि से सचमुच कुछ नया कर रहा है या नहीं?

रमेश उपाध्याय : अच्छा, डॉक्टर साहब, जब कोई चीज़ पुरानी हो जाती है, तो उसे छोड़कर कोई और चीज़ अपनाते समय हमारे सामने कई विकल्प होते हैं। क्या उन सभी विकल्पों को नया कहा जा सकता है?

नामवर सिंह : यह प्रश्न भी नएपन की ऐतिहासिक अवधारणा से जुड़ा हुआ है। जैसे पूँजीवाद का विकल्प समाजवाद है। इसलिए समाजवाद पूँजीवाद की तुलना में नया है। लेकिन वह नया न तो अपने-आप आ जाता है और न जबर्दस्ती लाया जा सकता है। मार्क्स ने कहा है कि पूँजीवाद अपने विकास की समस्त सम्भावनाएँ जब तक पूरी नहीं कर लेगा, तब तक समाजवाद के लिए पृष्ठभूमि तैयार नहीं होगी। अगर आप जबर्दस्ती करेंगे तो वही हाल होगा, जो रूस में समाजवाद का हुआ। पूँजीवाद जब अपनी सारी सम्भावनएँ समाप्त कर लेगा, तो उसी में से एक वैकल्पिक व्यवस्था निकलेगी। उससे पहले पूँजीवादी व्यवस्था में ही जो सुधार या हेर-फेर किए जा सकते हैं, उन्हें पूँजीवाद का कोई बेहतर विकल्प नहीं कहा जा सकता। इसलिए मेरी दृष्टि में नये का अर्थ है—बेहतर विकल्प। लेकिन जिस तरह एक चीज़ के कई विकल्प हो सकते हैं, उसी तरह बेहतर के भी कई रूप हो सकते हैं। इसलिए बेहतर के कई रूपों का मूल्यांकन करना अनिवार्य है। जरूरी नहीं कि जो सबसे अच्छा विकल्प हो, वह शुरू से ही बहुत सुघड़ या बहुत आकर्षक हो। वह अनगढ़ भी हो सकता है, खुरदरा भी हो सकता है मगर उसमें नयापन होता है। मुक्तिबोध ने मलयज से कहा—मलयज ने अपनी डायरी में नोट किया है—कि पुरानों की तरह अच्छा लिखने के बजाय अपना खराब भी और कमजोर भी लिखो और अपने रास्ते चलो।

रमेश उपाध्याय : ब्रेख्त ने भी लगभग ऐसा ही कहा है—डोंट स्टार्ट फ्रॉम दि गुड ओल्ड थिंग्स, स्टार्ट फ्रॉम दि बैड न्यू वन्स।

नामवर सिंह : इसलिए जब हम बेहतर विकल्प कहते हैं, तो बेहतर का मतलब यह है कि आरम्भ में वह कच्चा भी हो सकता है। निराला की कविता 'जूही की कली' ऊपर से देखने पर लगभग रीतिकालीन नायक-नायिका वाली कविता है। आपको लगेगा कि निराला जो लिख रहे हैं, वह तो मतिराम और देव पहले ही लिख चुके हैं बल्कि बहुत कम और सुन्दर शब्दों में कह चुके हैं। रत्नाकर की साफ-सुथरी ब्रजभाषा की कविता देखें और उसके समानान्तर छायावादियों की आरम्भिक कविताएँ देखें, मुक्त छन्द की, तो आपको लगेगा कि कच्ची हैं। लेकिन 'जूही की

कली' में जो भाषा है, जो छन्द है, जो संगीत है, जो संवेदना है, जो सौन्दर्य है, पहले के लोगों की कविता में नहीं था। इसलिए बेहतर विकल्प को परिभाषित किया जाए, तो बेहतर विकल्प वह है, जिसमें ताजगी हो, प्रत्यग्रता हो, जीवन्तता हो।

रमेश उपाध्याय : अच्छा, हमारे यहाँ प्रगतिशील और जनवादी साहित्य को विकल्प का साहित्य कहा गया है। उसमें नयी सुबह, नया रास्ता, नयी दुनिया, नए समाज, नए मनुष्य की बात बहुत की जाती रही है। इस नएपन का आज क्या अर्थ है? क्या भविष्य है?

नामवर सिंह : देखिए, जिस जमाने में ये शब्द चलते थे–ये चालीस के दशक की बातें हैं, जब प्रगतिशील रचना आरम्भ हुई थी–तब कोई कवि यह कहता था कि 'नया इनसान बनाएँगे' तो यह बात विश्सनीय लगती थी। और नयी बात तो थी ही, क्योंकि नये इनसान दिखते थे। मजदूरों में, किसानों में, कारीगरों में और कवियों में भी। कम्युनिस्टों का समाज में सम्मान था। हालाँकि लोग उनसे कहा करते थे कि तुम कम्युनिस्ट हो, ईश्वर को नहीं मानते, वगैरह। फिर भी लोग उनका सम्मान करते थे, क्योंकि वे नए इनसान की केवल बात नहीं करते थे, नए इनसान वे खुद थे और नया इनसान उनका आदर्श था। और उस साहित्य में भी ऐसे नए इनसान आए। आज वे ऐसी बात नहीं कर रहे हैं। इसलिए नहीं कर रहे हैं कि उस समय वे जो थे, वह रह नहीं गए हैं। वह आदर्श, वह मूल्य, वह संघर्ष, वह तेजस्विता उनके आचरण में नहीं है, रहन-सहन में नहीं है। लेकिन इसी से वह नया आदर्श और बाकी चीज़ें निरर्थक नहीं हो जातीं। हमारी स्मृति में वह आदर्श सुरक्षित है और वह स्मृति सुरक्षित रखी जानी चाहिए, जिससे कि आज हम कम से कम आत्म-समीक्षा तो कर सकें। मुक्तिबोध का सारा साहित्य, उनकी 'भूल-गलती' और 'चम्बल घाटी में' जैसी कविताएँ आज भी आकर्षक हैं, क्योंकि एक ऐसे दौर में, जहाँ मूल्यों का क्षरण हो रहा है, एक मध्यवर्ग का आदमी पश्चात्ताप करता दिखाई देता है। उसमें कम से कम अपराधबोध तो है। आज तो वह भी नहीं है। इसलिए समाजवादी मूल्य और भी मूल्यवान हो गए हैं। राजनीतिक स्तर पर समाजवाद नष्ट हो गया, लेकिन समाजवाद के मूल्य तो रहेंगे। मानवता की धरोहर हैं ये। साहित्य ने इन्हें जीवित रखा है। मैं समझता हूँ कि नई पीढ़ी अगर इन मूल्यों के प्रति उपेक्षा और उपहास का भाव रखेगी, तो बहुत दरिद्र होगी। इसी सिलसिले में मैं एक और बात कह दूँ कि सभी कुछ नष्ट नहीं हो गया है। अनेक लेखक हैं, जो आज की नयी परिस्थिति में नये ढंग से, नयी दृष्टि से उन मूल्यों को अपनाकर लिख रहे हैं। इधर की कई कहानियों में आत्म- मन्थन दिखाई पड़ता है। जैसे आपकी कहानियों में, स्वयं प्रकाश की कहानियों में, उदय प्रकाश की कहानियों में, और भी कई लेखकों की कहानियों में।

रमेश उपाध्याय : आज के साहित्य में आपको क्या नयापन दिखाई देता है? अथवा, कैसा नयापन आप चाहते हैं?

नामवर सिंह : हमारे मित्र अशोक वाजपेयी कहते हैं कि हिन्दी समाज साहित्य विमुख है। लेकिन मैं सच कहूँ, यह देखकर मैं बड़ा रोमांचित होता हूँ कि आज अनेक नयी प्रतिभाएँ निकलकर आ रही हैं। कविता में, कहानी में, उपन्यास में, आजकल लीक से हटकर नए सच को, नयी संवेदना को, यथार्थ के उन पहलुओं को, जिन पर लोगों का ध्यान नहीं जाता था, अनेक लोग सामने ला रहे हैं। उनमें स्त्रियाँ भी हैं, पुरुष तो पहले से ही थे। सवर्णों के अलावा जो दलित या पिछड़े वर्ग के लेखक हैं, उनकी ओर से भी ऐसी चीज़ें आ रही हैं, जिनमें कुछ ताजगी है, जिनमें कोई नई सच्चाई कहने की कोशिश की जा रही है।

[3 नवम्बर, 1999 को ध्वन्यांकित बातचीत; कथन-25 जनवरी-मार्च-2010 में प्रकाशित]

हिन्दी साहित्य में दलित अस्मिता को दबाया नहीं जा सकता

अजय नावरिया का साक्षात्कार

अजय नावरिया : क्या दलित साहित्य साहित्य को एक अन्यतर धारा के रूप में माना जा सकता है?

नामवर सिंह : हाँ, आज इसे स्वीकार करने के अलावा हमारे पास कोई चारा नहीं है। दलितों द्वारा लिखा गया साहित्य मात्रा और गुण, दोनों ही में काफ़ी आ गया है। अब स्त्रियों के लिखे साहित्य को अलग धारा माना जा सकता है तो दलित साहित्य को क्यों नहीं! इस योग्य तो यह है ही।

अजय नावरिया : यद्यपि दलित साहित्य की स्वानुभूति-सहानुभूति की बहस लगभग तय हो चुकी है तथापि अब भी गाहे-बगाहे इसे उठाया जाता है। आपका इस बारे में क्या मानना है?

नामवर सिंह : वैसे ग़ैर-दलित दलित साहित्य लिखते हैं तो उस पर कोई रोकथाम तो की नहीं जा सकती। बल्कि उसका स्वागत करना चाहिए। परन्तु दलित जो अनुभव करता है, वह ग़ैर-दलित से निश्चितरूपेण भिन्न होगा। इतिहास के इन मूक नायकों की लेखनी का स्वागत किया जाना चाहिए। उनकी इस सक्षमता की विशेष सराहना की जानी चाहिए।

अजय नावरिया : अर्थात् आप मानते हैं, कि यदि दलित स्वयं लिखता है तो वह अधिक प्रामाणिक लिखता है?

नामवर सिंह : सम्भावना तो अधिक प्रामाणिक होने की उन्हीं की है परन्तु वह प्रामाणिक है या नहीं, यह तो रचना पढ़ने के बाद ही तय होगा।

अजय नावरिया : दलित साहित्य में आत्मकथाओं की तुलना में अन्य साहित्यिक विधाओं का सृजन उतने परिमाण में नहीं हुआ है। आप इसकी क्या वजह मानते हैं?

नामवर सिंह : कारण कोई विशेष नहीं है। दलित साहित्य अभी आरम्भिक स्थिति में है। आरम्भिक स्थिति में स्वानुभूति का ही लेखन होता है। हालाँकि यह बहुत कठिन

है। मैं आत्मकथात्मक लेखन कह रहा हूँ, आत्मकथा जिसका एक अंश है। आत्मकथा न लिखते हुए भी अपने जीवन की स्थितियों और अनुभवों को कल्पनाशील ढंग से कहानी का रूप भी दिया जा सकता है और दिया भी जा रहा है। उपन्यास, कहानी, नाटक या कविता का रूप भी दिया जा सकता है। वह सचमुच भोगा हुआ जीवन है परन्तु कल्पनाशील ढंग से सृजित होने के बाद ही वह कला और साहित्य बनता है।

अजय नावरिया : दलित लेखक ग़ैर दलित लेखकों पर आत्मकथा न लिखने का आरोप लगाते हैं। साथ ही, ग़ैर दलित लेखक उनके (दलितों) आत्मकथा लेखन को उनकी सीमा बताते हैं। क्या यह सही है?

नामवर सिंह : शायद किसी मराठी दलित साहित्यकार ने ही कहा है कि दलितों का अधिकांश लेखन आत्मकथा या आत्मकथात्मक है। मुझे लगता है कि उसकी देखादेखी ग़ैर-दलितों ने दोहरा भर दिया है कि दलितों के पास लिखने के लिए आत्मकथा है, और कुछ नहीं। मैं इसे ग़लत मानता हूँ।

अजय नावरिया : आत्मकथाएँ अधिक सच्चाई, ईमानदारी और बेबाक़ी की मुन्तज़र होती हैं। इसलिए कहीं ग़ैर दलित लेखक डरते तो नहीं हैं?

नामवर सिंह : हिन्दी में ग़ैर-दलितों ने आत्मकथाएँ बहुत कम लिखी हैं। किन्तु डर और संकोच ही इसका कारण नहीं है। मैंने भी नहीं लिखी है। बावजूद इसके कि लोग मुझसे कहते हैं। ज़रूरी नहीं है कि व्यक्ति का जीवन इतना समृद्ध और लायक हो ही कि वह आत्मकथा लिख सके।

गांधी जी ने आत्मकथा लिखी। बाबू गुलाबराय ने 'मेरी असफलताएँ' नाम से आत्मकथा लिखी। स्वाधीनता संग्राम के दौरान अनेक आत्मकथाएँ लिखी गईं। दलित भी आत्मकथा लिख रहे हैं। सभी आत्मकथाएँ न एक तरह की हैं और न हो सकती हैं। यह दलित लेखकों की समस्या है कि ये कैसी हों ताकि यह साहित्य और साहित्यिक समाज के लिए मूल्यवान हों। यह भी अन्य साहित्यिक वृत्तियों की ही तरह है। परन्तु दलित साहित्य को केवल आत्मकथात्मक नहीं रहना चाहिए।

अजय नावरिया : परन्तु दलित आत्मकथा लेखन को अपनी पीड़ा और सवर्ण शोषण को अभिव्यक्त करने का सशक्त और प्रामाणिक दस्तावेज मानते हैं। क्या यह उचित है?

नामवर सिंह : दस्तावेज की दृष्टि से उचित है। पूर्णतः।

अजय नावरिया : दलित लेखकों का ग़ैर दलित लेखकों पर यह आरोप है कि वे अपनी कृतियों में दलित पात्रों और स्थितियों को फूहड़, हास्यास्पद और क्रान्तिहीन दिखाते हैं। क्या यह आरोप उचित माना जा सकता है?

नामवर सिंह : किसी की नीयत पर शक करना उचित नहीं है। यह पूर्वाग्रह माना जा सकता है। जिस दौर में ग़ैर-दलित लेखक लिख रहे थे—उस दौर में ऐसा जुझारूपन, प्रतिरोध और संघर्ष न देखकर ही उन्होंने शायद करुणा या सहानुभूति का साहित्य

लिखा होगा। यह उनकी सीमा है कि जितना वे देख सकते थे, उतना ही उन्होंने लिखा। यह सम्भावना हो सकती है। कोई कहानी, कविता ली जाए, तब स्पष्ट हो कि लेखक की दृष्टि में कोई वाकई चूक है। कला के अपने नियम हैं। कई बार करुणा अधिक प्रभाव डालती है।

अजय नावरिया : अमृतलाल नागर कृत 'नाच्यौ बहुत गोपाल' को ग़ैर-दलित लेखक दलित विषय पर लिखित उपन्यास के रूप में प्रचारित करते हैं?

नामवर सिंह : यह दलितों पर लिखा गया झूठा और गढ़ा हुआ उपन्यास है। यह अच्छी कृति नहीं है। मैंने उसे कभी गम्भीरता से नहीं लिया। वह 'कन्विंसिंग' नहीं है।

अजय नावरिया : दलित साहित्य अस्मिता के प्रश्न पर आकर जूझने लगा है। क्या वाकई दलित अस्मिता सवर्ण अस्मिता के समान्तर और पृथक मानी जा सकती है।

नामवर सिंह : अस्मिता की राजनीति पर लम्बी बहस हो सकती है। समाज में जो हाशिए के लोग हैं, उनमें अस्मिता का जगना बहुत उचित और स्वाभाविक है। इसको राष्ट्र, देश तथा मानवता के नाम पर दबाया नहीं जा सकता है। अपनी पहचान होनी चाहिए और अपनी पहचान के लिए लड़ना कोई ग़लत काम नहीं है।

अजय नावरिया : क्या डॉ. धर्मवीर की कबीर-सम्बन्धी आलोचना को दलित आलोचना का नया मोर्चा कहा जा सकता है?

नामवर सिंह : निश्चित रूप से बहुत महत्त्वपूर्ण काम डॉ. धर्मवीर ने किया है। डॉ. धर्मवीर ने अपने पूर्ववर्ती लेखकों की सीमाएँ दिखाई हैं। जिन पर लोगों का ध्यान नहीं गया था। मेरा भी नहीं गया था।

अजय नावरिया : आपको बुरा नहीं लगा कि उन्होंने आपके गुरु श्री हजारी प्रसाद द्विवेदी की सीमाएँ बताईं?

नामवर सिंह : बिल्कुल नहीं। विचार के क्षेत्र में, चिन्तन के क्षेत्र में किसी की सीमा दिखाना अपराध नहीं है। इसी से साहित्य विकास पाता है।

अजय नावरिया : किन्तु इधर बहुत-से ग़ैर दलित लेखक उनसे खफ़ा हैं?

नामवर सिंह : उन्हीं से नहीं, मुझसे भी खफ़ा हैं कि मैंने डॉ धर्मवीर की प्रशंसा क्यों की है। मेरे मित्र और मेरे शिष्य रहे डॉ. पुरुषोत्तम अग्रवाल भी मुझसे बहुत क्रुद्ध हैं कि मैंने कहीं कह दिया था कि ब्राह्मणों को खुश करने के लिए मैं डॉ. धर्मवीर की आलोचना नहीं करूँगा। इससे वे बहुत क्षुब्ध थे।

अजय नावरिया : प्रो. मैनेजर पांडे ने डॉ. धर्मवीर की आलोचना को व्यापक रूप देते हुए 'विमर्श' कहा तो डॉ. धर्मवीर ने अपनी पुस्तक 'सूत न कपास' में उनका ज़ोरदार खंडन किया। शायद डॉ. धर्मवीर इससे क्षुब्ध हुए। आलोचना और विमर्श क्या है?

नामवर सिंह : यह शब्दों का खेल है। डॉ. पांडे बहुत समझदार आदमी हैं। 'विमर्श' हिन्दी में मिशेल फूको के 'डिस्कॉर्स' का अनुवाद है। जो लोग 'विमर्श' शब्द का

इस्तेमाल करते हैं, वे 'डिस्कॉर्स' शब्द का अर्थ ही नहीं जानते हैं कि क्यों इसे 'डिस्कॉर्स' कहा जाता है? विमर्श कहकर उसे छोटा करने की कोशिश की गई है। साहित्य में आलोचना क्या है, क्या नहीं–इसका निर्णय कौन करेगा? अगर वह विमर्श है तो क्या उसका महत्त्व घट जाएगा? आजकल तो सभी 'विमर्श' कर रहे हैं।

अजय नावरिया : क्या विमर्श को आलोचना की तरह पाठ्यक्रमों में शामिल किया जा सकता है?

नामवर सिंह : सुधीश पचौरी जो लिख रहे हैं, विमर्श ही कर रहे हैं। विमर्श को शामिल न करने वाले घाटे में रहेंगे। पढ़ने वाले तो पढ़ेंगे।

अजय नावरिया : तब डॉ. धर्मवीर के इस रचनाकर्म को आप क्या कहेंगे?

नामवर सिंह : आलोचना...साहित्यिक आलोचना कहेंगे।

अजय नावरिया : आपने अभी तक किसी दलित रचना पर लिखित रूप से आलोचनात्मक रवैया नहीं अपनाया है। क्या अभी आप इसे इस योग्य नहीं समझते हैं?

नामवर सिंह : मैं तो अब लिखता ही बहुत कम हूँ। लिखने को बहुत चीज़ें हैं, पर वक़्त नहीं मिलता। परन्तु जो कहा है और यदि वह छप गया है तो मैंने उसे कभी वापस नहीं लिया। यह सही नहीं है कि मैं दलित साहित्य को अयोग्य मानता हूँ।

अजय नावरिया : क्या दलित साहित्य को पाठ्यक्रमों में शामिल किया जा सकता है?

नामवर सिंह : इग्नू में अपनी शिष्या डॉ. विमल थोराट के साथ हमने इस दिशा में भी काम किया है। मैंने तो उनसे एम.ए. लेवल के अलग कोर्स का ही आग्रह किया है। मैं वहाँ कमेटी में था।

अजय नावरिया : वामपंथ और दलित साहित्य के परस्पराश्रित सम्बन्धों पर आप क्या कहना चाहेंगे?

नामवर सिंह : वामपंथियों के मन में मार्क्स द्वारा बताई 'वर्ग' की धारणा थी–जबकि भारत का सच 'वर्ण' है। लोहिया पहले ग़ैरदलित थे जिन्होंने वर्ण को प्रमुखता दी। एम.एन. श्रीनिवास, रजनी कोठारी और फ्रांसीसी समाजशास्त्री लुई दूमो ने कहा है कि भारतीय समाज में वर्ण और जाति एक नहीं हैं। यह भारतीय समाज की विशेषता है। इसे स्वीकार किया जाना चाहिए। भारतीय वामपंथ और मार्क्सवाद की यह चूक है। इसका नतीजा वामपंथ को भोगना पड़ा और भोगना पड़ रहा है।

अजय नावरिया : डॉ. अम्बेडकर अपने समकालीन मार्क्सवादियों को 'बंच ऑफ ब्राह्मिन ब्वायज' कहते थे। क्या यह वाकई पुराने मार्क्सवादियों की ब्राह्मणवादी मानसिकता कही जा सकती है?

नामवर सिंह : अधिकांशतः यह सही है। आरम्भ के कम्यूनिस्ट अधिकांश ब्राह्मण थे। ब्राह्मणों के अलावा पिछड़े और दलित भी थे। परन्तु इतिहास में ब्राह्मणों के

विरुद्ध ब्राह्मण भी लड़े हैं। दयानन्द, राजा राममोहन राय, रामकृष्ण परमहंस–सभी ब्राह्मण थे।

अजय नावरिया : यह ब्राह्मण सुधार का मामला था या ब्राह्मणवादी वर्चस्व को चुनौती देने वाला मामला था?

नामवर सिंह : वर्चस्व की होड़ उच्च वर्ग में भी होती है और उच्च वर्ण में भी होती है। यह इतना सरल मामला नहीं है। सत्ता के लिए कुछ वर्गों तथा वर्णों के बीच संघर्ष चलता रहता है।

अजय नावरिया : डॉ. अम्बेडकर के प्रति कम्यूनिस्टों का रवैया अभी बदला नहीं है, जबकि गांधी जी के प्रति वे सद्भावपूर्ण हो गए है। क्यों?

नामवर सिंह : किसी समय पार्टी की सामान्य नीति गांधी जी के प्रति भी आलोचनात्मक थी, परन्तु तब भी लोग गांधी जी का सम्मान करते थे। इस स्थिति में डॉ. अम्बेडकर के प्रति विरोधी भाव रखने पर कोई आश्चर्य की बात नहीं है। परन्तु अब नज़रिया बदल रहा है और मार्क्सवादी भी डॉ. अम्बेडकर के महत्त्व को समझने लगे हैं।

अजय नावरिया : आप 'राष्ट्रीय सहारा' जैसे बड़े अख़बार-समूह के महत्त्वपूर्ण पद पर प्रतिष्ठित हैं। बावजूद इसके, वहाँ दलित साहित्य और लेखकों को स्थान नहीं मिलता जबकि पहले दिया जाता था। ऐसा क्यों?

नामवर सिंह : पहले क्या हुआ, इसकी मुझे बहुत जानकारी नहीं है। लेकिन हमारे यहाँ तो बहुत लोगों के लेख छपते रहते हैं। मैंने स्वयं डॉ. तुलसीराम से आग्रह किया है। उनके बहुत लेख छपे हैं। विमर्श का पन्ना निकालते हैं। दलित साहित्य की समीक्षा छपती है। अनेक अंश दिए जाते हैं।

अजय नावरिया : दलित साहित्य का भविष्य कैसा होगा?

नामवर सिंह : भविष्य बहुत उज्ज्वल है। इसमें बहुत सम्भावनाएँ हैं और अधिक उज्ज्वल हो, यही मेरी कामना है।

[हंस, अगस्त, 2004]

खंड-2

स्त्री मुक्ति का आन्दोलन लोकतांत्रिक और मानवतावादी समाज की रक्षा का मुद्दा बन गया है

अनामिका की बातचीत

अनामिका : हममें से हर एक की एक सामाजिक इयत्ता होती है और एक समाज-भीरू अस्मिता भी जो, कभी-कभी भीड़-भड़क्के से घबरा जाती हैं, रह रहकर पढ़ने और सोचने का एकान्त चाहती हैं, चाहती हैं अन्तरंग मित्रों के साथ एक ओर बैठकर 'जोड़-सोई कछु गावे' की स्थिति में पहुँचना! आप अपने लिए ये स्थितियाँ बनारस जोधपुर के बाहर भी जुटा पाए क्या? आपकी पर्सनल-पॉलिटिकल की आवाजाही कैसी निभी? आपके भीतरी तत्व के निर्माण में गुरु के अलावा गुरुपत्नी, छात्रों के साथ छात्राओं, पुरुष सहकर्मियों के अलावा महिला सहकर्मियों, माँ-बेटी-पत्नी का योगदान कितना है?

नामवर सिंह : मैं आज पहली बार स्त्री के बारे में बात कर रहा हूँ–'वागर्थ' के लिए अपने प्रिय मित्र, विनोद दास के विशेष आग्रह पर और वह भी तुमसे जो मेरी बेटी की तरह हो और साथ ही एक अत्यन्त संवेदनशील कवयित्री। 'सहारा' में स्त्री-विमर्श वाले पन्ने पर तुम्हारा लिखा हुआ प्रायः पढ़ता रहा! और इस विषय पर तुम्हारे विचारों से अच्छी तरह परिचित हूँ!

मैं यह बातचीत संक्षिप्त आत्मकथ्य के साथ शुरू करना चाहता हूँ! मैं जिस परिवार में पैदा हुआ, उसमें हम सभी भाइयों के बीच कोई बहिन नहीं थी–चचेरी बहिन भी नहीं! यह एक ऐसी कमी थी जिसका अनुभव मैं आज तक करता हूँ! बनारस में जिस स्कूल में छह साल तक मेरी पढ़ाई हुई, वह भी निरे छात्रों का ही समुदाय था। छात्रावास भी छात्रों का ही। इसलिए किशोरावस्था में भी छात्राओं के साथ पढ़ने का अनुभव नहीं हुआ! बी.ए. में भी कोई छात्रा मेरी कक्षा में नहीं थी! एम.ए. में केवल एक छात्रा थी–शान्ता सिंह, जो आगे चलकर गोरखपुर विश्वविद्यालय

में अध्यापिका हुई। विश्वविद्यालय में एक महिला महाविद्यालय अवश्य था–अब भी है–पर उसकी चारदीवारी लाँघने की कभी नौबत नहीं आई। हाँ, अध्यापन कार्य जब शुरू किया तो एम.ए. की कक्षा में कुछ छात्राएँ अवश्य पढ़ाने को मिलीं। वे ज़्यादातर केरल और कर्नाटक की थीं–ये ही कोई चार या पाँच। दो-तीन हिन्दी प्रदेश से भी आई थीं। वे सब की सब चुप-चुप रहती थीं। काशी का जो छोटा-सा साहित्यिक समाज था–उसमें कोई कवयित्री या कहानी लेखिका नहीं थी। इसी तरह अपनी पत्नी, माँ और भाभियों को छोड़कर यानी परिवार के बाहर स्त्री को निकट से जानने का अवसर जीवन के प्रथम चरण में कभी नहीं मिला।

स्त्री-संसार के बारे में मैं कोरा ही रह जाता यदि 1950 में सौभाग्य से गुरुदेव हजारी प्रसाद द्विवेदी काशी में अवतरित न होते और मुझे उनका दुर्लभ सान्निध्य न मिलता। वे संध्याएँ मेरे जीवन की अमूल्य निधि हैं जब उनके साथ शाम को डेढ़-दो घंटे विश्वविद्यालय की लम्बी सड़कों पर घूमा करता था। वे अक्सर छूटे हुए शान्तिनिकेतन की बीती बातें मुखर रूप से याद करते रहते थे और मैं उनसे 'बाणभट्ट की आत्मकथा' के अन्तरंग प्रसंगों की जिज्ञासा करता जाता था–खासकर 'निउनिया' आदि चरित्रों के बारे में। निउनिया उन्हें अपने गाँव में एक भड़भूँजे के घर मिली थी।

'बाणभट्ट' में एक जगह उन्होंने जान-बूझकर रवीन्द्रनाथ की एक कविता का उल्लेख किया है। कविता का शीर्षक है–'पतिता' और यह रवीन्द्रनाथ की कविताओं के प्रथम संचयन 'चयनिका' में शामिल है लेकिन 'संचयिता' में नहीं है। गंगा-तट पर एक दिन सुबह-सुबह नगरवधू स्नान करने गई और उसे वहाँ पर एक युवा ब्रह्मचारी 'बटु' मिला। उस बटु को नदी से निकलती हुई वह स्त्री साक्षात् उषा के समान प्रतीत हुई। उसके लिए किसी रमणी का वह प्रथम दर्शन था और 'ऋग्वेद' का उषा-सूक्त उनके मुँह से फूट पड़ा। यह बात नगरवधू के मन को गहराई से छू गई। कविता में उसके भाव इन शब्दों में व्यक्त हैं :

'हृदये आमार नारीर मोहिमा
बाजाय उठिलो विजॉय मेरी।
धोन्य रे आमि धोन्य बिधाता
सृजेहि आमके रोमणी कोरी।
तार देहसह उठे मोह जय,
उठे जाए ताँर नयन भोरी,
जबनीर स्नेह रमणीर दोया,
कुमरीर तव नीर प्रीति।
आमार हृदय बीनार तंत्रे
बाजाए तुमिलो मिलित गीति।'

इस कविता में सबसे मार्मिक प्रसंग वह है, जब वह स्त्री कहती है कि अपनी प्रशंसा में मैंने बड़े-बड़े लोगों से चाटुवचन इतनी बार सुने किन्तु इस प्रकार की सत्यवाणी कभी नहीं सुनी—'तोखन सुनेछी बहुचाटुकोथा/सुनि नोई हमोन सत्यबानी!' उस शाम पंडितजी विभोर हो गए। जिस तरह 'पतिता' कविता की पंक्तियाँ सुना रहे थे— मुझे ऐसा लगा कि आत्मानुभव सुना रहे हों। वे भी तो शान्तिनिकेतन के संसार में एक ऐसे बटु की तरह ही गए थे, जहाँ उन्हें किसी भट्टिनी का परिचय प्राप्त हुआ था। घर लौटकर मैने 'बाणभट्ट की आत्मकथा' दुबारा पढ़ी और पढ़ते समय मेरी दृष्टि सत्रहवें उच्छवास के इन शब्दों पर अटक गई—'बड़े करुणाजनक संयोग के बीच से मैंने अनुभव किया है कि स्त्री के दुःख इतने गम्भीर होते हैं कि उसके शब्द उसका दशमांश भी नहीं बता सकते। सहानुभूति के द्वारा ही उसकी मर्मवेदना का किंचित आभास पाया जा सकता है।'

द्विवेदी जी के सभी उपन्यासों के मूल में स्त्री, स्त्री की वेदना, उसका स्वाभिमान और उसकी गरिमा ही है। यहाँ तक कि स्त्री का उद्धार भी स्वयं स्त्री करती है—पुरुष उसका निमित्त मात्र होता है। बाणभट्ट की भट्टिनी का उद्धार निउनिया करती है, बाण निमित्त बनता है। स्त्री के विषय में पंडितजी का यह निश्चित मत था और मुझे स्त्रियों के बारे में मूलमंत्र यहीं मिला। वैसे, 'बाणभट्ट' में स्त्री-विषयक तंत्र की दृष्टि का भी उल्लेख है कि प्रत्येक पुरुष के अन्दर स्त्री-तत्व भी निहित होता है। अघोर भैरव बाण को डाँटते हुए ये ही समझाते हैं। आज स्त्री-विमर्श में भाग लेते हुए यही मेरी दृष्टि का मुख्य आधार है। वैसे, इस विषय पर लिखे और प्रकाशित हुए कुछ देशी और विदेशी ग्रंथ भी मैंने देखे हैं और अपने ढंग से अपने विचार (और जाँच-परखकर) परिमार्जित करने का प्रयास भी करता रहा हूँ।

अनामिका : देखिए, समधीन तो आप हैं ही। किताब के पन्नों पर बहुत-सी स्त्रियाँ मिली होंगी। बाणभट्ट की नायिकाएँ ही क्यों—बहुत सारी स्त्रियाँ ऐसी मिली होंगी जिनका जीवन किसी कारण पटरी से उतर गया—अन्ना केरिनिना, चेख़व की डार्लिंग, फ्लाबेर की मादाम बोवारी, ज़ोला की नाना...इसके अलावा उमरावजान अदा, चित्रलेखा। अस्सी के घाट पर टहलते हुए जेन ऑस्टेन, जॉर्ज एलिएट, वर्जीनिया वुल्फ, एलिजबिद बिशप आदि भी दूर तक आपके साथ चली होंगी। हम उनकी चर्चा आगे कर लेंगे। फिलहाल उन स्त्रियों पर टिकते हैं जिन्हें आपने सचमुच देखा-जाना होगा। उनके प्रति आपका दृष्टिकोण?

नामवर सिंह : इसका संकेत तो मैंने तुम्हें दिया ही कि उस समय काशी हिन्दू विश्वविद्यालय में एक भी अध्यापिका नहीं थी—किसी विषय की। साहित्यिक समाज में भी कोई औरत नहीं थी। काशी में ऐसा कोई 'अड्डा' नहीं था जिसे दीपेश चक्रवर्ती अपनी किताब 'प्रोविन्शियलाइजिंग यूरोप' में 'सिविल सोसायटी' कहते हैं। ऐसा कोई

कॉफी हाउस कल्चर हिन्दी समाज में विकसित ही नहीं हुआ था जहाँ लड़कियाँ भी बौद्धिक विमर्शों में भाग लेने आएँ। नागरी प्रचारिणी सभा, प्रगतिशील लेखक संघ, युवा साहित्यकार परिषद, इलाहाबाद के 'परिमल' तक में 1960 तक कोई महिला नहीं। हाँ, लखनऊ के प्रगतिशील समाज से 1940 में जो संग्रह 'अंगारे' प्रकाशित हुआ था—उसमें रशीद जहाँ और इस्मत चुगताई की ताज़ादम रचनाएँ ज़रूर थीं। उसके पहले 1937 में मजाज की 'नौजवान खातून से' प्रकाशित हुई थी—

'तेरे माथे पे ये आँचल बहुत ही खूब है लेकिन
जो इस आँचल से इक परचम बना लेती तो अच्छा था।'

अनामिका : 'लेती' कि 'लेते?'

नामवर सिंह : 'लेते' नहीं 'लेती'।

अनामिका : यह तो बड़ी बात हुई कि औरत खुद अपने आँचल का परचम बनाए।...तो बुर्काबन्द मुस्लिम समाज की साहित्यिक बिरादरी में यह खुलापन पहले आया। इसका कार्य-कारण सम्बन्ध है?'

नामवर सिंह : प्रगतिवादी दृष्टि को परम्परा से जोड़ने का काम द्विवेदी जी ने किया। स्त्री के बारे में मेरी संवेदना मुख्यतः तो उन्हीं की विकसित की हुई है। अपने रंग में वे अपने जीवन की निजी बातें बताते थे—कैसे 'शान्तिनिकेतन' का पूरा परिवेश और साहित्य उनमें स्त्री के अन्तस् की सही पहचान विकसित कर गया।

अनामिका : इस तरह तो रवीन्द्रनाथ आपके दादा-गुरु हुए?

नामवर सिंह : हुए तो! हाँ तो मैं कह रहा था कि वे कहते थे कि बिना 'शान्तिनिकेतन' के निउनिया और भट्टिनी की रचना तो सम्भव नहीं ही थी, महामाया की रचना भी असम्भव थी जो कहती है—'नारीहीन तपस्या संसार की भद्दी भूल है।' नारी विघ्नरूपा है—सिद्ध साहित्य की यह बात उन्होंने अपने ढंग से खंडित की। इसके पहले स्त्रियों के बारे में इतनी अन्तरंग बातें किसी से नहीं हुई थीं। उनकी ये बातें, उनके रूपांतरण की यह कहानी चुपचाप एक युवा-मन की गाँठें खोल रही थीं। इसी प्रसंग में एक और घटना याद आती है। उनके परिचितों में किसी को अपनी पुत्री के कारण चिन्ता हुई थी और पंडितजी उदास थे। तभी उनकी बड़ी बेटी, इन्दुमती जिसे प्यार से वे पुतुल कहते थे, चाय लेकर आई। चाय पीते हुए पंडितजी ने 'कुमारसम्भव' का एक श्लोक सुनाया—

'विकीर्णसप्तर्षिबलिप्रहासिभिस्तथा न गाङ्गै सलिलैदिवश्च्युतैः
यथा त्वदीयैश्चरितैरनाविलैर्महीधरः पावितः एष सान्वयः ॥ (37)

'कुमारसम्भव' का पाँचवाँ सर्ग मेरे इंटर के पाठ्यक्रम में था। इसे मैं पढ़ चुका था, पर उस समय इसके मर्म का बोध मुझे नहीं हुआ। यह कथन स्वयं बटु वेशधारी शंकर का है। प्रेम की अन्तिम परीक्षा के बाद तपस्यालीन पार्वती से स्वयं मिलने वे आए

हैं और उन्हें तपोलीन देखकर कहते हैं–'हिमालय उस गंगाजल से उतना पवित्र नहीं हुआ जो स्वर्ग से सप्तर्षियों के मंगलखील लेकर गिरी है, जितना तुम्हारे निष्कलुष चरित्र के कारण हिमालय सपरिवार तर गया।' इस श्लोक में प्रशंसा पार्वती की नहीं, बेटी की है। तब तक मेरे कोई बेटी नहीं थी। इस बात के मर्म का एहसास वर्षों बाद तब हुआ जब मेरी बेटी समीक्षा, जन्मी और उससे भी ज़्यादा तब जब वह उच्च शिक्षा के लिए दिल्ली आकर मेरे साथ रहने लगी। इस अनुभव ने भी स्त्री के विषय में मेरी दृष्टि बदलने में निर्णायक भूमिका अदा की।

अनामिका : यह जो आपकी स्त्री सम्बन्धी दृष्टि बदली–उसका प्रभाव आपकी आलोचना-दृष्टि पर भी पड़ा होगा?

नामवर सिंह : कैसे नहीं पड़ता? 1956 में छपी मेरी पुस्तक 'छायावाद' का एक पूरा अध्याय है–'देवी माँ सहचरी प्राण'। उस समय तक किसी ने छायावादी काव्य में स्त्री की केन्द्रीयता पर विचार नहीं किया था।

'हिन्दी के विकास में अपभ्रंश का योग' के दूसरे संस्करण (1954) में मैंने स्वयंभू की रामायण पर लिखते हुए सीता की अग्नि परीक्षा की विशेष चर्चा की और दिखाया कि सीता-राम-संवाद में स्वयंभू पुरुष के तिरस्कार के जवाब में सुलगे स्त्री के स्वाभिमान की कहानी कैसे अद्भुत ढंग से कहते हैं। राम कहते हैं :

महिलउहोंति असुद्ध णिरंवज्जउ
दस-दाक्यि कडक्ख-बिक्खेपउ
कुडिल-मइउ वडिढअ-अवलेवउ
वाहिर घिट्ठउ गुण परिहोणउ

(महिलाएँ अशुद्ध होती हैं, निर्लज्ज होती हैं, मलिन मति होती हैं, बहिर्धृष्टा होने पर टुकड़े-टुकड़े हो जाती हैं और हर तरह से हीन भी। त्रिभुवन में अपने कुल को मलिन करके अपयश फैलाती हैं। ऐसी नारी का मुख उसका भतार भला कैसे देखे।)

पुरुष गुणवान होकर भी हीन होते हैं। मरती हुई स्त्री का भी विश्वास नहीं करते। वे उस रत्नाकर की तरह होते हैं जो क्षार देकर भी नदियों से नहीं विरमता। नर-नारी में अन्तर यह है कि मरने पर भी वल्ली तरु को नहीं छोड़ती :

पुरिस णिहीन होति गुणवत वि
तियहे ण पन्निज्जंति गरंत वि
खडु लक्कडुसलिल यहंतिहे पउरे धित्यहे गुलग्गयरे
रमणायरू खार इ देंतउ तो वि ण थक्कइण णइहे।

1954-55 तक तो न हिन्दी में, न पश्चिम में स्त्री-आन्दोलन पनपा था, फिर भी हिन्दी में जो नए लेखक दादियों और माताओं के बारे में कहानियाँ लिख रहे थे–

मैं उन्हें ध्यान से पढ़ रहा था। भीष्म साहनी की कहानी 'चीफ की दावत' की माँ ने अपने ढंग से मेरा ध्यान खींचा था। उसी कालखंड में वर्जीनिया वुल्फ की पुस्तकें 'अ रूम ऑफ वन्स ओन' और 'द कॉमन रीडर' भी पढ़ीं। अजीब बात है कि तब तक उनकी कथाकृति नहीं पढ़ पाया था, पर आलोचक के रूप में ही मेरे भीतर वुल्फ ने घर बना लिया। तबसे अब तक वे मेरी प्रिय आलोचक हैं। वुल्फ की मिसेज ब्राउन की वह अमर पंक्ति आज तक मुझे हॉण्ट करती हैं–'मैं जिन्दगी हूँपकड़ सको तो मुझे पकड़ो।' स्त्री-विमर्श में मुझे प्रवेश दिलाने का श्रेय एक तरह से वुल्फ को ही है। बोउआ और दूसरी विदुषी महिलाएँ बाद में आती हैं। उसी समय कैथरीन मैन्सफील्ड को भी पढ़ा। ऑक्सफोर्ड क्लासिकल सीरिज में उनकी चुनी हुई कहानियाँ आई थीं। भीष्म साहनी ने इलाहाबाद से वह किताब लाकर मुझे दी थी। उसकी ब्लिस' और 'फ्लाई' कहानियाँ मेरे भीतर गहरे उतरीं।

इधर 'नई कहानी' का आन्दोलन भी जोर पकड़ रहा था। निर्मल वर्मा के 'परिन्दे' भी स्त्री-केन्द्रित था। त्रिकोणात्मक कहानियाँ–उषा प्रियंवदा, मन्नू भंडारी और कृष्णा सोबती की कहानियाँ एक नया प्रति-संसार रच रही थीं। 1965 में जब दिल्ली आया–कृष्णाजी और मन्नूजी को करीब से देखने का अवसर भी मिला। इनके घर की विचार-गोष्ठियों में आना-जाना हुआ। और इस क्रम में सबसे महत्त्वपूर्ण घटना हुई 1974 में जे. एन. यू. वाली नियुक्ति। कृष्णा भारद्वाज और रोमिला थापर जैसी प्रबुद्ध महिलाएँ यहाँ मेरी सहकर्मिणी थीं। ज़्यादातर परिवारों में स्त्री-पुरुष–दोनों प्राध्यापक थे। स्त्री-पुरुष के बीच कोई दीवार नहीं थी और सबसे अच्छी बात यह कि बावजूद इस खुलेपन के कहीं कोई दुर्घटना नहीं घटती थी। एक खास तरह की नैतिकता इस खुलेपन ने विकसित की थी और गाते-बजाते-बतियाते युवक-युवतियों का एक तरंगायित सामुदायिक जीवन जो प्रतिबन्धों में भी शोषण के बीज देखता था। पढ़ाई-लिखाई के अलावा अनेक ज़रूरी समस्याओं पर व्याख्यान और बहसें होती थीं। स्त्री-पुरुष सम्बन्धों पर पुनर्विचार करते अनुराधा कपूर आदि के नाटक मंचित होते थे। 'मित्रो मरजानी' का मंचन भी तभी हुआ था, और नासिरा जी की आरम्भिक कहानियों का दौर भी वही था। वे मेरे पड़ोस में ही थीं। किन्तु सबसे प्रेरक होती थीं बारह-एक बजे तक हॉस्टल-मेसों में चलने वाली छात्र-छात्राओं की बौद्धिक/राजनीतिक बहसें, जिनमें मैं भी अक्सर शामिल रहता था।

अनामिका : क्या इसी समय यह नजरिया भी विकसित हुआ कि साहित्यालोचन में भी पुरुष वर्चस्ववादी दृष्टि लागू करते जाने से काम नहीं चलेगा?

नामवर सिंह : हाँ, प्राचीन वाङ्मय पर स्त्रीवादी दृष्टि से पुनर्विचार की, इस दृष्टि से उनके पुनर्पाठ की आवश्यकता तभी महसूस हुई। इस दृष्टि से महाभारत और कालिदास की शकुन्तला, द्रौपदी, और सीता के चरित्र-चित्रण पर पुनर्विचार तो खासा

ज़रूरी लगा। लगा कि स्त्री साहित्य का विषय तो रही है पर इस विषय के प्रति पुरुष साहित्यकारों की दृष्टि कहीं न कहीं परम्परा प्राप्त रूढ़ियों से ग्रस्त दिखाई देती है। इसका आभास तुलसी, कबीर—सब में है, पर तुलसी में ज़रा कम। सीता की अग्निपरीक्षा वाले प्रसंग पर तो वे इतने लजाए दीखते हैं कि उसे उन्होंने निकाल ही दिया है, रावण के यहाँ से लौटने पर राम सीता से जो व्यवहार करते हैं—वह भी उन्हें तकलीफदेह तो लगा ही है, इससे उनके राम के मर्यादा पुरुषोत्तम होने पर भी गाज गिरती नजर आती है। इस कारण वे कई प्रसंग इशारे करके ही छोड़ देते हैं, जैसे वह प्रसंग जहाँ सीता को राम कुछ मीठा-खट्टा सुनाते हैं :

तोहि कारन करुनानिध कहहुँ कछु दुर्बाद
सुनत जातुधानी सब लागि करैं विषाद।

रावण के यहाँ से आकर सीता का माता-रूप प्रधान हो जाता है—रानी का रूप रहता ही नहीं—और यही उन्हें सहज प्रसन्नता देता है :

देखन भालुकीस सब आए। रच्छक कोऽपि निवारन धाए।।
कहँ रघुवीर कहा मममानहु। सीतहि सखा पयादे आनवहुँ।।
देखहुँ कपि जननी की नाई। विहँस कहा रघुनाथ गुसाईं।।

इस एक उदाहरण से स्पष्ट है कि अपनी परम्परा में रचित स्त्री-दृष्टि पर विचार करते हुए सावधानी की ज़रूरत है। 'ढोल गँवार' वाली उक्ति पात्र की है, तुलसी की नहीं। कुछ स्त्री विरोधी भी कहीं कुछ तैर जाता है, पर हड़बड़ी में फतवे देना ठीक नहीं।

तुलसी के अतिरिक्त कालिदास, प्रेमचंद, यशपाल और जैनेन्द्र तक को स्त्री विरोधी सिद्ध करने की कोशिश की गई है। यह मुझे चिन्त्य प्रतीत होता है। इकहरी रचनाएँ तो इनमें से किसी ने नहीं लिखीं। स्त्री को लेकर दो तरह के अन्तर्विरोधी दृष्टिकोण लगातार हैं। तुलसी के समर्थन में मैंने उतने तर्क जुटाए, पर अपनी एक चौपाई में वे ही कहते हैं :

महाबृष्टि चलि फूटि कियारी
जिमि स्वतंत्र होई बिगरहि नारी

हमारी धर्मशास्त्री परम्परा में भी स्त्री को कहीं स्वतंत्र नहीं माना गया है।

समेटकर कहें तो स्त्री के सम्बन्ध में हमारे यहाँ दो धाराएँ समानान्तर चली हैं : एक तो स्मृति-ग्रंथों में धर्मशास्त्र के नियम और कानून जो आधुनिक दृष्टि से अधिकांशतः स्त्री-विरोधी प्रतीत होती हैं, दूसरी धारा काव्य की है जो रामायण, महाभारत, कालिदास, भवभूति से होती हुई संस्कृत-प्राकृत-पालि-अपभ्रंश और फिर हिन्दी की विभिन्न बोलियों तक होती हुई यहाँ तक वह आई है। काव्य के अन्तर्गत नाटक, प्राचीन कथाएँ, आधुनिक उपन्यास और कहानियाँ भी आ जाती हैं।

धर्मशास्त्र-परम्परा में स्त्री को स्वतंत्र नहीं माना गया है। व्याकरण तक में सिर्फ कर्ता स्वतंत्र कहा गया है और कर्त्ता गृहस्वामी होता है। स्वतंत्र स्त्री वेश्या कहलाती है।

पितारक्षति कौमारे भर्त्तारक्षति यौवने
रक्षति स्थविरेपुत्रा न स्त्रीस्वातंत्र्यमहीति (मनुस्मृति)

साहित्य में भी कहीं-कहीं प्राचीन स्मृतिग्रंथों के स्त्री-सम्बन्धी विचारों की छाप दिखाई पड़ती है, किन्तु अधिकांशतः उन धर्मशास्त्रीय नियमों से हटकर ही स्त्री का चित्रण किया गया है। कान्तासम्मत उपदेश की अधिकारिणी स्त्री पुरुष की सचिव और सखी कही गई है। विदर्भ के संस्कृत काव्यशास्त्रज्ञ राजशेखर अपने कई कथनों में पत्नी अवन्तिसुन्दरी का सन्दर्भ देते हैं कि उनका यह मानना है, और 'काव्य-मीमांसा' के दसवें न्यास में इसका स्पष्ट उल्लेख है कि कवि स्त्री भी हो सकती है और जुलाहा आदि तथाकथित 'नीची' जातियों के लोग भीः

पुरुषवत् योषुतोऽपि कयीभवेयुः
संस्कारो हुत्मति समवैति
व स्त्रैणं पौरुषं वा विभाग्पिज्ञते।
श्रृयन्ते दृश्यन्ते य राजपुत्र्यो महामात्यदुहिंतातरो गणिका

कौतुकिभार्दाश्च शास्त्र प्रकट बुद्धयःकवयश्च।। (132, बिहार राष्ट्रभाषा परिषद) इस सन्दर्भ में एक बात मैं विशेष जोर देकर कहना चाहूँगा और वह यह कि इधर कुछ इतिहासकार एकरेखीय इतिहास रचने में लगे हैं जबकि इतिहास हमेशा विरोधाभासों और विरुद्धों का पुलिन्दा होता है। अंग्रेज़ी पढ़े-लिखे लोगों ने भारतीय इतिहास की व्याख्या जरा ज़्यादा ही सरलीकृत कर दी है। गुप्तकाल में उत्थान और मुगलकाल में पतन, फिर अंग्रेजों के प्रभाव में 'एनलाइटेनमेंट' के प्रभामंडल से कुछ-कुछ जगा या जगता हुआ दिखा देना आसान तो है, पर सच ऐसे खानों में बन्द नहीं होता। रोमिला थापर ने 'महाभारत' की शकुन्तला से कालिदास की शकुन्तला अधिक मुखर दिखाई है, किन्तु हम यह कैसे भूलें कि मनुस्मृति और अभिज्ञानशाकुंतलम् का काल एक ही है—गुप्तकाल।

इस सन्दर्भ में एक बात बड़े पते की है कि धर्मशास्त्र चाहे जो कहता रहे, 'लोकजिह्वा' देवताओं के पहले देवियों की अर्चना करती रही है—गौरीशंकर, सीताराम, राधेश्याम...।

अनामिका : 'ये तो ठीक है, अब कुछ 'आधुनिक लीला बरनन करी'। अपने यहाँ का स्त्री-लेखन?

नामवर सिंह : हिन्दी साहित्य के आधुनिक इतिहास पर दृष्टिपात करें तो बांग्ला, मराठी, मलयाली आदि कुछ अन्य भारतीय भाषाओं की तुलना में हिन्दी का स्त्री-लेखन अपर्याप्त दिखाई देता है। उदाहरणार्थ, अन्य भाषाओं में जहाँ उन्नीसवीं

शती से स्त्रियों द्वारा लिखे आत्मचरित प्रचुर मिलते हैं–हिन्दी साहित्य में नहीं के बराबर हैं। ऐसा लगता है–हिन्दी साहित्य में स्त्री बेआवाज थी और उसे मुँह खोलने का मौका नहीं मिला था। इसका सम्बन्ध कुछ तो हिन्दी प्रदेश के सांस्कृतिक पुनर्जागरण की अपर्याप्तता से भी है।

अभी हाल में तुम्हारा लेख 'दिल खोल, कपड़े खोल और हैंड्स अप' 'सहारा' में देखा। इससे ऐसा आभास होता है कि औरत से आत्मकथा की माँग करना उसे बेपर्द करना है, लेकिन इस बीच कुछ पुरुष लेखकों में आत्मकथा लिखने का जोश देखते हुए स्त्रियों से ऐसी अपेक्षा क्या उनके साथ ज़्यादती होगी? सम्भव है, इससे तस्वीर का दूसरा पहलू सामने आए और इस तरह पूरा सच उजागर हो, जैसा कि 'बाणभट्ट' में द्विवेदी जी ने कहा था–'स्त्री के प्रति अधिक से अधिक सहानुभूति रखते हुए पुरुष उसकी मर्मवेदना का किंचित आभास ही दे सकता है।'

अनामिका : आगे वे ये भी तो कहते हैं कि 'स्वयं' स्त्री के शब्द भी उसके दुःख का दशमांश भी नहीं बता सकते।' क्या आप फ्रेंच फेमिनिस्टों के भाषा विषयक सिद्धान्त से सहमत हैं? क्या आपको भी लगता है कि लिबिडिनल इकोनॉमी के चलते पुरुष भाषा का और भारमुक्ति के आनन्द के कारण स्त्री-भाषा का चरित्र अलग होता है? क्या आपको भी लगता है कि स्त्रीभाषा 'वस्तुनिष्ठ' और 'आत्मनिष्ठ' का संयोजन होती है, तर्क और अन्तःप्रज्ञामूलक उस अर्द्धविस्मृत भाषिक लय का संयोजन जो गर्भ में माँ की देह से छनकर शिशु की देह में उतर आता है? मानते हैं कि आती-जाती साँस की लय, स्तन पकड़ाने-छुड़ाने की लय, प्रकाश जलने-बुझने की लय ही अधूरे वाक्य खंडों, शब्दों के बीच की दरारों, अन्तर्पाठीय प्रभावों, रचनात्मक अन्य उपकरणों और व्याकरण के नियम लाँघ जाने में प्रतिबिम्बित होती है?

नामवर सिंह : मानता हूँ! मानता हूँ कि स्त्री भाषा में मांसलता-भौतिकता आवेग भरपूर होता है और रेशियल मेमरी की गूँज भी।

अनामिका : अपने निर्माण-काल की कल्चरल आइकन्स–मर्लिन मुनरो, नरगिस आदि सिने अभिनेत्रियाँ, सितारा देवी आदि नृत्यांगनाएँ, बेगम अख्तर आदि गायिकाएँ और 'बहती गंगा' में वर्णित स्वतंत्रता सेनानी गणिकाएँ एक तरफ और अब के संक्रमणशील समाज की कल्चरल आइकन्स (मॉडेल-वॉडेल) दूसरी तरफ–आपके मन में क्या जगाती हैं? विक्षोभ? आश्चर्य? करुणा? क्रोध? जुगुप्सा? प्रशंसा? सहानुभूति?

नामवर सिंह : सब एक साथ। मगर मुख्यतः सम्मान सहानुभूति।

अनामिका : आपने साहित्य में दूसरी परम्परा की फल्गु-धारा का अस्फुट नाद सुना है : प्रायः उसी भाव से जैसे कभी योगी अनहद सुनते थे।

पर साहित्य की एक तीसरी परम्परा भी है : पंचम वेद और पंचम वर्ण की तरह छठी उँगली की तरह आप उसे 'फालतू और 'अशोभन' भी मान सकते हैं। पुराने

हिल स्टेशनों पर अंग्रेज़ खाली रिक्शों को 'फाल्टू' कहकर जिस हिकारत से बुलाते थे—क्या वैसे ही हिन्दी का स्त्री-साहित्य भी बुलाया जाए या सर्वाइवल पॉलिटिक्स से जुड़ा कोई भी साहित्य? मसलन, दलित और अश्वेत साहित्य?

नामवर सिंह : डेढ़ दर्जन से ऊपर महत्त्वपूर्ण लेखिकाएँ तो हिन्दी में ही हैं, उनका नजरिया, उनका अनुभव-वृत्त एक अलग पड़ताल की माँग करता है। नार्डिन गॉर्डीमर और टॉनी मॉरिसन को नोबेल पुरस्कार स्त्री-विमर्श को विश्व-स्तर पर प्रतिष्ठित करता है।

अनामिका : कुछ प्रगतिचेता स्त्री-आन्दोलन को 'खाती-पीती, सुख से ऊबी और बेकार बेचैन आवारा महिलाओं का शगल' कहकर दुत्कारते हैं—जबकि ग्रासरूट तक इसका विस्तार है। तीसरी दुनिया में नून-तेल-लकड़ी तक न जुट पाने के विक्षोभ से परेशान करोड़ों महिलाओं तक है इसका सखी-भाव विस्तार। पश्चिमी या अफ्रीकी महिला लेखन में यह जिस तरह घना है—उसके बारे में कुछ कहेंगे?

नामवर सिंह : संघ शक्ति हमेशा व्यापक होती है। वामपंथ विश्व में आज अगर जीवित है कहीं तो स्त्रीवाद में। वर्ग को संघर्ष की इकलौती श्रेणी मानना भ्रामक है : यह अब नए सिरे से क्या सिद्ध करता?

फ्रांस, अमरीका और दक्षिण अफ्रीका स्त्रीवादी चिन्तन और लेखन का गढ़ बन चुके हैं। वर्जीनिया वुल्फ के बाद कंज़रवेटिव इंग्लैंड का स्त्री-चिन्तन उतना विकसित नहीं हुआ जितना फ्रांस, अमरीका और दक्षिणी अफ्रीका का। इसके राजनीतिक कारण हैं। बोउआ, सिक्सू, क्रिस्तेवा, इरेगरे, सून्तैक को मैंने ध्यान से पढ़ा है, टॉनी मॉरिसन और गॉर्डीमर को भी। मुख्यतः ये ही हमारे यहाँ के स्त्रीवादी चिन्तन और आन्दोलन की उत्प्रेरक रही हैं।

अनामिका : आपने राजनीतिक कारणों का जिक्र किया—अपने यहाँ जो पिछले दस वर्षों में स्त्री-विमर्श नया मोड़ पा गया है—क्या उसके भी राजनीतिक कारण हैं?

नामवर सिंह : 1991 के बाद जब कट्टरपंथी धार्मिक आन्दोलनों ने ख़ासतौर पर स्त्री समाज को निशाना बनाया—अपने यहाँ स्त्री-विमर्श में एक नया मोड़ आया। एक ओर पश्चिमेशिया में कट्टरपंथियों ने औरतों के लिए ड्रेस कोड तय किया और उनकी देखादेखी भारत में भी हिन्दुत्ववादी कट्टरपंथियों ने इस तरह की आचार-संहिता बनाने की कोशिश की, खासकर बाबरी मस्जिद के विध्वंस के बाद होने वाले दंगों में बलात्कार और हत्या जैसी जो बर्बर और पाशविक घटनाएँ हुईं—उनसे स्पष्ट हो गया कि फासिस्ट ताकतें मुख्यतः मर्दवादी दर्शन से परिचालित और बुनियादी तौर पर स्त्री-विरोधी हैं। ऐसे वातावरण में स्त्री-विमर्श सिर्फ स्त्रीमुक्ति का आन्दोलन नहीं रहा, बल्कि लोकतान्त्रिक और मानवतावादी समाज की रक्षा का मुद्दा बन गया है जिससे कोई भी संवेदनशील साहित्यकार अलग नहीं रह सकता।

अनामिका : नवजागरणकालीन सुधार-आन्दोलनों से अब तक के स्त्री-आन्दोलन की यात्रा आप कैसे रेखांकित करेंगे?

नामवर सिंह : आज यहाँ के सौ साल पुराने नवजागरण कालीन समाज में उठी स्त्री-विषयक चिन्ताओं के बीज तो ज़रूर देखे जा सकते हैं। बंगाल और महाराष्ट्र की तरह हिन्दी में भी बाल-विवाह और सती-प्रथा का विरोध, स्त्री-शिक्षा और विधवा-विवाह का औचित्य सुधार-आन्दोलनों के केन्द्रीय सरोकार थे। वेश्याओं के प्रति सहानुभूति का भाव भी तब ही विकसित हुआ था। तो स्त्री-विषयक चिन्ताओं का एक सामाजिक ब्रॉडबेस तब भी था, अब भी है। स्वाधीनता संग्राम के दौरान ही विकसित हुई यह सुधारवादी दृष्टि पुरुषों में एक अपराध-बोध तो जरूर भर पाई, स्त्री के प्रति करुणा-सहानुभूति के भाव भी—और बस...

अनामिका : लेकिन पिछले दो दशकों का जो स्त्री-आन्दोलन है—उसकी दृष्टि पूर्ववर्ती सुधारवादी आन्दोलनों से बुनियादी रूप से भिन्न है। यह स्त्री के आत्मचेतस् और अधिकारों के प्रति खुद जागरूक होने का सूचक है। इसका वैचारिक फलक भी वृहत्तर है—विश्वोन्मुख। यह जो आपने कहा कि स्त्रियों की आत्महत्या...'आत्महत्या' नहीं 'आत्मकथा'...

इसे क्या मेरा फ्रॉयडियन स्लिप मानें? अगर मानें भी तो उस आतंक की सोचिए जो जुड़वाँ भाई की तरह हमारे आत्मचेतस् के साथ ही पैदा होता है। इसके मनोसामाजिक दबावों की सोचिए।

नामवर सिंह : सोचता हूँ, अनामिका! तभी तो स्त्री-विमर्श को गम्भीरता से लेता हूँ।

[वागर्थ, नवम्बर-दिसम्बर 2002 में 'स्त्री-विमर्श का प्रश्न' शीर्षक से प्रकाशित]

उधार की तकनीक लेने वाले उधर की भाषा भी बोलेंगे

'मुलाकात' पत्रिका द्वारा एक बातचीत

मुलाकात : आजादी के बाद के ये पाँच दशक साहित्य के लिए कैसे रहे?

नामवर सिंह : साहित्य के विकास के नियम वही नहीं होते जो समाज के विकास के होते हैं। सामाजिक दृष्टि से भले इन दशकों में ठहराव का अनुभव करें या विकास की गति को बहुत तीव्र महसूस न करें, लेकिन मैं स्पष्ट कहना चाहूँगा कि साहित्य की गति इसके समानान्तर नहीं है। ऊपर से देखने में लगेगा कि आजादी के बाद के पहले दशक में वे तमाम मूर्धन्य साहित्यकार हमारे बीच थे जो अब नहीं रहे। उन नामों की बड़ी सूची है, मैं यहाँ उन सबका नाम लेना जरूरी नहीं समझूँगा। मगर कुछ महत्त्वपूर्ण नाम जरूर लेना चाहूँगा जिनमें निराला, सुमित्रानन्दन पन्त, यशपाल, जैनेन्द्र, हजारीप्रसाद द्विवेदी, अमृतलाल नागर, भगवतीचरण वर्मा आदि हैं। इतने बड़े नाम आज हमारे बीच नहीं दिखाई पड़ेंगे। इसलिए विकास को अगर बड़े नामों से नापें तो लगेगा कि इतनी बड़ी विभूतियाँ आज हमारे बीच नहीं हैं। लेकिन रचनाओं पर अगर आप ध्यान दें तो स्वाधीनता प्राप्ति के बाद हमारे साहित्य में कई नई प्रवृत्तियाँ पैदा हुई हैं। कहानियों में, उपन्यासों में, कविताओं में विकास की एक क्रमशः गति मौजूद है। इस पूरे दौर में हमारे साहित्य में एक स्वर जो सबसे प्रबल रहा है वह है व्यवस्था के प्रति आलोचनात्मकता का स्वर। सत्ता के साथ समझौता न करना, यह प्रवृत्ति क्रमशः इस दौर में प्रबल हुई है। बल्कि कहा जा सकता है इस समय हमारा साहित्य यथार्थ को निर्मम दृष्टि से देखने के मामले में सजग रहा है। सच को व्यक्त करने में संकोच निरन्तर कम हुआ है। आजादी के दौरान पैदा हुए ही नहीं, बल्कि आजादी के प्रथम दशक के बाद पैदा हुए लेखकों ने भी इस जिम्मेदारी को गम्भीरता से निभाया है। इस दौरान उन सामाजिक तबकों से भी लेखक आए हैं, जहाँ से पहले कम आया करते थे—पिछड़े वर्गों से, दलित वर्गों से, स्त्रियों के बीच से—तमाम महत्त्वपूर्ण लेखक इस दौरान आए हैं और बड़ी तेजी से अपनी जमीन बनाई है।

इसलिए अगर इस दृष्टि से देखें तो इन पाँच दशकों में हमारे लेखकों की दुनिया का विस्तार हुआ है। हाँ, एक बात मैं जरूर कहना चाहूँगा कि आजादी के दौरान हिन्दी को लेकर जो संस्थाएँ बनी थीं चाहे वह हिन्दी साहित्य सम्मेलन हो, नागरी प्रचारिणी सभा या दक्षिण भारत में हिन्दी प्रचार के लिए बनी संस्थाएँ हों, उन सबका इन पाँच दशकों में ह्रास हुआ है और वे लगभग अब उल्लेखनीय नहीं रही हैं। यही नहीं, प्रगतिशील लेखक संघ और 'परिमल' जैसी समानान्तर साहित्य संस्थाएँ भी इस दौर में क्षरित हुई हैं। कुल मिलाकर आजादी के बाद के इन दशकों में लेखकों, कवियों में संस्थावादी चरित्र कम हुआ है और व्यक्तिगत रूप से किए जाने वाले प्रयास बढ़े हैं। इन पाँच दशकों में हिन्दी की तमाम साहित्यिक पत्रिकाएँ भी बन्द हुई हैं। आजादी के प्रथम दशक में 'कल्पना' और 'माध्यम' जैसी महत्त्वपूर्ण साहित्यिक पत्रिकाएँ निकलीं। 'प्रतीक' 'नए प्रतीक' के रूप में, नए कलेवर के साथ निकला। सच तो यह है कि आजादी मिलने के बाद नई साहित्यिक पत्रिकाओं की लगभग बाढ़-सी आ गई जो बाद में धीरे-धीरे करके बन्द हो गईं। बाद के दशकों में तमाम लघु-पत्रिकाएँ निकलीं, जिसे लघु-पत्रिकाओं का आन्दोलन भी कहा जाता है लेकिन, एक-एक करके सभी बन्द हो गईं। इस समय 'हंस' और 'पहल' ले देकर दो पत्रिकाएं ऐसी हैं जो नए सृजन को सँभाले हैं। 'पूर्वग्रह' 100 अंक निकलने के बाद बन्द हो गई, 'साक्षात्कार' का भी यही हश्र हुआ।

यह इस बात का सूचक है कि लेखकों में संस्था बनाकर, संगठित होकर काम करने की प्रवृत्ति घटी है जिसका प्रभाव पत्रिकाओं के प्रकाशन पर पड़ा है। आजादी के बाद हिन्दी को राजभाषा का दर्जा मिला जिससे हिन्दी को तमाम सरकारी अनुदान और संरक्षण मिले। हालाँकि इसी क्रम में उसका विरोध भी बढ़ा लेकिन देखने वाली बात यह है कि हिन्दी के प्रचार-प्रसार को लेकर जो उत्साह 1966 के आस-पास था वह बाद में निरन्तर कम हुआ। बाद के दशकों में, खास करके अस्सी के दशक के बाद अंग्रेज़ी और अंग्रेजियत का विस्तार हुआ है। इसका हिन्दी से ज़्यादा देश की दूसरी भाषाओं पर असर पड़ा है। आजादी के बाद एक जो महत्त्वपूर्ण बात हुई है, वह है—हिन्दी का अन्य भारतीय भाषाओं के साथ तीव्रता से सम्पर्क बढ़ना। ध्यान देने योग्य बात यह है कि यह सब कुछ बिना किसी सरकारी अनुदान के हुआ है। आजादी के पहले लेखकों के लिए पुरस्कार, सम्मान कम थे लेकिन आजादी के बाद कुछ बड़ी पूँजी वाले लोगों ने बड़े बड़े पुरस्कार शुरू किए हैं। आज हर राज्य पुरस्कार देता है। साहित्य अकादमी के अपने अलग पुरस्कार हैं। इन पुरस्कारों का अन्तिम प्रभाव देखना अभी बाकी है। कुछ लोगों को भले ही इसमें भ्रष्टाचार और जोड़-तोड़ दिख रहा हो लेकिन मेरी मान्यता है कि इन पुरस्कारों में निहित प्रलोभन साहित्य को दिशा-भ्रष्ट नहीं कर सकता। जागरूक युवा लेखक इन

सम्मानों, पुरस्कारों को उसी रूप में लेते हैं कि जैसे गैर जरूरी हैं ये सब साहित्य के विकास के लिए। संक्षेप में मैं इतना ही कहना चाहता हूँ कि सामाजिक, राजनीतिक परिवर्तन की तुलना में आजादी के बाद के इन दशकों में साहित्य का बेहतर विकास हुआ है। आजादी के बाद बाकी दूसरी संस्थाओं का जिस तरह से क्षरण हुआ है, न केवल साहित्य ने अपने को उस तरह के क्षरण से बचाया है बल्कि पूरी तरह से वह बेअसर रहा है।

मुलाकात : कहा जाता है कि साहित्य समाज का दर्पण होता है तो आजादी के बाद की किन रचनाओं को आप समाज का दर्पण मानते हैं?

नामवर सिंह : आजादी के पहले दशक में उपन्यास को देखें तो 'मैला आंचल' उस समय निकला था। बाद में जिस तरह का समाज बना है, यह उसका आभास देने वाली रचना थी। बावनदास जैसे एक गांधीवादी आदर्श पात्र की जिस तरह हत्या होती है उस भ्रांति की कथा का 'मैला आंचल' में आभास है। विभाजन की त्रासदी को लेकर कई उपन्यास लिखे गए जिसमें यशपाल का 'झूठा सच', भीष्म साहनी का 'तमस'। ये रचनाएँ विभाजन की त्रासदी का आईना हैं। उस दौर की कविताओं को देखें तो मुक्तिबोध जैसा समर्थ कवि था। जिसने 'चाँद का मुँह टेढ़ा है' जैसी कविता लिखी। वह अपने समाज का दर्पण थी। उनकी 'अँधेरे में' कविता में फासीवादी ताकतों के विकास का आभास है, जिसे बाद में हमने मूर्त होते देखा है। इस तरह साहित्य ने न केवल आईने में अपने समाज को दिखाया है, बल्कि वह किस दिशा में जा रहा है, इसका आभास भी दिया है। स्त्रियों पर होने वाले अत्याचार, बलात्कार, दलित उत्पीड़न और परिवार नाम की संस्था के क्षरण की त्रासदी को हमारे स्वतंत्र्योत्तर साहित्य ने न केवल गम्भीरता से लिया है, बल्कि तमाम समस्याओं को उनकी तहों में जाकर देखने का काम किया है। इस तरह साहित्य ने आजादी के बाद के हमारे समाज की असली शक्ल साहित्य के आईने में दिखाई है।

मुलाकात : जैसा कि आप कह रहे हैं कि आजादी के बाद लेखकों और कवियों में सामूहिक प्रयास घटे हैं और ज़्यादातर लोगों ने व्यक्तिगत स्तर पर ही कुछ करने का प्रयास किया है तो इस सामूहिकता के खत्म होने के कारण क्या रहे?

नामवर सिंह : इसके आर्थिक कारण ज़्यादा हैं। शहर और गाँव का अलगाव, महानगरों में आबादी का केन्द्रीय होना। इस तरह से महानगरों की जो एक संस्कृति है, वह व्यक्तिवाद को बढ़ावा देती है। पचास के दशक में अधिकांश लेखक अक्सर रोज मिलते थे। मिलने के अवसर ज़्यादा थे। गोष्ठियों का चलन था। अब दिल्ली में रह रहे लेखकों के लिए भी यह सुविधा नहीं बची। लेखक अलग-थलग पड़े हुए हैं क्योंकि हिन्दी भाषा भाषी क्षेत्र बहुत विशाल फैला हुआ है। भागलपुर, सहरसा, दरभंगा से लेकर बाड़मेर तक और शिमला से लेकर बैतूल, पिपरिया, बस्तर तक।

मुलाकात : कहीं इसका कारण राजनीतिक पार्टियों का वैचारिक पतन तो नहीं है? जिस तरह से सभी पार्टियों के चरित्र उजागर हुए हैं और जो एक-दूसरे से भिन्न नहीं हैं। लेखकों, कवियों की निराशा का कहीं यह कारण तो नहीं है?

नामवर सिंह : मैं राजनीतिक पार्टियों को दोष नहीं दूँगा। लेकिन हुआ यह है कि जैसा कि मैंने कहा, सम्पूर्ण सामुदायिक जीवन क्षरित हुआ है। परिवार जैसी एक छोटी इकाई से लेकर जो सर्वोच्च, सार्वजनिक संस्थाएँ हो सकती हैं उनमें एक तरह का अलगाव, विघटन और बिखराव आया है जिसके कारण व्यक्तिवाद बढ़ा है। इस व्यवस्था ने इस तरह के व्यक्तिवाद को बढ़ावा दिया है। इस बीच कोई बड़ा आन्दोलन नहीं हुआ जो कि समाज को जोड़ने का काम करता। आजादी की लड़ाई के जमाने में तो एक राष्ट्रव्यापी आन्दोलन था। आजादी के बाद कुछ वामपंथी आन्दोलन हुए और लेखक उनसे जुड़े भी, लेकिन बड़े पैमाने पर किसी बड़े आन्दोलन के अभाव ने लेखकों में इकट्ठे होने की ज़रूरत नहीं पैदा की। कभी-कभार छिट-पुट लेखक इकट्ठे हो जाते हैं, किसी मुद्दे पर दस्तखत, हस्ताक्षर हो जाते हैं। इसलिए साहित्य की ताकत को लेकर एक आशा, विश्वास, जो आजादी के दौरान था वह बाद के दशकों में क्रमशः कम हुआ। हाँ, एक कारण निर्दोष विचारधारा के अभाव का भी है। इसलिए सन्देह, शंका और भविष्य जहाँ अनिश्चित हो, ऐसी तमाम चीज़ों का असर साहित्य पर, साहित्यकारों पर पड़ा है।

मुलाकात : आजादी के बाद जिस तरह से हिन्दी को राजभाषा बनाया गया, उसे सरकारी संरक्षण मिला और जैसा कि आप कहते हैं कि तमाम आर्थिक अनुदान भी मिले। क्या उसी रफ्तार या स्तर से हिन्दी की मौलिकता और विश्वसनीयता भी बनी है?

नामवर सिंह : देखिए, सरकारी स्तर पर एक सरकारी हिन्दी बनी है जो साहित्य से भी दूर है और आम जनता से भी दूर है। वह अफसरशाही की हिन्दी है, जिसमें कोई रचनात्मक काम नहीं हो सकता। इन सरकारी संसाधनों का साहित्य के विकास और हिन्दी की विश्वसनीयता, मौलिकता से कोई लेना-देना नहीं है। कुछ थोड़े-से लोगों ने हिन्दी के नाम पर अपने आपके मलाई खाने का इन्तजाम भर किया है। इन लोगों ने ही हिन्दी को गैर हिन्दीभाषियों के बीच सन्देहास्पद बनाया है। हिन्दी का नुकसान मीडिया ने भी किया है, विशेषकर इलेक्ट्रॉनिक मीडिया ने इसका सत्यानाश किया है। इसी बीच एक अच्छी बात यह हुई कि प्रिंट मीडिया ने जनसामान्य की एक बोधपूर्ण हिन्दी विकसित की है। हमारे युवा लेखकों की भी हिन्दी ज़्यादा अर्थवान और सहज ग्राह्य है। सरकारी हिन्दी ने हिन्दी भाषा का बहुत नुकसान किया है। सरकारी हिन्दी से मेरा थोड़ा-बहुत वास्ता रहा है। इस कारण मैंने नजदीक से देखा है कि किस तरह विश्वविद्यालय स्तर के पाठ्यक्रम तैयार करने के लिए जो ग्रंथ अकादमियाँ बनी थीं उनकी हिन्दी न तो विद्यार्थियों और न ही दूसरे लोगों को, किसी की समझ में ही

नहीं आती। एक तरह से यह बिल्कुल घाटे का सौदा था। सरकारी हिन्दी नकली और उबाऊ थी तो विजुअल मीडिया की हिन्दी दरिद्र और दोगली है।

जहाँ तक हिन्दी द्वारा समाज के बीच विश्वसनीयता न बना पाने का कारण है तो इसमें एक अन्तर्राष्ट्रीय साजिश है। भारत को कुछ पश्चिमी ताकतों द्वारा लगातार एक मंडी बना देने का प्रयास जारी है। यह संयोग नहीं है कि शहरों में गली-गली अंग्रेज़ी माध्यम के स्कूल खुल रहे हैं जबकि इन स्कूलों में पढ़ने वाले बच्चों की पालक पीढ़ी इस अंग्रेज़ी और अंग्रेजियत से कटी है। इस तरह दोनों पीढ़ियों के बीच एक संवाद और संस्कारहीनता पैदा की जा रही है।

मुलाकात : हिन्दी पाँच दशकों के संरक्षण के बाद भी अभी तक जीविका की भाषा भी नहीं बन पाई?

नामवर सिंह : जिस बाजार पर बहुराष्ट्रीय कम्पनियों का जोर, दबदबा हो उसकी भाषा हिन्दी थोड़े बन सकती है? अब देखिए, आजकल सबसे महत्त्वपूर्ण पढ़ाई कॉमर्स और प्रबन्धन की हो गई है जिसका सीधा सम्बन्ध औजार से है।

मुलाकात : लेकिन बाजार के प्रभाव से ग्रस्त कई दूसरे विकासशील देश भी तो हैं जहाँ अंग्रेज़ी हावी नहीं है बल्कि उनकी देशज भाषाएँ सत्ता और संवाद की भाषाएँ हैं।

नामवर सिंह : मैं आपको दो उदाहरण देता हूँ। पहला जापान का और दूसरा कोरिया का। हिन्दी की तुलना में जापानी और कोरियाई भाषा बोलने वालों की संख्या बहुत कम है लेकिन इन दोनों मुल्कों ने राष्ट्रीय स्तर पर भाषा का मसला हल कर लिया है। इसलिए वहाँ बाजार की भाषा भी कोरियाई और जापानी ही है। हालाँकि अंग्रेज़ी घुसने का प्रयास कर रही है। हमारे यहाँ उपनिवेशवादी प्रभाव के कारण पिछले डेढ़ सौ सालों में जिस अंग्रेज़ी ने जड़ें जमाई हैं उसका प्रभाव एक बहुत सीमित वर्ग तक है। लेकिन यह सीमित वर्ग बेहद प्रभावी वर्ग है जो अफसरशाही में भी मौजूद है और सत्ता में भी। इसीलिए हिन्दी की विश्वसनीयता नहीं बन पाई इतने सालों के बावजूद। क्योंकि वह सत्ता की भाषा नहीं है।

मुलाकात : पिछले कुछ सालों में जिस तेजी से तकनीक का विकास हुआ है, उसके चलते क्या छपे हुए शब्द के सामने किसी तरह की चुनौती आ खड़ी हुई है?

नामवर सिंह : देखिए, यह मामला बहुत पेचीदा है और मैं इसका कोई बहुत विशेषज्ञ नहीं हूँ। यह धरती और आसमान का युद्ध है। इलेक्ट्रॉनिक मीडिया मूलतः उपग्रहीय तकनीक से संचालित मीडिया है जबकि प्रिंट मीडिया औद्योगिक क्रान्ति की प्रमुख देन रही है। इलेक्ट्रॉनिक मीडिया अधिक प्रभावशाली माध्यम है, और वह दिन-पर-दिन प्रभावशाली होता जा रहा है, खासतौर से सूचनाओं के मामले में। हाँलाकि हमारे यहाँ टेलीविजन बहुत देर से आया है लेकिन पिछले दशकों में बड़ी तेजी से बढ़ा है। इसका

नेटवर्क अब विकसित हुआ है। बावजूद इसके, अभी हम इन्फॉर्मेशन टेक्नालॉजी में बहुत पीछे हैं। देश के बहुसंख्यक वर्ग को अभी यह उपलब्ध नहीं है। इसलिए मैं समझता हूँ कि देश की जनता के बीच प्रिंट मीडिया की विश्वसनीयता अभी तक बरकरार है। इसकी ज़रूरत भी है। छपी हुई चीज़ जिसे हम आँखों के जरिए पढ़ते हैं, उसकी एक लम्बी परम्परा है। लेकिन मैं कहता हूँ कि ये दोनों चीज़ें साथ चल सकती हैं और इन दोनों की आवश्यकता है। दोनों एक-दूसरे के लिए पूरक की भूमिका अदा करती हैं। दोनों के बीच कोई दुश्मनी नहीं है।

मुलाकात : पिछले कुछ सालों में सूचना की पहुँच बढ़ी है, वह ज़्यादा तार्किक और तथ्यात्मक भी हुई है। इसके बावजूद भी क्या कारण है कि वह बहुसंख्यक समाज को झकझोर नहीं पाती? जबकि तुलनात्मक दृष्टि से अगर देखें तो पिछले एक दशक में, विशेषकर नई आर्थिक नीतियों के लागू होने के बाद लोगों का जीवन ज़्यादा कठिन हुआ है और मीडिया ने इस कठिन जीवन-संघर्ष की समझ को लोगों तक पहुँचाया भी है। लेकिन सूचना की यह पहुँच भुक्तभोगी समाज को संघर्ष के लिए नहीं तैयार कर सकी। क्यों?

नामवर सिंह : देखिए, विकास का गहरा सम्बन्ध संस्कृति से है और जो प्रश्न आपने पूछा कि सूचना लोगों को प्राप्त हो, सूचना प्राप्त करने का अधिकार सभी को हो, हमारे यहाँ अभी ऐसा नहीं है। अमरीका में तो सबके लिए सूचना प्राप्त करने का प्रावधान बाकायदा संविधान में है जो कि हमारे यहाँ नहीं है। बहुत सारी सूचनाएँ हम लोग पाते हैं लेकिन यह धोखा है। स्वयं हमारा शासन तंत्र कितना पारदर्शी है। मीडिया के माध्यम से कुछ चीज़ें विस्फोट के रूप में प्रकट होती हैं भंडाफोड़ की शक्ल में। लेकिन स्थिति ऐसी होनी चाहिए कि राष्ट्रीय सुरक्षा के नाम पर यह जो शासन तंत्र एक बन्द व्यवस्था है, उसे नहीं होना चाहिए। इस व्यवस्था में सूचना पाने की बात एक धोखा है। असली सूचनाएँ नहीं मिल रही हैं। इसलिए मैं नहीं मानता कि सूचना के जो साधन बढ़े हैं, और जिससे मीडिया का प्रसार भी बढ़ा है, उससे जनता तक सूचनाएँ भी पहुँची हैं। यह सही नहीं है क्योंकि साधन ही तो स्वयं साध्य नहीं होता।

मुलाकात : आपका कहना है कि सूचनाएँ लोगों तक आधी-अधूरी पहुँची हैं लेकिन अगर हवाला जैसे मामले का उदाहरण लें जिसे मीडिया ने जनता तक मुखर ढंग से पहुँचाया। बावजूद इसके पिछले चुनावों में उसका कोई असर नहीं देखा गया। जनता ने ऐसे लोगों को भी जिताकर संसद में भेज दिया जो इस मामले में प्रत्यक्ष और अप्रत्यक्ष रूप से शामिल थे। हवाला की सूचना ने लोगों को संवेदित क्यों नहीं किया?

नामवर सिंह : आप ठीक कह रहे हैं। आप जिसे संवेदना कह रहे हैं, मैं उसे संस्कृति कह रहा हूँ। जो आदमी आप बना रहे हैं, वह कैसा है? विकास का मतलब यही

नहीं है कि भौतिक दृष्टि से आपके पास सब कुछ हो जाए। लेकिन आप सुअर के माफिक हों। आप इनसान बनें, विकास का यह परिणाम होना चाहिए। आपकी समझ पड़ोसी के प्रति बिरादराने भाव वाली होनी चाहिए। दूसरे धर्म के लिए आपके अन्दर सहानुभूति होनी चाहिए। हर औरत को बलात्कार कर सकने की नजरों से नहीं देखें। दूसरे के पास पैसा है तो लूट लेने के लिए नहीं है।

मुलाकात : क्या आप यह कहना चाहते हैं कि लड़ने के लिए लड़ाई की ज़रूरत से ज़्यादा लड़ाई का ज्ञान होना जरूरी है?

नामवर सिंह : नहीं, सूचनाओं का उपयोग मिलने के बाद मनुष्य उसका सही प्रयोग कर सके, इसके लिए उसका सांस्कृतिक विकास जरूरी है। जो आप कह रहे थे कि सारी सूचनाएँ मिलने के बावजूद गलत लोगों को जिता कर लोग ले आए। जो राजनीति हम बनाएँ उस राजनीति में लोकतंत्र केवल एक सामाजिक चीज़ न हो बल्कि वह एक जीवन पद्धति हो। लोगों में लोकतान्त्रिक चेतना हो, न्याय की भावना हो, सच के प्रति आदर हो। जब पहली संसद बनी तो उस दौरान कांग्रेस अकेली ऐसी पार्टी थी जिसने आजादी की लड़ाई में प्रमुख भूमिका अदा की थी, जिस पार्टी में लोकतंत्र था। हालाँकि कई विचारों के लोग थे। विरोधी पार्टी के रूप में 30 सदस्य लेकर कम्युनिस्ट पार्टी आई थी। उस समय जिस पार्टी का पता भी नहीं था, इस ग्यारहवीं लोकसभा में सबसे बड़ा विरोधी दल बनकर उभरी है—भारतीय जनता पार्टी, जिसकी कोशिश थी कि वह सरकार बनाए। बना नहीं सकी, लेकिन उसके हौसले बुलन्द हैं। केन्द्र में नहीं तो न सही, देश के आधे हिस्से में भारतीय जनता पार्टी का राज है। यह भारतीय लोकतंत्र है कि एक देश को, हिन्दू राज्य बनाने का संकल्प लेने वाली पार्टी आजादी के पहले दशक में कहीं नहीं थी। आज पचास वर्षों के उपरान्त यह पार्टी देश के आधे हिस्से में सरकार बना चुकी है और केन्द्र में थोड़े दिनों के लिए आई भी थी। यह क्यों हुआ कि आजादी के 50 वर्षों में हमारा ऐसा सांस्कृतिक क्षय हुआ? विभाजन के बाद क्योंकि मुस्लिम लीग के आक्रामक रुख से देश के टुकड़े हो रहे थे। कायदे से सम्प्रदायवाद के बढ़ने का संकट उस समय था लेकिन तब नहीं बढ़ा। अब 50 वर्षों के उपरान्त स्थिति यह बन गई है कि इस देश को हिन्दू बहुसंख्यक कहते हैं। मगर वही यह भी कहते हैं कि हम एक धर्मनिरपेक्ष सरकार देना चाहते हैं। लेकिन यह धर्मनिरपेक्ष हिन्दू राष्ट्र ही होना चाहिए। यह है, जो विकास हुआ है। देश में धार्मिक असहिष्णुता बढ़ी है। सांस्कृतिक क्षय हुआ है। जब हम आजाद हुए थे, अंग्रेज़ देश का छोटा-सा टुकड़ा देकर गए थे। सैकड़ों रियासतें अलग-अलग थीं। उन रियासतों को एक करने में सरदार पटेल की मुख्य भूमिका थी। उन रियासतों को भी इस बात का श्रेय दिया जाना चाहिए कि एक मजबूत राष्ट्र के रूप में वे एक हुईं। आज केन्द्र कमजोर है और क्षेत्रीय अस्मिता के नाम पर क्षेत्रीय पार्टियाँ ज़्यादा

महत्त्वपूर्ण हैं। तेरह पार्टियों की साझा सरकार आई। मैं यह नहीं कहता कि यह गलत है। लेकिन विकास का मार्ग ऐसा अपनाया गया, क्षेत्रीय असन्तोष इतने बढ़े। हमने 50 वर्षों में प्रत्येक क्षेत्र में भाषा के, संस्कृति के, आर्थिक, तकनीकी के क्षेत्र में ही यदि सन्तुलित विकास किया होता, कोई भी क्षेत्र यदि अपने को उपेक्षित महसूस न करता तो आज यह स्थिति नहीं होती। एक मजबूत केन्द्र होता और राष्ट्रीय पार्टियाँ हमारे यहाँ होतीं। क्षेत्रीय पार्टियों की आवश्यकता नहीं पड़ती। आदिवासी इलाकों की हमने इतनी उपेक्षा की कि आदिवासी तो अपना स्वतंत्र राज्य चाहते ही हैं, उत्तर प्रदेश में उत्तराखंड के कुमाऊँ और गढ़वाल के लोग अलग राज्य की माँग करते हैं। उपेक्षा का कारण यह है कि विकास का मार्ग अपनाते समय हमने विकास का रुख सन्तुलित नहीं रखा। राष्ट्र की जितनी सामाजिक, सांस्कृतिक और भाषाई इकाइयाँ हैं उन सबके विकास को ध्यान में रखते हुए काम नहीं किया। इसलिए मैं कहता हूँ कि विकास के साथ संस्कृति गहराई से ज़ुड़ी है। अगर हम धर्म, भाषा, सामाजिक, नैतिकता के बारे में ध्यान रखते, स्त्री-पुरुष का इस रूप में विकास करते...आज कह रहे हैं कि स्त्रियों को ससंद में एक तिहाई स्थान दिया जाना चाहिए। 50 सालों से आपने स्त्रियों को शिक्षा नहीं दी, उनको आर्थिक अधिकार नहीं दिए। मुस्लिम औरतों के लिए अदालत ने शाहबानो केस के सिलसिले में जो सुधार किया था। आज भी हमने उनको 'पर्सनल लॉ' के नाम पर वह छूट नहीं दी। लेकिन 30 फीसदी आरक्षण के बाद कितनी औरतें संसद में आएँगी? पंचायतों में कितनी आ रही हैं? कोई बात जात-पात के बारे में क्यों? जिस समय हमें आजादी मिली थी यहाँ अगड़ी, पिछड़ी, दलित जातियाँ थीं। अम्बेडकर द्वारा उन्हें आरक्षण दिया गया था और कहा गया था कि 10 साल इसके लिए बहुत हैं। इसके बाद आरक्षण नहीं रहेगा। हमने उन दलित जातियों का विकास नहीं किया। पिछड़े वर्ग के लोगों को सामाजिक सम्मान नहीं दिया। इसलिए पहले दशक में विकास की जो नींव डाली गई, जिसे क्रमशः चरणबद्ध तरीके से, उसके विभिन्न पक्षों को ध्यान में रखते हुए करना चाहिए था, हमने नहीं किया। हमने विकास का मॉडल गलत चुना था। उसके कारण यह सारी बुराइयाँ आई हैं। इसकी पूरी जिम्मेदारी हमारे दोषपूर्ण, असन्तुलित विकास की है।

मुलाकात : नई आर्थिक नीतियों के लागू होने के उपरान्त एक अभद्र किस्म का समाज बन रहा है। एक साथ समाज में संस्कृति के नाम पर उन्माद पैदा किया जा रहा है और राजनीतिक स्तर पर उसकी फसल भी कट रही है। साथ ही, देश में एक पश्चिमी संस्कृति भी विकसित हो रही है, जिसे इस देश की जड़ से कोई मतलब नहीं है। यह विरोधाभास क्यों?

नामवर सिंह : यह अनायास नहीं हो रहा है। विकास का जो रास्ता अपनाया गया है भू-मंडलीकरण, उदारीकरण आदि इससे एक अपसंस्कृति तो पैदा होगी ही। इससे

हमारी जातीय स्मृतियाँ, धर्म–सब कुछ नष्ट होगा। शिक्षा, पारिवारिक जीवन नष्ट होगा। खानपान की पद्धति बदलेगी। सिर्फ अनुकरण की संस्कृति होगी। हिन्दुत्व के नाम पर हिन्दू धर्म नष्ट होगा। जो आम नमाजी लोग जो हैं, वे इस्लाम को नष्ट कर रहे हैं।

मुलाकात : इस पूरे दौर में समाज, संस्कृति निर्माण करने वाली हमारी जो संस्थाएँ हैं, वे इतनी हताश क्यों हैं?

नामवर सिंह : इन संस्थाओं को राजनीति ने एक-एक करके नष्ट कर दिया है क्योंकि ताकत, पैसा राजनीति के पास है। राजनीति के बिना पैसा मिल नहीं सकता। इसलिए ताकत, पैसा और निजी उन्नति–सब राजनीति में है। इसलिए राजनीति का, राजनीति में घुसे लोग, जान-बूझकर गलत ढंग से उपयोग करेंगे। जितनी सार्वजनिक संस्थाएँ हैं, उनमें भी ये घुसकर उन्हें नष्ट करने का प्रयास कर रहे हैं। कोई भी स्वैच्छिक संस्था नहीं है। जो बची रह गई हैं–वे बेचारी शक्ति और साधन के अभाव में निरूपाय हैं, जैसे सुन्दरलाल बहुगुणा, मेधा पाटेकर। 'नर्मदा बचाओ आन्दोलन' के नाम पर, पर्यावरण के नाम पर कितनी ताकत इनके पास है? क्या कर लेंगे? सिवाय इसके कि 70-72 दिन अनशन कर लेंगे। अन्त में अनशन तुड़वाने के लिए प्रधानमंत्री ही आएँगे।

मुलाकात : शायद इस प्रकार की स्वैच्छिक संस्थाओं के पास जीवन की कोई वैकल्पिक व्यवस्था नहीं होती। इसलिए समाज उनके साथ जुड़ नहीं पाता। मेधा पाटेकर बांध का विरोध कर रही हैं, लेकिन उनके पास आदिवासी लोगों के लिए पीने के पानी की कोई वैकल्पिक व्यवस्था नहीं है?

नामवर सिंह : पर्यावरण के नाम पर ये जो स्वैच्छिक संस्थाएँ काम कर रही हैं–यह एक प्रकार की प्रतिक्रिया है। उनके पास भविष्य का कोई मुकम्मिल नक्शा नहीं है। नाम है गांधी जी का। गांधी का नाम लेकर यह होता है। लेकिन गांधी के पास पूरा नक्शा था। एक विकल्प था। मैं नहीं कहता कि गांधी जी को आप ज्यों का त्यों मान ही लें। विकास को आधुनिकीकरण और टेक्नालॉजी की सहायता से लचीला बना दीजिए। विकास का वह विकल्प तैयार कीजिए जो हमारी राष्ट्रीय विशेषताओं, परम्पराओं को ध्यान में रखते हुए इस सीमा में उस टेक्नॉलाजी का नए अर्थतंत्र में योगदान हो। जैसे जापान में आधुनिकीकरण जापानी दायरे के तहत हुआ। यही तो आदर्श है हमारा। वहाँ भी बहुत मशीनीकरण हुआ है लेकिन जितना हमारे यहाँ हो रहा है, वैसा जापान में नहीं हुआ। पचास वर्षों का इतिहास राष्ट्रीय स्तर पर बहुत अच्छा नहीं रहा। पचास वर्षों में जो किया है–उसकी चीर-फाड़ करें। उसकी जाँच पड़ताल करें उससे सबक लें कि अभी सब कुछ नष्ट नहीं हो गया है। और उस विकल्प की खोज होनी चाहिए कि अब हम जो रास्ता इस समय भू-मंडलीकरण, उदारीकरण का अपना रहे हैं, इस

दौर में गहराई से विचार कर उस विकल्प को तलाशना होगा जिसकी हम पहले उपेक्षा कर चुके है।

मुलाकात : पिछले कुछ सालों में देखने में आ रहा है कि हम अपनी जातीय स्मृतियों की ओर लौट रहे हैं। शहरों में 'एथनिक' के नाम पर चटख रंग आ रहे हैं, भारतीयकरण के नाम पर गाँवों की चीज़ें शहरों में उच्च मध्यवर्ग के बीच लोकप्रिय हो रही हैं। यह सब क्या है?

नामवर सिंह : जब भविष्य का कोई मुकम्मिल नक्शा सामने नहीं होता तो हम अतीत की ओर बढ़ते हैं। आगे जाने का रास्ता बन्द होता है तो हम पीछे लौटते हैं। यह एक तरह का पुनरुत्थान है जो हारे हुए आदमी या हारी हुई जाति की स्थिति होती है। इसलिए ऐसे समय में यदि पुरानी चीज़ों की तरफ लौटने की कोशिश की जाती है तो वे अपने मूलरूप में नहीं, बहुत बिगड़े रूप में सामने आती हैं। अतीत से शक्ति ली जा सकती है, प्रेरणा ली जा सकती है लेकिन अतीत को दोहराया नहीं जा सकता। यह दूसरा अनुकरण है। अनुकरण और सृजनशीलता—दोनों में फर्क करना चाहिए। जैसे पश्चिम की नकल जितनी भौंडी और अश्लील है, उतनी ही आज 'एथनिक' के नाम पर आदिवासियों की या गाँवों में आज जो छोड़ी हुई चीज़ें हैं, उन पोशाकों को या उन पद्धतियों को अपनाना। चाहे वे देशी हों या विदेशी, उन्हें अपनाना अश्लील है। यह अनुकरण, नकल है। नकल को विकास नहीं कहते। हम लोग नकलची बनकर उन्हें बेचें चाहे उनका आयात-निर्यात करें। स्वयं अपने जीने के लिए जो सहज अपना बनाया माल है, नकल का माल नहीं है। यह बात दिन-पर-दिन खत्म होती जा रही है। जो जाति उधार की टेक्नोलॉजी लेगी, वो उधार की भाषा भी लेगी। उधार का खाना भी लेगी। उधार का संगीत भी लेगी जिस तरह विदेशी संगीत आजकल लोकप्रिय है। इसलिए हर चीज़ उधार की चल रही है। यह खतरनाक है।

मुलाकात : पूँजीवाद भी इस समय ऐसे दौर में है, जहाँ उसे कोई रास्ता नहीं सूझ रहा है। साम्यवाद के भी जितने प्रयोग हुए हैं उनमें कोई अस्तित्ववादी भाव दिख नहीं रहा। भविष्य को लेकर अनुत्साह की स्थिति है। ऐसे में पारम्परिक समाजों जैसे भारत या चीन से क्या कोई आशा की जा सकती है?

नामवर सिंह : आशाएँ तो बहुत थीं। अवरुद्ध पूँजीवाद, जिसे कुछ दिनों के लिए कुछ समय के लिए उधार ली हुई उम्र मिल गई है। उसको देखकर भ्रम हो रहा है कि पूँजीवाद विजयी हो गया है और अनन्तकाल तक चलेगा। यह भ्रम है, जैसे मरने से पहले रोगी की कई बार दशा अच्छी हो जाती है। लगता है, वह जी जाएगा लेकिन अचानक वह टें बोल जाता है। पूँजीवाद की स्थिति भी वही है। अमरीका में, ओलम्पिक में कड़ी सुरक्षा के बावजूद धमाका हुआ है। कठिनाई यह है कि विकासशील देशों को जो मॉडल दिया गया है, इन्होंने उसे अपना लिया। इन देशों

के जो पहले राष्ट्रनायक थे जैसे जवाहरलाल नेहरू या टीटो–उन लोगों में चेतना थी। उनमें से कुछ की हत्या हुई, कुछ मर गए। उनके बाद जो पीढ़ी आनी चाहिए थी, जिन्हें विरासत को आगे बढ़ाना था, उन सबने आजादी के इन नायकों की विरासत को आगे ले जाने के बजाय स्वयं उन्हीं को नकारा और नकार कर भू-मंडलीकरण, उदारीकरण अपनाया। यह किसी नेहरूवाद का विकास नहीं है बल्कि नेहरूवाद का नकार है। गांधी का नकार है। टीटो का नकार है। टीटो को नकारा युगोस्लाविया ने। मिस्र ने नासिर को नकारा। इंडोनेशिया ने सुकर्णो को नकारा। यह जो इतिहास का चक्र है। ऐसा होता है कि कुछ दिनों के लिए प्रति-क्रान्ति आती है तो यह उसी का दौर है। आम जनता को जागरूक करने की ज़रूरत है। उनमें चेतना बची है। ज़रूरत है इस प्रति-क्रान्ति की धारा या दिशा मोड़ी जाए और दूसरी दिशा देने की कोशिश की जाए। 50 साल में मुझे खुशी है कि इस पर विचार करने का सवाल उठाया गया है। मीडिया की ओर से। व्यापक स्तर पर प्रबुद्ध वर्ग में इस पर विचार किया जाना चाहिए, चर्चा की जानी चाहिए। इस समुद्रमंथन से मुझे उम्मीद है, जरूर कुछ न कुछ निकलेगा।

मुलाकात : विकास जिस तेजी से हो रहा है। मेरा मतलब औद्योगिक और तकनीकी विकास से है। उसी रफ्तार से भाषा, बिम्ब और बोध का विकास नहीं हो रहा। पचास साल के हमारे तमाम विकास और साहित्य की तुलना में यह बात कहाँ तक लागू होती है?

नामवर सिंह : जैसा कि मैंने बिल्कुल शुरू में कहा था कि साहित्य और समाज के तमाम दूसरे तरह के विकास बिल्कुल एक जैसे नहीं होते। साहित्य में विकास की अपनी परिस्थितियाँ और इसकी अपनी गति होती है। जरूरी नहीं है कि यह बिल्कुल समाज के सापेक्ष ही हो। कई बार साहित्य का विकास, दूसरे विकास जब नहीं हो रहे होते हैं, तब तेजी से होता है। इसी तरह यह जरूरी नहीं है कि औद्योगिक विकास की रफ्तार 10 प्रतिशत वार्षिक है तो साहित्यिक विकास दर भी उतनी ही हो। आजादी के बाद समाज में भारी बदलाव आए हैं। तेजी से सामाजिक सम्बन्ध बदले हैं। साहित्य ने इन्हें पकड़ा है, अभिव्यक्ति भी दी है।

['मुलाकात' : प्रवेशांक]

वामपंथी राजनीति की नैतिक उपस्थिति महत्त्वपूर्ण है

रवीन्द्र त्रिपाठी की बातचीत

रवीन्द्र त्रिपाठी : हाल में हुए प्रगतिशील लेखक संघ के अधिवेशन में आप इसके अध्यक्ष चुने गए। डॉ. साहब, आपके नेतृत्व में प्रगतिशील लेखक संघ की भूमिका क्या होगी?

नामवर सिंह : बहुत हिचक के साथ मैंने साथी लेखकों का यह प्रस्ताव स्वीकार किया। सभी जानते हैं कि प्रगतिशील लेखक संघ की संगठनात्मक हालत बहुत अच्छी नहीं है। बड़ी मुश्किल से पाँच साल के बाद यह सम्मेलन हुआ। आगे यह सम्मेलन कब होगा, कहना मुश्किल है। बिखराव है। जनवादी लेखक संघ भी अखिल भारतीय स्तर पर बिखरा हुआ है। हालाँकि दिल्ली में यह थोड़ा सक्रिय जरूर है। जनसंस्कृति मंच स्थानीय संगठन बन कर रह गया है। लेकिन मैं यह भी महसूस करता हूँ कि प्रगतिशील और जनवादी लेखकों को आज के माहौल में बिलकुल चुप बैठे नहीं रहना चाहिए। कुछ न कुछ तो करना ही चाहिए। इसी उम्मीद में मैंने इस दायित्व को स्वीकार कर लिया। कुछ दिन पहले जनवादी लेखक संघ के अध्यक्ष प्रो. चंद्रबली सिंह से बात हुई। कुछ साल पहले हम लोगों ने यह तय किया था कि इलाहाबाद में दोनों लेखक संगठनों की ओर से 'वर्तमान राष्ट्रीय संकट और लेखक का दायित्व' पर एक सम्मेलन किया जाए। कुछ कारणों से यह नहीं हो सका। बहुत सम्भव है कि आम चुनाव के बाद यह दिल्ली में हो।

रवीन्द्र त्रिपाठी : 1936 में जब प्रगतिशील लेखक संघ की स्थापना हुई थी, तब लेखकों में अपनी सामाजिक-राजनीतिक भूमिका को लेकर काफी उत्साह था। क्या कारण है कि आज उस तरह का उत्साह लेखक संगठनों में नहीं है?

नामवर सिंह : चंडीगढ़ में हुए सम्मेलन में भी इस तरह की चर्चा उठी थी। 1938 में जब प्रगतिशील लेखक संघ का कलकत्ता अधिवेशन हुआ था तब भी इस तरह के सवाल उठाए गए थे। भारत में प्रगतिशील लेखक संघ की स्थापना के पीछे

1935 में पेरिस में हुआ लेखकों का सम्मेलन था जिसमें भारत से सज्जाद जहीर, मुल्कराज आनन्द जैसे लेखकों ने भाग लिया था। पेरिस सम्मेलन के पीछे फासीवाद का खतरा था, जिसे दुनिया के लेखक महसूस कर रहे थे। आज भी फासीवाद का संकट अन्तर्राष्ट्रीय और राष्ट्रीय स्तर पर है। लेकिन मुझे लगता है कि भारत की राजनीतिक पार्टियाँ, खासकर वामपंथी पार्टियाँ उस गम्भीरता से फासीवाद के खतरे के प्रति सजग नहीं है। विडम्बना यह है कि भारत में फासीवाद का खतरा बाबरी मस्जिद के गिराए जाने के बाद दिन-ब-दिन बढ़ता जा रहा है। इसे वामपंथी लेखक और इतिहासकार बड़ी शिद्दत से महसूस करते हैं। लेकिन आपको याद होगा कि प्रगतिशील लेखक संघ के पहले अधिवेशन के पीछे कम्युनिस्ट पार्टी की भी बड़ी भूमिका थी, हालाँकि उस समय वह बहुत छोटी थी। इसके अलावा पंडित जवाहरलाल नेहरू का भी सहयोग था। उस समय वे कांग्रेस अध्यक्ष थे। इस तरह की दिलचस्पी यानी लेखकों और बुद्धिजीवियों को साथ लेने की उत्कट अभिलाषा राजनीतिक दलों में नहीं बची है।

रवीन्द्र त्रिपाठी : क्या वामपंथी पार्टियाँ अपनी सांस्कृतिक भूमिका को उस तरह नहीं निभा पा रही हैं जिस तरह उन्हें निभानी चाहिए?

नामवर सिंह : जहाँ तक वामपंथी दलों की राजनीतिक ताकत का सवाल है, मुझे यह कहने में कोई संकोच नहीं है कि राष्ट्रीय राजनीति में उनका असर सिर्फ बंगाल, केरल या त्रिपुरा के कारण नहीं है। उनकी नैतिक उपस्थिति अपने में महत्त्वपूर्ण है। इसलिए संख्या की दृष्टि से राष्ट्रीय राजनीति में बहुत ज़्यादा ताकतवर न होने के बावजूद उनकी भूमिका बहुत बड़ी है। आप कल्पना कीजिए कि यदि वामपंथी दल न होते तो देश की हालत क्या होती? तो वह तो है और उसके होने से भी लेखकों-बुद्धिजीवियों को बड़ी ताकत मिलती है। उसको मैं कम नहीं करता। लेकिन आज वामपंथी पार्टियाँ सिर्फ संसदीय राजनीति के दायरे में फँस कर रह गई हैं। आजादी के पहले कम्युनिस्ट पार्टी की ताकत सिद्धान्तों के कारण थी। इसलिए कई लेखक और बुद्धिजीवी यह अनुभव कर रहे हैं कि वामपंथी दलों को अब एक नई जमीन की तलाश करनी होगी। एजाज अहमद ने अभी इस आशय का एक लेख भी लिखा था। संसदीय भूमिका के बाहर किसानों, मजदूरों, निम्न मध्यवर्ग, लेखकों और संस्कृतिकर्मियों के बीच उन्हें नए ढंग से सक्रिय होना पड़ेगा। सांस्कृतिक राष्ट्रवाद का एक नया खतरा भाजपा के तेरह महीने के शासनकाल में बढ़ा है, जिसमें शिक्षा और संस्कृति के संस्थानों पर कब्जा जमाने की कोशिश हुई। उसका विरोध वामपंथी दलों को करना चाहिए। वे संस्थाएँ जिनकी स्वायत्तता नष्ट करने की कोशिश हुई, उनकी स्वायत्तता को फिर से स्थापित करने के लिए होना चाहिए।

रवीन्द्र त्रिपाठी : देश में सांस्कृतिक राष्ट्रवाद के नाम पर जिस तरह फासीवाद लाने की तैयारी हो रही है, उसे रोकने के लिए वामपंथी दलों को क्या करना चाहिए?

नामवर सिंह : आप देखिए कि एक डेढ़ महीने पहले तक देश में साम्प्रदायिक बनाम सेक्युलर के बीच राजनीतिक-वैचारिक बहस चल रही थी, पर लोकसभा में विश्वास मत के बहस के दौरान ही यह मुद्दा गौण हो गया। अब बहस 'भारतीय मूल' का होने पर चल रही है। यह बहस भाजपा ने शुरू की थी। बाद में मुलायम सिंह ने इसे उठाया। अब कांग्रेस के भीतर से यह बहस उठ गई है। वी.पी. सिंह ने इस मुद्दे पर शरद पवार का समर्थन कर दिया है। यानी भाजपा, समाजवादियों और कांग्रेस में सोनिया गांधी पर एक तरह की राय है। अकेले वामपंथी दल हैं जो यह कह रहे हैं कि इस सवाल को उठाने का खतरा क्या है। यानी साम्प्रदायिकता के मुद्दे को पीछे कर दिया गया है। हिन्दुत्व पर आधारित सांस्कृतिक राष्ट्रवाद को राष्ट्रीयता का पर्याय बनाने की कोशिश हो, जिम्मेदार मानता हूँ जिसने पंचमढ़ी में ही सोनिया गांधी के नेतृत्व में यह कहा कि हिन्दुत्व ही इस देश में सेक्युलरिज़्म को गारंटी देता है। यही तो भाजपा भी कह रही थी।

रवीन्द्र त्रिपाठी : ऐसे माहौल में लेखक की राजनीतिक भूमिका क्या होनी चाहिए?

नामवर सिंह : लेखक का मुख्य औजार तो कलम ही है। उसके विचार और सिद्धान्त होने चाहिए। कठिनाई यह है कि हमारी राजनीति में सिद्धान्तहीनता और विचार-शून्यता तो आ ही गई है, पर इस नई उत्तर-आधुनिकता के कारण साहित्य में भी विचार के विरोध का माहौल है। कुछ वर्षों से यह आरोप लगाया जा रहा था कि वामपंथी लोग साहित्य को विचारधारा का उपनिवेश बनाना चाहते हैं। अशोक वाजपेयी ऐसा कहते रहे हैं, पर साहित्य को विचार से दूर रखना तो फासीवाद का तर्क है। साहित्य और साहित्यकार को वैचारिक संघर्ष तो करना ही पड़ेगा।

रवीन्द्र त्रिपाठी : आपने उत्तर-आधुनिकता की चर्चा की। इसका जोर अन्तर्राष्ट्रीय और राष्ट्रीय परिदृश्य में काफी है। भारतीय सन्दर्भ में उत्तर-आधुनिकता का सिद्धान्त किस तरह की भूमिका निभा रहा है?

नामवर सिंह : उत्तर आधुनिकता पैदा हुई 1968 में मई क्रान्ति की असफलता के बाद फ्रांस में। उसके बाद वह पहुँची पूँजीवाद और साम्राज्यवाद के गढ़ अमेरिका में। भारत में भी मार्फत अमेरिका ही पहुँची है। मूल किताबें पढ़ कर इसके बारे में जानने-समझने वाले लोग कम हैं लेकिन एक सामान्य बोध के रूप में इसके बारे में कई बातें प्रचलित हो गई हैं। हिन्दी में तो सुधीश पचौरी ही इसके बारे में सबसे ज़्यादा लिख रहे हैं। बानगी के तौर पर मैं कुछ बातें बता रहा हूँ। उत्तर आधुनिकता में 'विमर्श' शब्द बहुत चला है यानी हर चीज़ विमर्श है। बाबरी मस्जिद का ध्वंस भी विमर्श है यानी भौतिक चीज़ नहीं है। क्रान्ति भी विमर्श है। उत्तर आधुनिकता भाषा को अन्तिम चीज़ मानती

है। पूरी सच्चाई को मायावाद की तरह विमर्श बताया जा रहा है। इससे जो नतीजे निकलते हैं वे खतरनाक हैं जैसे साहित्य सिर्फ भाषा का खेल है। सुधीश पचौरी लिखते हैं, 'नागार्जुन, काका हाथरसी, दाऊद इब्राहीम और बिल गेट्स–सब एक ही जगह घुले-मिले हैं।' ऐसा खेल जिसमें नागार्जुन, काका हाथरसी, बिल गेट्स और दाऊद इब्राहीम एक कोलाज की तरह हैं। इसमें साहित्यकार, खूँखार अपराधी, पैसेवाले, मसखरे और राजनेता–सब एक ही जगह मौजूद हैं। यह एक स्थिति है पर पूरी सच्चाई नहीं है। उत्तर आधुनिक विचारधारा इस स्थिति का औचित्य साबित कर रही है। सुधीश पचौरी कहते हैं कि साहित्य व्यवसाय हो गया है। माल हो गया है। यह कौन-सा सिद्धान्त है? उत्तर आधुनिकतावाद ने साहित्य को एक उपहास की चीज़ बना दिया है। एक ऐसा कार्निवाल बना दिया है, जो कांग्रेस दफ्तर के सामने और सोनिया गांधी के घर पर चल रहा है। उत्तर आधुनिकतावाद में एक और नया शब्द चलन में आया है–'प्राब्लमेटिक'। हिन्दी में इसका अनुवाद 'समस्यापरक' किया गया है। यह नितान्त भ्रष्ट अनुवाद है। अब प्राब्लमेटिक का क्या मतलब है? अगर हर चीज़ को आप समस्यापरक बना दें तो विरोध और संघर्ष भी समस्यापरक हो जाएँगे। बहस होगी कि किसी बात का विरोध होना चाहिए कि नहीं, तो वे कहेंगे कि पहले यह तय कर लिया जाए कि विरोध का मतलब क्या है और महीनों इस पर बहस करेंगे। फासिज़्म पर बहस होगी तो वे कहेंगे कि फासिज़्म है कि नहीं है, कैसा है, क्या है, इस पर पहले बहस कीजिए। दस साल यह बहस चलेगी और फासिज़्म का विरोध धरा रह जाएगा। इस देश में लेखकों का एक ऐसा तबका है जो खुले रूप में आरएसएस में नहीं जाता, भाजपाई नहीं है पर उसके विचार कभी सीधे-सीधे और कभी परोक्ष रूप से फासीवाद को मदद पहुँचाते हैं।

रवीन्द्र त्रिपाठी : ऐसे किन लेखकों की ओर आप संकेत कर रहे हैं?

नामवर सिंह : उदाहरण के लिए, इधर जो भारतीयतावाद पर बहस चल रही है उसे तो निर्मल वर्मा पिछले बीस साल से उठा रहे हैं। किताबें सारी वे यूरोप की पढ़ते हैं और भारतीयता का आग्रह करते हैं। यह भारतीयता ऊपर से भारतप्रेम लगती है, लेकिन है नहीं। इस तरह का राष्ट्रवाद वे बुद्धिजीवी उठा रहे हैं जो लोहिया के शब्दों में विश्वयार हैं। ये हिन्दुस्तान के बाहर अपनी रचनाओं का अनुवाद कराएँगे, वहाँ के पुरस्कार लेंगे और विश्वयारी की मिसाल पेश करेंगे और हमें भारतीयता का सिद्धान्त पढ़ाएँगे। एक भाजपा की भारतीयता है जो अमेरिका के लिए दरवाजे खोलती है और हमें भारतीयता का सिद्धान्त पढ़ाती है। ये बुद्धिजीवी अपने को नवगांधीवादी भी कहते हैं, यानी गांधीवाद का भी दुरुपयोग हो रहा है। ये गांधी जी को भी हथियार बना रहे हैं। सुधीश पचौरी की किताब में यह पढ़ कर मुझे हँसी आई कि "इसमें 'कम्युनिस्ट मेनिफेस्टो' भी है और 'हिन्द स्वराज' भी।" कहाँ 'कम्युनिस्ट मेनिफेस्टो'

और कहाँ 'हिन्द स्वराज'! इस तरह के बुद्धिजीवी सेक्युलरिज़्म के सिद्धान्त को भारतीय नहीं मानते। उदारतापूर्वक ये इस्लाम का भी नाम लेंगे, पर एक आश्रयदाता की तरह। सबॉल्टर्न हिस्ट्री वाले भी कम्युनिटी (समुदाय) की बात कर रहे हैं। इन्हें राष्ट्र के टुकड़े ज़्यादा महत्त्वपूर्ण लगते हैं, राष्ट्र नहीं। 'राष्ट्र' इन्हें 'ग्रैंड नैरेटिव' लगता है। विडम्बना यही है कि सबॉल्टर्न वालों ने अपने को पारिभाषित करने वाला यह शब्द ग्राम्शी से लिया है हालाँकि सबआल्टर्न वाले मार्क्सवाद के विरोध में हैं। ये भी सांस्कृतिक राष्ट्रवाद के खतरे के प्रति उदासीन हैं।

रवीन्द्र त्रिपाठी : आजकल जो लेखन हो रहा है, क्या आपको लगता है कि उसमें फासीवाद और सांस्कृतिक राष्ट्रवाद के खिलाफ वैचारिक पक्षधरता है?

नामवर सिंह : देखिए, और ज़्यादा जिक्र न भी करूँ तो तीन-चार उपन्यास इधर जरूर ऐसे आए हैं, जिनमें यह पक्षधरता है। जैसे रवीन्द्र वर्मा का उपन्यास 'निन्यानबे', गीतांजलिश्री का 'हमारा शहर उस बरस' और भगवान सिंह का 'उन्माद'। इसके अलावा अलका सरावगी का उपन्यास 'कलिकथा वाया बाइपास' भी धार्मिक संकीर्णता का विरोध करता है। इससे लगता है कि हिन्दी लेखकों का बड़ा हिस्सा इस खतरे को समझ रहा है। हमारे मित्र राजेन्द्र यादव भी 'हंस' के सम्पादकीय के माध्यम से सांस्कृतिक राष्ट्रवाद के इस खतरे के बारे में लगातार आगाह कर रहे हैं। यह दीगर बात है कि अपनी सनक में वे कई बार गैरजरूरी बातें भी कह जाते हैं। इसी तरह से हिन्दी में कई कहानियाँ और कविताएँ भी अपनी वैचारिक जिम्मेदारी निभा रही हैं।

[जनसत्ता, मई 1999 में 'बिना विचार कैसा साहित्य' शीर्षक से प्रकाशित]

हिन्दी को किसी से कोई खतरा नहीं है

संजय कुंदन की बातचीत

संजय कुंदन : हिन्दी के बारे में इन दिनों दो तरह की बातें कही जा रही हैं। एक तो यह कि बाजार के बढ़ते असर और सूचना क्रान्ति के विस्फोट ने इसके अस्तित्व पर संकट पैदा कर दिया है, लेकिन एक तबका यह भी कहता है कि इसका निरन्तर प्रसार हो रहा है और हिन्दी ने अपने को नई समझ के अनुरूप ढाल लिया है, आधुनिक तकनीक और संचार की ज़रूरतों के हिसाब से उसका एक नया रूप विकसित हो रहा है। आप क्या सोचते हैं?

नामवर सिंह : हिन्दी के साथ विडम्बना यह है कि इसकी तीन दुनियाएँ हो गई हैं। यानी आज इसके तीन रूप हैं। पहला तो राजभाषा वाला रूप है। दूसरा, वह जिसमें साहित्य रचा जा रहा है और तीसरा वह जो टीवी या मीडिया में प्रचलित है। आजादी की लड़ाई के दौरान हिन्दी को राष्ट्रभाषा बनाने का अभियान चला। उस समय हिन्दी के एक निश्चित रूप की तलाश चल रही थी, उसे एक व्यवस्थित रूप दिया जा रहा था। आजादी के बाद उसे राजभाषा घोषित किया गया और इस तरह एक सरकारी हिन्दी सामने आई। सरकारी कामकाज के हिसाब से उसे विकसित किया गया। अब इसी क्रम में उसे विश्व भाषा बनाने पर भी जोर है। इसके लिए उसमें कुछ अंग्रेज़ी के शब्द शामिल किए जा रहे हैं। लेकिन गौर करने की बात है कि इन कोशिशों में हिन्दी का साहित्यकार शामिल नहीं है। यह काम गैर साहित्यिक लोगों ने किया और कर रहे हैं। हिन्दी का दूसरा रूप वह है जिसमें साहित्य रचा जा रहा है। यह हिन्दी के बृहत्तर समाज की भाषा है, जनता की भाषा है। इसमें समाज की आत्मा बोलती है। इसमें अद्भुत वैविध्य है। इसमें विभिन्न अंचलों, क्षेत्रों की बोलियों की खनक है, मुहावरे हैं। यह एक तरफ रेणु, केदारनाथ अग्रवाल और त्रिलोचन जैसे रचनाकारों की भाषा है तो दूसरी तरफ प्रभाष जोशी जैसे पत्रकार की। इनमें ठेठ हिन्दी का ठाठ झलकता है। तीसरी हिन्दी वह है जिसका प्रयोग मीडिया कर रहा है। असल में यह

बाजार की भाषा है। वैसे बाजार की भाषा तो उर्दू भी थी, लेकिन वह एक अलग तरह का बाजार था। आज का बाजार अलग है। यह विश्व बाजार है, जिसमें उत्पादन और विपणन की प्रणाली बिल्कुल बदल चुकी है। आज ब्रैंड पर जोर है। आज उत्पादों और ब्रांडों के नाम अंग्रेज़ी में हैं, इसलिए भाषा में अंग्रेज़ी के शब्द आ रहे हैं। देश का नव धनाढ्य वर्ग खुद को इसी में अभिव्यक्त कर रहा है।

संजय कुंदन : कुछ लोग इस भाषा से चिन्तित हैं और इसे हिन्दी पर खतरे के रूप में देखते हैं।

नामवर सिंह : ऐसी बात नहीं है। हिन्दी को किसी से कोई खतरा नहीं है। कोई भी जीवित भाषा दूसरी भाषाओं से शब्द लेती है और उन्हें अपने भीतर पचा लेती है। हिन्दी ने भी यह काम किया है और कर रही है। अंग्रेज़ी के कई शब्द हिन्दी में घुल-मिल गए हैं। एक दौर में फारसी का वर्चस्व था लेकिन फारसी से हिन्दी को कोई नुकसान नहीं पहुँचा। फारसी से अनेक शब्द हिन्दी में आए और उनका तद्‌भवीकरण हुआ। तुलसीदास की रचनाओं में फारसी के शब्द भरे पड़े हैं। इसलिए अंग्रेज़ी से हिन्दी को कोई नुकसान नहीं होगा। वैसे साहित्य की जो भाषा है, वही सबसे ज़्यादा टिकाऊ रहेगी। हाँ, शिक्षण के स्तर पर यह ध्यान रखना होगा कि हम व्याकरण का ज्ञान कराते रहें, उसे न छोड़ें।

संजय कुंदन : साहित्य के पाठक कम हुए हैं, किताबें कम बिकती हैं। क्या इसे साहित्य की कम होती प्रासंगिकता के लक्षण मानें? क्या समाज साहित्य से मुँह मोड़ रहा है?

नामवर सिंह : साहित्य की प्रासंगिकता न कम हुई है न होगी। किसी भी सभ्यता को हम उसके साहित्य और कला के जरिए ही जानते हैं। एक लुप्त हो गई सभ्यता-संस्कृति के बारे में जानकारी प्राप्त करने का एक अहम जरिया साहित्य ही होता है। अब जैसे गुप्त काल को लें। इसके बारे में हम उस दौर के साहित्य से ही बहुत कुछ जानते हैं। कालिदास की रचनाएँ उस दौर के मानस को अभिव्यक्त करती हैं। यही बात वैदिक और मौर्य काल के साथ भी है। उस समय के सामाजिक-आर्थिक जीवन की जानकारी साहित्य से होती है। मुगल काल को हम साहित्य से जानते हैं या स्थापत्य से। लेकिन सिन्धु घाटी सभ्यता के बारे में हमारी जानकारी अपेक्षाकृत कम है, क्योंकि उसका साहित्य हमारे पास नहीं है। हम उसकी लिपि तक नहीं पढ़ पाए हैं। स्वाधीनता संग्राम या उस दौर के बारे में कई चीज़ें तो सरकारी रिपोर्टों और बहसों में भी उपलब्ध हैं, मगर हकीकत बयान करेगा साहित्य ही। साहित्य तो हमारी धड़कनों से जुड़ा है। इसे किसी व्यवस्था ने नहीं शुरू किया। यह न तो राजतंत्र की देन है, न धर्मतंत्र की न भू-मंडलीकरण की। साहित्य हर दौर में रहेगा। इसकी मूल आत्मा है लोकतंत्र। प्रजातंत्र इसका मूल स्वभाव है। यह जनतंत्र ही तो है कि साहित्य में अज्ञेय और मुक्तिबोध एक साथ हैं। भक्तिकाल में वैविध्य देख लीजिए। जिस

रीतिकाल में विविधता में कमी थी, उसका साहित्य कमजोर माना जाता है और उस दौर को सम्मानजनक स्थान प्राप्त नहीं है। समाज में लोकतंत्र खत्म भी हो जाए, साहित्य में वह जीवित रहेगा। जब देश में आपातकाल लागू हुआ तो साहित्य ने उसका विरोध किया। इसलिए साहित्य हमेशा प्रासंगिक रहेगा। उसे इस आधार पर न आँका जाए कि उसे ज़्यादा लोग पढ़ रहे हैं या कम। लोकप्रियता उत्कृष्ट साहित्य का कोई मापदंड नहीं है। श्रेष्ठ साहित्य या कला सर्वसुलभ हो, यह भी जरूरी नहीं। हर समय में उत्कृष्टता का एक उच्चतर पैमाना होता ही है। नोबेल पुरस्कार किसी कमजोर लेखक को नहीं मिल जाता। हॉलीवुड की फिल्में बिजनेस खूब कर लें पर वे उत्कृष्ट नहीं मानी जातीं। बड़े पुरस्कार कला फिल्मों को ही मिलते हैं। कान्स फिल्म फेस्टिवल जैसे आयोजनों में अच्छी और कलात्मक फिल्मों का ही दबदबा रहता है। यूरोप में तो कला फिल्में ही मुख्यधारा की फिल्में मानी जाती हैं। इसलिए जिस पॉपुलर कल्चर की बात की जा रही है, वह बहुत टिकने वाला नहीं है। अभी हम एक संक्रमण काल से गुजर रहे हैं। जल्दी ही लोग श्रेष्ठ साहित्य और कला की तरफ मुड़ेंगे।

संजय कुंदन : साहित्य में इन दिनों व्यक्तिगत टीका-टिप्पणियाँ खूब हो रही हैं। एक-दूसरे पर कीचड़ उछालने का सिलसिला-सा चल पड़ा है।

नामवर सिंह : यह कोई नई बात थोड़े ही है? पहले भी ऐसा होता आया है। असल में हम लोग निम्न मध्यवर्गीय पृष्ठभूमि से आए हैं। हमारी प्रतिक्रिया कई बार निजी और वैयक्तिक कोण ले लेती है। आज भी साहित्य में कई गुट हैं। इनमें खींचतान चलती रहती है लेकिन सच्चाई यह है कि इनमें आपस में कोई बुनियादी मतभेद नहीं है। साहित्य के सरोकारों को लेकर सब एक राय रखते हैं।

संजय कुंदन : इधर कहा जाने लगा है कि नई पीढ़ी कुछ खास नहीं कर रही है। वह पुरानी चीज़ों को ही दोहरा रही है।

नामवर सिंह : यह गलत आरोप है। हिन्दी साहित्य की विशेषता है कि इसमें हर दस साल के बाद एक नई पीढ़ी एक नई भाषा, एक नई पहचान के साथ सामने आ जाती है। पिछले एक दशक में जो पीढ़ी आई है, वह पुरानी पीढ़ी से काफी अलग है। लेकिन इस नई पीढ़ी ने अपनी पुरानी पीढ़ी को खारिज नहीं किया है, उससे काफी कुछ ग्रहण कर अपना अलग रास्ता तैयार किया है। इस पीढ़ी का अपना एक अलग अन्दाज़ है, मुहावरा है। आज हर क्षेत्र में एक ताजगी दिखती है चाहे वह कविता हो, कहानी हो या आलोचना।

संजय कुंदन : कहा तो यह भी जाता है कि युवा कवियों ने केदारनाथ सिंह या विष्णु खरे की भाषा की नकल की है।

नामवर सिंह : जो कह रहे हैं, उन्हें कहने दीजिए, पर मैं ऐसा नहीं मानता। आज जो भी नए कवि हैं, उन पर किसी का प्रभाव नहीं है। वे लीक नहीं पीट रहे। उनकी

अपनी भाषा है जो सिर्फ उनकी है। आप युवतर कवियों को देख लीजिए। चाहे वे शिरीष मौर्य हों या हरे प्रकाश उपाध्याय, सबका अपना तरीका है बात को कहने का। ये अपने विशिष्ट अनुभव के साथ आए हैं। कहानियों के साथ भी यही बात है। नीलाक्षी सिंह की कहानी 'परिन्दे के इन्तजार-सा कुछ, एक अद्‌भुत प्रेमकथा है, जिसमें बाबरी मस्जिद विध्वंस का सिर्फ रेफरेंस आया है, लेकिन यह इस मामले पर लिखी गई कई कविताओं और कहानियों से बेहतर है। आलोचना में भी बहुत अच्छा काम हो रहा है। कृष्णमोहन की हाल में आई किताब उल्लेखनीय है। उनके पास काफी अच्छी समझ है। इसी तरह मनमोहन (हालाँकि उम्र के हिसाब से वे वरिष्ठ हैं) की किताब भी महत्त्वपूर्ण है। आप साहित्य से हटकर देखिए। मीडिया में भी एक नई पीढ़ी आ चुकी है। अब पुराने लोग नहीं रह गए हैं। इस नई पीढ़ी की सोच और तरीका बिल्कुल अलग है। इसने मीडिया को काफी बदला है। मैं युवाओं को लेकर आश्वस्त हूँ और यह बात मैं किसी रणनीति के तहत नहीं कह रहा हूँ।

संजय कुंदन : आपने वामपंथी राजनीति को करीब से देखा है। क्या आपको नहीं लगता कि वामपंथ की चमक कमजोर पड़ी है, उसमें बिखराव आया है?

नामवर सिंह : उसमें बिखराव कहाँ आया है? आज भी उनका एक मोर्चा है चाहे वह पश्चिम बंगाल में हो या केन्द्र की राजनीति में। महत्त्वपूर्ण सवालों पर ये पार्टियाँ स्टैंड लेती हैं। मुझे लगता है, नेपाल की घटना का इन पर भी असर होगा। आने वाले समय में इनमें नए सिरे से गोलबन्दी हो सकती है और इनकी गतिविधियाँ भी तेज होंगी।

संजय कुंदन : लेकिन वामपंथ से प्रभावित साहित्यिक-सांस्कृतिक संगठनों की गतिविधियों में एक ठंडापन आया है।

नामवर सिंह : ऐसा ऊपरी तौर पर लगता है, पर हकीकत यह नहीं है। सभी लेखक संगठन सक्रिय हैं, उनके बीच में कोई दीवार नहीं है, एक खुलापन है। सब एक-दूसरे से मिल रहे हैं, विचार-विमर्श और बहस कर रहे हैं। उनकी पत्रिकाएँ निकल रही हैं, वे बड़े-बड़े आयोजन भी कर रहे हैं। अभी 1857 के सवाल पर सबने अपने-अपने तरीके के बहस में हिस्सा लिया। इसी पर केन्द्रित 'नया पथ' का अंक आया। लेखक और संस्कृतिकर्मी सामाजिक-राजनीतिक सवालों पर अपनी राय व्यक्त कर रहे हैं, स्टैंड ले रहे हैं। पिछले दिनों नन्दीग्राम के मुद्‌दे पर वामपंथी बुद्धिजीवियों ने लेफ्ट सरकार की आलोचना की।

संजय कुंदन : मायावती की सोशल इंजीनियरिंग को कुछ लोग राजनीति के नए प्रस्थान बिन्दु के रूप में देख रहे हैं। माना जा रहा है कि इससे समाज का बना-बनाया ढाँचा टूटेगा, एक नया समीकरण तैयार होगा और जाति प्रथा शिथिल होगी।

नामवर सिंह : मायावती की इस सोशल इंजीनियरिंग में कुछ भी नया नहीं है। कांग्रेस ने इस जातीय समीकरण को पहले ही आजमाया है। दरअसल आरक्षण की राजनीति

की अपनी एक सीमा है। बाबा साहब अम्बेडकर ने भी कहा था कि रिजर्वेशन एक खास समय तक के लिए ही लागू किया जाए, लेकिन उनके अनुयायियों ने इसे एक हथियार की तरह इस्तेमाल करना शुरू कर दिया है। इससे एक अलग तरह का कास्ट सिस्टम बनता जा रहा है। जाति प्रथा के बावजूद पहले सामाजिक जीवन में सौहार्द था, भाईचारा था। हिन्दू-मुस्लिम या कुछ जातियों के बीच खानपान न होने के बावजूद उनमें विद्वेष नहीं था। सम्बन्धों में एक सहजता थी। प्रेमचंद की 'पंच परमेश्वर' कहानी याद कीजिए, पर आज कटुता बढ़ गई है। सहजता खत्म हो गई है। सरकारी नौकरियों में जगह पा लेने या सुविधाएँ जुटा लेने के लिए एक होड़-सी लगी हुई है जबकि सिर्फ इससे कुछ नहीं होने वाला है। इससे आगे बढ़कर सोचना होगा। हाँ, एक बात जरूर है कि लोकतान्त्रिक अधिकारों के प्रति एक जागरूकता आई है। सभी समुदाय इसे लेकर सचेत हो रहे हैं।

संजय कुंदन : आज दुनिया में साम्राज्यवाद का खतरा बढ़ा है लेकिन इसे लेकर कोई मजबूत प्रतिरोध नहीं दिखाई देता।

नामवर सिंह : प्रतिरोध शुरू हो गया है। आज बुश का वर्चस्व टूटा है। खुद उन्हीं के देश में उनका विरोध हो रहा है। इराक में उन्होंने जो कुछ किया, वह फासिज़्म था। आज उनके इराक अभियान की अपने ही देश में आलोचना हो रही है। मुझे लगता है, इराक उनकी कब्र बनेगा। नए पूँजीवाद को लेकर भी अर्थशास्त्रियों में बहस शुरू हो गई है। बाजार आधारित अर्थव्यवस्था के अन्तर्विरोध सामने आने लगे हैं। अब इस बात की पड़ताल की जाने लगी है कि इसका कृषि पर क्या असर पड़ा है, पर्यावरण पर क्या असर पड़ रहा है? एक नए वैकल्पिक ढाँचे की तलाश जारी है। दुनिया में अलग-अलग स्तरों पर विरोध शुरू हो गया है। धीरे-धीरे यह और भी तेज होगा।

['नवभारत टाइम्स' में प्रकाशित]

अतीत का गुणगान करना पिछड़े समाजों की खास विशेषता होती है

अजित राय की बातचीत

अजित राय : 'नामवर के निमित्त' कार्यक्रम का उद्देश्य हिन्दी समाज के पिछड़ेपन के कारणों की पड़ताल और नए पुनर्जागरण की सम्भावनाओं की तलाश भी है। हिन्दी समाज के इस पिछड़ेपन का मुख्य कारण क्या है?

नामवर सिंह : इसका कोई एक कारण तो नहीं है, पर मुझे लगता है कि आत्म-समीक्षा की कमी एक मुख्य मुद्दा है। अपने अतीत का गुणगान करना पिछड़े समाजों की खास प्रवृत्ति होती है। ऐसा पिछड़ेपन की क्षति-पूर्ति के तौर पर किया जाता है। लोग भूल जाते हैं कि इससे पिछड़ापन और मजबूत होगा। हमेशा अपनी महान विरासत को याद करने से हमें कोई मदद नहीं मिलती। जरूरी काम यह है कि हम सिर झुकाकर अपने अन्दर झाँकें और आत्म-मंथन करें। दूसरों की आलोचना का जवाब देने की बजाय खुद अपनी आलोचना की पहल करें।

अपनी निर्मम आलोचना करना भी हमारी, हिन्दी प्रदेश की, संस्कृति की विशेषता रही है। यह परम्परा गौतम बुद्ध और भगवान महावीर से शुरू होती है। इसी परम्परा में आगे चलकर कबीर जैसे बेबाक सच बोलने वाले सन्त हुए। आधुनिक युग में भारतेन्दु हरिश्चंद्र, महावीर प्रसाद द्विवेदी, चंद्रधर शर्मा गुलेरी, रामावतार शर्मा, प्रेमचंद, जयशंकर प्रसाद, सूर्यकान्त त्रिपाठी 'निराला', राहुल सांकृत्यायन, हजारी प्रसाद द्विवेदी जैसे तेजस्वी साहित्यकारों एवं विचारकों ने उसी आत्म-समीक्षा की परम्परा को आगे बढ़ाया। हिन्दी प्रदेश की संस्कृति में यदि एक ओर जातिवाद की कट्टरता थी तो दूसरी ओर जातिवाद की जंजीरों को तोड़ने के लिए आवाज उठाई गई। औरतों को घर की चहारदीवारी में बन्द रखने की रीति-नीति निभाई गई तो स्त्री-मुक्ति के भी छिट-पुट प्रयास हुए। हिन्दुओं और मुसलमानों के बीच साम्प्रदायिक विद्वेष का बीज

बोया गया तो इसके विरुद्ध धार्मिक सद्‌भाव के भी गीत गाए गए। इतने गहरे सांस्कृतिक अन्तःसंघर्ष के बाद भी यदि दो-ढाई हजार वर्षों में ये सामाजिक और सांस्कृतिक बुराइयाँ दूर नहीं हुईं तो आज इन पर और भी गहराई से विचार करने की ज़रूरत है। गहन आत्म-चिन्तन के बाद सामूहिक एवं संगठित संघर्ष के लिए ठोस कार्यक्रम बनाना होगा। प्रभाष जोशी की अगुआई में देश भर में मेरे निमित्त जगह-जगह जो कार्यक्रम किए जा रहे हैं, वे सम्भवतः इसी दिशा में एक प्रयास है।

अजित राय : 'नामवर के निमित्त' कार्यक्रम में शीर्ष राजनेताओं की उपस्थिति को लेकर अच्छा-खासा विवाद उठ खड़ा हुआ है। आप क्या सोचते हैं?

नामवर सिंह : दरअसल हिन्दी में मुश्किल यह है कि जब मैं कुछ लिखता हूँ तो विवाद, जब मैं बोलता हूँ तो विवाद और यहाँ तक कि जब मैं खामोश रहता हूँ तब भी विवाद होता रहता है। इससे पहले भी मेरे बारे में, मेरे भाषणों के बारे में...और मेरे वक्तव्य अखबारों में काफी कुछ गलत छपते रहे हैं पर मैंने कभी किसी बात का जवाब देना या खंडन करना उचित नहीं समझा। मैं जिस शहर (बनारस) से आया हूँ, वहाँ के प्रायः सभी दिग्गज साहित्यकारों–भारतेन्दु, प्रेमचंद, प्रसाद से लेकर हजारी प्रसाद द्विवेदी तक–के बारे में बहुत कुछ गलत छपा। किसी ने भी कभी सफाई नहीं दी। इसे आप ठेठ बनारसी रंग भी कह सकते हैं। वैसे भी मैं साहित्य का सफाई कर्मचारी नहीं हूँ। सफाई देने से कूड़ा और बढ़ता है। कहा भी गया है–'यूँ शीशा मेरे मुँह न लगा मैं नशे में हूँ।'

अजित राय : क्या आप मानते हैं कि साहित्यिक समारोहों में राजनेताओं को बुलाया जाना चाहिए?

नामवर सिंह : 1936 में प्रगतिशील लेखक संघ के पहले अधिवेशन में अपने अध्यक्षीय वक्तव्य में प्रेमचंद ने कहा था–'साहित्य राजनीति के आगे जलने वाली मशाल है।'' इस वाक्य से हमारी परम्परा का पता चलता है। हमारी परम्परा में ही साहित्य और राजनीति में गहरा सम्बन्ध है। राजनीति से सबसे दूर माने जाने वाले कवि सूरदास ने भी इसे स्वीकार किया है। एक जगह गोपियाँ उद्धव से कहती हैं–'प्रभु राजनीति पढ़ि आए।' हम इसे हिन्दी में कविता में 'राजनीति' शब्द का सबसे पुराना प्रयोग कह सकते हैं। तुलसीदास और कबीर में भी यह देखा जा सकता है। भारतेन्दु हरिश्चंद्र ने हिन्दी भाषा पर जो दोहे लिखे हैं, उसमें एक पंक्ति है–'राजनीति समुझैं सकल।' जयशंकर प्रसाद में भी यही बात है। तो जब साहित्य और राजनीति में ही इतना गहरा सम्बन्ध है तो राजनेता और साहित्यकारों में भी सम्बन्ध होगा ही।

महात्मा गांधी के आश्रमों में मैथिलीशरण गुप्त की रचना 'भारत-भारती' गाई जाती थी। जवाहरलाल नेहरू का रामधारीसिंह दिनकर से गहरा सम्बन्ध था। स्वाधीनता आन्दोलन के दौरान कई लेखक जेल गए। महात्मा गांधी हिन्दी साहित्य

सम्मेलन के दो बार अध्यक्ष चुने गए थे। पंडित नेहरू ने प्रगतिशील लेखक संघ के इलाहाबाद अधिवेशन का उद्घाटन किया था। यही नहीं, राजनीतिक पार्टियों के अधिवेशन में भी साहित्यकारों की भागीदारी होती रही है। यह दुखद है कि वामपंथी पार्टियों को छोड़कर अब किसी पार्टी का लेखकों से सम्बन्ध नहीं रहा। भारतीय जनता पार्टी के पास तो बहुत कम लेखक हैं। एक बार विष्णुकान्त शास्त्री ने हिन्दुत्व के समर्थक लेखकों की एक सूची तैयार की थी जो 'पांचजन्य' में छपी थी। इस सूची में बड़ी मुश्किल से दस-बारह नाम गिनाए गए थे। हिन्दुत्व से सहानुभूति रखने वाले लेखकों में नरेश मेहता, शैलेष मटियानी और निर्मल वर्मा के नाम थे। इस सूची में आज दो नाम और जुड़ गए है—विद्यानिवास मिश्र और अशोक वाजपेयी।

जब लक्ष्य एक हो और चुनौती बड़ी हो तो साहित्यकारों और राजनेताओं को कन्धे से कन्धा मिलाकर लड़ना पड़ता है। दुनिया के कई देशों में ऐसा हुआ है। भारत में तो हमारे जीवन में ही साहित्य, संस्कृति और राजनीति ऐसी गुँथी हुई है कि किसी एक को अलग नहीं किया जा सकता। जिस दौर में लोग गरीबी, भुखमरी और बेरोजगारी में आत्महत्याएँ कर रहे हों, उस दौर में केवल साहित्यकारों से काम नहीं चलेगा। इस विमर्श में समाज के सभी तबकों को शामिल करना होगा।

अजित राय : डॉ. रामविलास शर्मा ने हिन्दी इलाके के पिछड़ेपन का कारण अंग्रेजों की पक्षपाती नीतियों को माना है। क्या आप इससे सहमत हैं?

नामवर सिंह : बिलकुल नहीं। इस तरह के सारे प्रयास वैसे ही हैं, जैसे यह कहना कि मेरे परदादा ने घी खाया था, आप मेरा हाथ सूँघ लीजिए। मेरे गुरु आचार्य हजारी प्रसाद द्विवेदी ने 'कंजर्वेटिव' शब्द का हिन्दी अनुवाद 'रक्षणशील' किया था। वे कहते थे कि यह मध्यदेश विचार के मामले में तो पूरी छूट देता है पर आचरण के मामले में रक्षणशील है। यही वजह है कि नवजागरण के दौरान महाराष्ट्र, बंगाल और दक्षिण भारत में बड़े सामाजिक सुधार और बदलाव हुए पर हिन्दी क्षेत्र में आज भी जाति-प्रथा और अन्य भेदभाव कायम हैं। क्या वजह है कि आज ज्ञान का साहित्य हिन्दी में नहीं आ रहा है जबकि 1947 से पहले यह बात नहीं थी। आप देखिए कि द्वितीय विश्व-युद्ध के दौरान जब अमेरिका ने जापान पर परमाणु बम गिराया था तो उत्तरांचल, गढ़वाल के कवि चंद्र कुँवर बरनवाल ने 1946 में 'हिरोशिमा का शाप' शीर्षक से एक कविता लिखी—'एक दिन न्यूयॉर्क भी मेरी तरह हो जाएगा/जिसने मिटाया है हमें वह भी मिटाया जाएगा/आज ढाई लाख में कोई नहीं जीवित रहा/एक दिन न्यूयॉर्क में भी कोई नहीं रह जाएगा।' सन्तोष की बात केवल इतनी है कि हिन्दी क्षेत्र सामाजिक, आर्थिक या राजनीतिक दृष्टि से चाहे जितना पिछड़ा हो, बौद्धिक और साहित्यिक दृष्टि से आगे है। साहित्य आज भी मार्ग प्रशस्त कर रहा है। शब्दों के द्वारा हम आगे-आगे रास्ता बना रहे हैं। अब यह राजनीति का दायित्व है कि वह इस रास्ते पर चलती है या नहीं।

अजित राय : एक लेखक के रूप में क्या आप अब तक के कार्यों से सन्तुष्ट हैं? आप अपनी जवाबदेही को किस रूप में देखते हैं?

नामवर सिंह : लेखक की जवाबदेही पर सोचते हुए मुझे याद आता है कि 15 साल पहले जब मैं साठ साल का हुआ था तो मेरे मित्र शानी ने मुझ पर साहित्य अकादमी की पत्रिका 'समकालीन भारतीय साहित्य' का एक अंक निकाला था। उसमें विश्वनाथ त्रिपाठी ने एक लेख लिखा था–'हक अदा न हुआ।' मुझे मुक्तिबोध की याद आ रही है और आत्म-समीक्षा का गहरा अहसास भी हो रहा है–'दिया क्या तुमने?' अब तक मैं केवल दूसरों से लेता ही रहा। फिर सोचता हूँ कि मेरे जैसे 75 साल के इस बूढ़े की और क्या जवाबदेही हो सकती है, सिवा इसके कि बच्चों को अपने पास बुलाकर कहानियाँ सुनाऊँ? रघुवीर सहाय के शब्दों में कहूँ तो 'लोग भूल गए हैं।' हिन्दी क्षेत्र में इतनी तेजी से स्मृति लोप हो रहा है कि इसका फायदा वे लोग उठा रहे हैं जो सचमुच चाहते हैं कि लोग सही चीज़ें भूल जाएँ और केवल वही याद रखें जो आज बताया जा रहा है। ऐसे में कई चीज़ों को याद दिलाना ही आलोचक की सबसे बड़ी जवाबदेही है।

अजित राय : हिन्दी क्षेत्र में ही सबसे अधिक साम्प्रदायिकता क्यों फैली, जबकि इतिहास में इसकी कोई बड़ी परम्परा हमें नहीं मिलती?

नामवर सिंह : इस सन्दर्भ में आलोक राय की किताब 'हिन्दी नेशनलिज़्म' की चर्चा जरूरी है। वह इलाका जहाँ 1918 में किसान आन्दोलन हुआ (अवध), 1925 में पहली ट्रेड यूनियन बनी (कानपुर), 1942 में भारत छोड़ो आन्दोलन हुआ, उसी क्षेत्र में हिन्दू साम्प्रदायिकता आज इतनी मजबूत हो गई है। इस पर विचार किया जाना चाहिए कि ऐसा क्यों हुआ और इसमें हिन्दी का कितना हाथ है? जिस इलाहाबाद से 'सरस्वती' पत्रिका निकली, जिसमें 20 साल तक लगातार विज्ञान पर छपा, वहीं के मुरली मनोहर जोशी वैदिक ज्योतिष ला रहे हैं। जिस बनारस में प्रेमचंद ने इतना लिखा, जहाँ वामपंथ की लम्बी परम्परा रही वहीं आज साम्प्रदायिक पार्टियाँ जीत रही हैं। यह सब कैसे हुआ? कोई दावा नहीं कर सकता था कि हिन्दू धर्म में परम्परा यही है। यहाँ एक नहीं, अनेक परम्पराएँ हैं। अलीगढ़ मुस्लिम विश्वविद्यालय से सारे प्रगतिशील शायर निकले और काशी हिन्दू विश्वविद्यालय से आन्ध्र-प्रदेश के अधिकतर कम्युनिस्ट नेताओं ने शिक्षा पाई। बंगाल में एक से एक बुद्धिजीवी हुए पर हमारे उत्तर भारत के भाग्य में स्वामी दयानन्द सरस्वती ही दिखाई पड़े। यह जाँच का विषय है कि आर्य समाज का असर हिन्दी क्षेत्र में कितना है। अशोक सिंघल ने दावा किया था कि बाबरी मस्जिद गिराने वालों में अच्छी-खासी संख्या उन कारसेवकों की थी जो आर्य समाजी रहे थे। इसी हिन्दी में उन्नीसवीं सदी में वैष्णव भारतेन्दु हरिश्चंद्र ने 'रसा' नाम से उर्दू में कविताएँ लिखीं, विज्ञान की किताब

छपवाई। बीसवीं सदी में महावीर प्रसाद द्विवेदी ने 'मैं नास्तिक क्यों हूँ?' पर बहस चलाई। हमें संस्कृत के विद्वानों के बारे में अक्सर भ्रम रहता है कि वे पोंगापंथी होते हैं। काशी में ही पंडित रामावतार शास्त्री ने अन्धविश्वास का मजाक उड़ाया और पंडित चंद्रधर शर्मा 'गुलेरी' ने 'कछुआ धर्म' लेख लिखा। उत्तर प्रदेश में माध्यमिक कक्षाओं में उर्दू पढ़ाई जाती थी। 1947 के बाद सम्पूर्णानन्द ने इसे बन्द करवा दिया। तभी से गलत हिन्दी लिखने वाले पैदा होने लगे।

मुझे याद है, जब मैं बनारस में था तो जयन्त विष्णु नार्लीकर के पिता पर आध्यात्मिक प्रभाव कुछ ज़्यादा ही था। राष्ट्रीय स्वयं सेवक संघ की शाखाओं में जाने वाले शिक्षकों में बड़ी संख्या विज्ञान एवं प्रौद्योगिकी विभाग के शिक्षकों की थी। गरज यह कि पिछले पचास सालों में हिन्दी क्षेत्रों में कुछ ऐसा जरूर हुआ है जिससे साम्प्रदायिकता इतनी बढ़ गई।

अजित राय : आपके बारे में कहा जाता है कि आप आलोचना में राजनीति करते हैं। जिस लेखक का नाम ले लेते हैं उसका महत्त्व बढ़ जाता है; वह मुख्यधारा का लेखक बन जाता है। क्या यह सच है?

नामवर सिंह : यदि मैं यह कहूँ भी कि मैं आलोचना में राजनीति नहीं अपनाता तो इस पर कोई विश्वास नहीं करेगा। मैं कुछ भी करूँ तो लोग विवाद ढूँढ़ लाएँगे। लोग यह भी कहते हैं कि जिस लेखक की मैं चर्चा नहीं करता वह हाशिए पर पड़ जाता है। यह बात निराधार है। साहित्य में मुख्य-धारा जैसी कोई बात नहीं होती। धाराएँ होती हैं। फिर राजनीति में तो हाशिए पर चले जाने से नुकसान होता है पर साहित्य में हाशिया बहुत महत्त्वपूर्ण होता है। हमने देखा है कि हिन्दी ही नहीं प्रायः सभी भाषाओं में जो लेखक कभी हाशिए पर रहे वे आज काफी महत्त्वपूर्ण लेखक हैं। त्रिलोचन, नागार्जुन, शमशेर बहादुर सिंह की बात छोड़ भी दें तो निराला और गालिब के साथ भी यही हुआ। काशी में मिश्र बन्धुओं ने नव-रत्नों में कबीर को शामिल नहीं किया था तो क्या हो गया? जिस समय साहित्य में, आलोचना में जो सिद्धान्त और सौन्दर्य-शास्त्र वर्चस्व में होता है, वह अपने से अलग साहित्य को हाशिए पर डाल देता है। इसलिए 1950 तक सामाजिक सरोकारों वाला साहित्य हाशिए पर पड़ा रहा। सूर-तुलसी-कबीर के बारे में तो एम.ए. में प्रश्न आता था कि वे भक्त थे या कवि। उन्हें कवि माना ही नहीं जाता था। साहित्य में भी बाजार के कारण लेखकों के भाव में उछाल और गिरावट होती रहती है। हाँ, यह जरूर है कि कभी-कभी बड़े आलोचक भी आत्मरति के शिकार हो जाते हैं और उनमें भी कई अन्ध-बिन्दु होते हैं। डॉ. रामविलास शर्मा ने जो सुमित्रानन्दन पन्त पर लिखा, वह आत्मरति ही थी। इसी प्रकार कार्ल-मार्क्स के लिए 'वर्ग संघर्ष'—एक ऐसा अन्ध-बिन्दु है जिससे परे वे कुछ और देख ही नहीं सके। दुर्भाग्यवश भारत में कई मार्क्सवादियों ने भी मार्क्स

के 'अन्ध-बिन्दुओं' को ज्यों का त्यों अपना लिया। वे मजदूर के शोर में किसान को और वर्ग के प्रसंग में जाति को भूल गए।

अजित राय : धर्म और धर्मनिरपेक्षता को लेकर जो बहसें हो रही हैं, वे उलझती जा रही हैं। आजकल हर कोई अपने-आपको सेक्युलर कह रहा है। आप क्या सोचते हैं?

नामवर सिंह : पिछले कुछ वर्षों से यह पूरी कोशिश हुई है कि 'सेक्युलर' शब्द को अर्थहीन बना दिया जाए। कुछ बुद्धिजीवी भी इस शब्द का प्रयोग न करने की बात कर रहे हैं। यह तर्क भी दिया जा रहा है कि हम सेक्युलर इसलिए हैं क्योंकि हम हिन्दू हैं! जो लोग साम्प्रदायिक हैं वे खुद को सेक्युलर और वामपंथियों को छद्म सेक्युलर कहने लगे हैं। मेरा मानना है कि 'सेक्युलर' शब्द का सही अनुवाद 'धर्मनिरपेक्षता' नहीं है। इस शब्द का सही हिन्दी अनुवाद हो ही नहीं सकता, क्योंकि यह भारतीय अवधारणा नहीं है। न तो प्राचीन भारत में सेक्युलरिज़्म था, न मध्ययुग में क्योंकि बहुलता सेक्युलर होने की गारंटी नहीं है। इस बहुलतावाद में जातियों और सम्प्रदायों का पदानुक्रम था तथा हर युग में विशेषाधिकार सम्पन्न एक धर्म और समुदाय का वर्चस्व था। समानता और न्याय के बिना सेक्युलरिज़्म सम्भव ही नहीं है। इसी तरह सहिष्णुतावाद सेक्युलरिज़्म नहीं है। सेक्युलरिज़्म एक आधुनिक अवधारणा है जो पश्चिम से आई है। यह आधुनिक लोकतंत्र और अर्थव्यवस्था से निकली है। यही कारण है कि एक धर्म वाले देश में भी सेक्युलरिज़्म के सवाल उठते रहे हैं। अकबर और अशोक के जमाने में सहिष्णुता थी सेक्युलरिज़्म नहीं था। यह अवधारणा उन्नीसवीं सदी में नई औद्योगिक-आर्थिक सभ्यता के साथ विकसित हुई। हिन्दू-उर्दू के कई लेखकों ने उन्नीसवीं सदी में अंग्रेजों की तारीफ इसलिए की है कि उन्होंने कोर्ट-कचहरियाँ खोलकर पहली बार यह अहसास दिलाया कि न्याय के सामने सब बराबर हैं। औपनिवेशिक काल में यही सेक्युलरिज़्म की शुरुआत थी। फिर प्रेस आया और सिविल अस्पताल खुले। यह बात भी है कि सेक्युलरिज़्म के दो अर्थ भी होते हैं–यूनिवर्सल और लोकल। विशेष भारतीय परिस्थिति में सेक्युलरिज़्म को 'वर्क आउट' करना अभी बाकी है।

'सेक्युलरिज़्म' की लड़ाई केवल राजनीतिक लड़ाई नहीं है न ही संवैधानिक। और न ही कानूनी दाँव-पेंच करके और कचहरियों में पटवारियों जैसी बहस करके यह लड़ाई जीती जा सकती है। कारण कि केवल राज्य कि सेक्युलर होने से हमारा काम नहीं चल सकता–समाज को सेक्युलर होना पड़ेगा। कांग्रेसी भी अपने को सेक्युलर कहते हैं, पर सबसे ज़्यादा साम्प्रदायिक घटनाएँ उन्हीं के शासन में घटीं। खतरा बड़ा यह है कि कांग्रेसी या वामपंथी दल या अन्य दल जो अपने को सेक्युलर कहते हैं, वे व्यावहारिक यानी उपयोगिता के कारण खुद को सेक्युलर कहते हैं। ये पार्टियाँ सैद्धान्तिक रूप से सेक्युलर नहीं हैं न ही इनके लिए सेक्युलरिज़्म कोई ऐसा

मूल्य है जिसकी रक्षा के लिए ये नुकसान उठाने को भी तैयार रहें। अब तो हालत यह है कि ईसाइयों, पारसियों और आदिवासी समुदायों में भी साम्प्रदायिकता की हवा फैल रही है। हिटलर और मुसोलिनी के फासीवाद का खतरा कम था, क्योंकि वहाँ सिर्फ राज्य फासीवादी हुआ था। आज तो पूरे समाज को साम्प्रदायिक बनाने का प्रयास हो रहा है। यह ठीक है कि साहित्य में सेक्युलरिज़्म बचा हुआ है, पर समाज में सेक्युलरिज़्म होना चाहिए। इसलिए आधुनिकता का प्रोजेक्ट अभी अधूरा है।

आज साहित्य में एक और कोशिश हो रही है—जैसा कि रामस्वरूप चतुर्वेदी ने निराला के 'तुलसीदास' की व्याख्या करके किया तो सुधीश पचौरी ने रामचंद्र शुक्ल को कट्टर हिन्दू आलोचक कहकर किया। कई उर्दू साहित्यकारों में हिन्दू-परम्परा की खोज की जा रही है। यह हमारी साहित्यिक परम्परा को हिन्दुत्व द्वारा एप्रोप्रियेट करने की कोशिश है।

अजित राय : पिछले 50 वर्षों में हिन्दी साहित्य में जो बदलाव आया है, उसका सिंहावलोकन आप किस रूप में करते हैं?

नामवर सिंह : स्वाधीन भारत के पहले दशक तक हिन्दी साहित्य अपनी पूर्व परम्परा के अनुसार बहुकेन्द्रित था। पटना, इलाहाबाद, बनारस, लखनऊ, जबलपुर ही नहीं अहिन्दी भाषी क्षेत्रों में भी; जैसे कलकत्ता, मुम्बई, नागपुर, हैदराबाद आदि ऐसे केन्द्र थे किन्तु 1960 के बाद देश की राजधानी दिल्ली हिन्दी भाषा एवं साहित्य की भी राजधानी हो गई। राजभाषा का आन्दोलन तो दिल्ली से ही लड़ा गया। दिल्ली हिन्दी प्रकाशन जगत का भी केन्द्र बनी। मुख्य पत्र-पत्रिकाएँ भी यहीं से निकले और यह हिन्दी पत्रकारिता का भी केन्द्र बन गई। इसका परिणाम यह हुआ कि विशाल हिन्दी क्षेत्र के गाँवों-कस्बों से प्रतिभाएँ दिल्ली आने लगीं। इस केन्द्रीयता का असर हिन्दी भाषा और साहित्य के स्वभाव पर कितना पड़ा, यह विस्तृत समाजशास्त्रीय अध्ययन का विषय है। इस केन्द्रीयता से न सिर्फ हिन्दी में विविधता और बहुलता नष्ट हुई और एकरूपता आई बल्कि वर्चस्व, सत्ता और मठ की राजनीति भी पनपी। आज ये दोनों प्रवृत्तियाँ चरम पर हैं।

हिन्दी कथा-साहित्य में प्रेमचंद ने ग्राम-जीवन को केन्द्र में रखा। बाद में भले ही अज्ञेय, जैनेन्द्र, भगवतीचरण वर्मा, यशपाल आदि ने शहरी मध्यवर्ग को केन्द्र बनाने की कोशिश की। फणीश्वरनाथ रेणु, नागार्जुन ने पुनः ग्राम-जीवन को केन्द्र में स्थापित किया। स्वाधीन भारत में शहरीकरण की तीव्र प्रक्रिया के बावजूद आज भी कथा-साहित्य के केन्द्र में ग्रामीण और कस्बाई जीवन ही है। कारण कि हिन्दी भाषा और साहित्य की मूल चेतना ही ग्राम-प्रधान है। इसका प्रमाण यह है कि पिछले 50 सालों में जितनी महत्त्वपूर्ण रचनाएँ आई हैं, उनका विषय ग्रामीण या कस्बाई है, महानगरीय नहीं। इसमें नई बात यह हुई है कि जनजातीय समुदायों पर भी महत्त्वपूर्ण रचनाएँ आई हैं। इसका

असर हिन्दी कविता पर भी पड़ा है। नई कविता नगर केन्द्रित थी पर धूमिल के साथ फिर से कविता के केन्द्र में गाँव और कस्बों का रोजमर्रा का जीवन आया।

इस अर्धशती में एक बड़ी बात यह हुई कि जो पचास के दशक में शीत-युद्ध की राजनीति के चलते विचारधाराओं का संघर्ष था तथा जिसका आरम्भ मोटे तौर पर इलाहाबाद में परिमल और प्रगतिशील लेखक संघ की बहसों से हुआ, वह अब इतिहास की वस्तु हो गया है। हालाँकि सत्तर के दशक में भोपाल में मध्य-प्रदेश कला-परिषद् और भारत-भवन बनने के बाद वह द्वन्द्व फिर से उभरा और मुद्दा बना कि क्या साहित्य में अब विचार के लिए भी जगह नहीं बचेगी? एक दौर में जो मार्क्सवाद विरोध था उसकी परिणति अब विचार के विरोध में हुई। किन्तु हिन्दी की नई पीढ़ी ने अब इस पुरानी बहस को अस्वीकार कर दिया है। अब नई पीढ़ी के सामने कुछ नये मुद्दे उठे हैं जैसे दलित-विमर्श, स्त्री-विमर्श, सामाजिक न्याय और धर्मनिरपेक्षता। इन विमर्शों के कारण जैसे उन्नीसवीं शताब्दी में सामाजिक समस्याओं को लेकर जैसा नव-जागरण हुआ था उसी तरह की चेतना अब नए सिरे से नई पीढ़ी में विकसित हो रही है। बाबरी मस्जिद के ध्वंस के बाद एक बार फिर हिन्दी लेखकों के बीच समाज में धर्म के स्थान और धर्मनिरपेक्षता को लेकर नए सिरे से बहस शुरू हुई है। हिन्दी लेखकों के लिए हिन्दी प्रदेशों का घोर पिछड़ापन केन्द्रीय चिन्ता का विषय बना है। अब उनमें खंड-खंड में विभक्त हिन्दी प्रदेशों के बीच सांस्कृतिक एकजुटता की आवाज उठने लगी है।

['रोशनाई', पटना, 2 अक्टूबर, 2001]

किताबें कभी-कभी हथियार बन जाती हैं

कला राय की बातचीत

कला राय : हिन्दी क्षेत्र का प्रायः हर संस्थान और आयोजन अपने मूल उद्देश्यों से भटककर गिरोहबाजी का शिकार हो जाता है। इसमें प्रायः हर कोई शामिल है, इस पर आपकी क्या प्रतिक्रिया है?

नामवर सिंह : ऐसा तो नहीं है कि गिरोहबाजी या गुटबाजी सिर्फ हिन्दी वालों में ही है। यह लोकतंत्र की विशेषता है कि यहाँ अपने-अपने विचार प्रकट करने एवं उस पर वैचारिक बहस करने के लिए सभी स्वतंत्र हैं। इस पर बहस चलती रहती है। हमारे यहाँ हिन्दी संस्कृति, भाषा-साहित्य एवं हिन्दी समाज काफी उन्मुक्त हैं। अतः इन्हें गिरोहबाजी या गुटबाजी कहना सही नहीं है।

कला राय : हिन्दी समाज के संक्रमण और संकट तथा गोबरपट्टी के इलाज के लिए आप क्या सोचते हैं?

नामवर सिंह : यह सही है कि आज का हिन्दी समाज संक्रमण एवं संकट के दौर से गुजर रहा है। मैं तो कहता हूँ, सिर्फ हिन्दी समाज ही नहीं, पूरा विश्व इस दौर में संक्रमण से ग्रसित है, खासकर शिक्षा एवं शिक्षण तंत्र। गौरतलब है कि यही तंत्र समाज को सिर्फ सही राह ही नहीं दिखाता वरन् उन पर चलने को प्रेरित भी करता है। वैसे, इसके इलाज की कोशिशें भी की जा रही हैं। निश्चय ही आज का अधिकांश साहित्य विद्रोह एवं आलोचना का साहित्य है। इतिहास साक्षी है कि किताबें कभी-कभी हथियार का काम करती हैं लेकिन ज़रूरत है इस ओर और अधिक कोशिश करने की।

कला राय : साहित्य के पोषण एवं संवर्द्धन में विश्वविद्यालय की भूमिका को लेकर पाठक और लेखक सन्देह व्यक्त करते हैं। प्राध्यापकीय आलोचना को लेकर असहमतियाँ हैं। इस पर आप क्या कहेंगे?

नामवर सिंह : विश्वविद्यालय ने आरम्भ में हिन्दी साहित्य के अध्ययन एवं पठन-पाठन में काफी योगदान किया था लेकिन पिछले दस वर्षों में निश्चय ही विश्वविद्यालय में

हिन्दी पठन-पाठन में ठहराव-सा आ गया है और कुछ विश्वविद्यालयों में गिरावट भी आई है। विश्वविद्यालय का मकसद अब सिर्फ परीक्षा पास कराना रह गया है। इससे पठन-पाठन को काफी नुकसान भी हुआ है। लेकिन इससे भी इनकार नहीं किया जा सकता कि इसे बदलने की कोशिशें की जा रही हैं और उम्मीद है कि आनेवाले दिनों में इसे दूर भी कर लिया जाएगा।

कला राय : वर्तमान में स्त्री एवं दलित-विमर्श जोरों पर हैं। कुछ दिनों पहले प्रेमचंद को दलित-विरोधी करार दिया गया। क्या कहना चाहेंगे?

नामवर सिंह : साहित्य में हमेशा बहस चलती रहती हैं। इससे गुरेज भी नहीं है। हाँ, यह सही है कि इधर लेखकों ने औरतों को ताकतवर बनाने एवं दलितों को उनका हक एवं अधिकार दिलाने को लेकर अपनी लेखनी का पुरजोर इस्तेमाल किया है। जहाँ तक प्रेमचंद का सवाल है तो इस पर मतभेद है, और यह लम्बा खिंचेगा क्योंकि यह साहित्यिक बहस कम, राजनीतिक मुद्दा ज़्यादा है।

कला राय : आज की हिन्दी कविता नक्सलवाद और वामपंथ की अन्य रूढ़ियों से मुक्त हो चुकी है। जीवन को कविता में देखने का नजरिया बदला है। इस बदलाव को आप कैसे विश्लेषित करते हैं?

नामवर सिंह : ऐसा नहीं है कि नजरिए में पूरा बदलाव आया है। कुछ महत्त्वपूर्ण और अच्छे कवि हैं जो नक्सलवादी विचारधारा से सहानुभूति रखते हैं और ये अच्छे भी माने जाते हैं। इनमें कुछ कहानी एवं उपन्यास लिखने वाले भी हैं। साहित्यकार इसे अछूत नहीं मानते। मतभेद विचार में हो सकते हैं, साहित्य में नहीं।

कला राय : अधिकांश लोगों का मानना है कि उपन्यास का विकास कविता की तरह नहीं हो सका है। क्या यह सही है? अगर है तो इसका क्या कारण है?

नामवर सिंह : हिन्दी में उपन्यास लेखन की उम्र मात्र डेढ़ सौ साल है। बावजूद इसके, इन डेढ़ सौ सालों में ही उपन्यास ने जितने पाठक बनाए हैं, उतने कविता या साहित्य की किसी अन्य विधा ने नहीं बनाए हैं। अतः इसके विकास पर प्रश्नचिह्न खड़ा करना बिलकुल लाज़मी नहीं।

कला राय : वर्तमान राजनीति पर आपकी क्या प्रतिक्रिया है? साहित्य और राजनीति का कैसा समन्वय होना चाहिए?

नामवर सिंह : वर्तमान में राजनीति को लेकर बहुत कुछ कहने की ज़रूरत नहीं है। इतना तो तय है कि वर्तमान राजनीति से राजनीतिक विचारधारा एवं आदर्शवाद पूरी तरह समाप्त हो चुके हैं। वर्तमान में राजनीतिक पार्टियाँ भले ही अलग-अलग चुनाव लड़ती हों लेकिन पक्ष एवं विपक्ष में बैठने वाली पार्टियों की नीति एक ही है। वे सिर्फ येन केन प्रकारेण चुनाव जीत कर सांसद, विधायक तथा मंत्री होना चाहते हैं, न कि देश का विकास करना चाहते हैं। जहाँ तक राजनीति में साहित्य के दखल की बात

है तो हम सांस्कृतिक एवं साहित्यिक मोर्चे पर लड़कर, राजनीति में दखल देकर उसमें सुधार की गुंजाइश पैदा कर सकते हैं, क्योंकि किताबें कभी-कभी हथियार का भी काम करती हैं। साहित्य अपने आप में वह आन्दोलन है जिसमें बड़ा से बड़ा परिवर्तन समाहित है।

कला राय : पुस्तक मेले जैसे आयोजनों में राजनीतिज्ञों का जमावड़ा क्या संकेत देता है?

नामवर सिंह : यह पटना पुस्तक मेले की विशेषता है कि यह राजनीतिज्ञों को भी नहीं भूलता। अगर मेले में वे सांस्कृतिक उद्देश्यों को लेकर आते हैं तो कोई हर्ज नहीं। पुस्तक मेला एक अलाव की तरह होता है जहाँ से हर इनसान एक चिन्गारी लेकर अपने जीवन को रौशन कर सकता है।

कला राय : आपके विषय में कहा जाता है कि डॉ. नामवर सिंह अपने आप में एक आन्दोलन हैं। आलोचना के लिए जिस वस्तुपरक दृष्टि की ज़रूरत है, उसका हमारे यहाँ अभाव है। हमारी आलोचना का प्रारम्भ तो शास्त्रीय ढंग से हुआ लेकिन कालान्तर गें इरा पर कभी विचारधारा, तो कभी वैयक्तिक सम्बन्ध हावी होता गया। एक आलोचक के रूप गें आपकी क्या प्रतिक्रिया है?

नामवर सिंह : ऐसा नहीं है कि आलोचना ने बिलकुल वैयक्तिक सम्बन्ध या विचारधारा को हावी होने दिया है। लेकिन इतना तय है कि आज आलोचकों की दृष्टि इतनी सीमित हो गई है कि यह कुछ लोगों से आगे नहीं जा पाती है। अगर आप अपने को साहित्य का पुरोधा समझते हैं और अगर आपको लगता है कि जिसको चाहे बना, बिगाड़ सकते हैं तो आप एक अच्छा लेखक नहीं, अच्छा अनुयायी ही पैदा करते हैं। किन्तु यह भी तय है कि हर लेखक अनुयायी नहीं होता।

[दोआबा, जून 2007]

अभिधा का वाक्य भी संगीत की सरहद को छू सकता है

अभिषेक कश्यप की वार्ता

अभिषेक कश्यप : बीते 31 जुलाई को प्रेमचंद जयन्ती पर हर साल आयोजित होने वाली 'हंस' की गोष्ठी में 'युवा रचनाशीलता और नैतिक मूल्य' विषय पर चर्चा हुई तो आपने इसके औचित्य पर सवाल उठाया। युवा रचनाशीलता की दशा-दिशा पर आपकी राय?

नामवर सिंह : 'हंस' की वार्षिक संगोष्ठी में कहीं यह नहीं बताया गया कि युवा रचनाशीलता की क्या दशा-दिशा होगी, क्या दृष्टि होगी। 'हंस' कभी हिन्दी कहानी की सर्वाधिक महत्त्वपूर्ण पत्रिका हुआ करती थी, मगर अब 'हंस' का स्तर निरन्तर गिर रहा है और गिरती हुई साख बचाने के लिए राजेन्द्र यादव जुमलेबाजी और सस्ती लोकप्रियता का सहारा ले रहे हैं। यह कोई नई बात नहीं। हर बड़े लेखक ने अपना सर्वश्रेष्ठ शुरू में ही दिया है। जैनेन्द्र कुमार ने जब 'त्यागपत्र' लिखा, उनकी उम्र 25 के आस-पास थी। पन्त, निराला, प्रसाद से लेकर अज्ञेय तक, सबने युवावस्था में ही अपना सर्वश्रेष्ठ दिया।

अभिषेक कश्यप : जाति-व्यवस्था को लेकर आपकी चिन्ता बीते दिनों सुर्खियों में रही। जाति-व्यवस्था पर आप क्या सोचते हैं?

नामवर सिंह : जाति हमारे समाज के लिए हमेशा से चुनौती रही है। दुर्भाग्य से आज आरक्षण के दौर में जाति-व्यवस्था लगातार मजबूत होती जा रही है। आरक्षण जाति-व्यवस्था को स्वार्थी बनाने की कोशिश में लगा है। यह दुर्भाग्यपूर्ण है। यह जरूरी है कि इसके कारणों का पता लगाया जाए। मेरे पास फिलहाल इसका कोई जवाब नहीं, मगर मेरे मन में यह सवाल है और बुद्धिजीवियों-समाजशास्त्रियों को इस मसले पर गहराई से चिन्तन-मनन करना चाहिए।

अभिषेक कश्यप : सुधीश पचौरी ने आपको 'अन्तिम आलोचक' कहा है। इसे किस रूप में लेते हैं आप?

नामवर सिंह : ईश्वर करे ऐसा कहने वाले वे अन्तिम आदमी हों, इसके बाद और कोई ऐसी टिप्पणी करने वाला न मिले। इस दौर में बहुत-से लोग, जो देर से आए

हैं, उनके न आरम्भ का पता है न अन्त का। हर चीज़ उनके लिए अन्तिम हो गई है। अन्तिम शताब्दी है, इतिहास अन्तिम है, विचारधारा का अन्त है। बहुत जल्दी इन लोगों को अन्तिम दिखाई पड़ने लगा है। मुझे तो अन्त दूर तक दिखाई नहीं दे रहा। मैं सोच भी नहीं सकता। ऐसा विश्वास घोर अहंकार का सूचक है और जो कोई आदमी अपनी नाक के आगे नहीं देख सकता, वही ऐसी बातें करता है।

अभिषेक कश्यप : आलोचना के जरिए हम रचना का 'अनुपूरक संसार' रचते हैं या 'सम्पूरक संसार?'

नामवर सिंह : यह इस बात पर निर्भर करता है कि कब कैसी आलोचना आप लिख रहे हैं। एक आलोचना केवल सम्मति होती है और सम्मति कोई संसार नहीं रचती। पढ़ने वाले को एक क्षण विशेष में कोई कृति कैसी लगी, यह इसी बात को बताती है। ऐसी आलोचना कम हो रही है। लोग साफ-साफ नहीं बताते कि यह किताब उन्हें अच्छी लगी कि नहीं लगी। तीन पन्ने पढ़ने के बाद भी यह पता नहीं लगता कि आलोचक को यह किताब अच्छी लगी या नहीं। लोग बड़े चालाक हो गए हैं। ऐसे में आलोचना का पाठक छला हुआ महसूस करता है। आलोचना में मूल्य-निर्धारण होना चाहिए, मूल्यांकन होना चाहिए।

कुछ आलोचनाएँ ऐसी होती हैं, जिसमें आप रचना के साथ तादात्म्य अनुभव करते हैं, तदाकार होते हैं और उसको पढ़ते हुए उसी के समानान्तर रचना का एक प्रति संसार रचते हैं। उदाहरण के लिए 'अँधेरे में' पढ़ते हुए मैंने मुक्तिबोध के समानान्तर उस कविता को पढ़ते हुए मेरे मन में जो संसार पैदा हुआ, उसे अभिव्यक्त किया।

अभिषेक कश्यप : क्या आप 'अँधेरे में' कविता को सप्लीमेंट करते हैं?

नामवर सिंह : मैं कह नहीं सकता। मैं यह कह सकता हूँ कि मुक्तिबोध की कविता के आधार पर वह मेरी रचना है और जिस हद तक पाठक उस रचना से स्वयं का तादात्म्य स्थापित करता है, इस पर उसकी सफलता और उसका सही होना निर्भर है। कोई पाठक कह सकता है कि साहब आपने जो प्रतिसंसार रचा वह मुझे कायल नहीं करता। फिर वह दूसरा संसार रच सकता है। हर बड़ी रचना में इतनी सम्भावनाएँ होती हैं—एक से अधिक प्रति संसार रचे जाने की। यह इस पर निर्भर करता है कि दोनों उस रचना की अर्थवत्ता को कितनी दूर तक उद्घाटित करते हैं और इसमें रचनात्मक प्रतिस्पर्धा हो सकती है, होनी भी चाहिए।

अभिषेक कश्यप : क्या अलग-अलग साहित्यिक विधाओं के लिए समीक्षा के अलग-अलग उपकरण होने चाहिए?

नामवर सिंह : महत्त्वपूर्ण रचनाएँ अपनी व्याख्या के लिए, मूल्यांकन के लिए नाए मानदंड की चुनौती पेश करती हैं। सामान्य रचनाएँ या पारम्परिक रचनाएँ पारम्परिक मानदंडों से ही निबटाई जा सकती हैं।

अभिषेक कश्यप : क्या कविता के जाँचने-परखने के उपकरणों से कहानी को भी जाँचा-परखा जा सकता है?

नामवर सिंह : कुछ आलोचक होते हैं जो कविता के टूल्स कहानी पर इस्तेमाल करते हैं और कुछ कहानीकारों ने मुझ पर भी यह आरोप लगाया है। लोगों ने कहा है कि मैं कहानी की आलोचना कविता के रूप में करता हूँ। यह सही नहीं है। यह बात वे साबित करके बताएँ। चूँकि मैंने एक लेख में लिख दिया कि मैं कविता का आलोचक रहा हूँ, कहानी की ओर आया हूँ, तो इसको लोगों ने अक्षरशः मान लिया कि कविता की आलोचना करते हुए मैं कहानी की ओर भटक गया।

कई कथाकार हैं जिनकी यह तमन्ना रही है कि हम ऐसी कहानी लिखें, ऐसे उपन्यास लिखें जो काव्य का-सा प्रभाव उत्पन्न करें और ऐसे बड़े लोग रहे हैं। जैसे जेम्स जॉयस की 'यूलिसिस' में सिर्फ कहानी कहने में दिलचस्पी नहीं है। इसी अर्थ में कुछ कहानियाँ ऐसे अनुभवों को व्यक्त करती हैं, जो बड़े ही काव्यात्मक अनुभव होते हैं चाहे वे प्रेम के हों, करुणा के हों, मृत्यु के हों। कई लोगों ने ऐसी कहानियाँ लिखीं हैं। निर्मल वर्मा ने लिखीं। इधर के कहानीकारों में उदय प्रकाश ने लिखीं, जैसे 'और अन्त में प्रार्थना' और 'छप्पन तोले का करधन।' यह नहीं कि ये कहानियाँ काव्यात्मक भाषा में लिखी गई हैं। जिन कहानियों में कुछ मार्मिक प्रसंग होते हैं, जिनको और किसी भाषा के अभाव में हम 'काव्यात्मक' कहते हैं। प्रेमचंद की 'कफन' कहानी में आखिर में वे शराबखाने में जाकर 'नैना क्यों झमकावे ठगिनी' गाते हैं, वह कविता नहीं तो क्या है? जबकि यह कहानी घनघोर यथार्थवादी है। चेख़व की एक मशहूर कहानी है—'दुःख', जिसमें एक कोचवान, जिसका जवान बेटा मर गया था, दिन भर अपने दुख को बाँटने की कोशिश करता है लेकिन सवारियों को जाने की जल्दी होती है। वे उसकी बात नहीं सुनते। अन्त में वह खाली होकर अपने घर लौटा है। अपनी घोड़ी के गले में बाँह डालकर कहता है, 'सुनती हो जी, मेरा बेटा मर गया है।' यह 'कवित्व बोध' है। मैंने किसी की कहानी को उसकी काव्यात्मक, रोमांटिक, उपमा बहुलभाषा के लिए काव्यात्मक नहीं कहा। निर्मल वर्मा की कहानी को भी नहीं कहा। अभिधा का वाक्य भी संगीत की सरहद को छू सकता है। मगर उन कहानीकारों को कौन समझाए जो यथार्थवाद के नाम पर बकवास लिखते हैं। अगर कोई आदमी काव्यात्मक ऊँचाई तक पहुँचता है और तुम नहीं पहुँचते, तो रेंगो जमीन पर। किसी कविता से ज़्यादा कवित्वपूर्ण सर्जनशीलता होती है—कहानी में कविता का होना। मूर्ख हैं वे जो इसे नहीं समझते। उन्हें समझाया भी नहीं जा सकता।

[राजस्थान पत्रिका, रविवारीय अंक, 27-09-09 में 'कहानी में कविता' शीर्षक से प्रकाशित]

यह समय दिल चीर कर अंगार भर लेने का है

संजय झा की बातचीत

संजय झा : राहुल जन्म शताब्दी समारोह में आप वह दिल चीर कर अंगार भरनेवाला सन्दर्भ सुना रहे थे, बहुत ही रोचक प्रसंग था। जरा उस कविता के बारे में बताइए।
नामवर सिंह : बच्चनजी ने 64 रूसी कविताओं का अनुवाद हिन्दी में किया है। उसी संकलन में यह कविता भी है। इस कविता के कवि एलेक्जेंडर पुश्किन हैं। चौदह पंक्तियों की यह कविता है, जिसका एक टुकड़ा मैंने सुनाया था। उसमें यह है कि कवि जंगल-जंगल, पहाड़-पहाड़, घाटियों में वादियों में घूमा। कहीं उसे एक सच्चा आदमी नहीं मिला। भटकते-भटकते जब वह एक जंगल से गुजर रहा था, तभी उसे एक देवदूत मिला। देवदूत ने अपनी म्यान से तलवार निकाल कर उसका सीना चाक कर दिया। लहूलुहान सीने से उसका दिल निकाल लिया और दिल की जगह दहकते अंगारे भर दिए। उसके बाद कहा कि अब आदमी के बीच जाओ। वास्तव में यह बहुत वजनी कविता है।
संजय झा : तो क्या यह समय सचमुच दिल में अंगार भरने का है? यदि हाँ, तो आप ऐसा क्यों मानते हैं?
नामवर सिंह : मीर का एक शे'र है। मीर को 'खुदा-ए-सुखन' का खिताब दिया गया है। उर्दू में अपनी शायरी के कारण उन्हें ईश्वर का दर्जा प्राप्त है। उन्होंने एक जगह कहा है कि 'दामन टुक हिलाओ, दिलों की बुझी है आग', तो दिल की जगह अंगार भरने का सन्दर्भ इसी बुझी हुई आग से है। कोई तो हो, जो दामन टुक हिलाए। तुमने ठीक कहा है कि यह समय सचमुच दिल में अंगार भरने का वक्त है क्योंकि चारों तरफ असन्तोष है। हताशा-निराशा है। राजनीतिक दल और व्यवस्था बिल्कुल अप्रासंगिक हो गए हैं। बेरोजगारी बढ़ती जा रही है। तमाम बुनियादी सवाल राजनीति की मुख्यधारा से गायब हैं। आम आदमी के सरोकार की बात कोई करनेवाला नहीं है। अब देखो कि यह जो आरक्षण का राजनीतिक स्टंट चल रहा है, इससे किसी

पिछड़े और दलित का कोई विकास कभी हो ही नहीं सकता। समाज के सबसे निचले तबके को आरक्षण का लाभ तो मिलने से रहा। यह लाभ मिलेगा राजनीति के उन बिचौलियों को, जो पिछड़ावाद के नाम पर भारतीय समाज को जात-पात के मकड़ जाल में उलझा कर सत्ता-भोग की राजनीति करने में लगे हैं। इसलिए मैं खासतौर पर नौजवानों को कहता हूँ कि वे दिल की जगह अंगारे भरें।

संजय झा : क्या आप अपने गाँव जाते हैं? गाँव के मकान के अलावा, खेत-खलिहान वगैरह को देख कर अब कैसा लगता है?

नामवर सिंह : समय निकाल कर मैं गाँव जरूर जाता हूँ। दिल्ली में रहते हुए कभी मैं अपने गाँव को नहीं भूला हूँ। खेती मेरे मँझले भाई करते हैं। खेत-खलिहान वगैरह तो नहीं जा पाता, लेकिन गाँव के लोगों के साथ बातचीत में रमता जरूर हूँ। गाँववाले बड़े ही उत्साह से मिलते हैं। मेरे बारे में उनकी धारणा पक्की है। जानते हो क्यों? क्योंकि मैं दिल्ली जैसे महानगर में रहते हुए अपने गाँव के परिधान को नहीं भूला हूँ। तुमने कभी भी मुझे पैंट-शर्ट पहने नहीं देखा होगा। धोती-कुरता ही पहनता हूँ। मेरी यह पहचान बन गई है। मास्को, ताशकंद भी गया तो धोती-कुर्ता में ही। इसके कारण गाँव के लोग विशेष वर्ग या खास व्यक्ति वाले नजरिए से मुझे नहीं देखते हैं। इसीलिए गाँव से मेरा रिश्ता अब तक निभ रहा है। आगे देखो, क्या होता है।

संजय झा : बिहार में जन-संघर्ष की राजनीति की एक लम्बी परम्परा रही है। नक्सलवाद के बिहारी संस्करण के बारे में आप कोई टिप्पणी करना चाहेंगे?

नामवर सिंह : नक्सल आन्दोलन को मैं नजदीक से नहीं जानता, लेकिन इसके बारे में पत्र-पत्रिकाओं में छिटपुट खबरें पढ़ता रहा हूँ। पहले महेश्वर थे, लेकिन अब तो रामजी राय वगैरह से कभी-कभार ही मुलाकात होती है। बिहार में क्या हो रहा है, यह मैं नहीं जानता लेकिन दबे-कुचले किसान, मजदूरों की बात जरूर होनी चाहिए। नक्सलवाद के बारे में कुछ खास नहीं जानता हूँ, लेकिन जन-संघर्ष की राजनीति अच्छी बात है।

संजय झा : अंग्रेज़ी साहित्य में एक चरित्र रॉबिनहुड का है। क्या इस तरह का चरित्र विचारधारात्मक संकट के बीच पैदा होता है? इस चरित्र को आप किस रूप में देखते हैं?

नामवर सिंह : रॉबिनहुड एक मिथकीय चरित्र है। मध्यकाल में ब्रिटेन में रॉबिनहुड नामक एक नायक को गढ़ा गया था, जो जुल्मो-सितम, शोषण-दमन के खिलाफ जनता की तरफ से लड़ रहा था। यह चरित्र कभी था या नहीं, यह मैं नहीं जानता, लेकिन सचमुच के सामाजिक योद्धा का चरित्र ऐसा ही होता है। इस तरह के कई चरित्र होते रहे हैं। इस देश में समाज को रॉबिनहुड जैसे नेतृत्व की ज़रूरत है। जनता अपने बीच से समय-समय पर ऐसे योद्धा को प्रोजेक्ट करती है।

संजय झा : आप हिन्दी सिनेमा देखते हैं या नहीं?

नामवर सिंह : सिनेमा देखने का समय ही कहाँ मिलता है? दिल्ली के सिरीफोर्ट में आयोजित होनेवाला फिल्म महोत्सव जरूर देखता हूँ। गौतम घोष की फिल्म 'पार' और 'देवशिशु' मुझे बेहद अच्छी लगी है। अभी बिहार में एक फिल्म बनी है। गौतम घोष ही इस फिल्म के निर्देशक हैं। फिल्म का नाम 'पतंग' है। निर्माता व पटकथा लेखक संजय सहाय ने बेहतर काम किया है।

संजय झा : एक अन्तिम सवाल। क्या आपको नहीं लगता है कि रिश्ते-नाते-मित्रता वगैरह सब दिन-ब-दिन फॉर्मल होते जा रहे हैं? लोगों की संवेदना मर रही है?

नामवर सिंह : तुम ठीक कह रहे हो। सब फॉर्मल है। संवेदना मर चुकी है।

[हमारा महानगर, 28-07-99]

हमारे यहाँ का शासक वर्ग अंग्रेज़ी को क़ायम रखना चाहता है

दयाशंकर राय और महेश पांडे की बातचीत

दयाशंकर राय : अंग्रेज़ी की तुलना में हिन्दी समेत अन्य भारतीय भाषाओं की स्थिति इस समय कैसी है?

नामवर सिंह : अंग्रेज़ी की स्थिति भारत में काफी मजबूत है, हालाँकि भारत में अंग्रेज़ी लेखकों की संख्या काफी कम है और उसके साहित्य की गुणवत्ता भी भारतीय भाषाओं के साहित्य की अपेक्षा कम है। इधर बुकर और अन्य पुरस्कार भी अंग्रेजी उपन्यासों को मिले हैं और उनकी गुणवत्ता के बारे में मेरे मन में कोई सन्देह नहीं है। बावजूद इसके, मेरी निश्चित राय है कि हिन्दी और उसके साथ ही भारतीय भाषाओं में उपन्यास, कहानी यहाँ तक कि कुछ ऐसे नाटक भी लिखे गए हैं जो अपने साहित्यिक गुणों की दृष्टि से भारत में लिखी गई अंग्रेज़ी कृतियों से बेहतर हैं लेकिन साहित्य छोड़ अन्य सभी क्षेत्रों में अंग्रेज़ी का वर्चस्व है, यह तथ्य है।

दयाशंकर राय : साहित्य के अलावा अन्य क्षेत्रों में हमारे यहाँ अंग्रेज़ी का जो वर्चस्व बना हुआ है, उसकी वजह आप क्या मानते हैं?

नामवर सिंह : पहली बात तो यह है कि भारत में अंग्रेज़ी राज कायम हुआ, इसलिए यहाँ अंग्रेज़ी की प्रधानता है। स्वयं भारत में जहाँ पुर्तगाली उपनिवेश रहा वहाँ पुर्तगीज थी, कुछ फ्रेंच उपनिवेश थे, उनमें पांडिचेरी प्रमुख है। जहाँ फ्रेंच का बोलबाला था, अंग्रेज़ी नहीं थी, यदि यहाँ फ्रेंच उपनिवेश होता तो अफ्रीका के कुछ देशों की तरह हमारे यहाँ भी फ्रेंच होती। जर्मन उपनिवेश होता तो जर्मन होती, रूस का उपनिवेश होता तो रूसी होती, तो सीधी बात है कि अंग्रेज़ी राज था इसलिए अंग्रेजों की भाषा राजकाज की भाषा बन गई। इसका मुख्य कारण यह रहा है कि आजादी की लड़ाई में नेतृत्व मध्यवर्ग का था और यह मध्यवर्ग अंग्रेज़ी पढ़ा-लिखा था। शासन या सत्ता उस भाषा को अपनाती है जो जनता से दूर हो, जनता की भाषा न हो, यह शासन-सत्ता की परम्परा रही है, हमारे देश में भी रही है और अन्यत्र भी। उदाहरण

के लिए, जब हमारे देश में तुर्क, अफगान और मुगल आए तो इनमें से किसी ने भी अपनी भाषा में शासन नहीं चलाया, इनमें से कोई भी ईरान का नहीं था, लेकिन यहाँ शासन की भाषा फारसी बनी रही। बाबर की जुबान तुर्की थी, अकबर तो पढ़ा-लिखा भी नहीं था। बाबर और जहाँगीर ने अपनी आत्मकथाएँ तुर्की में लिखी थीं, बावजूद इसके अकबर के शासनकाल में जब माल का महकमा (राजस्व विभाग) टोडरमल ने सँभाला तो, हिन्दू होने के बावजूद टोडरमल ने कहा कि राजकाज की भाषा फारसी होनी चाहिए। हिन्दी के राजभाषा बनने के बावजूद राजभाषा अधिनियम में है कि सुप्रीमकोर्ट की भाषा अंग्रेज़ी ही रहेगी, संविधान तक अंग्रेज़ी में बना है, हिन्दी अनुवाद तो बाद में हुआ? अभी कुछ दिनों पहले इलाहाबाद हाईकोर्ट में एक निर्णय हुआ है, उसमें कहा गया है कि हाईकोर्ट में हिन्दी में भी बहस हो सकती है। यहाँ गौर करने लायक है कि इसमें 'भी' लगाया है। उत्तर प्रदेश हिन्दीभाषी क्षेत्र है। इसमें 'भी' इसलिए लगाया गया है कि जिस दिन बहस हिन्दी में होने लगेगी, फैसले हिन्दी में होने लगेंगे, उस दिन वकीलों की दादागिरी खत्म हो जाएगी।

मेरी स्पष्ट धारणा है कि भारत में अंग्रेज़ी का वर्चस्व इसलिए नहीं है कि इसमें श्रेष्ठ साहित्य लिखा गया है, बल्कि इसलिए है कि इसे जानने वाले लोग दो फीसदी हैं और न जानने वाले लोग 98 फीसदी और यदि 98 फीसदी लोगों पर राज करना है तो ऐसी भाषा में राज किया जाए, जो वह जान न सकें, समझ न सकें, पढ़ न सकें, लिख न सकें। शासन का एक बहुत बड़ा हथियार है अंग्रेज़ी, इसलिए हमारे यहाँ का शासक वर्ग, मध्य वर्ग, पढ़ा-लिखा वर्ग हर हालत में अंग्रेज़ी को कायम रखना चाहता है।

दयाशंकर राय : अंग्रेज़ी का वर्चस्व टूटे और भारतीय भाषाओं का वर्चस्व कायम हो, इसके लिए क्या नीति होनी चाहिए?

नामवर सिंह : समाजवादी पार्टी ने डॉ. राम मनोहर लोहिया के नेतृत्व में 'अंग्रेज़ी हटाओ' आन्दोलन चलाया था, आज उसी पार्टी के लोग भूल गए हैं कि कभी उन्होंने अंग्रेज़ी हटाओ आन्दोलन चलाया था। 'अंग्रेज़ी हटाओ' आन्दोलन एक जरूरी नारा था। भाषा की लड़ाई एक राजनीतिक लड़ाई है। इस बात को यदि कोई व्यक्ति समझता था तो वह गांधी जी थे। इसलिए उन्होंने अपने सारे कार्यक्रम, जिन्हें वे रचनात्मक कार्यक्रम कहते थे, उनमें हिन्दी को भी शामिल किया। गांधी जी कहते थे कि हिन्दी स्वराज का अभिन्न अंग है और राजनीतिक लड़ाई है लेकिन जवाहरलाल नेहरू ऐसा नहीं मानते थे। आप देखेंगे कि गांधी जी के नाम पर जितनी संस्थाएँ हैं, उनमें हिन्दी शामिल है, जवाहरलाल नेहरू से सम्बन्धित जितनी भी संस्थाएँ हैं, उनमें हिन्दी के लिए कोई जगह नहीं है। वहाँ अंग्रेज़ी चलती है। उदाहरण के लिए, जब 1969 में जवाहरलाल नेहरू विश्वविद्यालय खोला गया तो उसमें विदेशी भाषाओं का

विभाग (स्कूल) तो था लेकिन उसमें भारतीय भाषाएँ नहीं थीं, बाद में कई लोगों के सलाह देने पर जे.एन.यू. में भारतीय भाषा केन्द्र खोला गया।

गांधी और नेहरू की सोच और परिकल्पना अलग-अलग थी। हिन्दी जब राजभाषा बनी तो नेहरू इससे सहमत नहीं थे। उनके लिए हिन्दी का मतलब था हिन्दूवादी लोग, गोरक्षा वाले, सेठ गोविन्द दास और पुरुषोत्तम दास टंडन। उनका मानना था कि ये लोग (हिन्दी वाले) वैज्ञानिक नहीं हैं, आधुनिक नहीं हैं। हिन्दी के बारे में यह एक अजीब समझ लोगों की थी कि हिन्दी आधुनिक नहीं है। हिन्दी वाले हिन्दूवादी हैं, प्रतिक्रियावादी हैं, कुछ गोभक्त हैं, मुस्लिम विरोधी हैं, उर्दू का विरोध करते हैं। कुल मिलाकर हिन्दी वालों की छवि 'हिन्दी, हिन्दू, हिन्दुस्तानी' वाली बना दी गई, इस कारण भी हिन्दी का विरोध होता रहा है, अंग्रेज़ी का वर्चस्व कैसे खत्म हो? यह वर्चस्व खत्म करना राजसत्ता का काम है। आज दृढ़ संकल्प शक्ति वाली राजसत्ता नहीं है। जब आजादी मिली थी तब जवाहरलाल नेहरू भी यह काम नहीं कर सके। हिन्दी प्रेमी लालबहादुर नहीं करा सके तो अब किससे उम्मीद की जा सकती है। अटल बिहारी वाजपेयी ने तो प्रधानमंत्री बनने के बाद अपनी श्रेष्ठ हिन्दी वक्ता वाली छवि से किनारा ही कर लिया है।

दयाशंकर राय : कहा जाता है कि कविता, कहानी और उपन्यास के अलावा हिन्दी में कुछ लिखा ही नहीं जाता...?

नामवर सिंह : यह अर्द्धसत्य है। हिन्दी केवल साहित्य की भाषा नहीं है। ज्ञान-विज्ञान, इतिहास, समाज विज्ञान, भौतिकी, रसायन शास्त्र, इंजीनियरिंग, मेडिकल आदि विषयों में हिन्दी में कुछ मौलिक पुस्तकें लिखी गईं और कुछ अन्य भाषाओं से अनूदित कराई गईं। जो लोग हिन्दी के बारे में जानते ही नहीं हैं, वे ऐसे फतवे दिया करते हैं, इनमें कई हिन्दीभाषी लोग भी हैं। उन्नीसवीं शताब्दी के उत्तरार्द्ध से जब आधुनिक शिक्षा प्रणाली शुरू हुई आप उस समय की पुस्तकों की सूची देखें तो पता चलेगा कि गणित, विज्ञान आदि विषयों में मौलिक लेखन के जरिए कई पुस्तकें तैयार की गई थीं। जब नागरी प्रचारिणी सभा कायम हुई, गौरीशंकर हीराचंद ओझा, मुंशी देवी प्रसाद, चंद्रधर शर्मा 'गुलेरी' ने प्राचीन भारतीय इतिहास की कुछ पुस्तकें अनूदित कीं। कुछ मौलिक पुस्तकें लिखवाईं। हिन्दी साहित्य सम्मेलन ने बड़ी संख्या में इन विषयों में पुस्तकें तैयार करवाईं। राहुल जी ने कोश तैयार किया था। इलाहाबाद विश्वविद्यालय में डॉ. गोरख प्रसाद और स्वामी सत्यप्रकाश ने विज्ञान की पत्रिका निकालकर मौलिक लेखन करवाया। नागरी प्रचारिणी सभा ने विश्व कोश तैयार करवाया। प्रो. नुरुल हसन जब शिक्षा मंत्री थे तब सभी भारतीय भाषाओं को एक-एक करोड़ रु. देकर ज्ञान-विज्ञान की उच्च कोटि की पुस्तकें तैयार की गईं। पन्तनगर विश्वविद्यालय और हिसार कृषि विश्वविद्यालय में कृषि पर अच्छी किताबें लिखी गईं, लेकिन उनका कभी इस्तेमाल

नहीं हुआ। इसका कारण था–विश्वविद्यालय में शिक्षा का अंग्रेज़ी माध्यम होना। अखिल भारतीय आयुर्विज्ञान संस्थान (एम्स) और आई.आई.टी. जैसी संस्थाएँ करदाताओं से मिले पैसे से अंग्रेज़ी में शिक्षा देकर विदेशों में नौकरी करने वाले युवक तैयार कर रही हैं। ये लोग अंग्रेज़ी माध्यम इसलिए कायम रखना चाहते हैं ताकि उनके बच्चे विदेशों में अच्छी नौकरियाँ पा सकें। जिस दिन हिन्दी शिक्षा का माध्यम हो जाएगी उस दिन 'ब्रेन ड्रेन' बन्द हो जाएगा और हर क्षेत्र में हिन्दी की अच्छी पुस्तकें भी उपलब्ध होने लगेंगी।

दयाशंकर राय : आपने कहा है कि भाषा का फैसला भी अब बाजार करेगा, इससे आपका क्या आशय है?

नामवर सिंह : यह बात मैंने हाल ही में लन्दन में हुए विश्व हिन्दी सम्मेलन के उस संकल्प के जवाब में कही, जिसमें हिन्दी को संयुक्त राष्ट्र संघ की भाषा बनाने का प्रयास तेज करने की बात कही गई थी। इस सन्दर्भ में मैं कहना चाहता हूँ कि हिन्दी के प्रचार-प्रसार में सरकार और राजसत्ता के रवैये और उसके विकास सम्बन्धी कार्यक्रम को हमने पिछले 50 साल में देखा। जब सरकार बहुत ताकतवर थी और जब सरकार की ताकत थोड़ी कम हुई, दोनों ही स्थितियाँ हमने देखीं। इस बीच उदारीकरण और भू-मंडलीकरण जिस पर बाजार का वर्चस्व है, को बढ़ावा मिला है। राष्ट्र राज्य सिकुड़ता जा रहा है। अब किसी एक देश का नहीं, बल्कि बहुराष्ट्रीय कम्पनियों का साम्राज्य है। यहाँ वर्चस्व विश्व बैंक और अन्तरराष्ट्रीय मुद्राकोष का है और उसके जरिये विश्व बाजार का विकास, विस्तार किया जा रहा है। मेरी धारणा है कि बाजार की ताकत बढ़ी है। यह अच्छा है या बुरा, यह मैं नहीं कहता, पर यह तथ्य है। और यह भी सत्य है कि भारत एक बहुत बड़े बाजार के रूप में उभर रहा है। अमरीकी और विश्व बैंक के लोगों के वक्तव्य रोज मिल रहे हैं कि भारत 21वीं शताब्दी का एक बहुत बड़ा बाजार बनने जा रहा है। उनकी समझ में तो हम उपभोक्ता हैं, और इसमें कोई शक नहीं कि इस विश्व बाजार की भाषा अंग्रेज़ी है। अब तो यूरोपीय यूनियन ने भी अपनी भाषा अंग्रेज़ी स्वीकार कर ली है। यदि फ्रेंच और जर्मन जैसी समर्थ भाषाओं के होते हुए भी यूरोप ने अंग्रेज़ी को अपनी भाषा स्वीकार कर लिया है तो इससे मालूम होता है कि विश्व बाजार की भाषा भी अंग्रेज़ी ही होगी और अगर भारत उस विश्व बाजार में एक विशेष स्थान रखता है तो अंग्रेज़ी का वर्चस्व भारत में और मजबूत ही होगा। बाजार का जवाब बाजार ही हो सकता है, सरकार नहीं। सरकार ने तो घुटने टेक दिए हैं। भारतीय बाजार के एक स्तर पर तो अंग्रेज़ी है पर जमीनी स्तर पर अब भी बाजार में हिन्दी का वर्चस्व कायम है, जिसका उदाहरण फिल्म और टीवी है। तो बाजार की यह मजबूरी होगी कि वह अंग्रेज़ी के साथ-साथ हिन्दी को भी जरूर रखेगी। वे हिन्दी का प्रयोग बीच-बीच में

हिन्दी प्रेम के कारण नहीं बल्कि इसलिए करते हैं कि आधे से ज़्यादा श्रोताओं और दर्शकों के पल्ले अंग्रेज़ी नहीं पड़ती। अगर इस बाजार ने जोर लगाया तो अंग्रेज़ी के साथ-साथ हिन्दी का प्रयोग बढ़ेगा और भारतीय बाजार ने यदि और जोर लगाया तो अन्य क्षेत्रीय भाषाओं का वर्चस्व भी बढ़ेगा।

इस मामले में मैं दो ही उदाहरण दे सकता हूँ। राष्ट्रीय नाट्य विद्यालय दिल्ली में है। अब्राहम अलकाजी लन्दन से अंग्रेज़ी पास करके आए हुए थे। वह बम्बई के रहने वाले हैं। अंग्रेज़ी के आदमी थे लेकिन उन्हें हिन्दी में नाटक करने पड़े क्योंकि दर्शक हिन्दीभाषी थे। दूसरा उदाहरण हिन्दुस्तान में फिल्मों का है। कितनी फिल्में अंग्रेज़ी में बनती और चलती हैं? पुरस्कार लेने के लिए बन जाएँ तो बन जाएँ। अकेले हिन्दी भाषा की फिल्मों ने क्षेत्रीय भाषाओं की फिल्मों को पीट दिया है। बंगाली, तमिल और कन्नड़भाषी निर्देशक और फिल्मकार ही नहीं, अभिनेता तक डबिंग पर निर्भर नहीं करते हैं, वे हिन्दी सीखते हैं। बहुत सारे दक्षिण भारतीय अभिनेता हिन्दी बोलते हैं। इसे भी मैं बाजार कहता हूँ। इसलिए मैं कहता हूँ कि अटल बिहारी वाजपेयी या राजभाषा विभाग हिन्दी नहीं लाएँगे। अटल जी तो केवल बाजार लाएँगे। मैं इस बाजार पर ज़्यादा भरोसा करता हूँ। बाजार का करार ज़्यादा भरोसेमन्द होता है क्योंकि व्यापारी की सबसे बड़ी ज़रूरत है उसकी साख। यदि उसकी साख खत्म हो गई तो वह कहीं का नहीं रहेगा। सरकार की तो कोई साख नहीं है। उसके किसी दावे का कोई भरोसा नहीं है। एक बनिया दूसरे बनिए की बात पर भरोसा कर सकता है पर एक मंत्री की बात का कोई आम आदमी भरोसा नहीं कर सकता है।

दयाशंकर राय : तो यह माना जाए कि बाजार के विस्तार के साथ हिन्दी का भविष्य जुड़ा है?

नामवर सिंह : हाँ, लेकिन इससे यह निष्कर्ष न निकाला जाए कि अपने हिन्दी प्रेम के कारण मैं मुक्त बाजार का समर्थक हूँ। मैं बाजार का आलोचक हूँ और बाजार के कई पहलू ऐसे हैं जो मानव विरोधी हैं, सभ्यता और संस्कृति विरोधी हैं। उसी का एक रूप है कि भाषा को बाजार वाले, बिगाड़ने तथा नष्ट करने वाले भी हैं, इसलिए यह न समझा जाए कि मैं प्रचारित बाजारू हिन्दी का मैं समर्थक हूँ।

दयाशंकर राय : बाजार का फैलाव तो आवश्यक है। अपने साथ नकारात्मक तत्व भी बहा ले आता है। तो उसके फैलाव के साथ-साथ स्वस्थ हिन्दी के विकास का रास्ता क्या सम्भव है?

नामवर सिंह : भाई, बरसात के दिनों में जब गंगा में पानी बढ़ता है तो उसमें गन्दगी भी आ जाती है। उस पानी को तो हम नहीं पीते। हम उसे साफ करते हैं। शरद ऋतु के आने पर वह और ठीक होता है। उसी तरह बाजार की यह बाढ़ है।

अभी हमलोग बाजार के उस दौर से गुजर रहे हैं जिसमें अराजक ढंग से वृद्धि हो रही है। उसी के साथ भाषा में भी अराजकता आ रही है। लेकिन यह भी सच है कि हिन्दी को बाजार से ज़्यादा सरकार ने बिगाड़ा है। सरकारी हिन्दी के शब्द अबूझ पहेली जैसे लगते हैं।

[राष्ट्रीय सहारा, 21 नवम्बर, 1999 में 'बाजार पर भरोसा है सरकार पर नहीं' शीर्षक से प्रकाशित]

प्रेम में पागल हो जाने की अवधारणा सूफियों की देन

वैभव सिंह की बातचीत

वैभव सिंह : वर्तमान राजनीतिक दौर में और समूची भारतीय संस्कृति में आपको सूफीवाद का महत्त्व किस रूप में नजर आता है?

नामवर सिंह : आपने सवाल को राजनीतिक टर्न दे दिया। राजनीति पर मैं बाद में आऊँगा, पहले साहित्य की चर्चा करूँगा। एक जमाना था, जब हिन्दी लेखकों ने सूफीमत पर बहुत काम किया। उन्नीसवीं सदी में सुधाकर द्विवेदी ने जायसी के पद्मावत का एक अंश ग्रियर्सन के साथ प्रकाशित किया। रामचंद्र शुक्ल की सबसे अच्छी किताब जायसी पर ही है और सबसे अच्छी भूमिका उन्होंने इसी किताब की लिखी। इसी प्रकार चंद्रबली पांडे ने सूफी मत एक पूरी किताब लिखकर और रामपूजन तिवारी ने शान्तिनिकेतन में इस विषय पर काम करके सूफी मत के महत्त्व को स्थापित किया। कहने का अर्थ यह कि आज से सौ-पचास साल पहले हिन्दी और अन्य भारतीय भाषाओं में सूफी मत में गहरी दिलचस्पी थी, जो अब दिखाई नहीं देती। अभी कुछ समय पहले जर्मनी में पांडुलिपि के रूप में जायसी की एक पुस्तक 'कन्हौत' मिली, लेकिन उस पर कोई ध्यान नहीं दिया गया। इसी प्रकार पुस्तकें मिलती चली गईं लेकिन उनकी चर्चा नहीं हुई। भारतीय साहित्य और संस्कृति में सूफी मत का गहरा योगदान है। एक प्रकार से आधुनिक भारतीय साहित्य का आरम्भ ही सूफी रचनाकारों द्वारा हुआ। पहले सूफी कवि बाबा शेख फरीद पंजाब के ही थे। इन कवियों ने आधुनिक भारतीय भाषाओं को साहित्यिक माध्यम के रूप में इस्तेमाल कर इन भाषाओं का विकास किया। प्रेम की भी नई परिकल्पना इन्होंने ही रखी। जायसी ने प्रेम को जीवन का नमक कहा है। उन्हीं की पंक्ति है–मानुष प्रेम भए बैकुंठी, नाहि तो छारि भरि मूठी। सूफी मत को उपनिषदों-वेदान्त में रखकर देखने वाले यह नहीं जानते कि प्रेम पर ऐसा जोर उपनिषदों और वेदान्त में भी नहीं है। प्रेम की लहर इतनी दूर तक गई है कि रामचंद्र शुक्ल ने मीराबाई पर लिखते हुए कहा कि मीरा की दीवानगी सूफियों से प्रभावित है। प्रेम में पागल हो जाना और दीवानापन सूफियों की ही देन है। इसी प्रकार संगीत और नृत्य को भी सूफियों की

बड़ी गहरी देन है। सूफी सन्त मोइनुद्दीन चिश्ती ने 'गरीब नवाज' शब्द का प्रयोग किया और इस शब्द को अपनाकर तुलसीदास ने भी अपने आराध्य को गरीब नवाज के नाम से पुकारा। दीन-दुखियों की चिन्ता भी सूफी काव्य के केन्द्र में है। सिख धर्म में मौजूद वर्ग और जात-पाँत से ऊपर उठकर सामूहिक भोज की लंगर जैसी प्रथा भी सूफियों की ही देन है।

वैभव सिंह : 'आलोचना' पत्रिका फिर से आरम्भ हो गई है। इस समय में हिन्दी के साहित्य जगत में साहित्यिक पत्र-पत्रिकाओं का कोई अभाव नहीं, तब ऐसी क्या खास वजह है कि आपको 'आलोचना' के पुनःप्रकाशन की ज़रूरत महसूस हुई?

नामवर सिंह : खास वजह तो वे खास चुनौतियाँ हैं जो इस समय भारतीय राजनीति-संस्कृति और हिन्दी आलोचना के आगे हैं। हमने पुनः प्रकाशन के बाद 'आलोचना' का पहला अंक ही भाजपा-संघ परिवार द्वारा खड़े किए गए फासीवादी संकट के ऊपर निकाला था। आगे भी फासीवादी राजनीति पर ही विमर्श को जारी रखने की योजना थी। इस बीच केदारनाथ अग्रवाल और रामविलास शर्मा की मृत्यु हो जाने पर 'आलोचना' के अंक उन पर केन्द्रित किए गए। भारतेंदु के डेढ़ सौ साल पूरे होने पर उनके कृतित्व और नवजागरण पर एक अंक निकाला। कबीर पर छह सौ साल पूरे होने पर उन पर भी काफी लिखा गया, लेकिन मुख्य रूप से आलोचना के दो ही लक्ष्य हैं और वे हैं भू-मंडलीकरण-विश्व बाजार द्वारा दी गई चुनौतियों का विश्लेषण और हिन्दी की सभी विधाओं में लिखे गए साहित्य व आलोचना का मूल्यांकन। असल सवाल हिन्दी आलोचना के पुनर्नवीनीकरण का भी है। 'आलोचना' पत्रिका का उद्‌देश्य भी विशुद्ध साहित्यिक आलोचना नहीं, बल्कि सामाजिक-सांस्कृतिक आलोचना है।

वैभव सिंह : वर्तमान लेखन के विषय में आपकी क्या धारणा है और किन रचनाकारों को आप आज के दौर में अधिक महत्त्वपूर्ण मानते हैं?

नामवर सिंह : मैं उन लोगों में नहीं हूँ जो वर्तमान साहित्य को विपन्न मानते हैं। मेरा मानना है कि नए लोग अच्छा लिख रहे हैं और उनकी सृजनशीलता में विश्वास किया जाना चाहिए। कविता अब अशोक बाजपेयी, केदारनाथ सिंह या मंगलेश डबराल से आगे निकल गई है। नए लोगों की कविता का मुहावरा और विषय आम जिन्दगी से ज़्यादा करीब से जुड़े हुए हैं। मैं अलग से किसी का नाम नहीं लूँगा, क्योंकि तब मेरे दुश्मन उनके दुश्मन बन जाएँगे।

वैभव सिंह : साहित्य आकादमी के पुरस्कारों पर हाल में काफी विवाद होने लगे हैं। ये किस प्रकार के विवाद हैं?

नामवर सिंह : इस बार के साहित्य अकादमी पुरस्कार में मैं केवल पर्यवेक्षक की हैसियत से था, निर्णायक मंडल में नहीं था। अलका सरावगी के उपन्यास 'कलिकथा वाया बाईपास' को पुरस्कार उसकी क्षमता के आधार पर मिला है। विडम्बना यह है कि हिन्दी साहित्य

में प्रतिभा से अधिक महत्त्व लेखक की उम्र का है। लोग अब इस पर शोर मचा रहे हैं कि इतनी युवा लेखिका को कैसे पुरस्कार मिल सकता है। वैसे भी पुरस्कार कृति को मिलता है लेखक को नहीं, और अगर आप गलत अर्थों में न लें तो कृति को उम्र, जेंडर और जाति आदि से ऊपर उठकर देखने की आदत डालनी चाहिए। कुछ लोग इसे स्त्री-विमर्श की विजय बताने में लगे हुए हैं जैसे कि अलका सरावगी को यह पुरस्कार स्त्री होने के कारण मिला हो या उस पर दया दिखाई जा रही हो। यह एक तरह की संकीर्णता है। बड़प्पन इसमें है कि नई प्रतिभाओं को आगे बढ़ाया जाए।

वैभव सिंह : आप लम्बे समय से वामपंथी साहित्य-आलोचना और आन्दोलन से जुड़े रहे हैं। आज के समय में कौन-सी विचारधारात्मक चुनौतियाँ वामपंथ को नुकसान पहुँचा रही हैं?

नामवर सिंह : मैं मानता हूँ कि वामपंथ एक बुरे वक्त से गुजर रहा है। सरकारी सेक्टर बेचकर आर्थिक विकास करने की भ्रामक नीतियाँ अपनाई जा रही हैं। वामपंथ के परम्परागत गढ़ ट्रेड यूनियनों का भी बुरा हाल है। धर्मनिरपेक्षता के लिए लड़ने वाली सबसे विश्वसनीय ताकत वामपंथ ही हो सकती है, लेकिन मेरे अनुसार वामपंथ के आगे सबसे गम्भीर चुनौती भू-मंडलीकरण के अलावा दलित और मंडल की है। किसानों-मजदूरों के लिए लड़ने वाली विचारधारा कैसे जेंडर, जाति और क्षेत्रीयता के मुद्दों से तालमेल बिठाए, यह भी एक बड़ी चुनौती है। मार्क्स ने भी इसका कोई नुस्खा नहीं सुझाया है। इसका रूस के पतन से भी कोई लेना-देना नहीं है। मंडलवाद की लहर चली और उत्तर प्रदेश व बिहार से कम्युनिस्ट पार्टियों का सफाया हो गया। इसी प्रकार झारखंड और उत्तरांचल जैसे क्षेत्रीयता के आन्दोलनों के लिए वामपंथ कोई स्पष्ट नीति नहीं बना सका। पश्चिम बंगाल में ममता बनर्जी के खतरे को झेलकर भी वामपंथ विजयी रहा, क्योंकि वहाँ उसे दलित और मंडल की इन चुनौतियों का सामना नहीं करना पड़ा। जहाँ तक साहित्य का सवाल है, साहित्य में वामपंथ को कोई खतरा नहीं। शुद्ध कलावाद बहुत सीमित दायरे में है जिसे भोपाल घराना कहते हैं। अच्छी समझ रखने वाले प्रतिभाशाली लेखक और आलोचक मार्क्सवाद से ही सहानुभूति रखते हैं।

केवल इतिहास लेखन की स्थिति साहित्य से भिन्न है। वहाँ मार्क्सवाद को उत्तर आधुनिकता और सबाल्टर्न विचारधारा की चुनौतियों का सामना करना पड़ा है। इसका सामना करने के लिए सुमित सरकार जैसे इतिहासकार मार्क्सवाद और सबाल्टर्न की विचारधारा के बीच सुसंगत रिश्ता कायम कर जनवादी ढंग का इतिहास लिख रहे हैं। अन्य वामपंथ विरोधी पत्रिकाएँ 'बहुवचन' या 'पूर्वग्रह' आदि कोई खास बड़ा खतरा नहीं। उनमें प्रकाशित सामग्री अपठनीय है और उनसे हिन्दी की आलोचना के विकास की भी कोई खास सम्भावना नहीं है।

[दैनिक भास्कर]

डर है कि कहीं देश अमेरिका की कठपुतली न बन जाए

सियाराम यादव की बातचीत

सियाराम यादव : डॉक्टर साहब, आपको उत्तर प्रदेश सरकार की ओर से दिए जाने वाले सबसे बड़े साहित्यिक सम्मान 'भारत-भारती' से नवाजा गया है। लोगों का मानना है कि यह सम्मान तो आपको बहुत पहले ही मिल जाना चाहिए था, काफी देर से मिला। आपका क्या कहना है?

नामवर सिंह : मैं तो उस परम्परा का आदमी हूँ जहाँ किसी भी तरह का सम्मान, पुरस्कार 'शूकरी विष्ठा' के समान समझा जाता है। इसलिए मेरे लिए भी यह सम्मान बहुत महत्त्वपूर्ण नहीं है। हाँ, यह जरूर है कि अच्छा लगा, लेकिन ऐसा कुछ नहीं कि बहुत उल्लास या आह्लाद महसूस करूँ। जैसा कि आमतौर पर लोग विह्वल हो जाते हैं, वैसा कुछ नहीं है। जिन लोगों ने दिया उनको धन्यवाद देता हूँ। जिन्होंने कहा है कि बहुत पहले मिल जाना चाहिए था, इसकी ध्वनि स्पष्ट है। एक बात मैं आपको स्पष्ट कर दूँ सियाराम जी, इस पुरस्कार की स्थापना करने वालों में मैं भी रहा हूँ। शिवमंगल सिंह 'सुमन' उस समय हिन्दी संस्थान के अध्यक्ष थे और विश्वनाथ प्रताप सिंह मुख्यमंत्री। हमने उनसे कहा कि प्रदेश की गरिमा के अनुकूल पुरस्कार की राशि होनी चाहिए। अभी तक जो पुरस्कार दिया जाता है उसकी राशि बहुत मामूली है। उसे बढ़ाकर एक लाख कीजिए। मुख्यमंत्री ने यह बात मान ली। हालाँकि अब यह राशि बढ़कर दो लाख इक्यावन हजार हो गई है। 'भारत-भारती' नाम भी मेरा ही सुझाया हुआ है। मेरी राय में साहित्यिक पुरस्कारों का नाम साहित्यिक कृतियों पर हो तो सर्वोत्तम। कई लोग इसे 'सरस्वती सम्मान' नाम देना चाहते थे, लेकिन अन्ततः मेरी ही बात मानी गई। एक बात और। पिछले तीस-चालीस वर्षों में मैं विभिन्न पुरस्कार समितियों का सदस्य रहा हूँ। लोगों को पुरस्कार देता रहा हूँ। तो 'दाता' होने का जो सुख है वह 'गृहिता' होने के सुख से बड़ा होता है, यह मैंने महसूस किया है।

सियाराम यादव : लोग कहते हैं कि आप मोरारी बापू हो गए हैं! घूम-घूम कर पूरे देश में प्रवचन (भाषण) करते हैं। लिखना छोड़ दिया है। आने वाली पीढ़ियाँ नामवर सिंह को कैसे जानेंगी-समझेंगी? क्या जिन्दा रखेगा आपको, भाषण?

नामवर सिंह : ये अगर वे लोग कहते हैं, जो चाहते हैं कि मैं लिखूँ तब तो मैं उनकी शिकायत सुनने के लिए तैयार हूँ। लेकिन दरअसल ये शिकायत करने वाले वे लोग हैं जिन्हें इससे कोई लेना-देना नहीं है कि मैं लिख रहा हूँ या नहीं। यह सच है कि एक लम्बे अर्से तक मेरी कोई पुस्तक नहीं आई, मैंने कुछ नहीं लिखा लेकिन दोबारा जब से 'आलोचना' छपनी शुरू हुई है, 2000 ई. से मैं उसमें बराबर लिख रहा हूँ। हर अंक में। कबीर पर मैंने बहस चलाई। अभी हाल के अंक में मैंने रामविलास जी पर लिखा। सम्पादकीय बराबर लिख रहा हूँ। अन्यत्र भी मैंने लिखा इस बीच। लेकिन भले आदमियों ने पढ़ा ही नहीं है तो मैं क्या करूँ? उन्होंने मेरा भाषण भी नहीं सुना है, मैं दावे के साथ कह सकता हूँ। मोरारी बापू नाम तो मित्रों ने मजाक में दिया है। मैं सफाई नहीं दे रहा हूँ। मानता हूँ कि लिखना चाहिए, जितना चाहिए, नहीं लिखा है। शुरुआती दिनों में, जवानी की झोंक में कई पुस्तकें लिखीं, लेकिन फिर गति मन्द पड़ गई और लगभग एक दशक के अन्तराल पर 'कविता के नये प्रतिमान' आई 1968 में, उसके बाद फिर कोई नई पुस्तक नहीं आई। हालाँकि समय-समय पर लिखे निबन्धों को संकलित कर पुस्तक का रूप देना था, लेकिन वह नहीं हो सका। हाँ, लम्बे अन्तराल पर 'दूसरी परम्परा की खोज' आई। लेकिन मैं वाचिक परम्परा, जिसके लिए लोगों ने मेरे नाम के साथ जोड़कर कहना शुरू कर दिया, उसे बुरी परम्परा नहीं मानता हूँ। मेरे यहाँ इसकी बड़ी समृद्ध परम्परा रही है। कबीरदास के बारे में तो प्रसिद्ध ही है–'मसि कागद छुयो नहीं कलम गहयो नहीं हाथ।' बुद्ध का तो सारा प्रवचन ही वाचिक परम्परा का है। कहाँ बैठकर लिखा है उन्होंने। गांधी जी का पूरा वांङ्मय वाचिक परम्परा का है। हमारे यहाँ शिक्षक क्लास में लेक्चर ही देते हैं। पश्चिम में अध्यापक जरूर लिखा हुआ नोट ले जाकर पढ़ते हैं, लिखित लेक्चर। हमारे यहाँ मौखिक लेक्चर होते हैं। हमारे पहले गुरु केशव प्रसाद जी ने कुछ नहीं लिखा है। वे पढ़ाकर ही सन्तुष्ट हो जाया करते थे। हमारे दूसरे गुरु आचार्य हजारी प्रसाद द्विवेदी जी के उपन्यास और सूर-साहित्य को छोड़ दें तो लगभग सब उनके भाषणों और निबन्धों का संकलन नहीं है। लेकिन मैं अपने शुभचिन्तकों का कृतज्ञ हूँ जो यह चाहते हैं कि मेरा इधर-उधर दिया हुआ भाषण प्रकाशित हो, बनिस्पत इसके कि वह उड़ जाए, नष्ट हो जाए। साथ ही, कुछ नया भी लिखूँ पुस्तक के रूप में। मैं भी चाहता हूँ कि जीवन जितना शेष है उसमें कुछ लिखूँ। लेकिन क्या होगा कैसे होगा–इसके बारे में बोलना ठीक नहीं। क्योंकि कहा हुआ अक्सर पूरा नहीं होता।

सियाराम यादव : आपके बारे में कहा जाता है कि एक लकीर को छोटी साबित करने

के लिए उसके समानान्तर बड़ी लकीर खींचते हैं? एक कवि, लेखक को छोटा साबित करने के लिए किसी औसत कवि लेखक को बहुत बड़ा साबित कर देते हैं।

नामवर सिंह : नहीं, नहीं। यह आरोप गलत है किसी योजना के साथ मैं ऐसा कभी नहीं करता। पढ़ना मेरे लिए साँस लेने के बराबर है। पढ़ने के दौरान मुझे अगर लगा कि इस लेखक में अपार प्रतिभा है, सम्भावना है और लोगों की दृष्टि इस ओर नहीं गई है तो मैं चाहता हूँ कि जो मैं महसूस कर रहा हूँ, यह लोगों तक जाए। मैं शेयर करता हूँ लोगों से। मुझसे उम्र में बड़े थे मुक्तिबोध और अच्छा लिख भी रहे थे। 'तार सप्तक' में शामिल भी थे। लेकिन उनके महत्त्व को न तो प्रयोगवादी स्वीकार कर रहे थे और न ही प्रगतिशील। मैंने पहली बार उन पर एक छोटी-सी टिप्पणी लिखी और बाद में 'कविता के नये प्रतिमान' नामक किताब ही लिख डाली। ऐसा ही धूमिल के साथ हुआ। उनकी प्रतिभा को पहचाना ही नहीं गया था। एक बार काशी (कथाकार काशीनाथ सिंह) के यहाँ बैठा था। एक कवि हैं अष्टभुजा शुक्ला। वह आए और बताया कि बस्ती में किसी कॉलेज में संस्कृत के अध्यापक हैं। अद्‌भुत प्रतिभा है उनमें। बाद में खैर, उनकी किताब ही आई। कहानी, उपन्यास के मामले में भी ऐसा ही हुआ।...तो खामख्वाह किसी को उठाने या गिराने के लिए कुछ नहीं किया और न ही उपेक्षिताओं या उपेक्षितों का उद्धार करने के लिए। मुझे जो अच्छा लगा, जँचा, कह दिया। बाद में पता चला कि लोगों को भी वह जँचा तो मोहर लगा दी।

सियाराम यादव : पिछले कुछ वर्षों से बाजार का जोर बढ़ा है। क्या साहित्य, क्या संस्कृति, क्या सामाजिक जीवन—सब उसकी चपेट में हैं? आज छात्र भी साहित्य, कला जैसे विषयों की बजाय प्रबन्धन, वाणिज्य, मेडिकल, इंजीनियरिंग की ओर भाग रहे हैं। ऐसे में साहित्य पर संकट की बात कही जा रही है। आपको क्या लगता है?

नामवर सिंह : देखिए! यह एक हवा है। ऐसा होता रहता है। आपने कहा न कि बाजार का जोर है, तो बाजार में भाव उतरता-चढ़ता रहता है। हर माल का भाव बदलता रहता है। और माल ही नहीं, ज्ञान का भी भाव उतरता-चढ़ता रहता है। आज ज्ञान की विधाएँ भी माल बन गई हैं। इसलिए उनका भाव भी चढ़ता-उतरता रहता है। पहले भी यह होता रहा है। एक जमाने में हिन्दू विश्वविद्यालय में कॉमर्स के छात्र बहुत कम होते थे। इंजीनियरिंग, उसमें भी सिविल का बाजार-भाव ज़्यादा था। रही साहित्य की बात, तो उसका भाव कभी भी ज़्यादा नहीं था। साहित्य के छात्र निम्न और निम्न मध्यवर्ग के होते हैं। उच्च मध्यवर्ग, उच्चवर्ग के छात्रों का साहित्य से कोई लेना-देना कभी नहीं रहा है। संस्कृत और ज्योतिष में गरीब ब्राह्मण परिवारों के छात्र आते हैं, क्योंकि उससे कर्मकांड वगैरह के जरिए उन्हें कमाने-खाने का रास्ता मिलता है। तो अर्थकरी विद्याएँ पढ़ी ही जाती हैं। बाकी साहित्य का लिखना-पढ़ना निम्नवर्गीय जातियों, कामगारों, मजदूरों के बीच ही होता रहा है।

सियाराम यादव : पिछले कुछ वर्षों में पूरी दुनिया में अमेरिका का प्रभाव बढ़ा है, भारत पर भी। सरकार दावा कर रही है कि इससे हमारे देश में विकास तेज हुआ है। आपकी क्या राय है?

नामवर सिंह : देखिए, सेंसेक्स की बात करें तो वह निश्चित रूप से हाई हुआ है लेकिन इससे यह नहीं साबित होता कि देश का विकास हुआ है। धनी और अधिक धनी, गरीब और गरीब हो तो इसे विकास का सूचक नहीं कहेंगे। अमेरिका कह रहा है कि भारत का विकास हो रहा है, लेकिन वास्तविकता कुछ और ही है। कुछ मुट्ठी भर लोगों का विकास जरूर हो रहा है। अमेरिकी नजर भारत के बाजार पर है। यहाँ की बहुत बड़ी आबादी उसकी नजर में है। बहुराष्ट्रीय कम्पनियों की नजर लगी है। वे यहाँ पूँजी निवेश करना चाहते हैं। उनकी पूँजी से भारत का विकास हो तो हमें कोई ऐतराज नहीं लेकिन हमें डर है कि कहीं देश अमेरिका की कठपुतली न बन जाए।

['हिन्दुस्तान', वाराणसी, 28-07-06 में 'उपेक्षिताओं का उद्धार करने नहीं निकला हूँ' शीर्षक से प्रकाशित]

मैं अपने पिता की तरह अकेला हो गया हूँ

प्रियंवद, देवेन्द्र, हरिनारायण की बातचीत

देवेन्द्र : सन् 1970 से पहले तक आपका ज़्यादातर रचनात्मक लेखन सामने आ चुका था। उसी दौरान छायावाद पर पुस्तक, उससे पहले 'बकलम खुद' में निबन्ध और लेख लिखे थे और 'कहानी नई कहानी', 'आधुनिक साहित्य की प्रवृत्तियाँ' और 'कविता के नए प्रतिमान' लिखा। वह काल ऐसा था जब आप इस्टैब्लिश्ड नहीं हुए थे...बेरोजगारी का समय था। जब आप इस्टैब्लिश्ड हुए...एक स्थायी नौकरी की, तब से आपका लेखन घटा है। इंटरव्यू में बातें आई हैं या व्याख्यानों में बातें आई हैं, लिखित कम हुआ। इस स्थिति के कौन से कारण हैं?

नामवर सिंह : ऊपर से देखने पर तो यह बात तो ठीक ही है। पन्त जी की एक कविता 'पल्लव' में है–'अपने मधु में लिपटा भ्रमर न कर सकता गुंजन।' अर्थ यह है कि भँवरे का मुँह अगर मधु से भरा हो तो वह गुँजार नहीं कर सकता। ऊपर से देखने पर वह बात बिल्कुल ठीक है। 1970 में मैं जोधपुर विश्वविद्यालय में हिन्दी विभाग का प्रोफेसर अध्यक्ष होकर गया। उसके बाद मुक़म्मल एक लिखी हुई पुस्तक 'दूसरी परम्परा की खोज' है, जो 1982 में लिखी। उस दौर में, यह वह काल है जब मैंने 'आलोचना' का सम्पादन किया और 'आलोचना' में ही लिखता था जिसके कुछ लेखों का संकलन 'वाद-विवाद संवाद' है। लेकिन उससे ज़्यादा है जो पुस्तकाकार संकलित नहीं हुआ है। यदि होता तो उससे कम से कम दो किताबें बनतीं। 'आलोचना' के सम्पादन में मेरा समय गया। 'आलोचना' के प्रत्येक अंक में मैं कुछ-न-कुछ लिखता था। एक और दूसरा काम था जो साहित्य के लिए महत्त्वपूर्ण नहीं है, वह यह कि हिन्दी विभाग का अध्यक्ष होने के नाते हिन्दी साहित्य की शिक्षा में, अध्यापन, अध्ययन, पाठ्यक्रमों में बदलाव–तीनों क्षेत्रों में मैंने काम किया। एक तो जोधपुर विश्वविद्यालय में पढ़ाने के लिए मैंने पुस्तकें तैयार कीं। विश्वविद्यालय ने ही उन्हें प्रकाशित भी किया–बी.ए. से लेकर एम.ए. तक। पाठ्यक्रम तैयार करना, पाठ्य

सामग्री तैयार करना, यह बड़ा काम था। और दूसरी चुनौती थी कि जवाहरलाल नेहरू विश्वविद्यालय में बिल्कुल नया विभाग खुला था, तो वहाँ के लिए सामग्री तैयार करना, पाठ्यक्रम बनाना आदि...और तीसरा यही वह दौर था जब एन.सी.ई.आर.टी. में मिस्टर नूरुल हसन मंत्री थे और रईस अहमद उसके निदेशक थे, तो मैं स्कूल एजुकेशन के लिए पुस्तकें तैयार करता, सम्पादित करता और करीब बीस साल यह दौर चला तो शक्ति तो जितनी है उतनी है। इसलिए पहले मैं साहित्य का होल टाइमर था, पर शिक्षा संस्था में जुड़ने के बाद...क्योंकि काशी हिन्दू विश्वविद्यालय में मैं लेक्चरर था तो ज़्यादा बदल तो नहीं सकता था पर बदलने में मैं योग दे सकता था, जो थोड़ा-बहुत अपने गुरुवर आचार्य हजारी प्रसाद द्विवेदी जी को देता था। इसलिए जिसको यह कहें कि साधन-सुविधा मिल जाने के कारण आलस्य या बौद्धिक शिथिलता आ गई हो, ऐसा नहीं था। सक्रियता तो थी, लेकिन सारी शक्ति हिन्दी साहित्य की शिक्षा और शिक्षण के सिलसिले में गई।

प्रियंवद : इसका मतलब यह हुआ कि लगभग पिछले बीस वर्षों से साहित्य से आपका सीधे-सीधे कोई सरोकार नहीं है? या यूँ कहें कि साहित्य से अब आपका सरोकार ही समाप्त हो गया?

नामवर सिंह : ऐसा तो नहीं था। साहित्य के सरोकार का तो उदाहरण यह है कि...'आलोचना' के जो अंक मैं उस दौर में निकालता रहा, अकेले ही निकालता था। कोई सहायक नहीं था तब। फिर सहायक लिए। सात या आठ कम सौ अंक निकले होंगे। 65 साल की उम्र जब तक पूरी की, तब तक तो अंक निकालता ही रहा। मैं केवल आत्मविश्लेषण कर रहा हूँ कि आर्थिक सुविधाएँ रहते हुए साहित्य से मेरा सम्बन्ध टूटा या नहीं। लगातार साहित्यकारों पर, नए आन्दोलनों, नई प्रवृत्तियों पर लिखता रहा, पढ़ता रहा। मैंने पुस्तकों की समीक्षाएँ इसी दौर में लिखीं। अब मैं यही कह सकता हूँ कि समय की कमी तो जरूर थी, पर वह एकाग्रता और बाकी चीज़ें भी उस रूप में नहीं थीं।

प्रियंवद : पिछले बीस वर्षों या पन्द्रह वर्षों से साहित्य से आप किस तरह से जुड़े हैं? इस बीच में दो पीढ़ियाँ गुज़र गईं। क्या आपका जुड़ाव उन पीढ़ियों से, उनके साहित्य, उनकी रचनाओं से किसी भी रूप में है? क्या आप पिछले पन्द्रह वर्षों के महत्त्वपूर्ण लेखकों की पुस्तकों को जानते हैं? उन लेखकों के नाम जानते हैं?

नामवर सिंह : एक ही बात कह सकता हूँ कि जितनी पत्रिकाएँ निकलती हैं, वे पत्रिकाएँ नियमित रूप से मिलती रहती हैं मुझे। 'हंस', 'कथादेश', 'वागर्थ' और फिर आपकी पत्रिका 'अकार' जब से निकली है...कोई भी आदमी चाहे तो परीक्षा ले सकता है कि मैंने पढ़ी हैं या नहीं। अधिकांश जितने कविता संग्रह, कहानी संग्रह और उपन्यास भी...। इसका एक उदाहरण मैं दे सकता हूँ कि इस बीच में नियमित

रूप से, लगभग साढ़े तीन वर्ष तक, 'सुबह-सबेरे' कार्यक्रम जो होता था उसमें नई से नई किताब पर, किसी पत्रिका में कुछ छपे, उसके पहले उस पर हमारे वक्तव्य पहुँच जाते थे। उनको सुनकर क्या किसी को लगा कि मैंने बिना किताब पढ़े उस पर कह दिया है? नई से नई किताब की चर्चा की, वह चाहे कविता संग्रह हो, कहानी संग्रह हो, उपन्यास हो...

प्रियंवद : यह कब तक चला?

नामवर सिंह : साढ़े तीन साल तक...

प्रियंवद : मतलब इस दौरान आपने कम से कम दो सौ किताबें पढ़ी होंगी? इसमें प्रकाशक का कोई हस्तक्षेप था...?

नामवर सिंह : किसी का हस्तक्षेप नहीं था। किताबें मैं चुनता था, चयन मेरा होता था कि किस पर बात करूँगा और मुकेश जी को उसकी कॉपी दे दिया करता था। अधिकांश पुस्तकों, उपन्यासों, कहानी संग्रहों, कविता संग्रहों की पहली समीक्षा मैं ही करता था। गरालन, 'कितने पाकिस्तान' पर पहली समीक्षा मैंने की थी और वह बहुत ध्वंसात्मक थी। आज उसे चाहे जितने पुरस्कार मिल जाएँ, मैं उसे उपन्यास नहीं मानता। इतिहास पर लम्बे बयान देना और जो तरीका इस्तेमाल किया गया है, उस पर मैंने टिप्पणी की थी।

प्रियंवद : साहित्य अकादमी पुरस्कार मिला है उसको....

नामवर सिंह : मैं कहता हूँ, ज्ञानपीठ मिल जाए लेकिन मेरी धारणा...उस उपन्यास को अद्योपान्त पढ़ा मैंने, क्योंकि बहुत दिनों बाद उनका उपन्यास आया था और मैंने ध्यान से पढ़ा...

प्रियंवद : यह कब की बात है?

नामवर सिंह : छपते ही। इसी तरह गिरिराज किशोर का इतना बड़ा उपन्यास आया। लगभग हज़ार पृष्ठों का।

प्रियंवद : 'पहला गिरमिटिया'...

नामवर सिंह : मैंने उसको कवर किया था। यद्यपि राजेन्द्र यादव उसके बारे में बहुत क्रिटिकल थे। मैं उतना क्रिटिकल नहीं था। क्योंकि 'सुबह सवेरे' परिचयात्मक होता है तो बाद में कुछ चीज़ें को लेकर उसके बारे में दूसरी टिप्पणियाँ भी कीं। जवाहरलाल नेहरू विश्वविद्यालय की एक गोष्ठी में आए थे गिरिराज जी, उनके सामने मैंने कहा था, उसकी सीमाएँ बताई थीं। पता नहीं उन्होंने बताया या नहीं... शायद अच्छा न लगा हो। कुछ तो भाषा के बारे में कहा मैंने—इसमें जो उर्दू की छौंक जगह-जगह देते हैं, वह खटकता है। संस्कृत के साथ उर्दू की भाषा गड़बड़ लगी आपकी। और दूसरी टिप्पणी मैंने की थी...कि 'हिन्द स्वराज्य' जैसी पुस्तक, जिसके बारे में गांधी जी स्वयं लिख चुके हैं कि किस तरह लौटते हुए पानी के जहाज पर कभी बाएँ हाथ से, कभी

दाएँ हाथ से उसे लिखा तो वह क्या पृष्ठभूमि थी जिससे इतना उत्तेजित हो करके उन्होंने लिखा? सावरकर वगैरह से लन्दन से मिल कर आए थे। मैंने कहा, उस पर आपने एक पेज भी नहीं लिखा। वो ऐसी महत्त्वपूर्ण स्थिति थी कि आपको उस पर पूरा एक अध्याय लिखना चाहिए था कि 'हिन्द स्वराज्य' कैसे लिखा गया था।

प्रियंवद : क्या जवाब दिया गिरिराज जी ने?

नामवर सिंह : टाल गए...क्या जवाब देते? मैंने कहा, आप खाली वही चीज़ें लिखते तो कम से कम एक पूरा अध्याय होता 'हिन्द स्वराज्य' पर।

प्रियंवद : कामतानाथ जी के उपन्यास 'कालकथा' पर आप बोले थे?

नामवर सिंह : उस पर भी पहली समीक्षा मैंने ही की थी, बल्कि मतभेद भी था राजेन्द्र यादव से। उसके लोकार्पण पर एक गोष्ठी हुई थी। उसकी दोनों जिल्द पढ़कर, जो अंश मुझे अच्छे लगे थे, वे अंश मैंने बतलाए थे। दो कृतियों के बारे में मेरे मन में दुविधा जैसे विचार थे। अब आपने पूछ ही लिया है...अमरकान्त का उपन्यास 'इन्हीं हथियारों से' और कामतानाथ का 'कालकथा।' दोनों आदमियों ने लगभग एक लम्बे इतिहास की पृष्ठभूमि पर उपन्यास लिखे हैं। यह बहुत जोखिम भरा काम है। उसमें न इतिहास बन पाता है, न उपन्यास। अगर इतिहास पर कोई लिखे तो सबक ले टालस्टॉय के 'वॉर एंड पीस' से। 'वॉर एंड पीस' एक उपन्यास तो है, लेकिन उसमें मुख्य एक परिवार की कहानी है। व्यक्ति हैं, प्रेम है और इतिहास-दर्शन जो दिया है टालस्टॉय ने, उसे लोगों ने कूड़ेदान में डाल दिया है। जो चीज़–'वॉर एंड पीस' में महत्त्वपूर्ण है, वे दूसरे प्रसंग हैं...इतिहास नहीं। इसलिए इतिहास केवल पृष्ठभूमि के रूप में रहा। इतिहास के अन्तर्गत जो मनुष्य की नियति है, परिवार है, प्रेम है, मित्रता है...उन चीज़ों के जरिए उपन्यास बनता है। दोनों आदमियों ने यह काम नहीं किया।

प्रियंवद : लेकिन दोनों आदमी...अमरकान्त जी और कामतानाथ जी भी, कम्युनिस्ट पार्टी से जुड़े रहे। यह बात कही जाती है कि 'कालकथा' को जान-बूझकर इग्नोर किया गया...हालाँकि कामतानाथ जी तो कार्डहोल्डर हैं, लेकिन किसी ने इस उपन्यास पर बात नहीं की। इस उपन्यास को बिल्कुल साइड लाईन किया गया।... आपने बात की हो, लेकिन और पत्रिकाओं ने नहीं की। वामपंथी विचारधारा की किसी पत्रिका ने या सम्पादक ने बात नहीं की...

नामवर सिंह : 'कालकथा' की समीक्षा मैंने इसलिए नहीं की थी कि वे कम्युनिस्ट पार्टी के मेम्बर हैं। उस पर मैंने दो बार चर्चा की और जिससे राजेन्द्र यादव जी का मतभेद था बराबर। बल्कि एक गोष्ठी में...त्रिवेणी या कहीं हुई थी, उसमें राजेन्द्र यादव जी की राय बिल्कुल भिन्न थी। उसके बावजूद मैं अड़ा रहा कि उसमें कुछ ऐसे प्रसंग हैं, जो सचमुच बहुत महत्त्वपूर्ण और मार्मिक हैं।

प्रियंवद : क्या ऐसा होता है कि पार्टी लाइन से तय किया जाता है कि किस किताब को उठाना है या गिराना है किस पर बात करनी है किस पर नहीं...आपके जो अनुभव हैं या आपकी जो जानकारी है, क्या कुछ किताबें ऐसी रही हैं जिन पर आपको लगा हो कि ऐसा हुआ है?"

नामवर सिंह : कभी रहा होगा! मैं नहीं जानता उस चीज़ को।

प्रियंवद : आप शुरू से ही जुड़े रहे हैं। क्या ऐसा नहीं होता रहा...?

नामवर सिंह : शुरू से तो नहीं, प्रगतिशील लेखक संघ की काशी शाखा से मैं 1941-42 के आस-पास जुड़ा और कम्युनिस्ट पार्टी की विधिवत सदस्यता ली 1959 में। इससे पहले मैं पार्टी का हमदर्द भर था। मेरी जानकारी में कभी न तो पार्टी में और न ही प्रलेस में इस तरह का कोई फैसला लिया गया कि किस किताब को उठाया जाए और किस किताब को गिराया जाए। अगर ऐसा होता तो यशपाल, राहुल सांकृत्यायन, रांगेय राघव जैसे प्रगतिशील लेखकों की रचनाओं के विरोध और समर्थन में साथ-साथ आलोचनाएँ न लिखी जातीं, जबकि ये आलोचक भी प्रगतिशील लेखक संघ और कम्युनिस्ट पार्टी से सम्बद्ध थे। आख़िर रामविलास शर्मा, शिवदानसिंह चौहान, प्रकाशचंद्र गुप्त और अमृत राय एक ही संगठन में थे, फिर भी साहित्यिक कृतियों के बारे में उनके विचार एक से न थे। अगर उस दौर के 'हंस' की फाइलें देखें तो इस बात के सबूत मिल जाएँगे। जहाँ तक पार्टी और प्रलेस के सम्बन्ध का सवाल है, इसका वर्णन डॉ. रामविलास शर्मा ने बड़े विस्तार से एक लेख में कर दिया है। लेख का शीर्षक है : 'कम्युनिस्ट पार्टी और प्रगतिशील लेखक संघ।' यह लेख उनकी पुस्तक 'मार्क्सवाद और प्रगतिशील साहित्य' (1984) के अन्दर संकलित है। दोनों संगठनों के आपसी सम्बन्ध को समझने के लिए फिलहाल एक घटना का उल्लेख काफी है।

मार्च 1953 के प्रथम सप्ताह में दिल्ली में अखिल भारतीय प्रगतिशील लेखक सम्मेलन का आयोजन हुआ था। संयोग से उसमें भाग लेने मैं भी बनारस से गया था। उस समय प्रलेस के महासचिव डॉ. रामविलास शर्मा थे। मैं शिवदानसिंह चौहान के साथ ठहरा था। उन्हीं से मालूम हुआ कि सम्मेलन से पहले पार्टी लेखकों की एक बैठक हुई जिसमें पोलित ब्यूरो की ओर से नम्बूदिरीपाद सम्मिलित हुए थे। बैठक में नम्बूदिरीपाद ने अजय घोष का एक पत्र पढ़कर सुनाया जिसमें यह कहा गया था कि "प्रगतिशील लेखक संघ से लाभ की अपेक्षा हानि अधिक हुई है; इसलिए उसे चलाते रहने का फैसला करने से पहले साथियों को कई बार सोचना चाहिए।" पार्टी लेखकों ने पार्टी-महासचिव के पत्र पर विचार किया और तय किया कि प्रगतिशील लेखक संघ भंग नहीं किया जाएगा। सम्मेलन ने अन्त में नए महासचिव के रूप में कृश्नचन्दर को चुना और एक नई कार्यकारिणी भी गठित की। यह और बात है कि कृश्नचन्दर के नेतृत्व में प्रलेस का कोई अखिल भारतीय अधिवेशन नहीं हुआ।

उल्लेखनीय है कि इस सम्मेलन से एक दिन पहले स्टालिन का निधन हुआ था और इसे विडम्बना ही कहना चाहिए कि स्टालिन के निधन के साथ ही एक तरह से प्रगतिशील लेखक संघ का भी अन्त हो गया। मैंने जो बात शिवदान सिंह चौहान से सुनी थी उसे बाद में डॉ. रामविलास शर्मा ने लिपिबद्ध करके प्रकाशित कर दिया और आप चाहें तो उसका पूरा ब्योरा 'मार्क्सवाद और प्रगतिशील साहित्य' नामक पुस्तक में पढ़ सकते हैं।

इससे एक बात तो स्पष्ट हो ही जाती है कि पार्टी प्रगतिशील लेखक संघ की गतिविधियों का निर्देशन करती थी लेकिन इसके साथ ही यह स्पष्ट है कि पार्टी लेखक, लेखक संगठन के बारे में पार्टी की बात मानने के लिए बाध्य नहीं थे और आवश्यकता पड़ने पर वे अपना स्वतंत्र निर्णय ले सकते थे। इस सन्दर्भ में इस तथ्य की ओर भी ध्यान दिलाना जरूरी है कि प्रगतिशील लेखक संघ में बहुत-से लेखक ऐसे भी शामिल थे जो पार्टी के सदस्य नहीं थे और उनके राजनीतिक विचार भी कम्युनिस्ट पार्टी से अलग थे। इसके अलावा स्वयं प्रगतिशील साहित्य के अन्दर भी एक से अधिक अन्तर्धाराएँ थीं जिनके बीच गहरा आत्मसंघर्ष था। इस संघर्ष का एक पहलू यह था कि कलावादी लोग, यहाँ और इलाहाबाद में अज्ञेय का 'परिमल' का उसके बीच संघर्ष हो रहा था। इस आत्मसंघर्ष की अभिव्यक्ति साहित्य-सृजन के साथ-साथ रचनाओं की समीक्षा और मूल्यांकन में भी होती रही है। गरज़ यहाँ 'सोवियत रूस' के साहित्य की तरह पार्टी का किसी प्रकार का 'रेजिमेंटेंशन' नहीं था। हस्तक्षेप तो खैर कभी नहीं किया। पार्टी को दिलचस्पी ही नहीं थी कि साहित्य की क्या लाईन है। वह अपनी राजनीतिक लाईन तय करे, यही बहुत है। 1962-64 के आस-पास पार्टी के दो टुकड़े हो गए...आगे चलकर तीसरा टुकड़ा हुआ एम.एल. का। तो उस दौर में सी.पी.एम. के बारे में मैं कुछ नहीं कह सकता। वहाँ चौकसी शायद ज़्यादा रही हो। अपना संगठन भी बना लिया बाद में...जनवादी लेखक संघ। और एम.एल. के बारे में कुछ हो यह मैं नहीं जानता।...

प्रियंवद : जानते तो होंगे आप?

हरिनारायण : 76 के बाद संगठन बनाया...

देवेन्द्र : 80 की बात है...

नामवर सिंह : बनाया बाद में। उनके लेखक थे, उन लोगों की पत्रिकाएँ निकलती थीं।

देवेन्द्र : ...71 में बांदा में जो सम्मेलन हुआ था उसमें ये सब लोग पहुँचे थे।

नामवर सिंह : पहुँचे तो थे, लेकिन ध्येय स्पष्ट नहीं था। यह तीन पार्टियों की राजनीतिक विचारधारा की राजनीति थी। उस राजनीति के कारण उनमें विवाद होता था।

प्रियंवद : तीनों में आपस में क्या विवाद था? क्या तीनों का मार्क्सवाद अलग-अलग था?

नामवर सिंह : आपस में विवाद होता था। संवाद नहीं, विवाद होता था। इस विवाद के मुद्दों पर मैं 'आलोचना' में एक सम्पादकीय लिख चुका हूँ। वह सम्भवतः 'वाद-विवाद-संवाद' में संकलित है। अब उन बातों को दुहराने की ज़रूरत नहीं है। इसलिए मैंने कहा, उन दोनों संगठनों में और लेखक संगठनों में क्या राय बनती होगी, कितना पार्टी से साहित्यकारों का सम्बन्ध था, कितना हस्तक्षेप करते थे, इस बारे में कोई प्रामाणिक जानकारी नहीं दे सकता, लेकिन सी.पी.आई. का मेम्बर मैं था। इमरजेन्सी के जमाने से ही मेम्बरशिप छोड़ दी थी पार्टी की। सम्पर्क उन लोगों से जरूर था, लेकिन कोई लाइन देने की उन लोगों ने कोशिश नहीं की। बल्कि इमरजेन्सी वाले दौर में भी कई मुद्दे ऐसे आए हैं कम्युनिस्ट पार्टी में...चेकोस्लवाकिया का सवाल था। एक अच्छा-खासा गुट पार्टी के भीतर ही चेकोस्लवाकिया में घुसपैठ के विरुद्ध था।

प्रियंवद : जैसे निर्मल वर्मा...

नामवर सिंह : निर्मल वर्मा तो उस समय चेकोस्लवाकिया में थे। उसके बाद से भी अभी तक प्रगतिशील लेखक संघ है, लेकिन कम्युनिस्ट पार्टी की ओर से कोई लाइन नहीं दी जाती, कुछ कहा नहीं जाता। यहाँ तक कि कोई आर्थिक मदद भी नहीं करते...तो राजनीतिक स्टैंड देने में क्या जाता है?

प्रियंवद : आज प्रगतिशील लेखक संघ की क्या सक्रिय गतिविधियाँ हैं? इस वक्त आप अध्यक्ष हैं।

नामवर सिंह : प्रगतिशील लेखक संघ साहित्य के बारे में अपनी समझ बनाता है। सक्रिय है।

प्रियंवद : किस रूप में सक्रिय है?

नामवर सिंह : संगठन में...पूरा मध्य प्रदेश जो है उसमें जगह-जगह, अलग-अलग कस्बों में इसकी इकाइयाँ हैं। बल्कि एकमात्र संगठन, सच पूछिए तो बड़े संगठन के नाम पर प्रगतिशील लेखक संघ है। जनवादी लेखक संघ और जन संस्कृति मंच हैं, इसमें सदस्य संख्या, सक्रिय इकाइयों और गतिविधियों को देखते हुए सबसे बड़ा, इसलिए नहीं कि मैं उससे जुड़ा हुआ हूँ, प्रगतिशील लेखक संघ है, क्योंकि सबसे ज्यादा लेखक उसी में हैं। लिखने वाले, कहानी, कविता, उपन्यास, आलोचना...पत्रिकाएँ उसके पास हैं। नियमित निकलती हैं...जनवादी लेखक संघ के बारे में तो एक बार मैंने लोगों से कहा था कि मार्क्सवाद की एक अवधारणा है...अंग्रेज़ी में जिसको बेस और सुपर स्ट्रक्चर कहते हैं...आधार आर्थिक और संस्कृति तो ऊपरी ढाँचा है...आर्थिक आधार पर ऊपरी ढाँचा निर्भर रहता है। हमने कहा—मार्क्सवाद की इस

मान्यता के विरुद्ध है जनवादी लेखक संघ। उनकी बुनियाद तो बंगाल है...बंगाल में उनकी सरकार है। आधार आपका बंगाल में है। बंगाल में आपके साहित्य का कोई संगठन नहीं है, और हिन्दी प्रदेश में, जहाँ आपका कोई आधार नहीं है, वहाँ आपका जनवादी लेखक संघ है। तो हमने कहा–आधार और संरचना में कोई सम्बन्ध नहीं है, उसका प्रमाण जनवादी लेखक संघ है।

देवेन्द्र : आप सी.पी.आई. कार्ड होल्डर थे? इमरजेन्सी में पार्टी को क्यों छोड़ा था आपने?

नामवर सिंह : छोड़ा था नहीं, बल्कि यूँ कहें उसका पुनःनवीनीकरण नहीं कराया।

देवेन्द्र : क्या सी.पी.आई. ने इमरजेन्सी का समर्थन किया था इसलिए आपने ऐसा किया था?

नामवर सिंह : इसके दो प्रमाण हैं। उसके गवाह अगर जिन्दा होते तो बताते आपको।...इमरजेन्सी लगने के महीने भर बाद ही ग़ालिब एकेडेमी निज़ामुद्दीन के सभागार में प्रलेस की एक सभा हुई। चौहान जी (शिवदान सिंह) भी आए थे, भीष्म जी भी थे, रज़िया आपा आई थीं...मंच पर मैं भी बैठा हुआ था। वहाँ एक प्रस्ताव पास करना था। चौहान जी कांग्रेस के साथ थे, भीष्म जी भी। जैसी लाइन थी, उसको देखते हुए हमें प्रस्ताव पास करना था कि हमें इमरजेन्सी का स्वागत करना चाहिए। उसमें मैंने कहा था कि हम लोग इमरजेन्सी का स्वागत कर रहे हैं, उसको समर्थन दे रहे हैं पर यह करते हुए हम भूल जाते हैं कि केरल में जब पहली कम्युनिस्ट सरकार बनी थी तो इन्दिरा गांधी ने वो सरकार गिराई थी।

देवेन्द्र : नेहरू ने...

नामवर सिंह : इन्दिरा कांग्रेस की प्रेसीडेंट थी...

प्रियंवद : नेहरू के समय में होगा?

नामवर सिंह : नेहरू के समय में ही हुआ...1958 में पहली कम्युनिस्ट सरकार इसी कांग्रेस ने गिराई...और उस समय इन्दिरा गांधी कांग्रेस की सभानेत्री थीं। लोगों ने नेहरू को उकसा कर इस सरकार को गिराने के लिए काम किया था। तो हमने कहा कि कम्युनिस्टों की सरकार गिराई थी उन्होंने इसलिए आप इतनी जल्दी यह मत भूल जाएँ कि आपके साथ उन लोगों ने क्या सुलूक किया था। आज आप उनका समर्थन कर रहे हैं। रज़िया आपा ने कहा था कि हम लेखक और शायर लोग बहुत जल्दी खुश हो जाते हैं और बड़े भावुक हो जाते हैं। वह प्रस्ताव नहीं पास हुआ।...जैसे ही मैं बाहर निकला, राजीव सक्सेना थे और कुछ लोग...कई लोगों ने कहा–ऐसे समय में तुम यह काम कर रहे हो...यहाँ न जाने कितने खुफिया विभाग के लोग बैठे होंगे, वे जा करके रिपोर्ट करेंगे। सावधान रहो। कमलेश्वर... उस समय इमरजेन्सी काल में कम्युनिस्ट पार्टी जो लाईन ले रही थी उसमें योगदान

करने वाले थे।...नागार्जुन जी वाली स्थिति मेरी नहीं थी कि शुरू में उन्होंने इमरजेन्सी का समर्थन किया पर बाद में खिलाफ हो गए क्योंकि जेल गए थे। आरम्भ से ही मुझे लगता था कि यह ठीक नहीं है।

प्रियंवद : आप कह रहे हैं कि कमलेश्वर ने इमरजेन्सी का समर्थन किया था?

नामवर सिंह : बिल्कुल...

प्रियंवद : 'सारिका' में उन्होंने 'जो कायर हैं कायर रहेंगे' शीर्षक से एक सम्पादकीय लिखा था। सम्पादकीय पृष्ठ खाली भी छोड़ा था या शायद काला पन्ना करके...यह सब किया था कमलेश्वर ने 'सारिका' में...विरोध में किया था।

नामवर सिंह : करने के बावजूद मैं इतना कह रहा हूँ कि वे बोले थे, इमरजेन्सी का समर्थन किया था। पटना गए थे...यहाँ भी बोले थे...विट्ठल भाई पटेल हाउस में। पत्रिका में चाहे जो हो, सम्मेलनों में गए थे...जयप्रकाश वगैरह की फासिस्ट ताकतों के खिलाफ बोले थे।

प्रियंवद : अभी अज्ञेय की और परिमल की बात आई। अज्ञेय को लेकर आपका क्या कहना है? जिस तरह कम्युनिस्ट पार्टी उन्हें खारिज करती है या जिस तरह आपने कहा अभी परिमल के साथ संघर्ष को लेकर। अज्ञेय एक बड़े लेखक के रूप में माने जाते हैं। क्या बुनियादी चीज़ें है जिनकी वजह से उनको खारिज़ किया जाता है?

नामवर सिंह : अज्ञेय हमारे बहुत महत्त्वपूर्ण साहित्यकार हैं।

प्रियंवद : किस तरह से?

नामवर सिंह : उपन्यासकार के रूप में...कालजयी उपन्यासों के बारे में मेरा एक भाषण छपा है। मैंने उसमें जिन पाँच कालजयी उपन्यासों की लिस्ट बनाई है—उसमें 'गोदान' है, 'शेखर' है, 'त्यागपत्र' है, रेणु का 'मैला आंचल' है और 'बाणभट्ट की आत्मकथा' है। मैंने कहा कि ये निर्विवाद रूप से कालजयी उपन्यास हैं और छठा जो अभी प्रश्नचिह्न के साथ है, वह 'नौकर की कमीज' है। यह मैंने कहा था। इससे आप समझ सकते हैं कि 'शेखर : एक जीवनी' को मैं क्या मानता हूँ। यही नहीं, बल्कि मैं 'नदी के द्वीप' को कमजोर उपन्यास मानता हूँ। उपन्यासों में 'शेखर...' के बाद और कलात्मकता को देखते हुए 'अपने-अपने अजनबी' कला की दृष्टि से बहुत महत्त्वपूर्ण उपन्यास है। कुल मिलाकर वह बड़ा उपन्यास नहीं है। अज्ञेय की कुछ अतिस्मरणीय कहानियाँ हैं।

प्रियंवद : आठ-दस तो होंगी या ज़्यादा हैं?

नामवर सिंह : कम...

प्रियंवद : तीन-चार होंगी?

नामवर सिंह : दो-तीन...'उत्तर प्रियदर्शी' एक नाटक भी लिखा उन्होंने, जो बहुत कमजोर है। कवि के रूप में अज्ञेय महत्त्वपूर्ण कवि हैं और कुल मिला करके महत्त्वपूर्ण

कवियों में जिनका नाम लिया जाएगा, निराला के बाद...तो शमशेर महत्त्वपूर्ण हैं तो अज्ञेय भी उतने ही महत्त्वपूर्ण हैं। उनसे कम नहीं हैं। अगर नागार्जुन महत्त्वपूर्ण हैं, बल्कि कहना चाहिए कि केदारनाथ अग्रवाल को यद्यपि रामविलास जी बहुत महत्त्वपूर्ण मानते हैं। मैं उनसे ज़्यादा नागार्जुन को महत्त्वपूर्ण मानता हूँ। तो जिस तरह से नागार्जुन...शमशेर...अज्ञेय...रघुवीर सहाय...इस तरह से कवियों की सूची बनेगी तो उसमें अज्ञेय निश्चित होंगे।

देवेन्द्र : आपने मुक्तिबोध को क्यों छोड़ दिया?

नामवर सिंह : मुक्बिोध तो हैं ही। मुक्बिोध पर तो लिखा है मैंने।...मेरे लिए जिस तरह से मुक्तिबोध महत्त्वपूर्ण हैं, उसी तरह अज्ञेय हैं।

प्रियंवद : अज्ञेय को कम्युनिस्ट पार्टी ने कभी स्वीकार नहीं किया। दलगत कारणों से या राजनीतिक कारणों से या जो भी हैं...क्यों?

नामवर सिंह : एक बात मैं बताऊँ...अज्ञेय की विचारधारा से हम असहमत हो सकते हैं, लेकिन उनका साहित्य खारिज नहीं किया जा सकता। वह महत्त्वपूर्ण है। वह देन है अज्ञेय की। उससे इन्कार नहीं किया जा सकता। दूसरी बात यह कहूँ कि 'परिमल' के अनेक तथाकथित लोगों की अपेक्षा अज्ञेय अपनी विचारधारा में कुल मिलाकर उतने प्रतिक्रियावादी नहीं थे।

प्रियंवद : जितने कि और कौन थे?

नामवर सिंह : एक-दो हों? 'परिमल' वालों में...साही को छोड़कर बाकी तो...भारती!...ये अवसरवादी लोग हैं। हिन्दुत्व का पुट मिलेगा बहुत-से लोगों में। बहुत-से रूढ़िवादी हैं। उसको देखते हुए अज्ञेय नहीं हैं, क्योंकि एम.एन. राय के साथ थे। अज्ञेय की बहुत सख्त आलोचना निर्मल वर्मा ने की है, यह लोग भूल जाते हैं। लेख है उनका। उनके दोनों लेख 'दिनमान' में छपे थे। किसी किताब में संकलित हैं। अज्ञेय के बारे में बहुत आलोचनात्मक टिप्पणी की है। ख़ासतौर से उनकी आधुनिकता, आधुनिकतावाद को लेकर। निर्मल जी उनके आलोचक थे। (थोड़ा विराम लेकर), अज्ञेय सेक्युलर थे...अज्ञेय रेशनलिस्ट थे...अज्ञेय ऑब्सक्योररिस्ट नहीं थे। बाद में उनकी 'असाध्य वीणा' और 'कौन-कौन...' में रहस्य और जापानी जेन दिखाई पड़ता है, पर वह उस रूप में नहीं हैं। अज्ञेय लोकतान्त्रिक दृष्टि वाले थे। शायद इसका कारण यह भी हो कि एक ज़माने में वे क्रान्तिकारियों के साथ थे। शेखर वाले दौर में। तो आप देखें, वो धारा उनकी अन्तिम दिनों तक रही। 'एक तनी हुई रस्सी पर चलता हूँ' उनकी एक कविता है। उस तनी हुई रस्सी पर चलने का तनाव उनमें था। इसलिए अज्ञेय की विचारधारा प्रतिक्रियावादी नहीं थी। और दूसरा और कारण अज्ञेय का निजी रूप है, जिस पर लोग कम ध्यान देते हैं...

प्रियंवद : कुछ बताइए।

नामवर सिंह : अज्ञेय से मेरा पहला परिचय 1946 में हुआ था। उदय प्रताप कॉलेज में पहली बार अज्ञेय को आमन्त्रित कर उनका भाषण करवा चुका हूँ। तब वे आसाम के मोर्चे से लौटकर आए थे और 'नदी के द्वीप' नहीं लिखा था उन्होंने। सरस्वती प्रेस में ठहरे थे। उनके पास एम्बेसेडर जैसी गाड़ी थी। उसकी बैटरी बैठ गई थी। बहू जी के साथ...जो मेरी समझ में, रेखा है न?

देवेन्द्र : जी...

नामवर सिंह : उनका मूल रूप जो है वो...बहू जी, उनके साथ थे। बाद में इलाहाबाद उनके साथ गए थे। उदय प्रताप कॉलेज में उनका व्याख्यान करवाया था। उदय प्रताप कॉलेज में वह साहित्य पर नहीं बोले थे, असमिया मच्छरों पर बोले थे। चाय पीते समय हमारे गुरु मार्कण्डेय जी ने उनसे शेखर के बारे में सवाल पूछा था। वे प्रगतिशील लेखक संघ बनारस के उपाध्यक्ष थे। स्टालिन के विरुद्ध शेखर में जो टिप्पणियाँ की गई हैं, उस पर उन्होंने सवाल पूछे थे। इसलिए पहली बार 1946 में, और बाद में तो कई बार मिलना-जुलना रहा बनारस में। साथ-साथ...कई यात्राएँ की हैं। लेकिन सबसे निकट था, जब मैं जोधपुर गया। उनकी नियुक्ति...उस कहानी को कहने की ज़रूरत नहीं है, लेकिन मेरे वाइस चांसलर ने कहा—क्योंकि यहाँ लोग समझेंगे कि तुम्हारी विचारधारा अलग है उनकी अलग है, तो हिन्दी वालों को यह नहीं लगना चाहिए। बाकी लोगों को लगे...तो हमारी गाड़ी लेकर जाओ, उनको ले आओ। क्योंकि हमारे यहाँ कोई गेस्ट हाउस नहीं है। तुम अकेले रहते हो। इसलिए ये तुम्हारे साथ ठहरेंगे। सात दिन हमारे साथ ही थे। उसके बाद फिर एक ही क्वार्टर खाली था, अच्छा बना था, बाद में और बन गए। वह कायदे से मुझे एलॉट होना चाहिए था...सिनियोरटी के हिसाब से। तो वाइस चान्सलर ने पूछा—तुमको चाहिए? मैंने कहा—मैं दे देता हूँ। उनको ज़्यादा ज़रूरत है। उनका रहन-सहन...हम तो इसी में रह लेंगे। और यह नियम था। नियमतः रोज का मिलना था। एक बार जोधपुर रहते हुए राजस्थान घूमना चाहते थे, तो उनकी अपनी कार यहाँ रह गई थी, वसन्त विहार में। किसी काम से वो भी आए थे, मैं भी आया था, तो बोले—लौटते समय हमारे साथ ही कार से जोधपुर चलिए। उन्हीं की कार में बैठकर हम लोग गए। जयपुर यूनिवर्सिटी गेस्ट हाउस में रात को ठहरे...एक ही कमरे में ठहरे। सवेरे नाश्ता करके वहाँ से हम लोग गए साथ में। वे ड्राईव खुद कर रहे थे। ये यादें उनके साथ जुड़ी हुई हैं। एक साथ रहे हम लोग। रोज मिलते थे और बहुत निकट से उनको जानने का मौका मिला। स्नेह था उनका मेरे प्रति क्योंकि पंडित जी के साथ थे। व्यक्तिगत गुण उनमें बहुत थे सम्बन्ध निभाने में, मनुष्यता निभाने में, बाकी चीज़ों में। प्रतिक्रियावादी वो नहीं थे। और

सचमुच...कलात्मक रुचियाँ आदि तो हैं ही, साहित्यकार वो महत्त्वपूर्ण थे, मैंने कभी इससे इन्कार नहीं किया।

प्रियंवद : अभी इलाहाबाद में आपने जैसे साही जी का नाम लिया...मार्कण्डेय जी...और थोड़ा पीछे लौटें तो निराला थे, पन्त थे...महादेवी जी थीं। निराला से मुलाकात होती थी आपकी या नहीं हो पाती थी?

देवेन्द्र : क्या निराला जी आपको नापसन्द करते थे? घर में घुसने नहीं देते थे?

नामवर सिंह : क्या ऐसी कोई बात थी?

प्रियंवद : आपके और निराला जी के बीच क्या सम्बन्ध था?

नामवर सिंह : देखो...निराला जी के निकट जाने का मुझे कभी मौका नहीं मिला। देखा है...दूर से देखा है। कई लोग वहाँ जाते थे, लेकिन यह किंवदन्ती कैसे लोगों ने चला दी? रामविलास जी के उनसे बहुत सम्बन्ध थे। लेकिन मैं उसके साथ एक और चीज़ कह दूँ...कि त्रिलोचन जी के भी सम्बन्ध उनसे नहीं थे...मिलने-जुलने का, यानि जब आपने पूछा है तो...तो एक ही संस्मरण है मेरे पास कहने के लिए और कोई संस्मरण नहीं है। 1947 में निराला जी की स्वर्ण जयन्ती मनाई गई थी और नन्ददुलारे वाजपेयी जी की पहल पर यह किया गया था। नन्ददुलारे वाजपेयी प्रगतिशील लेखक संघ के अध्यक्ष थे—काशी के। मैं उसका सदस्य था। इंटरमीडिएट में हम पढ़ते थे। बाल-वाल मुड़ाकर, विवेकानन्द की तरह पगड़ी बाँधे हुए निराला जी आए थे, समारोह में शामिल हुए। दो गोष्ठियों में निकट से महाकवि को देखा। हमारे गुरु जी पढ़ाते थे...केशव प्रसाद मिश्र। निराला जी पर बोले, जिसमें पहली बार, और सारी बातें छोड़े दें, तो उन्होंने कहा था कि निराला जी की प्रतिभा भवभूति की प्रतिभा जैसी है और पन्त जी कालिदास जैसे हैं। उन्होंने तुलना करके दिखाया। बी.एल. साहनी अंग्रेज़ी पढ़ाते थे, वे बोले थे। वहाँ पर निराला जी ने 'राम की शक्तिपूजा' पूरी सुनाई थी। उसमें वाजपेयी जी ने ऐसी योजना बनाई थी कि दस साहित्यकारों को निराला जी के हाथ से, जो उनके सम्मान में पैसे दिए गए थे, वो उन्हें दे देंगे। सौ-सौ रुपये का इनाम देंगे, एक हज़ार रुपये कुल मिलाकर। यद्यपि रुपया उस समय था ही नहीं...खाली घोषित हुआ था। मैं भी निराला जी के हाथ से पुरस्कार पाने वालों में एक था। ये सौ रुपये युवा लोगों को दिए गए थे। मुझे पहला पुरस्कार निराला जी के हाथ से वाजपेयी जी ने दिलवाया था। निराला जी क्या जानें? वाजपेयी जी ने सूची बनाई थी। निराला जी ने नाम घोषित किए थे। उसी क्रम में दोपहर को एक गोष्ठी हुई भदैनी में। महाकवि मौजूद थे। उनको जुकाम हो गया था। उसमें सुमन जी ने निराला पर लिखी अपनी पूरी कविता सुनाई थी। लम्बी कविता है। वहाँ लोगों ने कहा निराला जी से कि गीत सुनाइये—गाकर। तो निराला जी ने कहा कि हारमोनियम मँगाओ फिर। हारमोनियम मँगाया गया।

निराला जी ने दो गीत गाए थे। एक गीत था...मुझे अब भी याद है, वह था'टूटे सकल बन्ध कलि के दिशाज्ञान गत हो भए गन्ध...' यह गीत उन्होंने ताल सुर से बाकायदा हारमोनियम पर गाया था। और दूसरा गीत उन्होंने गाया था—'प्रातः तव द्वार पर, आया जननि नैष अन्ध पार कर'...दो गीत निराला जी ने गाए थे हारमोनियम पर। बाकायदा गाए थे। बस...इतने निकट से निराला जी को मैंने 1947 में देखा। उसके पहले नहीं देखा था। उसके बाद इलाहाबाद इतनी बार गया...दारागंज में वो रहते थे। उनकी कविताएँ पढ़ता रहा। सारी पुस्तकें मेरे पास थीं। सच पूछिए तो पहली बार जब मैं बनारस आया...गाँव से पढ़ने के लिए, तो 'अनामिका' का पहला संस्करण मैंने खरीदा था। आज भी मेरे पास वो प्रति है। मुक्त छन्द की एक कविता लिखी थी, जो कॉलेज की हमारी मैगज़ीन में छपी थी। मुक्त छन्द क्या होता है, उन्हीं की 'अनामिका' पढ़कर जाना था। तो आठवीं-सातावीं में जब मैं पढ़ने आया, तो दो किताबें मैंने खरीदीं—जितने थोड़े-बहुत पैसे थे। कहाँ होते थे?...पहली पुस्तक 'आवारा की डायरी' नाम से मैक्सिम गोर्की की। त्रिलोचन जी ने कहा कि यह इलाचंद्र जोशी का अनुवाद है। ताजा-ताजा छपकर आई थी। उन्होंने कहा—यह किताब बहुत अच्छी है गैबिराम गोर्की की...पढ़ो। और दूसरा उन्होंने कहा कि निराला की 'अनामिका'। खाक हमारे समझ आती?...इसलिए पहली पुस्तक जो खरीदी मैंने कविता की, नए लोगों में, 'अनामिका' खरीदी थी। बस इतना ही...लेकिन कभी मिलने का मौका उनसें नहीं मिला।

देवेन्द्र : 'परिमल' की गोष्ठी में जाते हुए इलाहाबाद जब आप गए...?

नामवर सिंह : तब भी कभी नहीं गए...दारागंज, निराला जी की कोठरी में कभी गए नहीं।

प्रियंवद : पन्त और महादेवी से मुलाकात होती थी...निराला से क्यों नहीं मिलते थे?

नामवर सिंह : पन्त जी से मिलते थे। महादेवी से बहुत कम...महादेवी की गोष्ठी में दो बार गए। हिम्मत नहीं पड़ती थी।

प्रियंवद : निराला से मिलने में हिम्मत की क्या ज़रूरत थी? निराला जी तो सर्वसुलभ थे?

नामवर सिंह : सुलभ होते हुए...क्योंकि वे विक्षिप्त हैं और किसी को डाँट दें, क्या कुछ करें। इसलिए भय लगता था। मैं दास बाबू (श्री कृष्ण दास) के यहाँ ठहरता था, लेकिन कभी दास बाबू ने भी नहीं कहा कि चलो, हम चल रहे हैं, तुम चलो।...मैं दारागंज कभी उनसे मिलने के लिए नहीं गया...जो तथ्य हैं वो तथ्य हैं। यानि इतना डर था उनसे। उस मनःस्थिति में जाएँ और कुछ भी कर बैठें। निजी सम्बन्ध हमारे नहीं थे।

प्रियंवद : आजकल प्रकाशकों को लेकर...'राजकमल' को खासतौर से, गगन गिल ने जो बात शुरू की, फिर महाश्वेता जी ने भी कहा...फिर निरन्तर 'जनसत्ता' में आ रहा है कि प्रकाशक किस तरह लेखक का शोषण करते हैं और यह तो निर्विवाद है कि करते हैं, सबका अनुभव लगभग यही है, तो लेखको के हितों की सुरक्षा के लिए, या इसके लिए कि प्रकाशकों के विरुद्ध कोई मोर्चा खोला जाए ये जो लेखक संगठन हैं, उनके द्वारा कभी कोई भूमिका क्यों नहीं निभाई गई? किसी ने इस शोषण के विरुद्ध कोई हस्तक्षेप नहीं किया...प्रकाशक दिन-ब-दिन शक्तिशाली होते गए। आज वे भयानक रूप से इतना शक्तिशाली हो चुके हैं कि उनको चुनौती देना मुश्किल लग रहा है। लेखक संगठनों की इस उदासीनता के पीछे क्या कारण थे? क्या है इसके पीछे?

नामवर सिंह : प्रियंवद जी, ऐसा है कि व्यक्तिगत रूप से, एक लेखक की हैसियत से, मैं यह मान कर शुरू से चला और आज भी, लेखन को, मैं आकाशवृत्ति मानता हूँ। अपनी किताब...एक तो आलोचना जैसी किताब लिखता हूँ तो बहुत बिकने वाली ये चीज़ें तो हैं नहीं, हों भी, तो मैं यह मानकर चलता हूँ कि हमारी रोजी-रोटी, दाना-पानी, किताब की रॉयल्टी से नहीं चल सकता। जब नौकरी नहीं की तब भी, और जब नौकरी की तब भी। कभी मैंने माँगा नहीं, किसी प्रकाशक से कि हमारी किताब की रॉयल्टी क्या बनती है? कभी हिसाब-किताब भी नहीं पूछा, नहीं जाना...जो मिल गया, ले लिया...

प्रियंवद : क्या आपने यह ठीक किया?

नामवर सिंह : नहीं...मैं कह रहा हूँ अपना अब तक जो व्यवहार रहा है, आज भी और जब फटेहाल था तब भी।

प्रियंवद : जब नामवर जी नहीं माँगेंगे तो प्रकाशक किसी और लेखक को ही क्यों देगा? जब नामवर सिंह नही पूछेंगे कि मेरा क्या हिसाब-किताब है तो...

नामवर सिंह : मैं यह मानकर चलता था कि जो मेरा प्राप्य होगा, वह दे देगा।

प्रियंवद : मतलब कि आपको उसकी नेकनियती पर पूरा विश्वास था?

नामवर सिंह : हाँ...जो होगा दे देगा। उदाहरण के लिए...किसी से एग्रीमेंट भी नहीं किया...लोकभारती में तो मैंने किताब यूँ दे दी। शुरू में 'हिन्दी के विकास में अपभ्रंश का योग' इलाहाबाद के नर्मदेश्वर चतुर्वेदी (साहित्य भवन) जी ने कहा, तो मैं छपवाना चाहता था, उसे दे दिया। इसी तरह मैंने 'आधुनिक साहित्य की प्रवृत्तियाँ' किताब महल को दी थी। उसने कोई तीन सौ रुपये दिए होंगे। सरस्वती प्रेस को मैंने 'छायावाद' दे दिया। रुपया मुझे मिलेगा या कुछ देंगे, मुझे याद भी नहीं है। उसके बाद 'राजकमल' को जो दिया तो 'राजकमल' ने एग्रीमेंट फॉर्म दिया। भरके मैंने दे दिया। जानता था कि 'राजकमल' प्राइवेट लिमिटेड है, उसका ऑडिट वगैरह, एकाउंट वगैरह होता है। साल के साल रॉयल्टी दिया करते हैं। ये गुरुदेव (हजारी प्रसाद जी)

से मैंने सीखा था। हमारे गुरुदेव हजारी प्रसाद द्विवेदी को 'हिन्दी ग्रंथ रत्नाकर' के प्रेमी जी छापते थे और दीवाली के दिन और कहीं से आए न आए, उस दिन रॉयल्टी के मद में निश्चित कुछ न कुछ प्रेमी जी, जैन आदमी थे, भेज दिया करते थे। तो आज भी यही स्थिति है। राजकमल साल के साल स्टेटमेंट भेज दिया करता है इतनी बनी है आपकी रॉयल्टी। मैंने कभी चेक करके कहा ही नहीं...जो उसके साथ चेक लगाकर भेज देता है, जमाकर दिया है मैंने । जब मैं इलाहाबाद लोकभारती में जाता था, तो वह कह देता था इतनी रॉयल्टी हुई...चेक काटकर या कैश दे देता था कि यह पाँच हज़ार रुपया है...दो हज़ार है। इतना दे दिया। इसलिए व्यक्तिगत रूप से प्रकाशक से हमारे सम्बन्ध ऐसे ही मधुर थे। कभी रुपये-पैसे को लेकर मुझे कोई तनाव नहीं हुआ। कभी किसी से एडवांस नहीं लिया...मैंने जितनी उनसे उम्मीद की, उतना वो दे देते थे...मैं उसे मानता था।

प्रियंवद : इस 'अबोध विश्वास' का क्या कारण था कि वह जो दे रहा है सब ठीक है? और यही परम्परा अब हिन्दी में स्थापित हो गई कि प्रकाशक जो चाहता है करता है। आप कहते है आपके गुरु हजारी प्रसाद ने नहीं पूछा, हमने नहीं पूछा...

नामवर सिंह : मैं इस स्थिति को आदर्श नहीं मानता हूँ।

प्रियंवद : क्या लेखक संगठनों को लेखकों के लिए कोई रणनीति नहीं बनानी चाहिए?

नामवर सिंह : प्रियंवद जी, यह काम एक ज़माने में प्रगतिशील लेखक संघ करता था। आपको याद होगा...राम प्रसाद घिडिल्याल 'पहाड़ी', कहानीकार भी थे वो। उनके तीन-चार कहानी संग्रह भी थे, इलहाबाद में रहते थे। प्रगतिशील लेखक संघ का काम करते थे और कोषाध्यक्ष हुआ करते थे। बहुत ही मुखर थे। तो पहाड़ी जी हर सम्मेलन में यह बात उठाते थे। लेखकों की रॉयल्टी का मामला, कॉपीराइट एक्ट को सुधारना चाहिए उसमें और जोड़ना चाहिए। यह प्रस्ताव बहुत बार पास हुआ है। मुझे अच्छी तरह याद है, प्रकाशचंद्र जी गुप्त हमारे अध्यक्ष थे। यह घटना 1946-47 के आस-पास की है। तब से लगातार, वे जब तक रहे, हर सम्मेलन में लेखकों की कॉपीराइट, उनकी रॉयल्टी और प्रकाशकों से उनके सम्बन्ध, उन तमाम चीज़ों के बारे में माँग करते और इसको कहते। ट्रेड यूनियन का काम भी वो करते थे।

प्रियंवद : लेकिन हुआ क्या? नतीजा तो कुछ नहीं निकला।

नामवर सिंह : कुछ नहीं निकला उसमें...

प्रियंवद : इस वक्त आप प्रगतिशील लेखक संघ के अध्यक्ष हैं। कोई लेखक संगठन बने और लड़ाई लड़े, तो आप इस मुद्दे पर लेखकों के पक्ष में खड़े होगे? उसकी पक्षधरता करेंगे?

नामवर सिंह : मैं इसे ट्रेड यूनियन का मामला नहीं मानता। क्योंकि लेखक-प्रकाशक का सम्बन्ध मिल मालिक और मजदूर जैसा नहीं है। लेखक-प्रकाशक का सम्बन्ध

बिल्कुल दूसरी तरह का है। दोनों सफेद कॉलर वाले हैं। यह एक तरह का परस्पर सहयोग का मामला है। एक-दूसरे पर दोनों निर्भर हैं।...चूँकि हिन्दी प्रकाशकों का कोई भी संगठन इस समय एक्टिव नहीं है।

प्रियंवद : प्रकाशकों का संगठन तो है?

नामवर सिंह : है, लेकिन वह मरा पड़ा है। एक जो है, आमतौर से उसमें अंग्रेज़ी वाले ज़्यादातर हैं लेकिन हिन्दी प्रकाशक संघ नहीं है। तो हिन्दी प्रकाशकों से...संगठन के स्तर पर किससे बात की जाए? न हिन्दी प्रकाशकों का कोई संघ है और न हिन्दी लेखकों का संघ है।

प्रियंवद : लेखकों का संघ तो है...तीन संघ हैं। प्रगतिशील लेखक संघ, बाकी दो जलेस, जसम...

नामवर सिंह : प्रगतिशील लेखक संघ के उस दौर में पहाड़ी जी अकेले थे, वह सवाल उठाते थे। पहाड़ी जी की पहल पर प्रलेस ने अपने सम्मेलनों में लेखकों की रॉयल्टी और कॉपीराइट कानून में सुधार सम्बन्धी कई प्रस्ताव भी पास किए लेकिन उन पर अमल करने की दिशा में कितना काम हुआ, इसकी जानकारी मुझे नहीं हैं। लेकिन पहाड़ी जी इसे श्रमजीवी लेखकों की गम्भीर समस्या के रूप में पेश करते रहे और प्रलेस इस मसले पर उनके साथ था।

जहाँ तक प्रकाशक और लेखक का मामला है, तो यह बहुत सनातन है। लेखक प्रकाशक के सम्बन्ध मधुर और तनावपूर्ण, दोनों ही रहे हैं। हिन्दी के अलावा भी रहे हैं। हर केस अलग-अलग है।...अभी यह ताजा मामला हुआ है। इतने दिनों तक था। बहुत-से लेखकों की शिकायत थी। उसमें लेखक कहीं लामबन्द नहीं हुए। अनाचक निर्मल जी पर ऐसा क्या वज्रपात हो गया कि इसको लेकर के त्राहि-त्राहि हो गई है। एक सम्पादक हैं अखबार के, जो स्वयं लेखक नहीं हैं...

प्रियंवद : 'जनसत्ता' के?

नामवर सिंह : इसीलिए समस्या हो गई है। एक आदमी के केस को...सारे, तमाम लोगों का केस बनाया जा रहा है। मैं इसलिए अभी इस पर टिप्पणी नहीं करना चाहता। मामला गरम है अभी। आगे कोई भी रूप ले सकता है। सीधे-सीधे मैं कहूँ। इस कैसेट का उपयोग किसी भी रूप में हो सकता है। इसलिए शायद आपको यह खबर मिली हो तो ठीक, नहीं तो मैं दे रहा हूँ, कि यह प्रचारित किया गया है उसी पक्ष से, कि नामवर सिंह तो बिके हुए हैं 'राजकमल' के प्रति। वो राजकमल के शेयर होल्डर हैं, पार्टनर हैं।

प्रियंवद : यह बात कही जाती है।

नामवर सिंह : कही जाती है, तो चेक कर के देख लें। ऐसी चीज़ जहाँ कही जा रही हो, उस हाल में मैं कोई टिप्पणी इस प्रकरण पर नहीं करना चाहता। जहाँ इतना बड़ा दुष्प्रचार किया जा रहा हो कि मैं उसका पार्टनर हूँ...

प्रियंवद : देखिए, एक बात तो निश्चित है और जो महाश्वेता जी ने कही कि प्रकाशक कार पर चलता है और लेखक बस पर चलता है। सब प्रकाशक दिन-ब-दिन आर्थिक रूप से प्रगति कर रहे हैं। किसी प्रकाशक ने एक बार प्रकाशन शुरू करने के बाद अपना व्यवसाय नहीं बदला। प्रकाशन व्यवसाय में इतनी कमाई है और इतनी सम्भावनाएँ हैं। पुस्तक बिकती है, पैसा आता है, कमाई होती है, लेखक को नहीं दिया जाता—यह एक सत्य है। अब कहीं पर कम दिया जाता हो ज़्यादा दिया जाता हो, पर लेखक का शोषण होता है इसके विरोध में क्या हो सकता है? क्या करना चाहिए? चुप मारे बैठा रहे लेखक? जैसे आपने कहा—जो हमें मिल गया, हमने ले लिया। हर लेखक यही करता रहे? जब वह माँगता है तो उस पर डेबिट साइड में निकाल दिया जाता है कि हमको तुमसे लेना है।...तो क्या मतलब है—जो नई पीढ़ी आ रही है, नए लेखक आ रहे हैं उनकी किताब नहीं छपती? वे जाते हैं, हर तरह के शोषण की शर्तें मंजूर करते हैं। स्वीकार करते हैं। क्या इसको ऐसे ही चलने दिया जाए या कुछ हो सकता है? या फिर कुछ नहीं हो सकता, तो यही कह दिया जाए कि अपना शोषण कराना हो तो हिन्दी लेखक बनो।

नामवर सिंह : मैंने फिर कहा कि प्रकाशक और लेखक के सम्बन्ध मिल मालिक और मजदूर वाले नहीं हैं। स्थिति यह है कि नया लेखक चाहता है—मेरी किताब छप जाए। उस समय रॉयल्टी नहीं माँगता। धीरे-धीरे जब वह जम जाता है...तब उसमें यह बोध आता है। प्रकाशक यह कह सकता है कि प्रारम्भ में जब आप कहीं नहीं थे तो हमने साहस करके, यानि कि जिसको रिस्क कहते हैं, लेकर आपको छापा। मैं थोड़ा इस दायरे को बढ़ा देता हूँ—अनेक पत्रिकाएँ निकल रही हैं। एक पैसा लेखक को नहीं देती हैं। लेखन और प्रकाशन के सम्बन्ध में बात होनी चाहिए, जिसमें पत्रिकाएँ हैं और अन्य प्रकाशक भी आते हैं।...और ऐसी पत्रिकाएँ जो इस्टेब्लिश्ड हैं और ऐसी भी पत्रिकाएँ हैं जिनके प्रकाशक के पास शोफरड्रिवन कार है और उसका जीवन स्तर बहुत ऊँचा है। उसमें छपने वाला लेखक फटेहाल घूम रहा है और उसकी रचनाएँ बार-बार छपती हैं वहाँ। उसकी स्थिति देखिए...यानि कि ऐसे कई लोग हैं, लेखन के बल पर जिनके पास शोफरड्रिवन कार नहीं हो सकती पर पत्रिका के आधार पर आपके पास हो सकती है। कहाँ से आई? आप प्रकाशक की बात कर रहे थे कि प्रकाशक के पास कार है, लेखक के पास नहीं। 'राजकमल' के पास कार है, मेरे पास तो नहीं है। इसी तरह से ऐसे कई कथाकार, उपन्यासकार या लेखक हो सकते हैं जिनके पास कार नहीं है, उनके सम्पादक के पास है जबकि सम्पादक के पास आमदनी का कोई जरिया नहीं है...कोई और नौकरी नहीं है, तो यह भी तो देखना चाहिए।...जब मैं कह रहा हूँ कि लेखकों का सम्बन्ध पत्रिकाओं से भी है, प्रकाशन संस्थानों से भी है, क्योंकि पत्रिका भी एक प्रकाशन संस्थान है, तो हम लोगों को इस

चीज़ पर गौर करना चाहिए और इस चीज़ पर भी, कि दोनों रिस्क लेते हैं। सम्पादक भी लेता है रिस्क और प्रकाशक भी लेता है। एक अज्ञात आदमी की चीज़ सहसा छाप करके वह ले आता है, और सम्पादक भी यही काम करता है...प्रमोट करता है उसको। कुछ पत्रिकाओं ने कुछ लोगों को लेखक बनाया है। एक लेखक के रूप में उनको पहचान दी है...यह श्रेय देना चाहिए कुछ सम्पादकों को, वर्ना वैसे ही पड़े रहते। ढूँढ़ कर, उन चीज़ों को छापता है, प्रमोट करता है। उसके लिए मैं यह नहीं कहता कि जो वह करता है, उसके लिए लेखक कृतज्ञ हो, लेकिन बाद में उसके सिर पर सवार हो जाए कि हम अपनी प्रतिभा से आगे आए है, तुम कौन होते हो...आप क्या हैं? या उल्टे कहे कि हमारे कारण आपकी पत्रिका चमकी है। आप क्या होते थे?...यह भी होता है, और यही बात प्रकाशक के बारे में भी लागू होती है। जब निर्मल जी निर्मल जी नहीं थे, कोई नहीं जानता था तब। पीपुल्स पब्लिशिंग हाउस ने उनकी किताब छापी थी। राजकमल में बहुत बाद में छपी है।

हरिनारायण : परिन्दे...

नामवर सिंह : हाँ...अमरकान्त के उपन्यास को कोई छापने वाला नहीं था, अन्ततः पीपुल्स पब्लिशिंग हाउस ने उसे छापा और दोनों आदमियों को पार्टी के नाते छापा है।...उस समय लोग कहाँ थे, जब राहुल जी ने अपना पूरा कॉपीराइट किताब महल को बेच दिया। कोई आदमी रुपये देने को तैयार नहीं था। किताब महल वाला वो अग्रवाल था...श्रीनिवास अग्रवाल...वो बोला, हम लोग रॉयल्टी-फॉयल्टी कुछ नहीं जानते, कौन हिसाब करेगा। एक मुश्त ले लीजिए, दे दीजिए हमको।...एक मुश्त रॉयल्टी देता था। राहुल जी उसके घर ठहरते थे। अपने लिखने-पढ़ने का काम भी वहीं करते थे। किताब महल उनका एकमात्र प्रकाशक था। सारी किताबें छापी उसने।...और बाद में जब ये दावा करने लगे, एक-आध बार लोग गए तो कहा उसने–रुपये ले जाओ। राहुल जी के लिए कहने की ज़रूरत नहीं है, लेकिन कॉपीराइट जो है, वह हमारे पास रहने दो। किताब नहीं दूँगा, हिसाब करके ले जाना पैसे। जितनी ज़रूरत हो, ले जाओ। सारी किताबें उनकी किताब महल ने छापीं। राहुल जी को जितनी ज़रूरत पड़ती थी, वो दे देते थे। कोई हिसाब-किताब नहीं...दस्तख्त-वस्तख़्त नहीं कराते, कहते ले जाइए।...तो एक ज़माने में थे सम्बन्ध इस तरह के। अब आज के दौर में नियम, कायदा, कानून होना चाहिए, मैं सहमत हूँ इससे। चाहे कोई नया लेखक हो, चाहे कोई प्रतिष्ठित लेखक हो दोनों ही महत्त्वपूर्ण हैं–इसमें एक व्यवस्था होनी चाहिए। और इसे देखने के लिए यह भी होना चाहिए कि इस कॉपीराइट एक्ट को हम लोग दोबारा देखें। आज के दौर को देखते हुए कुछ लेखक...उसका अध्ययन करके, अगर सुधार करना हो तो, सरकार से माँग करें कि इसमें बदलाव करो। कुछ दाँत उसमें ऐसे हों कि लेखक बेचारा निरीह मारा न जाए क्योंकि कॉपीराइट का मुकदमा चले

तो जितना पैसा हमको नहीं मिला उतना हम मुकदमा लड़ने में खर्च कर दें। तो कुछ ऐसा ढूँढ़ना चाहिए...अनेक प्राइवेट पब्लिशर्स हैं, उसके अलावा सरकारी प्रकाशन संस्थाएँ हैं। नेशनल बुक ट्रस्ट है, साहित्य अकादमी है, हिन्दी अकादमी दिल्ली है, कुछ सरकारी, अर्द्ध सरकारी, गैर सरकारी हैं। सारी प्रकाशन संस्थाओं से लेखकों के क्या सम्बन्ध हैं, इन चीज़ों को लेकर देखना चाहिए...लोग एक प्रकाशक की, प्राइवेट प्रकाशक की जान के पीछे पड़े हैं। नेशनल बुक ट्रस्ट...साहित्य अकादमी में अनुवाद होते हैं...कभी माँगा किसी ने उनसे? लोग समझते हैं, एहसान कर रही हैं...।

देवेन्द्र : राजा राममोहन राय लाइब्रेरी की किताबों की खरीद में नामवर सिंह ने काफी आर्थिक लाभ कमाए। इस तरह के आरोप आप पर लगते हैं।

प्रियंवद : शायद अस्सी–अस्सी लाख रुपये की खरीदें हुईं। इतना लम्बा एमाउंट था या जो भी था, जरा इसे बताएँ।

नामवर सिंह : देखिए ऐसा है...राजा राममोहन लाइब्रेरी में साढ़े तीन साल मैं रहा। उस लाइब्रेरी में मुझसे पहले केवल अंग्रेज़ी की किताबें खरीदी जाती थीं। हिन्दी की किताबें नहीं खरीदी जाती थीं।

प्रियंवद : यह किस सन् की बात है?

नामवर सिंह : मैं बता रहा हूँ...सन् 1992...देखिए आमतौर से राजा राममोहन राय लाइब्रेरी का मुख्य कार्यालय कलकत्ता में है...अध्यक्ष को मंत्री नामित करता है। उसका अध्यक्ष पदेन होता है। मंत्री अथवा उसका नॉमनी। तो जी.पी. चट्टोपाध्याय मुझसे ठीक पहले थे। उसके पहले कौन था, मैं नहीं जानता। अर्जुन सिंह जी मंत्री थे और उन्होंने मुझे नामित किया।...इन्दिरा गांधी के जमाने में हिन्दी की जो केन्द्रीय संसदीय कमेटी बनी हुई थी–उसकी अध्यक्ष प्राईम मिनिस्टर होती थीं, उसकी सिफारिशें थीं कि किताबों की खरीद और बाकी चीज़ों में पचास-पचास फीसदी हो। पचास अंग्रेज़ी का है, पचास हिन्दी का होना चाहिए। हमने कहा, वो लागू करो। और एक अकेला मैं ही नहीं होता, कमेटी होती है। मैं चेयरमैन था और ठीक संख्या याद नहीं है लेकिन कम से कम दस आदमी होते थे विभिन्न विषयों के। विज्ञान के, इतिहास के, समाज विज्ञान के, साहित्य के...अंग्रेज़ी की किताबें भी चुनते हैं वो, हिन्दी की भी। और वो कमेटी मंत्रालय की स्वीकृति से होती है। रुपया लैप्स हो जाता था। किताबें खरीदी नहीं जाती थीं।...मैंने कहा–जब पचास फीसदी अंग्रेजी की किताबें ली जाती हैं तो हिन्दी की क्यों नहीं ली जातीं? अलग-अलग चार सौ पुस्तकालय हैं। विभिन्न भाषाओं के लिए अनुदान दिए जाते हैं। सारे देश के पुस्तकालयों का यह संगठन है। तीन श्रेणियाँ हैं पुस्तकालयों की, जिनको पुस्तकें देते हैं केन्द्र से। अंग्रेज़ी और हिन्दी, पहले केवल अंग्रेज़ी होती थी। अन्य भाषाओं को हम अनुदान देते हैं, वे स्वयं खरीदते हैं जब किताबों की खरीद का मामला है तो जाहिर है, प्रकाशकों को

जानता हूँ...जब जानता हूँ तो उन लोगों से कहा कि किताबें भेजो भाई...सलेक्शन होंगी। कोई निश्चित नहीं है कितनी, किसकी हो जाएँगी। इस क्रम में मैं कहूँ कि तीसरे वर्ष में किसी ने शिकायत की, मैं नाम नहीं लेना चाहता...उसमें एक बंगाली एम.पी., सी.पी.एम. की, उन्होंने यह शिकायत की। अब वो सांसद नहीं हैं, लेकिन एक समय थीं। वो आध्यापिका हैं। जानता हूँ। मैं उनके घर भी जा चुका हूँ। सब कुछ है...बहरहाल, वहाँ मंत्रालय में शिकायत किसी ने की। और एक साहब और हिन्दी के थे! अखबार समूह है उनका। उसके वो मालिक रहे हैं...मध्यप्रदेश के। मंत्री अर्जुन सिंह के बहुत करीब रहे। वो भी थे। उन लोगों ने शिकायत की, वही आज जो आप बात कर रहे हैं।...मेरे पास यही चीज़ आई कि ऐसा-ऐसा है। मैंने कहा, बिल्कुल खुली जाँच कर ली जाए। एक जवाब मैंने तथ्यात्मक बना करके दे दिया। इसके बाद एक कमेटी बनी।

प्रियंवद : मुख्यतः क्या आरोप थे?

नामवर सिंह : यही कि कुछ प्रकाशकों को पक्षपात करते हैं जिन्होंने इनकी किताबें छापी हैं...यही सब लिखा-विखा था।...कुछ प्रकाशकों को पक्षपात करते मतलब है, पक्षपात करते हैं तो उनसे कुछ पैसा भी लेते हैं। मैंने कहा जाँच कर लो। एक कमेटी बनी बाकायदा—रिव्यू कमेटी। नेहरू मेमोरियल म्यूजियम की लाइब्रेरी के डायरेक्टर थे, रवीन्द्र कुमार, अब बेचारे दिवंगत हो गए, उनकी अध्यक्षता में तीन आदमियों की कमेटी बनी थी। जाँच की उन लोगों ने। मुझे भी बुलाया गया। मैंने भी अपना बयान दिया और रिपोर्ट दे दी। उसमें से तो कुछ निकला नहीं...यह काम हो चुका है। कुल मिलाकर देखें...तो जिस फ्लैट में मैं उसके पहले रहता था यूनिवर्सिटी में नौकरी करते हुए, जो आप देख आए हैं, उसी में रहता हूँ। वह रुपया था तो कहीं प्रकट होना चाहिए था...कार मेरे पास हो। आज भी मेरे पास कोई कार नहीं है और आगे इरादा भी नहीं है। मेरे पास इतने रुपये ही नहीं हैं। जो हैं, बैंक में जमा हैं। यानि कहीं प्रकट होना चाहिए। अपने बेटे को दे दिया हो, बेटी को दे दिया हो, मकान बना लिया हो। बैंक खुला हुआ है...लोग एकाउंट देख सकते हैं। और कुछ ऐसे संसाधन हों मेरे पास तो घर आकर देख लें। किताबें अगर मैंने कुछ खरीद ली हों तो वो भी आकर देख लें।...अगर लक्ष्मी मिली है तो प्रकट होनी चाहिए न? मेरे रहन-सहन, पोशाक, खानपान बाकी चीज़ों में कहीं व्यक्त होना चाहिए न?

प्रियंवद : अभी साहित्य अकादमी की बात आई। तो महाश्वेता देवी जी का जब इलेक्शन हुआ तो आप और अशोक वाजपेयी, दोनों ने उनके पक्ष में प्रचार किया। दो धुर विरोधी खेमे, लेकिन मिलकर पक्ष में प्रचार किया। उसके बाद भी महाश्वेता जी नहीं जीत पाई। क्या हुआ, क्या कारण था? जरा इस पर विस्तार से बताएँ...

नामवर सिंह : जो बीत गई सो बात गई...

प्रियंवद : बीत गई इसलिए नहीं क्योंकि फिर चुनाव होंगे...साहित्य अकादमी महत्त्वपूर्ण संस्था है। उसका लेखकों से सीधे संवाद है। नई पीढ़ी को पता तो लगे कि साहित्य अकादमी है क्या?...कोई नहीं जानता उसके बारे में। उसे पता ही नहीं है कि साहित्य अकादमी नाम की कोई संस्था है। क्या करती है? वह चुनाव था क्या? बड़े ऊपरी लेवल पर बातें तय हो जाती हैं, निपटा ली जाती हैं?

नामवर सिंह : हिन्दी लेखकों के मन में कभी यह विचार क्यों नहीं आया कि आज तक साहित्य अकादमी का अध्यक्ष, उपाध्यक्ष कोई हिन्दी वाला नहीं हुआ?

प्रियंवद : महत्त्वपूर्ण बिन्दु है यह तो।

नामवर सिंह : दूसरा यह कि...कोशिश की और हार गए। और बुरी तरह हारे।

प्रियंवद : बुरी तरह क्यों हारे?

नामवर सिंह : यह खाली सवाल पूछ रहा हूँ। क्यों है ऐसा?

प्रियंवद : जवाब भी तो आप ही देंगे। आप जुड़े हैं उससे।

नामवर सिंह : आप ही कुछ बताइए?

प्रियंवद : मैं इस पर कैसे बता सकता हूँ कि क्यों हार गए? मुझे नहीं मालूम इसके बारे में।

नामवर सिंह : विद्यानिवास मिश्र जैसा आदमी हारा, शिवमंगल सिंह 'सुमन' हारे, अशोक वाजपेयी हारे...

प्रियंवद : क्या और भाषाओं के लोगों द्वारा हिन्दी भाषा का विरोध करने के कारण ऐसा होता है?

नामवर सिंह : मैं नहीं कह सकता, लेकिन तथ्य यही है...कभी कोशिश नहीं की और जब जब तीन बार कोशिश हुई, तीनों बार हारे।

प्रियंवद : ये तीनों अध्यक्ष के लिए लड़े?

नामवर सिंह : कंटेस्ट किया, हारे...और उसमें अपेक्षाकृत कहना चाहिए कि...बुरी तरह विद्यानिवास जी हारे, और सुमन जी। अशोक वाजपेयी उनसे बेहतर स्थिति में थे, उनको बीस वोट मिल गया था शायद।

प्रियंवद : क्या कारण है?

नामवर सिंह : हमारे साहित्यकारों की यह बात कि राष्ट्रभाषा और राजभाषा हिन्दी बनी रहे, उसके कारण साहित्य की दुनिया में यह असर पड़ा है कि यह लोग इससे भय खाते हैं और ख्वामखाह के लिए विरोध की भावना दूसरी भाषाओं के साहित्यकारों में पैदा हुई है। यह और बात है कि अनेक भाषाओं के साहित्यकार चाहते हैं कि उनकी रचनाओं का हिन्दी में अनुवाद जरूर हो। लेकिन दूसरी ओर साहित्य अकादमी...और अब भी मैं कह देता हूँ कि साहित्य अकादमी का अध्यक्ष किसी भी भाषा का आदमी हो सकता है, लेकिन हिन्दी का आदमी अध्यक्ष नहीं हो सकता। बड़ा से बड़ा साहित्यकार नहीं हो सकता।

प्रियंवद : यह साहित्य अकादमी की कार्यप्रणाली पर टिप्पणी है।

नामवर सिंह : आप जानते हैं कि आज अखिल भारतीय स्तर पर भाषाओं के आपसी सम्बन्ध और उनके बीच जो श्रेत्रीयता-प्रान्तीयता है, यहाँ भी वही है।...साहित्य अकादमी की सारी गतिविधियाँ अंग्रेज़ी माध्यम से होती हैं, होती रही हैं, एक लम्बे अर्से से।

प्रियंवद : महाश्वेता जी क्यों हार गईं? वह तो हिन्दीभाषी भी नहीं थीं?

नामवर सिंह : जो वर्तमान प्रेसीडेंट हैं, उस समय वाइज़ प्रेसीडेंट थे। उनको पूरे सिस्टम की जानकारी थी। जो पूर्व काउंसिल थी, उसी काउंसिल ने नई कौंसिल बनाई है। तो नई काउंसिल बनाने में भी उन्होंने सावधानी बरती है कि ऐसे लोग हों जिनको कि वे अपने पक्ष में कर सकते हों। वो इसी दृष्टि से बनाई। उसका नमूना था कि...एक ही घटना बता सकता हूँ क्योंकि मैं था पिछली काउंसिल में। काउंसिल में प्रस्ताव किया जाता है, जो दो आदमी कम से कम करें। एक आदमी प्रस्ताव करे दूसरा अनुमोदन। महाश्वेता जी के लिए एक प्रस्ताव करने वाला रहा या शायद दो रहे हों। डॉ. गोपीचंद नारंग के लिए प्रस्ताव करने वालों की जो सूची थी, वह मेरा ख़याल है चालीस या कितनी थी। इसके पहले प्रेसीडेंट का प्रस्ताव इतने नामों के द्वारा नहीं आया था। उसी से मालूम हो गया था कि एक नाम अगर इतने प्रस्तावों के साथ आ सकता है, तो यह इस बात का सूचक है कि आगे चलकर वह नाम ऐसे ही, इसी तरह से वोट भी हासिल कर सकता है। जितने समय तक मैं जानता हूँ, इस शेड्यूल में आर.एम. में दस साल रहा फिर पाँच साल रहा, गतिविधियों को देखते हुए इसका पूरा भास तो हो गया था।...अंग्रेज़ी में जिसे कहते हैं मैनेज करना...तो ये चीज़ें होती हैं, और हुईं। उस समय तो यह था कि एक खास होटल में ठहराए गए सारे लोग लाकर के वगैरह-वगैरह। चुनाव की वह पूरी प्रक्रिया वैसे हुई, जैसी राजनीति में हुआ करती है...इससे पहले मैंने कभी किसी साहित्य अकादमी के प्रेसीडेंट के चुनाव में यह दृश्य नहीं देखा था।...अनन्तमूर्ति के समय का भी जानता हूँ। उससे पहले वाला भी जानता हूँ। और तो और, हिन्दी लेखकों का बहुत बड़ा समुदाय वर्तमान प्रेसीडेंट के पक्ष में चला गया। इसकी मुझे कोई आशंका नहीं थी।

देवेन्द्र : साहित्य अकादमी में जब तक आप थे और माना जाता था कि बहुत प्रभावशाली थे, तो साहित्य अकादमी के पुरस्कारों को क्या आपने अपनी रुचियों के अनुसार उन्हें कभी मैनेज किया था?

नामवर सिंह : मैं साहित्य अकादमी के पुरस्कार के बारे में आपको क्या बताऊँ। एक बार मैं दस साल तक था। दस साल में पाँच साल मैं था, पाँच साल शिवमंगल सिंह 'सुमन' रहे। इसलिए रहे कि पाँच साल मैं ही रहता, चूँकि वाइस प्रेसीडेंट के लिए

खड़े हुए थे और हार गए थे। मैंने मना किया था कि आप मत लड़िए...तो लड़े और हार गए। तो मैंने कहा कि आप संयोजक हो जाइए हिन्दी वालों के। तो उन्होंने कहा ठीक है, काम तो तुम्हीं करोगे...तो दस सालों तक था। काफी दिनों की बात है यह। 1972 से लेकर 1982 तक। तो 1972 से लेकर 82 तक जब मैं था, तो सच्चाई यह कि दस वर्षों में मैंने एक लिस्ट बनाई थी अपने लिए, कि किन लोगों को पुरस्कार मिलना चाहिए था और किन्हीं कारणों से उन्हें नहीं मिला। भूल सुधार, जिसे मैं कहता हूँ...मसलन, यशपाल को मिलना चाहिए नहीं मिला, भवानी प्रसाद मिश्र को मिलना चाहिए नहीं मिला, शमशेर बहादुर सिंह को मिलना चाहिए नहीं मिला। हिन्दी के वरिष्ठ लोग, जो दिवंगत हो जाएँगे कुछ दिनों में, उनको पुरस्कार नहीं मिला। कृष्णा सोबती को नहीं मिला था, त्रिलोचन को नहीं मिला था, रघुवीर सहाय को नहीं मिला था। यानि कि कुछ पुराने कुछ नए। हमारे जमाने में दो दिवंगत लोगों को पुरस्कार मिले। मैंने धूमिल को पुरस्कार दिलवाया, भारत भूषण अग्रवाल बहुत आखिरी दिनों में पीड़ित रहे, तो भारत भूषण को दिलवाया। उसके बाद किसी दिवंगत को हिन्दी में पुरस्कार नहीं मिला।...और याद नहीं आ रहा।...तो हमारी एक लिस्ट थी। हजारी प्रसाद द्विवेदी को हमारे ज़माने में इसलिए मिला क्योंकि पंडित जी को सदस्य होने के कारण पुरस्कार नहीं मिला था, तो अब मिल जाना चाहिए उनको। चूँकि मैं ज्यूरी का मेम्बर था इसलिए यह काम कर सका। मैं चाहता था उदय प्रकाश को मिले, नहीं मिला। विष्णु खरे की किताब 'सबकी आवाज़ के पर्दे में' मुझे बहुत अच्छी लगी थी और मैं चाहता था कि मिले। विष्णु खरे मेरे बहुत विरुद्ध हैं। बहुत बोलते रहे हैं। लिख भी चुके हैं। बावजूद इसके कि वह बहुत महत्त्वपूर्ण किताब थी, इसलिए मिले। नहीं माने लोग। मुझे इन दो लोगों का दुख है।

प्रियंवद : उदय प्रकाश ने 'साक्षात्कार' में एक इंटरव्यू दिया है आपके खिलाफ...

नामवर सिंह : कोई बात नहीं...पर उसके साक्षी विजय मोहन जी हैं। मैंने बार-बार कहा था—'पाल गोमरा का स्कूटर' के लिए...

हरिनारायण : हाँ, मुझे एक ऐसे व्यक्ति ने बताया...यह झूठ नहीं है...

प्रियंवद : उदय प्रकाश तो नामवर सिंह का बहुत विरोध करते हैं।

नामवर सिंह : सुनिए, एक चीज़ बताएँ...हमारे लिए उनकी रचना महत्त्वपूर्ण है। उनके लिए मेरी राय महत्त्व रखती है या नहीं, इसकी मैं परवाह नहीं करता...और जॉर्ज लुकाच ने कहीं कहा है—'हम आपको प्यार करते हैं, आप करें या न करें'... उनका जो काम है वो अहले सियासत जाने...अपना पैगाम मोहब्बत है जहाँ तक पहुँचे। तो जो चीज़ मुझे अच्छी लगी, जरूरी नहीं कि आप 'रिस्पान्स' करें और उसका एहसान मानें। अपने मन की बात मैंने की आपको जैसा लगा, ठीक। अब लोगों की अलग-अलग गाँठें होती हैं।

प्रियंवद : आपने कहा 'नौकर की कमीज' कालजयी उपन्यासों की आपकी सूची में अभी प्रश्नचिह्न में है, इस जटिल कलावाद को आप किस विशेषता के लिए पसन्द कर लेते हैं?

नामवर सिंह : 'नौकर की कमीज' एक बड़ा 'अर्थ सन्दर्भ' है।

प्रियंवद : 'दीवार में एक खिड़की...' की बात करते हैं। उसमें विनोद कुमार शुक्ल 'नौकर की कमीज' के मुकाबले और सूक्ष्म और गहरे कलावाद में उतर गए हैं।

नामवर सिंह : दो बातें हैं। एक तो टिपिकल निम्न मध्यवर्ग की एक मानसिकता...और दूसरा उसमें जो अत्यन्त मार्मिक सम्बन्ध हैं, जिसको मैं कहूँ कि जैसे चेख़व में एक क्लर्क की मौत' है न।...तो एक छोटे क्लर्क वाली मनःस्थिति उसका जीवन, उसका सोच-विचार, उसके जीवन की खुशियाँ, उसकी पत्नी और वह खिड़की और उसके जरिए जीवन का छोटा-सा सुख, छोटा-सा दुख। सारे कलावाद को एक तरफ रखिए। हिन्दी में ऐसे आदमी का गृहस्थ जीवन, शादी, स्कूल में पढ़ाना...ये लाइफ़ जो आती है न...तो मेरे लिए महत्त्व की है, और सारा कलावाद इस चीज़ को ले आने में लगाता है वह आदमी। विनोद कुमार शुक्ल एक टिपिकल कस्बाई, लोअर मिडिल क्लास का एक मुदर्रिसनुमा आदमी है।

प्रियंवद : जो हाथी पर आता-जाता है? उस टैम्पो में नहीं बैठता जो उसके जीवन की वास्तविकता है?

नामवर सिंह : ...वो-वो...एक शिल्प के रूप में इस्तेमाल किया गया है।

प्रियंवद : हाथी शिल्प है?

नामवर सिंह : हाथी उसकी महत्त्वाकांक्षा है। कभी हाथी पर बैठना चाहे।...वह हाथी उसकी महत्त्वाकांक्षा के रूप में आता है। यही तो होता है कि बच्चा चाहता है कि हम हाथी पर चढ़ें।...ये जो वो ले आते हैं, एक चाइल्ड लाइक इन्नोसेंस, मुझे इसलिए महत्त्वपूर्ण लगते हैं विनोद कुमार शुक्ल। विनोद कुमार शुक्ल का वो भोलापन नष्ट नहीं हुआ है और उसी ने उनको लेखक के रूप में जिन्दा रखा है। वैसे, वे इतने सीधे-सादे भी नहीं हैं, जितने दिखते हैं। सब कुछ समझते-बूझते हैं। लिखते हुए शब्दों से खेलते हैं और उसमें मज़ा लेते हैं, जो मुझे अच्छा लगता है।

हरिनारायण : देखा जाए तो वो वंचितों के पक्ष में ही हैं...कलावादी जरूर हैं।

नामवर सिंह : उस आदमी की जीवन दृष्टि देखिए। सब होते हुए...भई, मुक्तिबोध के साथ रहे हैं। 'रायपुर संभाग' उनकी लम्बी कविता है। मुक्तिबोध की ही स्टाइल में लिखी है। उनमें निम्न मध्यवर्गीय आदमी की अपनी एक ठसक है। इसलिए कभी ऊपर से दिखाएँ, लेकिन अशोक वाजपेयी उनको अपना आदमी नहीं समझते...वो मदन सोनी, ध्रुव शुक्ल, तेजी ग्रोवर को अपना समझेंगे..विनोद कुमार शुक्ल को अपना आदमी नहीं मानते।...इस्तेमाल करते हैं।...मेरा उनसे बहुत ज़्यादा सम्पर्क नहीं है। एक रचना के साथ सम्बन्ध बना हुआ है। लेकिन...वो चीज़ उनमें है।

देवेन्द्र : 'सहारा' में आपने जब ज्वाइन किया था तो उससे पहले भी, आपने 'जनयुग' में ज्वाइन किया था, 'आलोचना' में ज्वाइन किया था तो आपको क्या कुछ ऐसी उम्मीद थी कि यहाँ से आप खुद को किसी तरह का रचनात्मक विकास दे सकते हैं?...क्या किन्हीं रचनात्मक सम्भावनाओं को देखते हुए आपने 'सहारा' ज्वाइन किया था?...

नामवर सिंह : 'जनयुग' के बारे में बताऊँ कि 'सहारा' के?

देवेन्द्र + प्रियंवद : ...सहारा...

नामवर सिंह : 'सहारा' का तो अचानक मेरे पास प्रस्ताव आया। मुझे तो कोई इसकी समझ ही नहीं थी। गोविन्द दीक्षित मेरे पास प्रस्ताव लेकर आए थे। मेरे मन में हिचक भी थी। 26 जनवरी के बाद वे कोई वार्षिक समारोह करते हैं, उसके एक-दो दिन पहले आए थे। उस समय उन्होंने कहा, इसको हम कुछ नया करना चाहते हैं, साप्ताहिक निकालना चाहते हैं, उसमें ज़रूरत है, आपकी वगैरह वगैरह।...

मैं 'सहारा' के बारे में ज़्यादा जानता भी नहीं था। पहले 'हस्तक्षेप' निकालते थे अरुण पांडे। तो उस सिलसिले में वे मुझसे कई बार बात करने आते थे और छापते थे। मैं इतना ही जानता था। बाकी कोई बहुत अच्छी राय नहीं थी अखबार के बारे में। वैसे भी पत्रकारिता का मुझे कोई खास अनुभव नहीं था। काफी पहले साप्ताहिक 'जनयुग' का सम्पादन जरूर किया था, लेकिन 'जनयुग' की बात और थी। बहुत हिचक और संकोच के साथ मैंने 'सहारा' का प्रस्ताव अन्ततः स्वीकार कर लिया—बहुत कुछ एक चुनौती के रूप में, क्योंकि यह 'मैगज़ीन' नहीं, बल्कि 'ब्रॉडशीट' साप्ताहिक था और इसके लिए एक नई टीम बनाने का भी अवसर मिल रहा था। मुझे खुशी है कि इस नई टीम में मुझे मंगलेश डबराल, मनोहर नायक और कृपाशंकर चौबे जैसे सुयोग्य सहकर्मी मिल गए। इस तरह 'सहारा समय' के रूप में साहित्य और संस्कृति के लिए भी एक उपयुक्त मंच सुलभ हो गया। इसका एक प्रमाण तो यही है कि 'सहारा समय' के तत्वावधान में हम युवा कहानीकारों के लिए काफी सम्मानजनक एक कहानी-प्रतियोगिता का आयोजन कर सके और जिसके निर्णय में हिन्दी के वरिष्ठ कथाकारों का सहयोग सम्भव हो सका।

आरम्भ में हर सोमवार को नियमित रूप से मेरी अध्यक्षता में समूचे सम्पादकीय मंडल की सम्मिलित बैठकें होती थीं। पिछले अंक की समीक्षा होती थी और आगामी अंक की रूपरेखा बनाई जाती थी। उन दिनों मैंने 'यथा समय' नाम से एक नियमित स्तम्भ भी लिखने का प्रयास किया। इस तरह लगा कि इस माध्यम के द्वारा कुछ किया जा सकता था।

सब कुछ ठीक-ठाक चल रहा था कि वह दुर्भाग्यपूर्ण घटना घटी, जिसमें कुछ लेखकों को 'सहारा समय' में वर्जित कर दिया गया था। वह निर्णय मेरी अनुपस्थिति

में लिया गया था, उसी समय मंगलेश डबराल को हटाने की बात आ गई थी। इन्क्वायरी के लिए एक कमेटी भी बना दी गई थी। लोगों ने कहा कि घर की चीज़ को मंगलेश डबराल ने बाहर किया है। उस अविवेकपूर्ण निर्णय का दंड स्वयं समूह-सम्पादक को भोगना पड़ा। गोविन्द दीक्षित को इस्तीफा देना पड़ा था लेकिन एक तरह से वह 'सहारा समय' के लिए भी निर्णायक साबित हुआ। उस दिन से 'सहारा समय' का एक नया दौर शुरू हुआ। साप्ताहिक बैठकों का सिलसिला ख़त्म हो गया। इसके साथ ही कार्यालय जाने के अवसर भी मेरे लिए कम हो गए। सहारा-परिवार में शामिल होते समय मैंने कभी विनोद में कहा था कि समझदार सलाह देते नहीं और नासमझ लेते नहीं। अब समझ में आया कि सलाह भी नहीं लेते जो ज़रूरत से 'ज्यादा' समझदार होते हैं। जल्द ही मुझे आभास हो गया कि अब 'सहारा' को मेरी सलाह की ज़रूरत नहीं है। इशारा समझने भर की अक्ल तो है ही। कार्यालय जाना बन्द कर दिया और काम की बातें फोन से ही होने लगीं। इस बीच 'सहारा समय' के स्वरूप में बदलाव आ गया—यहाँ तक कि साहित्य-संस्कृति-विज्ञान खंड, मनोरंजन का अंग बन गया और अखबार की कीमत भी दुगुनी कर दी गई। ऐसी हालत में वहाँ मेरे होने का क्या मतलब था? वैसे भी, मुझे बिना काम किए 'सहारा' से सुविधाएँ लेना अनैतिक लगने लगा था। एक बार पहले भी मैंने मानदेय न लेने की पहल की थी जो अस्वीकृत हो गई। फिर भी मैंने 2005 की जुलाई-अगस्त के आस-पास ही 'सहारा' से मुक्त होने का मन बना लिया था। अटक थी तो सिर्फ यह कि मेरी सलाह पर जो अपना लगा-बँधा काम छोड़कर 'सहारा' में आए थे उनका क्या होगा? आज भी मेरे मन में अगर कोई अपराधबोध है तो यही कि त्यागपत्र देने से पहले मैंने अपने दो-तीन सहकर्मियों को विश्वास में क्यों नहीं लिया ख़ासतौर से वे साथी, जिन्हें 'सहारा' छोड़ने के लिए बाध्य किया गया। कुछ एक लोगों को छोड़कर ज़्यादातर शुभचिन्तकों ने मेरे निर्णय का स्वागत ही किया और मैं भी अपने आपको काफ़ी हल्का महसूस करता हूँ। परवाह नहीं कि दूसरे इस घटना की क्या व्याख्या करते हैं।

देवेन्द्र : उस समय बाहर यह बात कही जा रही थी कि नामवर सिंह से जबरदस्ती इस्तीफा लिया गया है। गोविन्द दीक्षित का नाम आ रहा था कि गोविन्द दीक्षित गए और कहा कि...

प्रियंवद : इस्तीफे में देवेन्द्र जी पता नहीं लगता कि दिया गया है या जबर्दस्ती लिया गया है।

नामवर सिंह : मेरा इस्तीफा प्रकाशित है और लिखा हुआ है। मैं बहुत दिनों से सोच रहा था छोड़ूँ। वह तो मैं चार-पाँच महीने लेट हो गया, मुझे पहले ही छोड़ देना चाहिए था क्योंकि मैंने जाना बन्द कर दिया था। अब कहने वाले जो चाहे कहें।

देवेन्द्र : हालाँकि व्यक्तिगत तौर पर इस प्रश्न को मैं अनावश्क समझता हूँ लेकिन फिर भी...जगह-जगह जब बातें आती हैं तो यह माना जाता है कि आप एक परिवार के मुखिया की हैसियत से असफल रहे हैं। इसमें आपसे पत्नी से सम्बन्ध, आपके बेटे से सम्बन्ध भी हैं।

प्रियंवद : इसके दायरे को थोड़ा और आप बढ़ा दें, कि नामवर किसी के मित्र नहीं है और नामवर सिंह का कोई मित्र नहीं है। (एक दीर्घ चुप्पी)

देवेन्द्र : एक बार काशीनाथ जी ने बातचीत में यह कहा था कि भैया बहुत गहरे रूप से अकेले रहते हैं। वह बहुत ही करुण भाव में ही यह बात कहते हैं। इसमें आप किस कारण का मूल्यांकन करते हैं? क्या लोगों की अपेक्षाएँ आपसे ज़्यादा थीं या आपकी अपेक्षाएँ लोगों से ज़्यादा थीं? या यह जीवन का एक पक्ष है...

नामवर सिंह : बात यह है कि मैं अब उस बिन्दु पर पहुँच गया हूँ...यानि कि अस्सी साल...जहाँ मैं अपने पिताजी की तरह अकेला हो गया हूँ। उतना अकेला आदमी मैंने देखा नहीं। गाँव में पढ़े-लिखे अकेले वे ही आदमी थे। हमारा भरा-पूरा, संयुक्त परिवार—वे तीन भाई थे। छोटे भाई बाबू नन्दन सिंह गाने-बजाने में मस्त रहते थे। वे दिनभर दिखाई नहीं पड़ते थे। मालिक थे ताऊ हमारे...बड़े चाचा जिसको कहते हैं। बड़े सामाजिक आदमी थे। खेती-बाड़ी वही कराते थे।

मेरा लड़का छोटा था तो कुछ दिनों तक गाँव में था, वह भी चला गया। माँ थी, तो वे हम लोगों के साथ आ गईं। विजय भी बनारस आ गया। अन्तिम दिनों में काशी उनको अपने यहाँ बनारस ले आए। हमारे बेटे को बहुत प्यार करते थे। वह भी छोड़ गया, 'दगा' दे गया उनको...वे चाहते थे, आस-पास रहे। पूरी कोशिश की...हाँ-हाँ करता रहा, दगा दे गया।...काशी के साथ रहते थे लेकिन घूमने के लिए एक दूसरे साथी मिल गए थे...पुरातत्व विभाग वाले पुरुषोत्तम सिंह जो थे, उनके पिता जी। उन्हें मैंने अपने बचपन से अन्तिम दिनों तक देखा है। उतना अकेला आदमी...। आज इतने दिनों बाद सोचता हूँ, तो उनके तीनों बेटे भी लगभग उतने ही अकेले हैं। काशी कुछ गनीमत है...कुछ बेहतर स्थिति में है। राम जी बहुत कुछ...जो हमारे मँझले भाई हैं...पर अपेक्षाकृत काशी ही भाग्यशाली हैं हम लोगों में...एक भरा-पूरा परिवार का बोध है। बेटी है...सब कुछ है। राम जी का बड़ा बेटा उनके साथ नहीं है, छोटा है। बेटियाँ शादी करके चली गईं। तो मैंने जो पिताजी के साथ किया अगर मेरा बेटा मेरे साथ करता है, तो यह 'पोएटिक जस्टिस' भी है। एक ही अन्तर है कि पिता जी के कोई बेटी नहीं थी। मेरे एक बेटी है। और बेटी के एक बेटी है। मैं भी अकेले दिल्ली चला आया। बाद में उसको ले आया। बनारस की पढ़ाई पूरी हो गई, काशी के साथ रही।...तो पिता जी के पुण्य-प्रताप से कहिए...उनसे थोड़ा अन्तर यह हुआ कि उनके कोई बेटी नहीं थी। होती भी तो

उसकी शादी हो गई होती, कहीं चली जाती। मेरे बेटी है और वह मेरे साथ दिल्ली में है और वह मेरा ख़याल रखती है। इसलिए पिताजी से मेरा अकेलापन कुछ कम है। तीन बातें हैं–काशी जैसा भाई मिला है मुझे और समीक्षा जैसी बेटी है। उनको ये दोनों नहीं मिले जो मुझे मिले हैं। और तीसरी चीज़ यह कि पिताजी के केवल तीन मित्र थे...कामता प्रसाद विद्यार्थी एक थे, एक जगदीश लाल थे, एक रघुनाथ सिंह। कुल तीन आदमी थे। गाँव में उनका किसी से कोई सम्बन्ध नहीं था। लेकिन मेरे मित्रों की संख्या बहुत बड़ी है। मेरे गैर साहित्यिक मित्र भी हैं और इनसे भी बड़ी संख्या शिष्यों की है, जोधपुर से लेकर जे.एन.यू. तक। मेरे पास और कोई पूँजी नहीं है, लेकिन जिनको मैंने पढ़ाया है, उनसे जो स्नेह मिलता है, वह दिखावा नहीं है। वह बहुत बड़ी पूँजी है। अकेलापन मेरे भाई ने और मेरी बेटी ने कम किया है। इसलिए इतने दिनों 'सरवाईव' कर गया। वैसे कुछ मेरे मित्र भी हैं।

प्रियंवद : साहित्यकार हैं या गैर साहित्यकार?

नामवर सिंह : कुछ गैर साहित्यकार भी हैं। जैसे मार्कण्डेय सिंह (पूर्व ले. गवर्नर, दिल्ली) हमारे क्लासफेलो रहे हैं। कुछ और क्लासफेलो हैं हमारे...हाईस्कूल के दिनों के पढ़े हुए। स्कूल के दिनों के हमारे साथी हैं पर वही प्रेम अब भी है। उन लोगों के यहाँ बराबर मेरा आना-जाना होता रहता है।

प्रियंवद : साहित्यिक मित्रों में कौन-कौन हैं?...

नामवर सिंह : नाम न बताऊँगा। एक आध नाम छूट गया तो बुरा मानेंगे वे लोग।

प्रियंवद : एक दो बता दें...

नामवर सिंह : देखिए, पुराने लोगों में हमारे जो बहुत खास हैं राजेन्द्र यादव हैं। राजेन्द्र से मेरा सम्बन्ध सन् 51-52 के आस पास का होगा। इलाहाबाद में मिले थे हम...पी.डब्ल्यू.ए. की मीटिंग में। तब से आज तक राजेन्द्र से चल रहा है। विचारों में मतभेद हमेशा रहा है। उनकी साहित्यिक रचनाओं के बारे में भी। मेरे लिखे-बोले से प्रायः अहसमत रहते हैं। लेकिन कुछ है जो जुड़े हैं राजेन्द्र से और यह जुड़ाव अन्त तक रहेगा। साहित्य में दूसरे रचनाकारों से वैसा सम्बन्ध कम रहा है। लगभग हमउम्र होने के कारण जो और लोगों से नहीं बना। बल्कि यहाँ तक कहें मार्कण्डेय से हमारा वैसा सम्बन्ध नहीं है। मार्कण्डेय से सम्बन्ध श्रीकृष्ण दास के कारण बना क्योंकि उनकी पत्नी थीं सरोज, जो हमारे पिताजी की दोस्त विद्यार्थी की बेटी थीं, तो उनके घर तो मैं बेटे की तरह पला था। उनके कारण दास बाबू के यहाँ ठहरता था। इसलिए मार्कण्डेय से सम्बन्ध बना। पर मार्कण्डेय से वैसा बेतकल्लुफ़ी का सम्बन्ध नहीं है हमारा, जो राजेन्द्र से है। तो ऐसे बहुत-से लोग हैं। बाकी कई पीढ़ी के लोगों से है, ज़ाहिर है, उम्र का फासला है। यानि कि आप